普通高等教育工程机械教材

公路机械化施工与管理

（第2版）

康敬东　刘洪海　**主编**
郭小宏　**主审**

人民交通出版社股份有限公司
北 京

内 容 提 要

本书为普通高等教育工程机械教材。全书系统介绍了高等级公路路基、路面机械化施工技术和施工机械设备管理等，重点论述了路基施工机械、压实机械、路面机械的施工工艺和施工技术，介绍了适用于公路工程施工企业和部门机械设备管理的一整套方法，它包括机械选型、购置、更新、使用、保养、维修、统计等的管理理论与方法。

本书可作为机械类专业（交通建设与智能装备、工程机械、设备工程与管理、高速公路机械化养护等方向）、智能建造专业（道路工程方向）的课程教学用书，也可作为公路、铁路、市政、水电施工的技术人员及设备管理人员的参考资料及培训教材。

图书在版编目(CIP)数据

公路机械化施工与管理/康敬东,刘洪海主编.—2版.—北京:人民交通出版社股份有限公司,2023.8
ISBN 978-7-114-18826-8

Ⅰ.①公… Ⅱ.①康… ②刘… Ⅲ.①道路工程—机械化施工—施工管理—高等学校—教材 Ⅳ.①U415.6

中国国家版本馆 CIP 数据核字(2023)第 098871 号

普通高等教育工程机械教材
书　　名：公路机械化施工与管理(第2版)
著 作 者：康敬东　刘洪海
责任编辑：刘　倩
责任校对：赵媛媛　龙　雪
责任印制：张　凯
出版发行：人民交通出版社股份有限公司
地　　址：(100011)北京市朝阳区安定门外外馆斜街3号
网　　址：http://www.ccpcl.com.cn
销售电话：(010)59757973
总 经 销：人民交通出版社股份有限公司发行部
经　　销：各地新华书店
印　　刷：北京虎彩文化传播有限公司
开　　本：787×1092　1/16
印　　张：25
字　　数：586千
版　　次：2011年2月　第1版
　　　　　2023年8月　第2版
印　　次：2023年8月　第2版　第1次印刷　总第4次印刷
书　　号：ISBN 978-7-114-18826-8
定　　价：65.00元

(有印刷、装订质量问题的图书,由本公司负责调换)

第 2 版前言

"公路机械化施工与管理"是一门理论与实际并重、工程性较强的课程,且所涉及的技术领域较多。本书第1版出版之后,公路机械化施工技术有了进一步的发展。为了反映新的理论、装备和工艺,对书中相关专业知识持续进行充实和更新,使之更加适应现代公路机械化施工对人才培养的需求,编者对本书第1版进行了修订。

新版教材以我国现行的相关工程技术标准、规范为依据,在吸收国内外先进理论、方法和成功经验的基础上,力求反映公路机械化施工方面的科学技术发展成就,并将理论与实际相结合。教材围绕公路机械化施工与管理的基本概念、基本理论和基本方法,并融入公路机械化施工的新理论、新技术与新工艺,进行内容的组织编写。

本书由长安大学工程机械学院组织编写,各章编写分工为:第一章、第二章、第三章由贾洁、任征编写;第四章、第六章由徐中新、任征编写;第五章由刘洪海、任征、皇甫建红编写;第七章、第八章、第九章、第十章、第十一章、第十二章、第十五章、第十六章由康敬东编写;第十三章由康敬东、许安编写;第十四章由康敬东、阎学文编写。荣鑫、罗清云、史妍妮和刘聂炀子等参加了本书的校核与资料整理工作。全书由康敬东、刘洪海统稿并担任主编,由重庆交通大学郭小宏担任主审。

在本书编写过程中,长安大学教务处的同事以及长安大学工程机械学院的专业教师给予了大力支持和无私帮助,在此表示诚挚的感谢!

长安大学焦生杰教授也为本书提出了许多宝贵意见,在此表示衷心的感谢!

本书在编写过程中,得到福建省铁拓机械股份有限公司、中交西安筑路机械有限公司、西安达刚路面机械股份有限公司等单位的大力支持,在此一并表示诚挚的感谢!

本书适用于机械类专业(交通建设与智能装备、工程机械、设备工程与管理、高速公路机械化养护等方向)、智能建造专业(道路工程方向)的课程教学,也可作为公路、铁路、市政、水电施工的技术人员及设备管理人员的参考资料及培训教材。

限于编者水平,本书中不妥之处在所难免,敬请读者批评指正(意见请发送康敬东的邮箱 k.jd@163.com),以利适时修订。

编 者
2023 年 1 月

第1版前言

本书系统介绍了高等级公路机械化施工中提高机械化水平的措施和公路施工机械的选择方法，以及路基、路面机械化施工技术和施工机械设备管理等；重点论述了铲土运输机械、压实机械、路面机械施工工艺和施工技术；针对我国目前公路施工企业施工机械管理的现状，还特别介绍了适用于公路施工企业和部门机械设备管理的一整套方法，包括机械设备选型、购置、更新、使用、保养、维修、统计等一直到报废的管理理论与方法。

本书适用于交通建设与装备专业、机械设计制造及自动化专业（工程机械、设备工程与管理、高速公路机械化施工和机械化养护等方向）的课程教学，也可作为从事公路、铁路、市政、水电施工的技术人员及设备管理人员的参考资料及培训教材。

本书主编任征，副主编康敬东，主审郭小宏。各章编写分工为：第一章、第二章、第三章、第五章、第六章、第七章由任征副教授编写；第四章由展朝勇副教授编写；第八章、第九章、第十章、第十一章、第十二章、第十三章、第十六章、第十七章由康敬东副教授编写；第十四章由许安副教授编写；第十五章由阎学文副教授编写。全书由任征统稿。

在本书编写过程中，长安大学教务处的同事以及长安大学工程机械学院的专业教师给予了大力支持和无私帮助，在此表示诚挚的感谢！

长安大学焦生杰教授和重庆交通大学郭小宏教授也为本书提出了许多宝贵意见，在此表示衷心的感谢！

目前我国公路机械化施工技术与管理发展迅速，公路工程机械化施工的新技术、新设备、新工艺不断涌现，而我们所掌握的资料有限，书中出现缺失与疏漏在所难免。希望同行专家和使用本书的单位与个人提出宝贵意见，以利适时修订。来信请寄长安大学工程机械学院（邮政编码710064）。

编　者
2010年11月

目 录

第一章 公路机械化施工概述 ··· 1
- 第一节 机械化施工的相关概念及意义 ····························· 1
- 第二节 公路机械化施工的特点和要求 ····························· 2
- 第三节 施工机械的合理选择与配置 ································· 3

第二章 路基工程机械化施工 ··· 9
- 第一节 推土机施工 ·· 9
- 第二节 铲运机施工 ·· 16
- 第三节 平地机施工 ·· 24
- 第四节 挖掘机施工 ·· 33
- 第五节 装载机施工 ·· 39

第三章 压实机械施工 ··· 43
- 第一节 压实概述 ··· 43
- 第二节 压实机械的类型 ··· 45
- 第三节 路基压实 ··· 54
- 第四节 压路机生产率 ·· 55

第四章 路面基层(底基层)机械化施工 ··························· 57
- 第一节 概述 ··· 57
- 第二节 稳定土拌和机械 ··· 58
- 第三节 稳定土厂拌设备 ··· 67
- 第四节 稳定土摊铺机 ·· 71
- 第五节 碎、砾石基层(底基层)机械化施工 ······················ 73
- 第六节 稳定材料基层(底基层)机械化施工 ······················ 79
- 第七节 路面基层(底基层)机械化施工新技术 ··················· 89

第五章 沥青路面机械化施工 ··· 99
- 第一节 概述 ··· 99
- 第二节 沥青洒布车 ·· 105
- 第三节 沥青混合料拌和设备 ··· 113
- 第四节 沥青混合料摊铺机 ·· 137
- 第五节 沥青路面施工平整度传递特性 ····························· 151
- 第六节 热拌沥青混合料面层机械化施工 ·························· 159

第六章	水泥混凝土路面机械化施工	178
第一节	概述	178
第二节	水泥混凝土搅拌设备	181
第三节	水泥混凝土搅拌输送设备	190
第四节	水泥混凝土摊铺设备	196
第五节	滑模式水泥混凝土路面机械化施工	202

第七章	机械设备管理概述	212
第一节	机械设备管理的实质	212
第二节	机械设备管理机构与体制	216
第三节	机械设备管理机构的基本任务及对机务管理人员的要求	220

第八章	技术经济分析基础	224
第一节	概述	224
第二节	复利等值换算	226
第三节	机械设备投资方案的经济比较法	230

第九章	机械设备新增、更新、改造与租赁管理	234
第一节	机械设备的磨损与寿命	234
第二节	机械设备寿命周期费用	243
第三节	机械设备新增决策与管理	247
第四节	机械设备更新决策与管理	254
第五节	机械设备技术改造决策与管理	257
第六节	机械设备的租赁管理	259

第十章	机械设备选购、安装、调试与技术验收管理	265
第一节	机械设备购置选型原则	265
第二节	机械设备选型步骤	266
第三节	机械设备订货管理	267
第四节	机械设备的运输安装	271
第五节	机械设备调试与技术验收管理	275
第六节	机械设备的索赔	279

第十一章	机械设备固定资产管理	282
第一节	固定资产的概念及管理概述	282
第二节	固定资产的验收	283
第三节	机械设备固定资产的分类与编号	284
第四节	机械设备台账、卡片及技术档案管理	286
第五节	机械设备的封存与报废	289
第六节	机械设备的固定资产折旧	291

第十二章	机械设备使用管理	295
第一节	机械设备的合理使用	295

	第二节	技术培训及操作证制度	298
	第三节	机械操作使用责任制	303
	第四节	机械的使用计划	305
	第五节	机械在特殊条件下的使用	307
	第六节	机械设备检查与技术状况评定	310
第十三章	**机械设备保养管理**	316
	第一节	机械设备保养概述	316
	第二节	机械设备保养分类及主要作业内容	318
	第三节	机械设备保养计划的制订	324
	第四节	机械设备保养的组织实施	326
	第五节	机械保养的基本设备	329
第十四章	**机械设备修理管理**	331
	第一节	机械设备故障分析与管理	331
	第二节	机械设备修理的目的、分类与标志	341
	第三节	机械设备修理的周期与计划	344
	第四节	机械送修进厂和出厂规定	346
	第五节	机械设备修理中的经济管理	349
	第六节	判断机械大修经济界限的方法	353
	第七节	机械设备维修的技术管理	356
第十五章	**机械设备定额管理和经济核算**	360
	第一节	机械技术经济定额的作用、分类和内容	360
	第二节	机械技术经济定额的制订	362
	第三节	专业化与集中化机械施工	368
	第四节	机械设备经济核算	369
第十六章	**机械设备统计管理**	372
	第一节	机械设备统计的作用与原则	372
	第二节	机械设备统计的基本要求、任务与分类	373
	第三节	机械设备的数量与能力统计	376
	第四节	机械设备的装备程度统计	378
	第五节	机械设备完好率、利用率与效率统计	379
	第六节	机械设备维修统计与考核	383
	第七节	机械设备统计分析	384
参考文献		390

第一章　公路机械化施工概述

第一节　机械化施工的相关概念及意义

随着我国公路建设的迅速发展,机械化施工方法已成为公路施工主要的施工方法。本节将概述机械化施工与机械化施工水平、机械化施工的意义。

一、机械化施工与机械化施工水平

机械化施工是在工程施工中采用机械代替人来完成繁重、艰巨和恶劣工作环境下的各种施工作业的全过程。在施工中,由机械完成的实物工程量在总工程量中所占的比重愈大,该工程施工的机械化程度愈高。因此,机械化程度表示为:

$$机械化程度 = \frac{使用机械完成的实物工程量}{总工程量} \times 100\%$$

机械化程度高并不意味着施工进度快、质量好、效益高。因为施工进度、施工质量和施工效益不仅与施工机械的类型、机型、数量及配置有关,还与使用管理、保养维修管理、施工技术及施工组织管理等有关。因此,机械化程度并不能反映出采用机械化施工后所产生的效益。

为了说明问题,本节引进机械化施工水平的概念,即在施工中使用施工机械完成大部分施工工程任务所表现出的经济性。经济性好,即单位工程造价低,则机械化施工水平高;反之,机械化施工水平低。

由以上两个概念可知:机械化施工水平高的必要前提是机械化程度高,而机械化程度高并非就意味着机械化施工水平高。因为机械化施工水平与施工机械、施工技术、施工组织及施工管理等多方面密切相关。

要提高机械化施工水平,应考虑以下内容:

1. 提高机械化装备水平

施工机械是机械化施工的物质基础,不仅要提高机械化程度,还要提高机械的技术先进性、性能稳定性和可靠性。

2. 选择适宜的机种和机型,并进行合理的组合

根据作业目的和作业对象选择合适的机械,并进行合理的配套组合,是充分发挥机械的性能和提高生产率的前提。

机种要适合施工对象,使其充分发挥性能,并保证施工质量。

机型的选择要考虑工程量、施工场地,同时还应考虑经济能力。

3. 编制科学的施工组织设计

施工不仅受各种自然因素的影响很大,而且战线长,工程量大,使用的机械的种类、型号

和数量多,需要科学的施工组织。如果没有周密计划、合理组织和科学管理,各项工程、各作业工序之间就会产生矛盾,机械与劳动力调配紊乱,从而导致各种消耗增加,工期延长,效率低下。

4. 运用先进的管理科学

只有用现代化的管理手段组织和管理施工,对施工组织计划进行优化,以最佳的方案组织施工,才能充分利用人力、物力,有效地使用时间和空间,更好地发挥机械化施工的优越性,保证综合协调施工,按期、按质地完成预定的施工任务。

5. 采用先进、高效节能的机械设备

技术落后、高耗低效的机械会使施工成本大大增加,施工效率降低,施工质量及施工工期无法得到保证,从而无法体现出机械化施工的经济效益。

6. 加强机械使用及维修的科学管理

正确地使用施工机械可保证施工质量,延长机械的使用寿命,提高机械的使用率,降低维修费用,降低施工成本。同时,应及时、合理、正确地维修机械,保证机械的完好率,从而保证施工进度和施工质量,降低机械的维修费用。

7. 提高机械化施工技术人员的技术水平、业务水平和职业素质

只有爱岗、敬业并且技术水平高的人,才能使设备使用和管理中制定的各项规章制度、保养维修的工艺规程落到实处,从而将设备使用和管理工作做好。

二、机械化施工的意义

1. 加快工程进度,提高工作效率、生产率和经济效益

例如:一台斗容 $0.5 m^3$ 的挖掘机相当于 80~90 人的生产能力;一台中型推土机相当于 100~200 人的生产能力。由此可见,机械化施工与人力劳动相比,其生产效率提高了几十倍甚至上百倍。通过合理地使用机械,可以很大程度地提高工作效率、生产率和经济效益。

2. 保证工程质量

许多工程如果不采用机械化施工就无法保证工程质量,例如土基、基层和面层的压实,路面摊铺等。所以,施工机械是保证工程质量的物质基础。

3. 降低工作强度,改善工作环境

使用机械把人从繁重的体力劳动中解放出来,使人的工作环境得以大大改善,施工的安全性得到很大提高。人体无法完成的工作,如大桥的建设、大型设备的安装和运输等,能通过机械完成。

4. 机动灵活

机械的调动、转移比起大批人员的转移、安置和生活物资供给要方便得多。

第二节 公路机械化施工的特点和要求

机械化施工可以加快工程进度,提高工作效率、生产率和经济效益。本节将概述公路机

械化施工的特点及要求。

一、公路机械化施工的特点

1. 机械化程度高

公路施工的工程量巨大,施工环境恶劣,施工强度大,而施工的质量和进度要求高。这就使得公路施工必须采用机械化施工。

2. 施工质量高、施工进度快

如果在路基、路面施工中没有采用机械化施工,其施工质量和施工进度就难以保障。例如沥青路面的摊铺和基层、面层的压实,只有机械化施工才能满足其施工质量和进度的要求。

3. 施工过程的协调性强

由于公路机械化施工时各道工序划分明确,各环节衔接紧密,使用的机械种类和数量多,在施工过程中各施工阶段、各工序、各环节的人员及材料和设备等相互协调就显得非常重要。

二、公路机械化施工的要求

1. 严密的科学施工组织管理

公路施工工程量巨大,因此投入的人力、物力、设备等数量也很大。这就要求对施工进行详细的规划设计和施工组织,合理安排各施工工序,使各施工工序互不干涉,确保施工进度和质量。否则,就可能因很小的决策和组织管理失误,造成很大的经济损失。

2. 施工机械应先进、高效、节能、环保

施工机械的性能要高,既要满足施工质量和施工进度的要求,还应满足环境保护的要求。

3. 加强对施工机械的保养、维修、管理

施工机械是机械化施工的主体,其完好率和使用率直接影响施工质量、施工进度和施工效益。因此,必须加强对施工机械的保养、维修和管理。

4. 施工技术人员的技术水平要高、责任心要强

操作人员只有技术过硬、责任心强,正确、合理地使用机械,及时调整、保养并维修机械,充分发挥机械的性能,才能不断地优化施工工序,严格按照施工工序和施工技术要求进行施工。

第三节 施工机械的合理选择与配置

通过合理地选择和组合施工机械,可以使机械尽可能发挥最大的功效。本节将概述选择施工机械的原则及方法。

一、选择施工机械的原则

1. 施工机械与工程实际相适应

公路的性质决定了施工的范围非常广,施工的环境和条件千变万化,施工使用的机械种类繁多。因此,选用施工机械要综合考虑各方面的因素,这样才能使所选的施工机械满足施工的要求,从而达到预期的效果。

选择施工机械时应考虑以下因素:施工机械的类型应适应工地的环境。如气候条件:寒冷、热带、干旱、湿润;地形条件:高原、山地、丘陵、平原、泥地、湿地;土质条件:砂、土、岩、淤泥。施工机械的类型应满足工程要求,如工程量大小、工期、施工场地大小、施工断面尺寸、施工质量等。尽量避免因机械动力不足或剩余而造成工期延缓或资源浪费,避免因机械超性能范围使用而无法满足施工质量要求以及降低机械的使用价值。

2. 应有较好的经济性

选择施工机械要考虑机械的购置成本和运行成本。经济地选择施工机械的基础是施工单价,即完成一定量工程的资金投入。施工单价主要与固定资产消耗和机械运行费用有关。

固定资产消耗包括:折旧费、大修费、投资利息等。固定资产与施工机械的投资成正比。

机械运行费用包括:劳动工资、直接材料费、燃料费、劳保设施费等。它与完成施工量成正比。

在选择施工机械时,不仅要考虑机械的购置成本和运行成本,还应权衡工程量与机械费用的关系。如果工程量大,应采用大型机械进行施工,虽然一次性投资大,但它可以分摊到较大的工程量中去,对工程成本影响较小。同时,还应考虑机械的先进性和可靠性。采用先进的设备,其技术性能优良,结构简单,易于操纵,故障率低,可靠程度高,施工质量和施工效率高,虽然一次性投资大,但机械的运行费用会大大降低,最终可得到较好的经济效果。

实践表明,对于中小型工程,选用通用性较好的机械较为经济合理。而对于大型工程,应当根据作业内容和作业量进行选择,从而获得最佳的技术经济指标。

3. 应满足工程质量要求

根据工程的技术要求,选择合适的施工机械是保证工程质量的重要因素之一。对技术要求高的作业项目,应选用性能优良的施工机械或专用机械,使施工质量和效率都高。机械应具有可靠的安全性能(行驶稳定、落体保护、防尘隔声),在满足工程质量要求的前提下,与机械的通用性相结合。

4. 机械的合理组合

合理地进行机械组合是充分发挥机械设备效能的重要因素,同时也是机械化施工的一个基本要求。只有合理地进行机械组合才能保证施工质量、加快施工进度、降低施工成本。

组合包括:技术性能和机械类型及数量方面的配置。

(1) 主要机械与配套机械的组合

配套机械的工作容量、数量及生产率应该有储备,机械的配合能力应适宜。一般配套机械的工作能力应稍大于主要机械的工作能力,以充分提高主要机械的生产率。

(2)牵引车与配套机具的组合

在路基施工中,经常会有一些辅助机具或拖式机械没有独立的行走装置,需要配以牵引车进行施工。这时两者的组合要协调平衡,避免动力剩余过大造成浪费,或动力不足不能完成要求的作业或降低作业效率。

(3)配合作业机械的组合数

配合作业机械的组合数应尽量少,组合数越多,则总效率就越低。系统的总效率是各子系统效率的乘积,应尽可能地组织多个系列的组合,并列施工,从而减少因组合中某一台机械停工而造成组合中其他机械全面停工的现象,减少配合机械工作能力的损失。同时还要注意保证各类配套机械作业能力的平衡。

(4)尽量选用系列产品

整个机械化施工中,应减少同一功能机械的品种类型,尽可能使用标准化、系列化产品。这样有利于设备的保养及维修管理,有利于配件的组织采购和管理。选用系列产品后,同种配件所需储备的数量少,配件占用资金少。批量采购的配件不仅价格合理,同时质量也易保证。

施工单位应根据自身机械装备情况及技术水平状况,包括新购机械的可能性以及施工量、施工工期、施工质量要求等实际情况选择和组合机械,机械化与半机械化相结合,切实做到技术上合理和经济上有利,达到两方面的有机统一。

二、选择施工机械的方法

下面以路基施工为例,介绍选择施工机械的方法。

1. 根据作业内容选择

路基施工的基本作业包括开挖、装载、运输、填筑、碾压、修整等;辅助作业包括伐树、除根、松土、爆破、表层清理等。因此,在路基施工作业时应结合机械的性能、作业条件和作业效率等情况综合进行选择。首先选定作业的主要或主导机械,再根据其生产能力、工作参数及施工条件选择配套或辅助机械。选择时可参考表1-1。

根据作业内容选择施工机械　　　　表1-1

工程类别	作业内容	选择的机械设备
准备工作	(1)清基(清除树丛、草皮、淤泥、黑土、岩基、冰雪等)和料场准备; (2)松土、破冻土(厚度小于0.2m)	伐木机、履带式拖拉机和推土机、挖掘机、装载机、水泵、高压水泵、松土器、大犁、平地机
土方开挖	(1)底宽大于2.5m的河渠、基坑、池塘、港口、码头、采土场等; (2)小型沟渠和基坑	推土机、铲土机、挖掘机、装载机、冲泥机、吸泥机、开挖机、清淤机
石方开挖	(1)砾石开采; (2)岩石开采; (3)石料破碎	(1)挖掘机、推土机; (2)移动式空气压缩机、凿岩机、挖掘机、推土机、爆破设备等; (3)破碎机、筛分机
冻土开挖	河渠、基坑、池塘、港口、码头	推土机、冻土犁、冻土锯、冻土钻、冻土铲

续上表

工程类别	作业内容	选择的机械设备
土石填筑	(1)大中型堤坝、高质量路基、场地、台阶等； (2)小型堤坝、路基、梯田、台阶	(1)推土机、铲运机、羊足碾、压路机； (2)夯板碾压机、洒水车、平地机、推土机、铲运机、大犁
运输	(1)机械设备调运； (2)土石运输	(1)火车、轮船、汽车、起重机； (2)推土机、铲运机、装载机、汽车
修整	(1)削坡； (2)平整	(1)平地机、大犁、推土机、铲运机、挖掘机； (2)平地机、推土机、铲运机、大犁

2.根据土质条件选择

土石是机械作用的重要对象，其性质和状态直接影响施工机械作业的质量、工效及成本等，因此需要根据土方工程特性和机械通行性选择施工机械。

通行性表示车辆在土质等条件限制下，在作业区行驶的可能程度，与土壤的承载能力有很大关系。在土粒细、含水率高的工地，当车辆反复行驶在车辙上时，将产生所谓土的揉搓现象。土壤的强度将逐步降低，承载车辆的能力也将随之降低，最终将导致车辆不能在其上行驶。当车辆在干燥的砂土上行驶时，初期虽行驶比较困难，但一旦砂土稳定以后，便能很容易地在其上反复行驶。

土方工程中土质条件决定了进行各种机械施工作业的可能性和难易程度。土体的工程性质不同，施工时应选择的机械也不同。为了便于选择施工机械，把土分为硬土和软土。硬土包括干燥的黏土和壤土、砂土、砂砾石、软岩、块石和岩石。软土包括淤泥、流沙、沼泽土、湿陷性大的黄土、黑土及软弱黏土(含水率较高)。在开挖、运输、压实时，机械适应性有所不同。在土方挖掘时，挖掘能力由弱到强的机械依次为装载机、铲运机、推土机、挖掘机。

表1-2和表1-3分别为硬土和软土开挖机械的选择参考表。表1-4为适合相应土质的压实机械的选择参考表。

硬土开挖机械的选择　　　　　　　　　　　表1-2

土质	施工机械											
	推土机	铲运机	正铲挖掘机	反铲挖掘机	装载机	松土器	开沟机	平地机	自卸汽车	底卸汽车	钻孔机	凿岩机
黏土和壤土	√	△	√	√	√	√	√	√	√	√	—	—
砂土	√	√	√	√	√	√	√	√	√	√	—	—
砂砾石	√	×	√	√	×	△	△	√	√	△	—	—
软岩和块石	△	×	√	△	×	√	×	×	×	×	×	√
岩石	×	×	×	×	×	√	×	×	√	—	√	√

注：√——适用；△——尚可用；×——不适用。

软土开挖机械的选择   表1-3

水分状况	通用推土机	接地比压(kPa) 19.6~29.4	接地比压(kPa) 11.8~19.6	接地比压(kPa) <11.8	水陆两用挖掘机	挖泥船
湿地	△	√	√	√	√	×
轻沼泽地	×	√	√	√	√	×
重沼泽地	×	×	△	√	√	△
水下泥地	×	×	×	√	√	√

注:√——适用;△——尚可用;×——不适用。

适合相应土质的压实机械   表1-4

土质	块石、圆石、砾石	砾石土	砂	砂质土	黏土、黏性土	混杂砂石的黏土、黏性土	非常软的黏土、黏性土	非常硬的黏性土	备注
静力式压路机	B	A	A	A	B	B	C	C	用于路基、路面
自行式轮胎压路机	B	A	A	A	A	A	C	B	经常使用
牵引式轮胎压路机	B	A	A	A	A	A	C	B	用于坡面,坡长5~6m时效率最高
振动式压路机	A	A	A	A	C	B	C	C	用于路基、基层
夯实机	A	A	A	A	A	B	C	C	用于狭窄地点的碾压作业
夯锤	B	A	A	A	B	B	C	C	用于狭窄地点的碾压作业
推土机	A	A	A	A	B	B	C	A	用于推平作业
沼泽地区推土机	C	C	C	C	B	B	A	C	用于含水率高的土壤

注:A——适合使用;B——无适合的机械时使用;C——不适合使用。

3. 根据运距选择

这主要针对铲土运输机械而言。考虑土的状态、性质及工程规模,并结合现场条件进行选择。表1-5为根据不同运距选择机械的参考表。

施工机械经济运距   表1-5

机械	履带式推土机	履带式装载机	轮式装载机	拖式铲运机	自行式铲运机	轮式拖车	自卸汽车
运距(m)	<80	<100	<150	100~500	200~1000	>2000	>2000
道路条件	土路不平	土路不平	土路不平	土路不平	土路不平	平坦路面	平坦路面

4. 根据气象条件选择

气象条件也是影响施工机械选择的因素之一。雨和积雪融水会直接影响土的状态,从而导致机械通过性下降,工程性质变差。在雨季,如要施工,就必须考虑使用在泥泞条件下效率高的履带式机械,替代干燥条件下机动灵活、效率较高的轮式机械。在冬季,进行冻土开挖、填筑、碾压等作业时,应选用与破冻土等特殊作业相适应的机械,如松土器、冻土犁,并注意发动机起动性能。

在上述两个季节下,要注意机械化施工能否达到规定的技术要求。

在高原区,因空气稀薄,动力装置应配备高原型柴油机。

5. 根据与工程间接有关的条件选择

承担几个不同的施工任务,应考虑机械设备相互之间的协调配合,同时还应考虑如电力、燃油供应、机械维修与管理、机械的调迁等。通过综合分析,抓住主要矛盾,选择经济适用的机械。

6. 根据作业效率选择

在特定的施工条件下,机械的工作能力(生产率)是根据作业效率确定的,作业效率的高低直接影响工程进度的快慢。选择施工机械要满足施工进度的要求。

影响施工机械作业效率的因素是多方面的,如机械技术状况、作业条件、施工组织、操作人员的技术水平和业务素质等。表 1-6 给出了不同机械技术状况和作业条件下机械作业效率的参考值。

机械作业效率参考值　　表 1-6

作业条件	机械技术状况				
	优秀	良好	普通	较差	很差
优秀	0.83	0.81	0.76	0.70	0.63
良好	0.78	0.75	0.71	0.65	0.60
普通	0.72	0.69	0.65	0.60	0.54
较差	0.63	0.61	0.57	0.52	0.45
很差	0.52	0.50	0.47	0.42	0.32

第二章　路基工程机械化施工

第一节　推土机施工

推土机是一种能够进行岩土挖掘、运输和排弃的土方机械。本节将介绍推土机的分类、适用范围、基本作业方法及施工作业等内容。

一、推土机简介

推土机是路基土方工程中常用的土方机械。如图 2-1 所示，它具有作业面小、机动灵活、转移方便、短距离运土效率高且能在一般干湿地上独立工作的特点。同时，推土机也可以配合其他机械进行施工，在现代化土方机械化施工中得到广泛的应用。

推土机按行走装置可分为履带式推土机和轮胎式推土机两种。目前，公路工程中主要使用履带式推土机。推土机按工作装置可分为直铲推土机和斜铲推土机两种，根据铲刀结构和工作角度不同，可以在路基施工作业中各显特色。二者使用性能见表 2-1。

图 2-1　推土机

直铲推土机与斜铲推土机使用性能　　　　表 2-1

作业内容	直铲推土机	斜铲推土机
硬土层作业	效率高	效率低（因铲刀长 20%~30%）
对不良土质地面适应性	适应性好	适应性差（因铲刀重 10%~20%）
傍山推土	效率低，操作麻烦，机械磨损大	效率高
平整场地	效率低	效率高
运转	方便	因超宽，往往要卸下铲刀运输

二、推土机的适用范围

推土机在道路工程施工中，主要用于填筑路堤、开挖路堑、平整场地、回填管道和沟渠以及其他辅助作业。推土机经济运距一般不超过 100m。而在 30~50m 范围内其生产效率较高，经济效益也较好，运距过大或过小均会降低生产效率。推土机生产效率与运距的关系如图 2-2 所示。当运距超过 75m 时，其生产效率显著降低。此外，作业土壤以Ⅰ~Ⅱ级为宜，

Ⅲ级以上土壤应预翻松。如果土中有少量孤石,应先破碎再进行作业。如果孤石过多,则不宜使用推土机,否则将使机械产生剧烈振动和磨损,大大缩短机械的使用寿命。

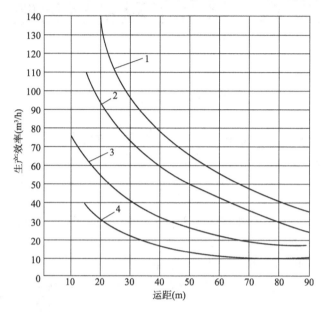

图 2-2　推土机生产效率与运距的关系
1-下坡 20°;2-下坡 10°;3-水平;4-上坡 10°

三、推土机的基本作业方法

推土机的基本作业包括铲土、运送、卸土和空回四个工作过程。提高推土机作业效率的原则:铲土时,应以最短时间和最短距离铲满土;运送时,应尽量减少土的漏损,使较多的土被运送到卸土地点;卸土时,应根据施工条件采取不同的卸土方法,以达到施工技术和施工安全要求;空回时,应以较快的速度驶回铲土处。

1. 接力推土法

施工中常用的是接力推土法,也称多刀推土法。接力推土法是分次铲土、叠堆运送。当土质较硬,一次铲土不深时,可由近及远分段将土推运成堆,然后由远及近将土一次推送到卸土点。

分次铲土可以借用惯性力充分发挥发动机的动力,提高铲土效率;叠堆运送可以提高运土效率。可用多台推土机,以流水作业方式,按接力推土方法进行,如图 2-3 所示。

接力推土法分为四次、六次等接力,次数与土的级别有关:Ⅰ级和Ⅱ级土可深些,距离长些;Ⅲ级土可浅些,距离短些。

2. 槽式推土法

槽式推土法是在固定作业线上多次推运使之形成一条土槽,或利用铲刀两侧外漏的土形成土埂而产生土槽的运土方式。槽深不宜大于铲刀的高度。同时,推土机应保持直线行驶,不要使槽变宽而增加土的漏损。这就要求推土机不能跑偏,否则就会增加驾驶员的工作强度,降低作业效率。

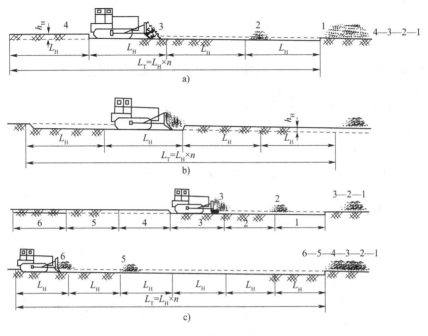

图 2-3 接力推土法

a) 四次接力推土法；b) 刨削式推土法；c) 六次接力推土法

L_H-推土长度；h_H-推土深度；L_T-工作地段总长度（$L_T = L_H \times n$，n 为分段数）

3. 并列推土法

并列推土法是以两台或两台以上同类型的推土机同步推土，以减少两铲刀之间的运土损失。两推土机铲刀之间的距离一般以 15～20cm 为宜。同时，注意保持方向、速度和间距，不宜拐弯。

4. 下坡推土法

下坡推土法是利用下坡时推土机的重力分力提高推土能力和增大运土量，从而提高作业效率。坡度不宜过大，一般小于 20°。否则，虽然对推土运土有利，但空车倒车困难，速度慢，反而使效率降低。

四、推土机的施工作业

推土机的施工作业主要为填筑路堤和开挖路堑。

1. 填筑路堤

(1) 横向填筑路堤

横向填筑路基适用于平原地区矮路基，土基高度 $H < 1m$。这种作业方式是推土机在路堤的一侧或两侧取土。多台推土机填筑路基时，最好划分区段进行施工。区段长度一般为 30～50m。划分区段可以增大工作面进行流水作业，机械互不干扰，提高作业效率。同时，便于找出作业的不平衡点，及时调整机械配备。通常，以压路机为主导机械调整其他机械。

区段种类可分为填筑区段、平整区段、碾压区段和检验区段。

区段长度 L 由施工实践得出,宜为 60m 左右。L 的长短主要与填方路基的宽度、高度以及配置机械的机种、机型、数量及性能有关。

L 太长,则土方量大,从开始到填筑所需时间加长,土中水分散失增加,不利于压实,且不利于及时调整配备机械。L 太短,则填方机械拥挤,作业效率低;增加了平地机和压路机的挪道操作时间;区段接头增多,施工质量降低。

横向填筑路基在一侧取土,采用穿梭法将土推向路基并散成 20~30cm 薄层,一直散铺到路堤、坡脚,铺填完一层必须及时碾压,如图 2-4 所示。

横向填筑路基在两侧取土是指采用两台推土机,面对路堤中心线推土,并要推过中心线一些,仍以 Z 形返回推掉土埂,最后回到起点,如图 2-5 所示。

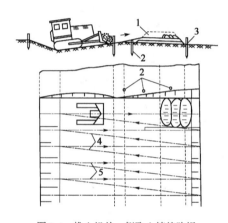 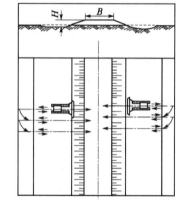

图 2-4 推土机从一侧取土填筑路堤
1-路堤;2-标定桩;3-间距为 10m 的高标杆;4、5-推土机"穿梭"作业运行线

图 2-5 推土机两侧取土填筑路堤作业路线
B-路基宽;H-路基高

当推土机填筑路堤高度超过 1m 时,应设置推土机送土坡道,如图 2-6 所示。坡道的坡度应不大于 1:2.5,宽度应与工作面宽度相同,长度 5~6m。当采用综合机械化施工,填筑高度超过 1m 时,多用铲运机完成。

(2) 纵向填筑路堤

这种作业方法多用在丘陵和山地,用于移挖作填工程,只要挖方的土质适用于填筑路堤即可。这种施工方法最经济,但应注意开挖部分的坡度不能大于 1:2。开挖时应做纵坡分层,并随时注意复核路基高程和宽度,避免出现超挖和欠挖。在填土过程中,应根据施工地段和施工条件,分层填筑、分层压实。纵向填筑作业法如图 2-7 所示。

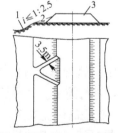 

图 2-6 推土机送土坡道设置
1-取土坑;2-进入坡道;3-路堤

图 2-7 推土机纵向移挖作业填筑路堤

(3)综合作业法填筑路堤

综合作业法填筑路堤是将路堤沿线按每60~80m分成若干段,多台推土机纵横向配合作业,如图2-8所示。在每一段的中部设一横向送土道,采用横向填筑法,将土壤由送土道送往路堤,再由另外的推土机纵向推送铺平,分层填筑、分层压实。这里应考虑横向铲、运推土机和纵向送土、平整推土机作业能力的平衡。

2. 开挖路堑

(1)平地上两侧弃土,横向开挖

①开挖深度在2m以内为宜,以路堑中心线为界两侧来回"穿梭",将土推送至两侧弃土堆,也可采用环形送土。这种运行路线可以对弃土堆进行分层平整和压实,如图2-9所示。

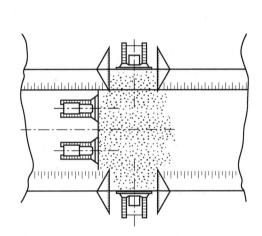

图2-8 综合作业法填筑路堤

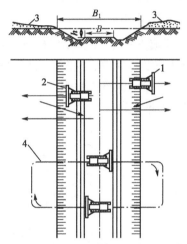

图2-9 推土机在平地横向开挖路堑施工作业
1、2-两台推土机采用"穿梭"作业法;3-弃土堆;
4-环形作业法;B-路基宽;B_1-路堑宽;h-路堑挖方深度

②路堑中部必须凸起,必须做出排水方向的坡度以利排水。

③及时复核路基高程和宽度,避免超挖和欠挖,挖出粗略轮廓外形,用平地机修整边坡和边沟。

(2)纵向开挖山坡路堑

①纵向开挖傍山半路堑。一般多用斜铲推土机进行。开挖时首先从路堑边坡的上部开始,沿中线行驶,渐次由上而下,分段分层将土送至下坡填筑路基,如图2-10所示。

开挖时应注意:

A. 不要使推土机超过稳定性允许范围的横坡值,一般不得超过1:3.5~1:2.5。推土机应在坚实稳定的土层上行驶,同时刀角内侧应稍低些,使推土机在运行时略微内倾,以保证安全。

B. 由于有横向分力的作用,推土机易跑偏,因此需注意保持直线行驶。

C. 若坡角小于25°,也可用直铲推土机作业,但送

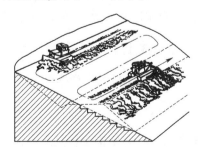

图2-10 斜铲推土机傍山移挖作填施工作业

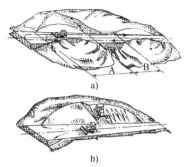

图 2-11 推土机开挖深路堑作业
a)推土机纵向推填;b)纵横向协作推填
A-挖方区;B-填方区

土下坡时,最好铲土数次后,再集中成堆,将土一起推运到边坡,不要将铲刀抵靠边坡尽头,并使边坡边缘的松土保持稍高的土堆。

②纵向开挖深路堑。纵向开挖深路堑时,一般采用纵横向协作推填的方法。

首先用 1~2 台推土机从路堑顶点开始,沿中心线方向进行纵向推填,等推到一半深度后,再用另外 1~2 台推土机横向分层切削路堑斜坡,从斜坡上切下的土仍由下面的推土机纵向送到填土区,如图 2-11 所示。

开挖时应注意:

A. 避免超挖、欠挖。要留有一定余量,易于修整(如果超挖,就必须填土压实,不容易操作且无端增加工作量)。

B. 边坡要及时处理。挖深后,推土机将无法修整,因此应分层及时修理。

C. 开挖顺序。深路堑的开挖顺序如图 2-12 所示。每层开挖可用沟槽运土法作业,并尽可能采用下坡推土法。

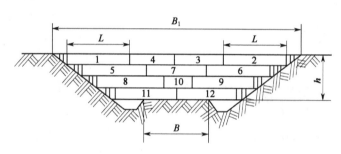

图 2-12 深路堑的开挖顺序示意图
B-路基宽;B_1-路堑宽;L-一次开挖宽度;h-路堑深度

开挖路堑的推土机配置应考虑以下两点:

A. 斜坡铲土与纵向移土的推土机数量。因斜坡铲土效率高,纵向移土效率低,所以在机型单一的情况下,移土的推土机数量应大于铲土的推土机数量,特别是移土距离较远时。

B. 斜坡铲土与纵向移土的推土机功率。斜坡铲土铲削的是母体土,土体相对较硬,故铲土功率应该大一些,以提高铲土效率。但应考虑机动性和稳定性,所以铲土功率(机型)不宜太大。纵向移土基本属于水平移土,阻力主要是移土阻力,故应该采用大推土板和大功率推土机,以提高移土效率,使铲移土平衡。

五、推土机生产率的计算及提高方法

直铲推土机的生产率可由下式计算:

$$Q = \frac{60qK_{B}K_{y}}{T} \tag{2-1}$$

式中:Q——直铲推土机生产率,m^3/h;

q——推土机一次推移土料的近似体积,m^3;

K_B——时间利用系数,一般为 0.80~0.85;

K_y——坡度影响系数,平地取 1.0,上坡坡度为 5%~10% 时取 0.50~0.70,下坡坡度为 5%~15% 时取 1.3~2.3;

T——每完成一个工作循环所需的时间,min。

$$T = \frac{L_1}{v_1} + \frac{L_2}{v_2} + \frac{L_1 + L_2}{v_3} + t_0 + t_1 \tag{2-2}$$

式中:L_1——铲土距离,一般为 6~10m;

v_1——铲土时行驶速度,m/min;

L_2——运土料距离,m;

v_2——运土时行驶速度,m/min;

v_3——空驶速度,m/min;

t_0——换挡时间,min;

t_1——转向掉头所需时间,min。

推土机一次推移土料的近似体积 q 可由下式计算:

$$q = \frac{kbh^2}{2\tan\varphi} \tag{2-3}$$

式中:b——推土板宽度,m;

h——推土板高度,m;

φ——铲刀前土壤的自然坡角,(°);

k——推土板的充满系数,取值可参考表 2-2。

推土板的充满系数 k 表 2-2

难易程度	推土作业标准	k
容易	完全松散的土,如低含水率的砂性土、一般土壤	0.9~1.1
普通	松软土,如含有砾石的砂、细碎岩石	0.7~0.9
较难	高含水率的黏性土、含有大卵石的砂、干燥而坚硬的黏土	0.6~0.7
很难	大块石料	0.4~0.6

提高推土机生产率的方法有以下几种:

(1)缩短一个循环作业的时间

合理选择运距,使送土和回程距离最短;充分利用下坡铲土;边提刀、边换挡后退,尽可能快速回程,充分利用时间。如遇土质坚硬,应先松土再铲运,减少铲土所需时间。

(2)提高时间利用系数

做好开工前的各项准备工作,避免因准备工作不足而停机;正确进行施工组织,避免因工序安排不当、机械相互干涉而停机。

(3)减少土壤的漏损

采用土槽、土埂,或加挡土板;两台推土机并列作业。

(4) 合理选择机型和正确调整使用

合理选择机型以充分发挥机械性能;根据土质和地形情况及时调整铲刀铲土角或铲刀水平回转角;正确合理地操作和使用机械;根据工况及时换挡和调整发动机转速。

第二节 铲运机施工

铲运机是一种利用铲斗铲削土壤,并将碎土装入铲斗进行运送的铲土运输机械。本节将介绍铲运机的分类、适用范围、基本铲土方法等内容。

一、铲运机简介

铲运机是一种循环性铲土运输机械,能独立完成铲、装、运、卸四个工序。工作装置(铲斗)包括斗门、铲斗斗体、卸土板等,如图2-13所示。

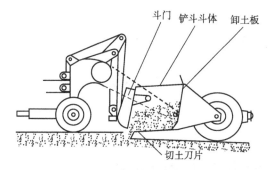

图2-13 铲运机工作装置示意图

铲运机广泛应用于公路、铁路、港口及大规模的建筑施工等工程中的土方作业。例如,在公路工程中,用来开挖路堑、填筑路堤、搬运土方、平整场地等;在水利工程中,用来开挖河道、渠道、填筑坝堤等;在农田基本建设中,用来整平土地、铲除土丘、填平洼地等;在机场、矿山建设施工中,用来进行土方铲削作业;在适宜的条件下,可用于石方破碎的软石工程施工。

二、铲运机的分类

铲运机按铲斗容量分为小容量($3m^3$及以下)、中等容量($4\sim14m^3$)、大容量($15\sim30m^3$)和特大容量($30m^3$以上)四种;按卸土方法分为强制式、半强制式和自由式三种;按操纵系统形式分为钢索滑轮式和液压操纵式两种;按行走方式分为拖式、半拖式和自行式三种;按轴数分为单轴式和双轴式两种。

三、铲运机的适用范围

铲运机的适用范围主要取决于土质特性、运距、机械自身性能和道路状况。

铲运机应根据运距、地形、土质来选用,其中经济运距和作业阻力是选铲运机的主要依据。

1. 铲运机的经济运距

铲运机的经济运距视类型不同而异,一般与斗容量的大小成正比,但也不是绝对的。一一般情况下,斗容量在 6m³ 以下的铲运机的最短运距以不小于 100m 为宜,最长运距不应超过 330m,经济运距为 200～300m。斗容量为 10～30m³ 的自行式铲运机,最小运距不小于 800m,最长运距可达 1500m 以上。不同斗容量铲运机的经济运距和道路坡度的适用范围见表 2-3。几种国产铲运机的使用条件见表 2-4。

不同斗容量铲运机的经济运距和道路坡度的适用范围　　　　表 2-3

类别			堆装斗容量(m³)		经济运距(m)		道路坡度(%)
			一般	最大	一般	最佳	
拖式铲运机			2.5～18	24	100～500	100～300	15～25
自行式铲运机	单发动机	一般铲装	10～30	50	200～2000	200～1500	5～8
		链板装载	10～30	35	200～1000	200～600	5～8
	双发动机	一般铲装	10～30	50	200～2000	200～1500	10～15
		链板装载	10～16	34	200～1000	200～600	10～15

几种国产铲运机的使用条件　　　　表 2-4

	型号	斗容量(m³)	牵引方式及动力[kW(hp)]	操纵方式	卸土方式	切土深度(mm)	卸土深度(mm)	适用运距(m)
拖式铲运机	CT6	6～8	履带式拖拉机 58.8～73.6(80～100)	机械式	强制式	300	380	100～700
	CTY7	7～9	履带式拖拉机 88.3(120)	液压式	强制式	—	—	100～700
	CTY9	9～12.5	履带式拖拉机 132.4～161.8(180～220)	液压式	强制式	300	350	100～700
	CTY10	10～12	履带式拖拉机 95.6～147.1(130～200)	液压式	强制式	300	300	100～700
自行式铲运机	CL7	7～9	单轴牵引车 132.4(180)	液压式	强制式	300	400	800～1500

2. 铲运机对土的适应性

铲运机适用于Ⅰ、Ⅱ级土的施工,如遇Ⅲ、Ⅳ级土应预先疏松再作业。最适宜在湿度较小(含水率在25%以下)的松散砂土和黏土中施工,不适宜在干燥的粉砂土和潮湿的黏性土中作业,更不适宜在地下水位高的潮湿地区和沼泽地带及岩石类地区作业。在泥沼地、松砂地上不宜使用。当土中含有石块及混有大量圆石时,对铲运机的效率影响较大,也不宜使用。

3. 铲运机对地形的适应性

铲运机在施工中应尽可能地利用地形下坡铲装和运输,以提高生产率。但是它与推土机不同,推土机下坡推土只要在允许范围内,坡度越大,效率越高,而铲运机一般铲装时的下坡角以 7°~8° 为宜。在这样的坡度上铲装效率最高,如坡度过大,铲下的土不易进入铲斗,效率反而降低。

四、铲运机的基本铲土方法

1. 一般铲土法

铲刀开始以最大深度切入土中(不超过 30cm),随着阻力不断增加(包括整机惯性力的减小),为防止铲装速度下降过快,逐渐减小铲土厚度,直至装满铲斗为止。一般铲土法如图 2-14 所示。该法适用于Ⅰ、Ⅱ级土壤施工。

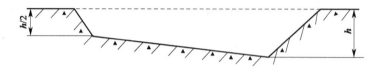

图 2-14　一般铲土法

h-最大铲土深度

2. 波浪铲土法

该法适用于砂性土。铲土时,以最大深度(30cm)切入土中,随着负荷逐渐增加,发动机转速降低,切土深度逐渐减小;当发动机转速有所提高时,再切入土中。如此反复进行三四次即可装满铲斗。这样可以充分利用发动机功率,并能改善装土条件,从而提高工作效率。波浪铲土法如图 2-15 所示。

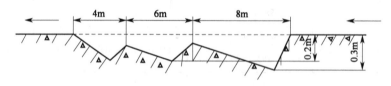

图 2-15　波浪铲土法

3. 跨铲法

跨铲法是以减小铲刀切土宽度和改变切土形状来减小切土的阻力,提高铲土速度的一种方法。在一般铲土过程中,特别是铲土最后阶段,铲入的土必须用很大的压力才能克服已进入铲斗内的土的阻力而挤入斗内,故在发动机功率一定的条件下,其切土的能力就不足。铲土时按图 2-16 所示的程序布置铲土道。作业时,先在取土场第一排(1 区、2 区、3 区)铲土道上取土,两相邻铲土道之间留出一半铲斗宽的土不铲。然后,在第二排(4 区、5 区)铲土道上取土,其起点应在第一排铲土道长度的一半处。第三、第四排铲土道依次后移,使各铲土道前、后、左、右重合。由于铲土的后半段减小了切土宽度,铲土阻力也相应地减小,所以铲运机有足够的牵引力将铲斗装满,同时其又可以缩短铲土道长度和铲土时间,使铲运机工作效率提高。

如果取土场狭窄,不能按上述施工程序布置,则可采用单排跨铲法,如图 2-17 所示。铲土道间留出适当宽度的土埂,使铲运机在铲除这些土埂时可减小切土阻力。

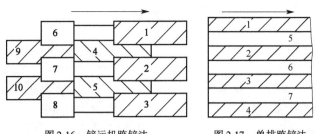

图 2-16 铲运机跨铲法　　　图 2-17 单排跨铲法

4. 下坡铲土法

铲运机的重力分力所产生的下坡推力使铲削力增加,从而提高铲土效率。下坡角在 7°~8°时铲装效率最高。若下坡角超过 15°,则铲下的土不易进入铲斗,反而使效率降低。

5. 顶推助铲法

此法适用于土质坚硬和软土、沼泽等的土方施工。使用推土机在铲运机后面向前推顶,提高铲掘能力,缩短装土时间,提高铲装效率。每台推土机能配合的铲运机台数可根据下式计算:

$$n = \frac{t_T - (t_1 - t_2)}{t_2 + t_3} \tag{2-4}$$

式中:n——每台推土机能配合的铲运机台数;

t_T——无助铲时铲运机完成一个循环所需时间,min;

t_1——无助铲时每次铲土所需时间,min;

t_2——有助铲时每次铲土所需时间,min;

t_3——推土机每次助铲换位时行驶时间,min。

推土机在助推过程中应注意与铲运机密切配合,速度保持一致,并以直线行驶。

五、铲运机的施工运行路线

铲运机的施工运行路线应适应施工现场地形条件和机械性能等因素,以便达到运距短、坡道缓、转弯缓及修筑道路工作量小的要求。

铲运机的施工运行路线有以下几种:

1. 椭圆形运行路线

椭圆形运行路线如图 2-18 所示,适用于路外 100~500m 处开挖,运土至弃土堆或从取土坑取土填筑路堤。这种路线的优点是在不同地形条件下布置灵活,场地适应性强,运行中干扰少。缺点是重载上坡转角大,转弯半径小,单侧磨损较大。为减少单侧磨损,应正向旋转一段时间,再反向旋转。

2. "8"字形运行路线

"8"字形运行路线如图 2-19 所示。这种路线的优点是在一个循环中完成两次铲土和卸土,重载急弯少,运行时间短,作业效率高。由于循环中左右转弯距离和角度相同,因而行走机构两侧磨损较均匀。缺点是要求有较大施工场地。

在施工时要注意"8"字形路线的运行方向,正确的方向如图 2-19 所示。如果方向相反,在"8"字两端会出现重载急弯,从而会使施工作业效率明显降低。

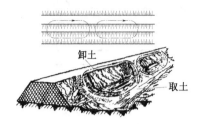
图2-18 椭圆形运行路线

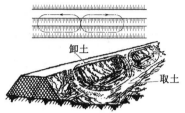
图2-19 "8"字形运行路线

3."之"字形运行路线

"之"字形运行路线如图2-20所示。这种路线的优点是适用于较长地段施工,且易于运用机群作业,各机列队(每机间隔20m)依次进行挖填到尽头,折返后反向运行作业,其填挖地段应与来时错开。由于这种运行路线掉头少,故生产效率相对较高。缺点是作业面长,在多雨季节难以施工。

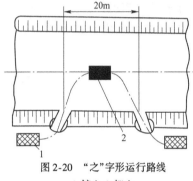
图2-20 "之"字形运行路线
1-铲土;2-卸土

4.穿梭式运行路线和螺旋形运行路线

这两种运行路线都适用于两侧取土。

穿梭式运行路线如图2-21所示,属于纵向卸土。在循环时,应注意向重载急弯少的方向运行。同时,应注意取土后转向路堤的转角。转角小,则坡缓,但运行距离长;转角大,则运行距离短,但会出现重载急弯。因此应根据机型、路堤填高、取土坑的距离及地形等综合考虑。这种运行路线的优点是一个循环可完成两次铲装和卸土,运行距离较短。同时,施工组织较简单。缺点是转弯次数多,增加了运行时间。由于向一个方向转弯多,铲运机单侧磨损较重。

螺旋形运行路线如图2-22所示,属于横向卸土。这种运行路线的优点是一个循环可完成两次铲装和卸土,运行距离比穿梭式运行路线还要短,施工效率高。在施工时只要按照螺旋形运行路线横向移动即可完成挖填作业,施工组织简单。缺点是转弯次数多(一个循环四次),增加了运行时间。由于始终向一个方向转弯,铲运机单侧磨损较重。挖填作业完成后修整工作量较大。

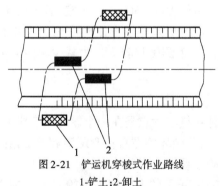
图2-21 铲运机穿梭式作业路线
1-铲土;2-卸土

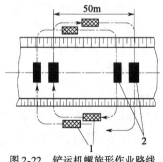
图2-22 铲运机螺旋形作业路线
1-铲土;2-卸土

对穿梭式运行路线和螺旋形运行路线,为减少单侧磨损,应正向旋转一段时间后,再反向旋转,从而使其两侧磨损均匀。

六、铲运机的施工作业

1. 填筑路堤

一般使用铲运机进行路堤填筑施工时,其取土距离应在路堤 100m 以外,而填筑高度在 2m 以上较为合理。当路堤填筑高度在 2m 以下时,最好采用推土机、铲运机联合作业,使两者各自发挥优势,以提高作业效率,降低施工成本。

使用铲运机填筑路堤时,按填土方向不同,分为纵向填筑和横向填筑两种。

纵向填筑路堤,首先检查桩号。边坡处应用明显的标杆标出其准确的位置,再根据施工规定进行基底处理,然后按照选定的运行路线进行施工。填筑高度在 2m 以下时,应采用椭圆形运行路线,如运行地段较长,也可采用"之"字形运行路线;填筑高度在 2m 以上时,应采用"8"字形运行路线,这样可以使进出口的坡道平缓些。填筑路堤时应先从两侧界线处分层向中间填筑,以防少填和超填,同时使填筑层始终保持两侧高于中间,这样可以防止铲运机向外翻车。铲运机填筑路堤示意如图 2-23 所示。

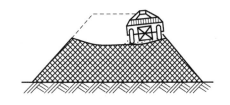

图 2-23　铲运机填筑路堤

铲运机填筑路堤时,其轮胎对土壤有良好的压实作用,因此在卸土时应将土壤均匀分布于路堤上,同时铲运机在运土和回驶过程中,车轮应将路堤上铺卸的土尽可能都压到,以保证路堤的压实质量并提高压实速度。

当路堤两侧填筑到要求的高程时,再把中部填平,并使其具有一定的拱度。

当路堤填筑高度在 1m 以上时,应修筑上堤运行通道;当路堤填筑高度大于 2m 时,则每隔 50~60m 修筑上下坡通道或缺口,通道的最小宽度为 4m,转弯半径不小于 6m,上坡通道的坡度一般为 15%~20%,下坡通道的极限坡度为 50%。当路堤填筑完成后,所设的进出口通道和缺口都应封填。

横向填筑路堤时,其填筑方法与纵向相同,只是运行路线应根据施工现场的条件采用属于横向卸土的螺旋形。

2. 开挖路堑

铲运机开挖路堑有两种作业方式,一种是横向弃土开挖,另一种是纵向移挖作填。路堑应分层开挖,并从两侧开挖,每层厚 15~20cm。这样做既能控制边坡,又能使取土场保持平整。对每层开挖后两侧边坡上的三角土埂,应及时铲去。同时还应沿路堑两侧纵向做出排水坡度。

在下列情况下,应采用横向开挖:
①堑顶地面有显著横坡,而上游一侧需设置弃土堆,阻挡地面水流入路堑;
②路堑中纵向运土距离太长,严重影响工作效率;
③深路堑顶层上方,为缩短运距在两侧弃土;

④长路堑,由于施工条件限制(土质不适合、地形不适合、合同施工范围不容许等),铲运机只能施工其中一段,而一端或两端均无法纵向出土。

铲运机横向开挖路堑的施工方法与横向取土填筑路堤相似。

铲运机纵向移挖作填如图 2-24 所示。当必须向路堑口外相接的路堤处作填方时,铲运机应当利用地面纵坡,自路堑端部开始作下坡铲土,并逐渐向路堑内延伸挖土长度,而填筑路堤也应延伸。一般铲运机可在路堑内作 180°转向,从路堑的两端分别开挖。当延伸到路堑的中部而长度在 300m 以内时,可改用直线迂回运行的方法,作纵向贯通运行,往返交替向两端挖运。这种深路堑的开挖顺序如图 2-25 所示。在开挖时要随时测量高程和边坡,防止超挖和欠挖。

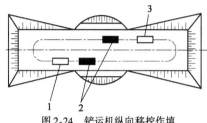

图 2-24　铲运机纵向移挖作填
1、3-铲土;2-卸土

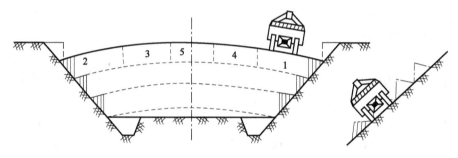

图 2-25　铲运机开挖路堑时的开挖顺序
注:1～5 为开挖顺序。

3. 铲运机的现场施工

(1)铲装

①要求斗平或斗满。

②作业面的长度和宽度应能使铲斗易于达到满载,在规定距离以内应完成铲装。

③时间小于或等于 1min,即在 1min 内完成铲装,完不成则说明土硬,应先松土,再铲运。

(2)运输

①平均速度(运土):履带式大于或等于 4km/h,轮式大于或等于 22km/h。如果速度达不到,应修整道路。

②在道路条件许可时,尽可能挂最高挡行驶。

A. 宽度:单行道,2 个机宽,应不小于 4m;双行道,3 个机宽,应不小于 8m。

B. 平整度:道路无明显车辙;应引导驾驶员尽量错开轮迹走,这样不易形成车辙,或车辙严重时用铲斗刮平。

C. 面层:不起尘;如尘大,则洒水。

D. 每处转弯,应能在 15s 内完成;重载应尽可能平缓,避免急弯。

(3)卸土

应尽可能挂高挡在 30s 内完成。

七、铲运机的生产率及提高生产率的措施

（1）铲运机的生产率

铲运机的生产率可由下式计算：

$$Q = \frac{60VK_h K_b}{TK_s} \tag{2-5}$$

式中：Q——铲运机的生产率，m^3/h；

V——铲斗的几何容积，m^3；

K_h——土壤充满系数，取值可参考表2-5；

K_b——时间利用系数，为 0.75～0.98；

K_s——土壤松散系数，取值可参考表2-6；

T——每工作一个循环所用时间，min。

$$T = \frac{L_1}{v_1} + \frac{L_2}{v_2} + \frac{L_3}{v_3} + \frac{L_4}{v_4} + t_1 + t_2 \tag{2-6}$$

式中：L_1、L_2、L_3、L_4——铲、运、卸、回驶的距离，m；

v_1、v_2、v_3、v_4——铲、运、卸、回驶的速度，m/min；

t_1——换挡时间，min；

t_2——掉头转向所需时间，min。

铲运机铲斗的土壤充满系数 K_h　　　　表2-5

土壤种类	K_h	土壤种类	K_h
干砂	0.6～0.7	砂土与黏性土（含水率4%～6%）	1.1～1.2
湿砂（含水率12%～15%）	0.7～0.9	干黏土	1.0～1.1

土壤松散系数 K_s　　　　表2-6

土的等级	土的种类	K_s 标准值	K_s 平均值
Ⅰ	植物土以外的土	1.08～1.17	1.10
Ⅱ	植物土、泥炭黑土	1.20～1.30	1.25
Ⅲ	—	1.14～1.28	1.20
Ⅳ	—	1.20～1.30	1.25
Ⅴ	除软石灰石外	1.26～1.32	1.30
Ⅵ	软石灰石	1.33～1.37	1.35

（2）提高铲运机生产率的方法

由铲运机的生产率计算公式可知，铲运机的生产率 Q 与以下因素有关：

①斗容 V。斗容大，效率高。但斗容大，发动机功率大，体积大，不灵活，购置、运行成本高，铲装、卸土时间长。

②土壤充满系数 K_h。土壤充满铲斗的多少不仅与土的性质有关,还与操纵技术密切相关,如铲斗斗门的开启大小与时间。

铲装开始:斗门开启应大些,尽量减少土的入斗阻力。此时斗门开启60～70cm,土入斗后移并叠置。

铲装中期:铲斗内的土逐渐增多,并向斗门方向挤压,有滚出趋势。此时斗门应关小些,为25～40cm。

铲装后期:要装满铲斗,需更大的挤压力,此时斗门重新开大些,为35～55cm。铲斗内的土由于挤压形成拱桥作用而不会滚出。

铲运机铲装时斗门开启的合理位置示意图2-26。

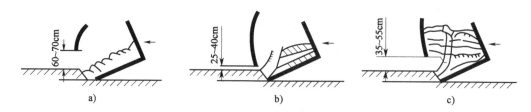

图 2-26　铲运机铲装时斗门开启的合理位置
a)铲装开始;b)铲装中期;c)铲装后期

③作业循环时间 T。一个循环所用的时间不仅与路况和操纵技术有关,还与机械选型和施工组织有关。

④土壤松散系数 K_s。土密度大(K_s值小),则铲装效率高。但是密度太大,则铲不动或铲装慢,必须松土或爆破。

因此,要提高铲运机生产率应做到以下几点:

①合理选择机型,充分做好施工运行路线的规划,使运行距离短,重载上坡和急弯少,且机械互不干涉。

②对硬土或冻土应先松土再铲运,但松土不宜过深(以20～40cm为宜),过深会影响铲运机的牵引力。

③清除树根、树桩、孤石等,提高铲装速度。

④提高驾驶者的操作技术水平,同时保证铲运道路状态良好,尽可能以高速挡运行。

第三节　平地机施工

平地机是土方工程中用于整形和平整作业的主要机械。本节将介绍平地机的分类、结构、作业方法等内容。

一、平地机简介

平地机是一种以刮刀为主,并配置有其他多种可更换的作业装置,以完成土地平整和整形作业的公路施工机械,如图2-27所示。平地机的刮刀比推土机的铲刀更加灵活,刮刀的平面角、切削角和倾斜角能连续改变,并可向任意一侧伸出。因此,平地机是一种多用途的连续作业式土方机械。

二、平地机分类

1. 按操纵方式分类

平地机按操纵方式可分为机械操纵式和液压操纵式。

图 2-27　平地机

2. 按车轮数量分类

平地机均为轮胎式的。按车轮数、驱动轮对数和转向轮对数的分类示意图,如图2-28 所示。

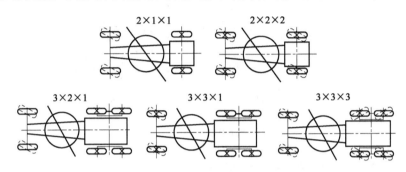

图 2-28　平地机按车轮数量分类示意图

注：车轮上带"×"者均为驱动轮。

（1）四轮平地机

① $2\times1\times1$ 型：前轮转向,后轮驱动。

② $2\times2\times2$ 型：全轮转向,全轮驱动。

（2）六轮平地机

① $3\times2\times1$ 型：前轮转向,中后轮驱动。

② $3\times3\times1$ 型：前轮转向,全轮驱动。

③ $3\times3\times3$ 型：全轮转向,全轮驱动。

驱动轮对数越多,工作中所产生的附着牵引力越大；转向轮越多,平地机的转弯半径越小。因此,上述五种形式中 $3\times3\times3$ 型的性能最好,大、中型平地机多采用这种形式。$2\times2\times2$ 型和 $2\times1\times1$ 型均在轻型平地机中应用。目前,转向轮装有倾斜机构的平地机获得了广泛的应用。装设倾斜机构后,在斜坡上工作时,车轮倾斜可提高平地机工作的稳定性；在平地上转向时,能进一步减小转弯半径。

3. 按机架结构形式分类

按机架结构形式,平地机可分为机架整体式和机架铰接式。

（1）机架整体式

机架整体式有较大的整体刚度,但转弯半径也较大。传统的平地机多采用这种机架结构。

（2）机架铰接式

机架铰接式转弯半径小,一般比机架整体式小 40% 左右,可以较容易地通过狭窄地段,能快速掉头,在弯道多的路面上尤为适宜。在斜坡上作业时,可将前轮置于斜坡上,而后轮和机身在平坦的地面上行进,这样提高了机械的稳定性,保证作业安全。目前生产的平地机大都采用这种结构。

三、平地机总体结构

以 PY180 型平地机为例,其结构如图 2-29 所示。

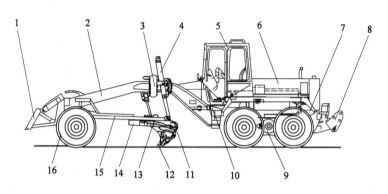

图 2-29 PY180 型平地机结构示意图
1-前推土板;2-前机架;3-摆架;4-刮刀升降油缸;5-驾驶室;6-发动机罩;7-后机架;8-后松土器;9-后桥;10-铰接转向油缸;11-松土耙;12-刮刀;13-铲土角变换油缸;14-回转盘齿圈;15-牵引架;16-转向轮

1. 后桥平衡箱串联传动

后桥平衡箱串联传动就是将后桥半轴传出的动力,经串联传动分别传给中、后轮。由于平衡箱结构有较好的摆动性,因而保证了每侧的中、后轮同时着地,有效地保证了平地机的附着牵引性能。同时,平衡箱可大大提高平地机刮刀作业平整性。如图 2-30a)所示,当左右两中轮同时被高度为 H 的障碍物抬起时,后桥的中心升起高度为 $H/2$,而位于机身中部的刮刀升高 $H/4$。如果只有一只车轮,如图 2-30b)所示的左中轮,被高度为 H 的障碍物抬起,此时后桥的左端升高 $H/2$,后桥中间升高 $H/4$,刮刀的左端升高 $3H/8$,右端升高 $H/8$。

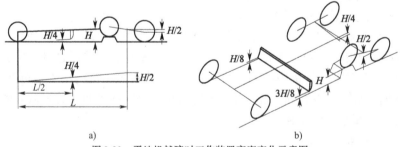

图 2-30 平地机越障时工作装置高度变化示意图
a)左右两中轮同时压上障碍物;b)左中轮压上障碍物
L-前后桥轴距

2. 刮土工作装置

刮土工作装置是平地机的主要工作装置。刮土工作装置的结构如图 2-31 所示。牵引架前端的球形铰与车架前端铰接,因而牵引架可绕球形铰在任意方向转动和摆动。回转圈支承在牵引架上,可在回转驱动装置的驱动下绕牵引架转动,从而带动刮刀回转。刮刀的背面有上下两条滑轨支撑在两侧角位器的滑槽上,可在刮刀侧移油缸的推动下侧向滑动。角位器与回转圈耳板下铰接,上端用螺母固定。当松开螺母时,角位器可以摆动,从而带动刮刀改变切削角(也称铲土角)。

作业装置操纵系统可以控制刮刀做如下动作:

(1)刮刀左右单独或同步升降,由右升降油缸、左升降油缸完成;

(2)刮刀回转,由回转驱动装置完成;

(3)刮刀相对于回转圈左、右侧移,由刮刀侧移油缸完成;

(4)刮刀随牵引架一起侧移,由牵引架引出油缸完成;

(5)刮刀切削角改变,由人工或切削角调节油缸和角位器紧固螺母完成(调好后再用螺母固定)。

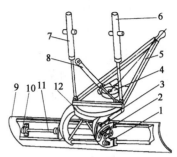

图2-31 刮土工作装置

1-角位器;2-角位器紧固螺母;3-切削角调节油缸;4-回转驱动装置;5-牵引架;6-右升降油缸;7-左升降油缸;8-牵引架引出油缸;9-刮刀;10-油缸头铰接支座;11-刮刀侧移油缸;12-回转圈

不同的平地机,刮刀的运动也不尽相同,例如有些小型平地机为了简化结构没有角位器机构,切削角是固定不变的。

四、平地机的作业方法

1. 平地机的适用范围(用途)

大面积平整场地;修筑路基表面和路拱,两侧取土填筑高度小于1m的路堤,挖0.5~0.6m深的路堑,以及半填半挖路基;开挖边沟和路槽,修刷边坡,回填沟渠;在路基上路拌、摊铺路面材料及基层材料;推除草皮,清除积雪、石块等。

2. 平地机的基本作业

(1)刮刀的四种调整动作

水平回转、两端垂直升降、左右侧伸和机外倾斜。

(2)刮刀的三个参数

铲土角 γ(刀身截面与地面形成的角度)、倾斜角 β(刀身刃口线与地面间夹角)和平面角 α(刀身轴线在水平面上与行驶方向的夹角),如图2-32所示。

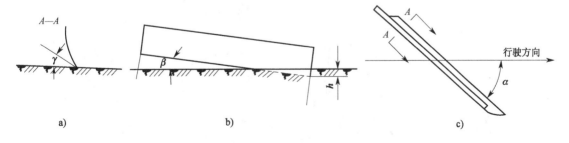

图2-32 平地机刮刀的工作角

a)铲土角 γ;b)倾斜角 β;c)平面角 α

h-刮刀切入深度

(3)刮刀调整的基本规律

土松、土质轻,α 可小,易侧刮移,铲前土堆积少;土硬、土质重,α 要大,否则侧向力太大,侧向不稳;土硬、土质重,β 不宜大;土硬、土质重,γ 要小,易铲动;土松、土质轻,γ 要大。这里,α、β 和 γ 是相互影响的。

平地机作业时刮刀的角度调整如表2-7所示。

平地机刮刀角度调整表　　　　表2-7

作业名称		α	β	γ
铲土	用犁松过的土	最小30°	<11°	<40°
	用松土机松过的土	30°~35°	<13°	<40°
	未松碎Ⅰ、Ⅱ级土	最小45°	<15°	<35°
运土	重质土	40°~50°	<11°	<35°
	轻质土	35°~45°	<13°	40°左右
修整路基	刮平	45°~55°	<13°	40°左右
	加延长刀整平	55°~90°	<3°	40°~60°

3. 平地机的基本作业方法

平地机的基本作业方法包括刀角铲土侧移、刮土侧移、刮土直移和机外刮土。

(1)刀角铲土侧移

该法适用于开挖边沟,并利用开挖出的土修整路基段或填筑低路堤,如图2-33所示。作业时先将刮刀的工作角度根据土质调好;以Ⅰ挡前进,将刮刀前端下降,后端升起,形成较大的倾斜角切土;为掌握方向,应将刮刀前置端正对前轮之后;刮出的土应卸于前轮内侧,避免后轮压上影响牵引性能和行驶平稳性。

(2)刮土侧移

该法适用于修筑低路堤,平整场地,回填沟渠,路拌、摊铺路面材料,如图2-34所示。作业时调整刀的平面角和铲土角;以Ⅱ挡或Ⅲ挡前进,将刀水平放下;修低路堤、路拱时应采用机内卸土;注意卸出的土不要堆在后轮的行驶轮迹上,否则会影响牵引力及平整度;全回转刮刀可进行"穿梭"作业,适用于狭长工地施工。

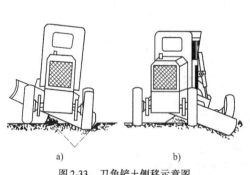

图2-33 刀角铲土侧移示意图
a)刮刀一端下沉铲土;b)刮刀侧伸下倾铲土

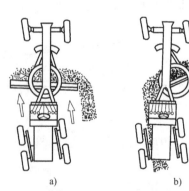

图2-34 刮土侧移示意图
a)机外卸土;b)机内卸土

(3) 刮土直移

该法适用于修整不平度较小的场地,如路基施工中路拱的最后精平和材料的平整,如图 2-35 所示。作业时一般铲土角为 60°~70°,平面角为 90°,倾斜角很小或为零;以 Ⅱ 挡或 Ⅲ 挡前进,放下刮刀,刮刀切入标准深度快速整平;刮刀前应留有适量的土以填平低洼处(特别是摊铺松散材料时)。

(4) 机外刮土

该法适用于修刷路堤、路堑边坡和边沟,如图 2-36 所示。作业时将刮刀置于机外,刮刀上端向前,下端朝后(使刮土易下落),适当倾斜以适应坡度;以 Ⅰ 挡前进;刷边沟时,平面角应小一些,刷路基、路堑边坡时,平面角应大一点。

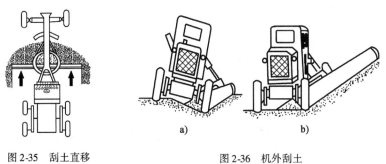

图 2-35 刮土直移

图 2-36 机外刮土
a) 刷边沟作业;b) 刷边坡作业

五、平地机施工作业

(1) 修整路形

修整路形的工序:铲挖→侧移→整平,如图 2-37 所示。

①先采用铲土侧移,开挖边沟。此时因为是未松土,平面角不宜过大,循环运行完成开挖。

②采用刮土侧移法。此时因为是松土,平面角和铲土角可大一些,倾斜角应符合路拱要求。

③刮土直接按设计横断面大小要求修整。

④铲土、送土次数与路基宽度、边沟大小、土的性质及平地机技术性能有关。正确的设计是从一侧挖出的土量足够填一侧路拱所需土量,最后需整平。

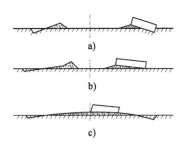

图 2-37 平地机修整路形的施工顺序
a) 两端铲;b) 挖刮土侧移;c) 整平

⑤必须在第一层土料全部排铺后用平地机在松土上往返行走预压一遍,再填铺第二层土,以便掌握正确标准。若全轮转向,可侧移平地机,一次刮送土就可将前一行程松土全部碾压一遍,有利于第二层的刮平和路拱控制。

(2) 修刷边坡

采用机外刮土法。

①当路堤高度小于 1.8m,边坡坡度在 1:1.5~1:0.5 之间时,使用一台平地机单独作业。

②当路堤高度在 4m 左右时,可用两台平地机作业,第一台在上,先行 10m,第二台在下

(便于观察),并按照上机刮出边坡进行作业。

(3)开挖路槽

铺筑路面基层,必须在路基顶开挖路槽。

路槽的开挖根据不同的设计方案,有以下三种形式:

方案一:把车道下路基的土铲挖掉,形成路槽,挖土弃掉;

方案二:将路基两侧部分加高成路肩,中间形成路槽;

方案三:将路槽开挖到设计深度的一半,然后把挖出的土填在两侧修成路肩。

其中方案三不需要运土且施工成本最低,但要求计算准确。其施工次序如图2-38所示。

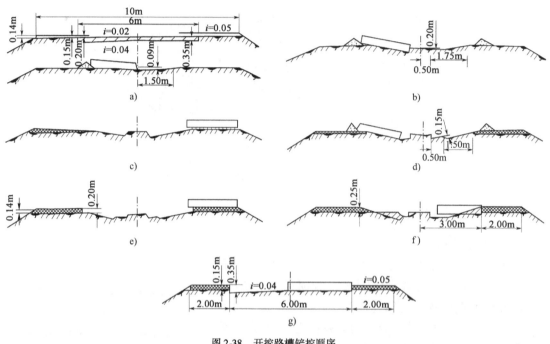

图2-38 开挖路槽铲挖顺序

(4)路拌混合料

路拌只用于低等级公路基层施工。用平地机进行路拌,有三种施工作业法,如图2-39所示。

①土和掺合料(石灰或水泥)分层摊铺在路基上拌和,如图2-39a)所示。

施工顺序:平地机齿耙耙松土壤后用刀刮平,在其上摊铺掺合料后再刮平,然后拌和。

拌和:采用刀角铲土侧移法将土和掺合料分别向两侧刮。刮送时,刮刀要刮到硬土,以免漏拌。

②掺合料堆放在路基中心线上拌和,如图2-39b)所示。

施工顺序:先将路槽中的土翻松,将掺合料堆放在翻松土上,再拌和。

③掺合料堆放在两侧路肩上拌和,如图2-39c)所示。

施工顺序:此时路槽中的土已被翻松,将两侧路肩上的掺合料分别刮入路槽内。掺合料第一次刮入时应刮平,土粒径不同时,应将粒径小的摊铺在上面。

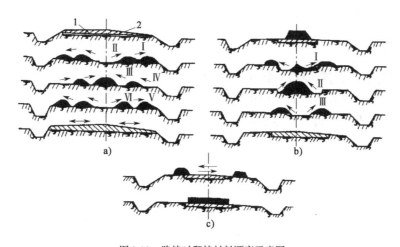

图 2-39 路拌时翻拌材料顺序示意图
a) 在路基上拌和土和掺合料；b) 在路基中心线处拌和土和掺合料；c) 拌和堆置在两侧路肩上的掺合料
1-路基；2-路面

六、平地机的生产率

施工作业不同,则生产率计算方法也不同。修整路形时,按单位时间完成的工程量计算；平整场地时,按单位时间完成的面积计算。

1. 平地机修整路形时生产率的计算

平地机修整路形作业有铲、移、平三道工序,其生产率的计算如下式所示：

$$Q = \frac{1000LAK_S}{2L(n_1/v_1 + n_2/v_2 + n_3/v_3) + t_1(n_1 + n_2 + n_3)/30} \tag{2-7}$$

式中：Q——平地机修整路形时的生产率,m^3/h；

L——修整路长,km；

t_1——每次掉头所需时间,min；

A——两侧取土坑的断面面积,m^2；

K_S——时间利用系数,通常取 0.85～0.9；

v_1、v_2、v_3——平地机铲土、移土、整平过程的运行速度,km/h；

n_1——铲土作业行程数（一个来回为一个行程）；

n_2——移土作业行程数；

n_3——整平作业行程数。

铲土作业行程数 n_1 为

$$n_1 = \frac{A\varphi}{2A'} \tag{2-8}$$

式中：A'——刮刀每次铲土面积,m^2；

φ——铲土中两行程重叠系数,一般取 1.1～1.2。

$\frac{A}{A'}$ 为所需铲土的次数,同一行程铲两次,故应除以 2。

移土作业行程数 n_2 为

$$n_2 = \frac{L_0 \varphi_2}{L_n} \tag{2-9}$$

式中：φ_2——移土中两行程重叠系数，一般取 1.1～1.2；
　　　L_0——路基一侧需移土的平均距离，m；
　　　L_n——平地机一次刮刀可移送的距离，m，即

$$L_n = l \cdot \sin\alpha \tag{2-10}$$

式中：l——刮刀长，m；
　　　α——刮刀平面角，(°)。

由于 $\frac{L_0}{L_n}$ 是一侧移土需平移的次数，一个行程可移两次，因此对单侧移土有 $n_2' = \frac{L_0 \varphi_2}{2L_n}$，两侧应乘 2。

因此，完成一段 L 长路基的全部整形工作所用时间 t_T 为

$$t_T = 120L\left(\frac{n_1}{v_1} + \frac{n_2}{v_2} + \frac{n_3}{v_3}\right) + 2t(n_1 + n_2 + n_3) \tag{2-11}$$

2. 平地机平整场地时的生产率计算

平地机平整场地时的生产率可由下式计算：

$$Q = \frac{60L(l\sin\alpha - 0.5)K_B}{n(L/v + t_1)} \tag{2-12}$$

式中：Q——平地机平整场地时的生产率，m^2/h；
　　　L——平整路段长度，m；
　　　l——刮刀宽度，m；
　　　K_B——时间利用系数，通常取 0.85～0.95；
　　　n——平整路段所需行程数；
　　　α——刮平的平面角，(°)；
　　　v——平整时的行驶速度，m/min；
　　　t_1——掉头所需时间，min。

从上述公式中可以看出，平地机每次的行程长度越长，所刮的土也就越多，相对地，行程次数越少，掉头也就越少，作业效率就越高。由于平地机轴距大，每次掉头所需的时间和行走距离较其他机械要长得多，因此应尽可能地减少掉头次数。工作过程中切土深度、平面角、铲土角以及切土宽度都视土壤性质而定。其中铲土角和平面角在刮刀调整后，在一个行程中是不变的，只有切土深度在一个行程中根据土壤性质进行调整。只有土壤性质不同、移送距离不同时，才能对铲土角和平面角进行调整。

七、平地机作业注意事项

(1)刮刀和齿耙必须在平地机开始行驶后切入土中，否则会造成起步困难，甚至损坏机件。

(2)刮刀平面角和铲土角的调整必须在停止行驶时进行，且必须将刮刀升离地面。刮刀

升降在作业中进行。

（3）刮刀工作角度的调整烦琐且浪费时间，在修整路（形）拱时往往要反复调整，从而影响生产率。此时，有条件的可使用 2～3 台平地机分别承担不同的作业，以提高效率。

第四节　挖掘机施工

挖掘机是一种土石方挖掘机械。本节将介绍挖掘机的适用范围、结构、基本作业方式、施工作业等内容。

一、挖掘机简介

挖掘机是主要的土石方施工机械之一，如图 2-40 所示。据统计，工程施工中有 60% 以上的土石方是由挖掘机完成的。挖掘机的作业过程是用铲斗的切削刃切土，并把土装入斗内，装满后提升铲斗并回转到卸土地点卸土，然后，使转台回转，铲斗下降到挖掘面，进行下一次挖掘。按作业特点分为周期性作业式和连续性作业式两种。前者为单斗挖掘机，后者为多斗挖掘机。目前在筑路工程中大多采用单斗挖掘机进行施工。因此，本节着重介绍单斗挖掘机的相关内容。

二、单斗挖掘机工作装置类型及总体构造

机械式单斗挖掘机工作装置类型有正铲、反铲、拉铲、抓铲、起重，如图 2-41 所示。

图 2-40　挖掘机

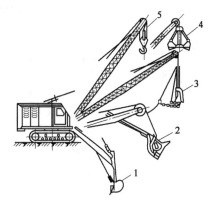

图 2-41　单斗挖掘机工作装置类型
1-反铲；2-正铲；3-拉铲；4-抓铲；5-起重

液压式单斗挖掘机工作装置类型有正铲、反铲、抓铲。

液压式单斗挖掘机与机械式单斗挖掘机不同之处在于动力传递和控制方式，液压式单斗挖掘机采用液压传动装置来传递动力，由液压泵、液压马达、液压油缸、控制阀以及各种液压管路等液压元件组成，如图 2-42 所示。

三、挖掘机的适用范围

挖掘机通常处于主导机械的地位，所以应使挖掘机充分发挥效能。在选用挖掘机施工

时,要考虑地形条件、土质条件、工程量大小以及挖掘机运输条件等。

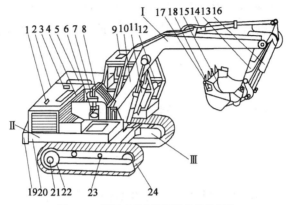

图2-42 液压式单斗挖掘机的总体构造

1-柴油机;2-机棚;3-液压泵;4-液控多路阀;5-液压油油箱;6-回转减速器;7-液压马达;8-回转接头;9-驾驶室;10-动臂;11-动臂油缸;12-操纵台;13-斗杆;14-斗杆油缸;15-铲斗;16-铲斗油缸;17-边齿;18-齿;19-平衡重;20-转台;21-走行减速器、液压马达;22-支重轮;23-托链轮;24-履带板;Ⅰ-工作装置;Ⅱ-上部转台;Ⅲ-行走装置

1. 最小工程量和最低工作面高度

大斗容挖掘机运输成本很高,如果完成移机一次达不到一定的工作量,就可能不合算甚至赔本,经济效益很差。如果工程量较小又必须使用挖掘机,选用斗容量较小、机动性好的轮式全液压挖掘机则比较经济合理。表2-8给出了正铲、拉铲挖掘机最小工程量。

正铲、拉铲挖掘机最小工程量 表2-8

铲斗容量(m³)	正铲挖掘机		拉铲挖掘机	
	工程量(m³)	土壤级别	工程量(m³)	土壤级别
0.50	15000	Ⅰ~Ⅳ	10000	Ⅰ~Ⅱ
0.75	20000	Ⅰ~Ⅳ	15000	Ⅰ~Ⅱ
	—	—	12000	Ⅲ
1.00	15000	Ⅳ~Ⅴ	15000	Ⅰ~Ⅱ
	25000	Ⅰ~Ⅳ	20000	Ⅲ
1.50	25000	Ⅳ~Ⅴ	20000	Ⅰ~Ⅱ

对于机械传动的正铲挖掘机,只能挖掘停机面上方的土。根据不同土壤级别,正铲挖掘机不同最低工作面高度下的铲斗容量见表2-9。

正铲挖掘机不同最低工作面高度下的铲斗容量(m³) 表2-9

土壤级别	最低工作面高度(m)						
	1.5	2.0	2.5	3.0	3.5	4.0	5.0
Ⅰ~Ⅱ	0.5	1.0	1.5	2.0	2.5	3.0	—
Ⅲ	—	0.5	1.0	1.5	2.0	2.5	3.0

续上表

土壤级别	最低工作面高度(m)						
	1.5	2.0	2.5	3.0	3.5	4.0	5.0
Ⅳ	—	—	0.5	1.0	1.5	2.0	2.5

由表2-9可以看出,斗容大,则最低工作面高度大;土质硬,则最低工作面高度大(同斗容工作面高度大,则挖掘能力强)。液压传动的正铲挖掘机也能挖掘停机面下方的土,但以停机面以上为主。反铲挖掘机主要开挖停机面以下的土方,如图2-43b)所示。

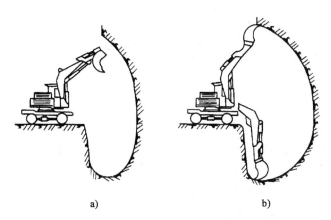

图2-43 液压式挖掘机的工作情况示意图
a)正铲;b)反铲

2. 土质特性

(1)对于Ⅲ级以下的土,单斗挖掘机都适用。

(2)对于硬土、冻土和爆破的岩石、碎石,采用正铲挖掘效果较好(上挑易入斗)。

(3)对碎石等松散物料,采用抓铲进行装载作业较为有效。

四、挖掘机的基本作业

此处仅介绍正铲挖掘机、反铲挖掘机。

1. 正铲挖掘机

(1)主要作业方式——侧向开挖

如图2-44所示,开挖方向就是前进方向,开挖正前方和单一侧面(左侧或右侧面),运输车辆在侧面停放,直线或稍带转向行驶就可就位装土。

优点:动臂卸土回转角度小,车辆就位方便,因此整个工作循环时间短,效率高。

缺点:挖掘面积小,需经常移机。

(2)辅助作业方式——正向开挖

如图2-45所示,主要开挖点是挖掘机前方的土,需回转至后方卸土。此法只限于挖掘进口处时使用。

优点:开挖面宽,移机次数少。

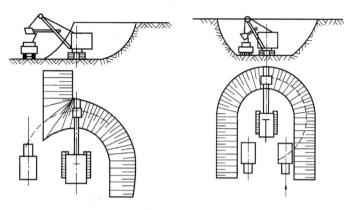

图 2-44　正铲挖掘机侧向开挖　　　图 2-45　正铲挖掘机正向开挖

缺点：动臂回转角度大，增加了工作循环时间，运土车辆就位需掉头，增加了施工现场的拥挤，作业效率低。

2. 反铲挖掘机

(1) 主要作业方式——沟端开挖

如图 2-46a) 所示，从沟槽的一端开挖，然后沿沟槽中心线正向倒退开挖。

优点：汽车就位方便，动臂卸土回转角度小，移机方便，可连续作业，效率高。

缺点：当开挖宽度接近有效开挖半径的两倍时，车辆需停在挖掘机后方。

当开挖面积较大时，可采用图 2-46b) 所示的开挖运行路线进行作业。

(2) 辅助作业方式——沟侧开挖

如图 2-47 所示，挖掘机停在沟槽的侧边开挖，运土车辆停在沟端。

优点：动臂回转角度小于 90°，车辆就位方便。

缺点：开挖宽度只能在其开挖半径范围内，且需侧向移机。

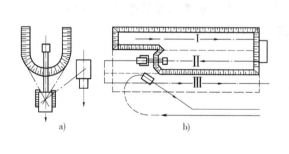
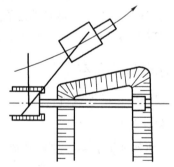

图 2-46　反铲挖掘机沟端开挖运行路线　　　图 2-47　反铲挖掘机沟侧开挖
a) 沟端开挖；b) 沟端分段开挖

五、挖掘机的施工作业

1. 开挖路堑

(1) 正铲挖掘机开挖路堑

① 当路堑深度小于 5m 时，可采用全断面开挖，如图 2-48 所示。

挖掘机一次向前开挖全路堑至设计高程。运输车辆应与挖掘机停在同一平面上，可以与挖掘机并列或在其后布置，这样施工比较简单，但挖掘机必须横向移位，方可挖掘到设计宽度。

②当路堑深度大于5m时，应分层开挖且以侧向分层开挖为好。

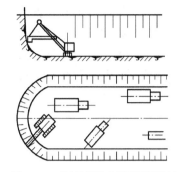

图2-48　正铲挖掘机全断面开挖路堑

分层开挖时，挖掘机在纵向行程中先把路堑开通一部分，运输车辆布置在一侧与挖掘机开挖路线平行，这样往返开挖，直至将路堑全部开通，如图2-49所示。第一开挖道工作面的最大高度不应超过挖掘机的最大挖土高度，一般以停在路堑边缘的车辆能装料为宜，至于其他各次的开挖道，都可以按要求位于同一水平之上，这样可以利用前次挖好的开挖道作为运输路线。

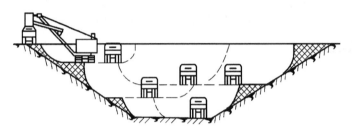

图2-49　正铲挖掘机分层开挖深路堑

(2) 反铲挖掘机开挖路堑

由于反铲挖掘机适用于开挖停机面以下的土方，因此挖掘机应布置在堑顶两侧。根据情况可选用沟端法或沟侧法开挖。

2. 填筑路堤

挖掘机从取土坑或取土场取土填筑路堤时，只要按照以上所介绍的几种形式进行作业，并在选定的取土场开辟适应地形的工作面，挖出所要求的土即可。为了使挖掘机与运输车辆协调高效地作业，应合理地进行组织。挖掘机与运输车辆的组织包括挖掘机与运输车辆的数量配合和运输车辆运行路线的确定。

(1) 与挖掘机配合作业的运输车辆数量的确定

$$n = t_1/t_2 \tag{2-13}$$

式中：n——所需汽车数量；

t_1——汽车完成一个工作循环(装、运、卸、回)所需时间，min；

t_2——挖掘机装满一车所需时间，min。

挖掘机与运输车辆配合作业时，所需车辆数除与挖掘机、运输车辆的性能有关外，还与运输距离、道路状况、驾驶员的素质有关，另外还与平整和压实机械的能力有关。因此应尽可能使它们做到相互平衡，只有这样才能使参加施工的机械发挥最大效能。

(2) 运行路线的确定

在确定运行路线时，尽可能地缩短车辆的运输距离和减少车辆相互干扰的可能，减少重载急弯。同时车辆装载就位时,尽可能使挖掘机动臂回转角度小,车辆出位方便。图 2-50 为正铲挖掘机与运输车辆配合填筑路堤时的运行路线。挖掘机在取土场有四个掘进道,而运输车辆的运行路线是根据土壤的好坏,分两路进行。适用的土应按照路堤边桩分层、有序地填筑,每层厚度 30~40cm。

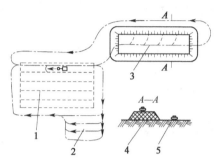

图 2-50 正铲挖掘机与运输车辆配合填筑路堤时的运行路线
1-取土场;2-不适用的废弃土;3-重车道;4-路堤;5-汽车

六、挖掘机的生产率

1. 生产率的计算

挖掘机的生产率可按下式计算:

$$Q = K_B \frac{K_h}{K_s} qn \quad (2-14)$$

式中:Q——挖掘机的生产率,m^3/h;

q——铲斗额定容量,m^3;

n——挖掘机每小时循环挖土次数,可参考表 2-10;

K_h——铲斗充满系数;

K_s——土壤松散系数,可参考表 2-6;

K_B——时间利用系数,通常取 0.7~0.84。

挖掘机每小时循环挖土次数 n　　　　表 2-10

工作装置	斗容量(m^3)			
	0.25	0.5	1	2
正铲	215	200	180	160
反铲	175	155	145	—
抓铲	175	155	145	125
拉铲	160	150	135	—

铲斗充满系数 K_h 为铲斗所装的土的体积与铲斗几何容积的比值。K_h 的值不仅与土的性质有关,还与铲斗的结构形状、尺寸以及驾驶员的操作技术有关。其最大值如表 2-11 所示。

挖掘机铲斗充满系数 K_h 最大值   表2-11

铲斗型号	轻质软土	轻质黏性土	普通土	重质土	爆破岩石
正铲	1~1.2	1.15~1.4	0.75~0.95	0.55~0.7	0.3~0.5
拉铲	1~1.15	1.2~1.4	0.8~0.9	0.5~0.65	0.3~0.5
抓铲	0.8~1	0.9~1.1	0.5~0.7	0.4~0.45	0.2~0.3

2. 提高挖掘机生产率的措施

(1) 精心设计施工组织：运输车辆与挖掘机要配套，挖掘机能力不能留余，自卸车要够用；尽量创造工作面，采用双放法，运输车辆放置在挖掘机两侧，以提高装车效率；组织好运输车辆的行驶路线，避免车辆相互干涉，减少重车行驶路线上的上坡和转弯。

(2) 提高挖掘机驾驶员的操作技术水平，缩短工作循环时间。

(3) 经常检查挖掘机的技术状况，使其保持良好运行状态。

第五节　装载机施工

装载机是一种广泛用于公路、铁路、建筑、水电、港口、矿山等建设工程的土石方施工机械。本节将介绍装载机的结构、适用范围、作业方法、施工作业等内容。

一、装载机简介

装载机(图2-51)主要用于铲装土壤、砂石、石灰、煤炭等散状物料，也可对矿石、硬土等进行轻度铲挖作业。其换装不同的辅助工作装置还可进行推土、起重和其他物料(如木材)的装卸作业。

图2-51　装载机

装载机主要有轮胎式装载机和履带式装载机。

1. 轮胎式装载机

轮胎式装载机由动力装置、车架、行走装置、传动系统、转向系统、制动系统、液压系统和工作装置等组成，如图2-52所示。轮胎式装载机的动力来自柴油发动机，大多采用液力变矩器加动力换挡变速器的液力机械传动形式(小型装载机有的采用液压传动或机械传动)，液压操纵、铰接式车体转向、双桥驱动、宽基低压轮胎，工作装置多采用反转连杆机构等。

2. 履带式装载机

履带式装载机是以专用底盘或工业拖拉机为基础，装上工作装置，并配装适当的操纵系统而构成的，见图2-53。其动力来自柴油发动机，机械传动系统采用液压助力湿式离合器、湿式双向液压操纵转向离合器和正转连杆工作装置。

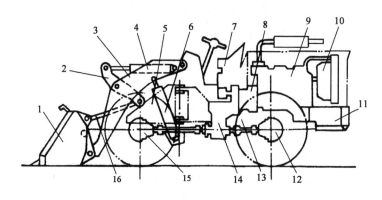

图 2-52 轮胎式装载机结构简图

1-铲斗;2-摇臂;3-动臂;4-转斗油缸;5-前车架;6-动臂油缸;7-驾驶室;8-变矩器;9-发动机;10-水箱;11-配重;12-后桥;13-后车架;14-变速箱;15-前桥;16-连杆

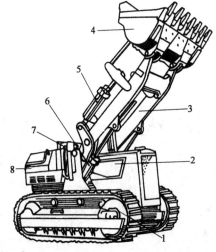

图 2-53 履带式装载机结构简图

1-履带行走机构;2-发动机;3-动臂;4-铲斗;5-转斗油缸;6-动臂油缸;7-驾驶室;8-油箱

二、装载机的适用范围

装载机适用于铲取松散物料并装车、短程铲运、平整地面、清理场地、牵引车辆。对短距离填筑作业,可单独完成装土、运土、卸土。

三、装载机的作业方法

1. "V"形作业法

"V"形作业法是汽车停在一个固定位置,与铲装工作面的方向斜交或垂直,如图2-54a)所示。装载机装满铲斗后,在倒车驶离工作面的同时转向45°~60°,然后对准汽车向车内卸料,卸料后再驶离汽车并回转,最后对准工作面进行下一次铲装。这种方法对于铰接式装载机特别有利,铲斗装满后只需后退3~5m即可转向驶向汽车卸料。由于转向频繁,因此要求地面坚实且排水性良好。有时为了更好地配合运输车辆,也可采用双"V"形作业法,即两台装载机分别从两侧对一台汽车进行装载。

2. 穿梭作业法

该法适用于履带式装载机和因地形限制装载机不能转弯的施工现场。这种方法是装载机只在垂直于工作面的方向前进、后退,而汽车则在装载机与工作面之间"穿梭",来回接装与驶离,如图2-54b)所示。汽车待装位置可以平行于工作面,也可以与工作面斜交。装载机驶离工作面的距离一般不超过6~10m,使汽车能安全通过即可。这种方法作业循环时间长,车辆与装载机配合要默契,否则对生产率和安全都会有影响。

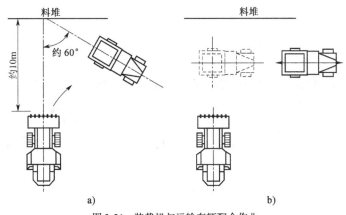

图 2-54 装载机与运输车辆配合作业
a)"V"形作业法;b)穿梭作业法

四、装载机的施工作业

1. 停机面以下物料的铲装作业

铲装时,应先放下铲斗使其与地面成一定的铲土角(10°~30°),如图 2-55a)所示。然后前进,使铲斗切入土中。对于难铲的土,可操纵动臂使铲斗颤动,或者稍改变切入角度。切土深度一般保持在 150~200mm,直至铲斗装满,然后将铲斗转动并举升到运输位置,再驶离工作面运至卸料处,如图 2-55b)所示。

图 2-55 装载机铲停机面以下的土壤
h-切土深度

2. 散状物料的铲装作业

首先将铲斗放在水平位置,并下放至与地面接触,然后以Ⅰ挡和Ⅱ挡速度(视物料性质)前进,使铲斗斗齿插入料堆中,如图 2-56a)所示。此后,边前进边铲装,装满后,将铲斗升到运输位置再驶离工作面,如图 2-56b)所示。如装满有困难,可操作铲斗的操作杆,使铲斗上下颤动,如图 2-56c)所示,或稍举动臂。

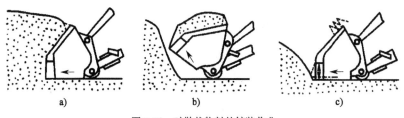

图 2-56 对散状物料的铲装作业

3. 土丘的铲装作业

装载机铲装土丘时,可采用分层铲装或分段铲装法。分层铲装时,装载机向工作面前进,随着铲斗插入工作面,逐渐提升铲斗,或者随后收斗直至装满,或者装满后收斗,然后驶离工作面,如图 2-57 所示。开始作业前,应使铲斗稍稍前倾。这种方法由于插入不深,而且插入后又有提升动作的配合,所以插入阻力小,作业比较平稳。由于铲装面较长,可以得到较高的充满系数。如果土质较硬,也可采取分段铲装法。这种方法的特点是铲斗依次进行插入动作和提升动作。作业过程是铲斗稍稍前倾,从坡角插入,待插入一定深度后,提升铲斗。当发动机转速降低时,切断离合器,使发动机恢复转速。在恢复转速过程中,铲斗将继续上升并装入一部分土,转速恢复后,接着进行第二次插入,这样逐段反复,直到装满铲斗或升高出工作面为止,如图 2-58 所示。

  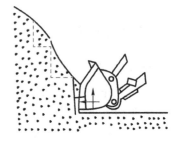

图 2-57 装载机分层铲装作业　　　　图 2-58 装载机分段铲装作业

五、装载机的生产率

装载机的生产率按土方量计算:

$$Q = \frac{60 K_\mathrm{h} K_\mathrm{b} q}{T} \tag{2-15}$$

式中:Q——装载机的生产率,m³/h;
　　　q——装载机额定斗容,m³;
　　　K_h——铲斗充满系数;
　　　K_b——时间利用系数;
　　　T——每一作业循环所需时间,min。

第三章 压实机械施工

第一节 压实概述

压实是保证土石方工程质量的重要环节。本节将介绍土的压实方式、压实机理、压实影响因素等内容。

一、压实的重要性

压实是通过专门的设备,使材料颗粒重新组合,增加材料单位体积内固体颗粒数量,减小孔隙的过程。合理的压实可以充分发挥路基土的强度,减少路基在行车荷载作用下产生的永久变形,保证路基土的稳定性。路基施工破坏了土体的天然状态,致使结构松散,颗粒重新组合。为使路基具有足够的强度和稳定性,必须予以压实,以提高其密实度。压实不足,会导致孔隙率大,在自然因素和行车荷载作用下,会产生较大的变形和破坏。过压将会使压实度降低或孔隙率过小,也将影响路基的强度和稳定性。因此,压实对提高路基强度及稳定性尤为重要。

二、土的压实方式及压实机理

1. 压实方式及压实机理

静压:土体在压力作用下,克服土颗粒间的内聚力和摩擦力,使原有的结构遭到破坏,土颗粒重新排列,大颗粒之间的间隙被小颗粒填充,变成密实状态,达到新的平衡。当达到一定密实度后,这时作用于土体上的压力,主要引起弹性变形,而压力过大时,则使土体产生剪切破坏。

冲击压实:土体在较大冲击力的作用下,克服了土颗粒间的黏结力、内聚力、摩擦力,主要产生挤压、剪切性变形,使土颗粒重新排列,从而达到密实状态。

振动压实:土颗粒在振动力的作用下,重新找到自己最稳定状态而重新排列,从而增加土体密实度。当土颗粒间的黏结力小时,容易产生各自振动,土颗粒易重新排列,增加土体密实度;当土颗粒间的黏结力大时,则不易产生各自振动。这就是黏土采用振动压实效果不明显的主要原因。同时,当激振力频率接近土体的固有频率时土体产生共振,此时维持振动的能量很小,利用土体的共振,能以较小的振动能量提高土体密实度。

压实的结果:土体在外力作用下颗粒之间不断靠近,密实度增大,使摩擦力和黏结力不断增加,从而提高了土体的强度,降低了渗透性,防止了水分的积累和侵蚀,提高了土体的温度稳定性,不易冻胀。

2. 压实状况的表征

用压实度表示土体压实的程度。压实度 K 等于碾压后材料的干密度与以标准击实法测

定的材料最大干密度之比,如下式所示:

$$K = \frac{\delta}{\delta_0} \tag{3-1}$$

式中:δ——现场测得的土干密度(烘干样本);

δ_0——在试验室用重型或轻型击实法,在最佳含水率条件下得到的最大干密度。

取压实前的土样送试验室测定其在最佳含水率时的干密度,即为试样最大干密度。再取压实后的试样测定其实际干密度,用实际干密度除以最大干密度即得土的实际压实度。用此数与标准规定的压实度比较,即可知道土的压实度是否达到了质量标准。

对于路基、路面半刚性基层及粒料类柔性基层而言,压实度是指工地上实际达到的干密度与室内标准击实试验所得最大干密度的比值。因此路基压实度的测定主要包括室内标准密度(最大干密度)确定和现场密度试验。

三、土的压实影响因素

1. 土的含水率

在同一压实功条件下,土的含水率对压实质量有直接影响。压实需要克服土颗粒间的摩擦力和黏结力,这样才能使土颗粒产生位移并互相靠近。土的含水率低,土颗粒间的摩擦力大,压实所得到的干密度小。当土的含水率逐渐增加时,水在颗粒间起润滑作用,土颗粒间的摩擦力减小,在压实力的作用下易重新排列位置,同样的压实功下可以得到较大的干密度,当达到较紧密的程度时,可有较大的抗压强度。当土的含水率继续增加,水的润滑已经足够,水分过多,多余的水进入土粒孔隙中,反而使颗粒分离而不易得到良好的压实效果,从而减小了土的干密度,其强度也随之减小。

由此可知,土在被压实时,在一定含水率条件下才能达到最大干密度,这个与最大干密度相适应的含水率,通常被称作最佳含水率。对于不同类型的土,其最佳含水率不同。

2. 土的性质

一般来说,黏性土、粉质土等分散性土的压实效果较差,主要因为土颗粒的表面积大,黏聚力大,摩擦力较小,具有较大的可压缩性;土粒表面水膜需水量大,使最佳含水率偏高,压缩过程慢,所以很难固结压实。而非黏性土则相反,它的黏聚力小,摩擦力大,具有较小的可压缩性;其排水容易,压缩过程快,能很快压实。此外,土颗粒越细,孔隙率就越大,含矿物分散度越大,就越难压实。所以黏性土的压实干密度低于非黏性土的压实干密度。

3. 压实能量

压实能量由单位压力、碾压次数及碾压速度决定。

单位压力:在土达到一定密实度后,要想再提高其密实度,只能提高碾压力,但这种压力不能超过土的极限强度所能承受的值,否则土体会被破坏。

碾压次数和碾压速度:土的变形吸能需要时间,在压实时速度不能过快。特别是对黏性土高速碾压时,压实效果明显下降。碾压次数增加,干密度随之增大而最佳含水率减小,说明同一种土的最佳含水率和最大干密度并不是一个恒定值,而是随压实能量的不同而异。

一般来说,增加压实能量可增大干密度,这对于含水率较低(小于最佳含水率)的土和含水率较高(大于最佳含水率)的土更为显著。当碾压次数增加到一定值后,其干密度增加值很小,到最后只是弹性变形。

传递给土体的能量与碾压次数成正比,与碾压速度成反比,碾压速度提高时,碾压次数也要增加。所以,碾压速度不宜过快,一般土基碾压速度为3～6km/h,沥青路面碾压速度为2～8km/h。

4. 碾压温度

温度过高,水分蒸发太快,不利于压实;温度过低,水结冰,冻结土体,产生压实阻力,也不易得到理想的压实效果。

5. 压实土的厚度

土所受的外力作用随深度的增加而逐渐减弱,当超过一定范围时,土的密实度会与未碾压时相同。所以,正确控制碾压铺层厚度,对于提高压实机械生产率和路基填筑质量十分重要,要根据所使用的碾压机具和土的性质确定碾压厚度。

6. 振动频率和振幅

合理的工作频率应略高于"压路机-土"的振动系统的二阶固有频率。

振动压路机工作频率的取值范围:压实路基为25～30Hz;压实底基层为25～40Hz;压实沥青路面为35～60Hz。

振幅增大,土颗粒运动的位移增加;振动轮对地面或土作用的冲击能量越大,振动冲击波在土中传播距离越远,压实效果也就越好。设计时,其名义振幅取值不可太小。

振动压路机名义振幅的取值范围:压实路基为1.4～2.5mm;压实底基层为0.8～2.0mm;压实沥青路面为0.3～0.8mm。

第二节 压实机械的类型

压实机械是一种利用机械自重、振动或冲击等方法,对被压实材料重复加载,排除其内部的空气和水分,使之达到一定密实度和平整度的作业机械。本节将介绍各种压实机械。

一、光轮压路机(静力)

光轮压路机(静力)主要用于碎石、沥青混合料和煤渣、石料等材料的基层压实,是铁路、公路、机场、港口、堤坝及工业建筑工地的理想压实设备。

1. 光轮压路机(静力)的分类

按结构形式分为两轮压路机(静力)和三钢轮压路机(静力),分别如图3-1和图3-2所示。

标准中规定,光轮压路机(静力)基本参数应符合表3-1和表3-2的规定。

图3-1 两轮压路机(静力)

图3-2 三钢轮压路机(静力)

两轮压路机(静力)基本参数　　　　表3-1

项目	单位	基本参数					
工作质量	t	2	3	4	6	8	10
最大工作质量	t	—	4	5	8	10	12
驱动轮的质量分配比	%	≥60					
驱动轮的线载荷	N/cm	>130	>200	>240	>300	>400	>500
压实宽度	mm	≥900		≥1000		≥1200	≥1300
前、后行驶速度	km/h	1~16					
爬坡能力	%	≥20					
离地间隙	mm	≥150		≥200		≥220	
最小转弯半径	mm	≤8000				≤13000	

注:驱动轮的线载荷按最大工作质量时计算。

三钢轮压路机(静力)基本参数　　　　表3-2

项目	单位	基本参数						
工作质量	t	6	8	10	12	15	18	21	24
最大工作质量	t	8	10	12	15	18	21	24	28
驱动轮的质量分配比	%	≥60							
驱动轮的线载荷	N/cm	>350	>450	>550	>650	>800	>950	>1100	>1270
压实宽度	mm	≥1800				≥2000			
前、后行驶速度	km/h	1~16							
爬坡能力	%	≥20							
离地间隙	mm	≥200		≥250			≥280		
最小转弯半径	mm	≤12000				≤13000			

注:驱动轮的线载荷按最大工作质量时计算。

2. 光轮压路机(静力)的适用范围

现代压路机的结构形式、规格参数及辅助功能,都有很大的选择余地,但这又给正确地选购和使用压路机带来了一定的难度。光轮压路机(静力)的适用范围见表3-3。

光轮压路机(静力)的适用范围　　　　表3-3

土壤或材料类型					
黏土	砂土	砾土	混合土	碎石	块石
较差	一般	较好	较好	一般	较差

光轮压路机(静力)是利用钢轮的重量对材料施加压力的,钢轮的线压力是衡量压实性能的主要因素。光轮压路机(静力)由于单位线压力相对较小,压实深度较小且无冲击力,因此适用于对碾压力要求不高的压实施工和砾石、碎石基层碾压施工。重型光轮压路机(静力)常用于垫层和路基施工,而中型光轮压路机(静力)多用于路面施工,轻型光轮压路机(静力)仅用于小型工程及路面养护施工。光轮压路机(静力)对黏性薄层土壤的压实尚为有效,但对含水率高的黏土或粒度均匀的砂土压实效果不佳。采用光轮压路机(静力)碾压时,由于碾压轮与土或路面结构层材料的接触面积大,单位压力较小,且压实由工作层的表面向下,上层密实度大于下层密实度,因此光轮压路机(静力)的压实厚度较小。

3. 光轮压路机(静力)的发展方向

发展大吨位、高线压、铰接式液压驱动静力压路机很有必要。这种机型具有铰接式转向和液压传动的优点,光轮压路机(静力)的配重可占整机重量的30%~50%,既能压实路面基层,又可压实沥青混合料层。该压路机的行走、转向及制动等系统实现了全液压化传动,因此大大简化了传动系统与操纵系统的设计。液压传动平稳,操作方便省力,容易实现无级调速,能够提高压实质量和生产效率,并且为故障报警和自动控制创造了条件。此外,光轮压路机(静力)一般采用大滚轮直径全轮驱动、液压传动和液压转向。其中,三钢轮压路机(静力)还采用了前后轮等直径、等线压和铰接转向,增大了压实面积,且在弯道压实时,前后轮搭接部分完全重合而不致留下空白处。

节能减排、绿色低碳已成为推动工程机械产品技术进步和结构调整的动力,同时也是静力压路机非常重要的一个发展方向。在压路机上将越来越多地使用动力电子控制管理系统,自动调节发动机的输出功率,以满足不同作业工况的需要,提高燃料的利用率和确保排出的废气符合环境保护法规的要求。

近年来,对光轮压路机(静力)操作舒适性及外观的要求逐步提高,因此操作舒适性、外观视觉效果的提升也是光轮压路机(静力)重要的发展方向。

二、羊脚压路机

羊脚压路机的羊脚焊接在光面钢轮上,呈梅花形布置。羊脚端面积20~66cm^2,其长度一般为20~40cm。为了减少羊脚出土时翻松土现象,滚筒直径D与羊脚长度L之比一般为5~8。滚筒宽度$B \geq (1.1 ~ 1.2)D$,以保持必要的横向稳定性。

羊脚压路机有较大的单位压力(包括羊脚的挤压力),压实深度大且压实均匀,因而有很好的压实效果和较高的生产率。其适用于黏性土,特别是对湿度较大、粒度大小不等的黏性土,分层压实效果尤佳;不适用于非黏性土(羊脚的侧压力反而容易引起结构破坏和表面翻松现象)和高含水率土的压实。羊脚压路机如图3-3所示。

三、轮胎压路机

轮胎压路机的滚轮是充气轮胎,它们的压实作用是在运输车辆的使用中发现的。设有集中充气系统的轮胎压路机,可根据铺层状况和施工要求随时调节轮胎的充气压力,使之处于最佳工作状态,从而获得高的生产率和压实质量。

1.轮胎压路机的分类

轮胎压路机按吨位通常分为16t、20t、26t、30t四种主要规格。16~20t为中小吨位,主要适用于二级以下公路路面的压实及市政养护作业;26t及以上为大吨位,主要适用于高等级公路沥青路面的压实作业。

按传动形式现已形成液压传动式、机械传动式和液力传动式三大系列。大吨位产品多数采用液压传动式或液力传动式,中小吨位产品通常采用机械传动式。

按轮胎布置的不同,还可以分为前四后五机型和前五后六机型。前四后五机型接地比压大,压实性能好,适用于对等级较高或铺层较厚的路面进行压实;前五后六机型适用于铺层较薄且要求快速施工的路面。

轮胎压路机是一种依靠机械自重,通过特制的轮胎对铺层材料以静力压实来增大工作介质密度的压实机械。它除了有垂直压实力外还有水平压实力,这种水平压实力不但在机械行驶方向有压实作用,而且沿机械横向也有压实作用。轮胎压路机如图3-4所示。

图3-3 羊脚压路机

图3-4 轮胎压路机

2.轮胎压路机的适用范围

轮胎压路机可通过增加配重和调节轮胎充气压力来调节轮胎接地比压,从而提高轮胎压路机对不同工况的适应能力。同时,其机动性好,便于运输。

轮胎压路机工作速度范围为2~12km/h。其适用于黏性土及非黏性土的压实,但不适用于碎石路面的压实。

在充气轮胎多次碾压时,轮胎变形增加,而铺层的变形由于其强度提高而减小。铺层变形的减小将引起轮胎接触面积缩小,从而使接触压应力上升,压实终了时压力为第一遍碾压时压力的1.5~2倍。同时,充气轮胎的滚动阻力也随铺层强度的提高而减小,从而大大地提高碾压效果和压实质量。轮胎压路机利用橡胶充气轮胎对整个被压层起到"揉搓"作用,轮胎表面可通过柔曲变形挤压被压层凹部,进行密封性压实,提高压实表面和内部的密实性。

3. 轮胎压路机的发展方向

现在轮胎压路机更多地采用液压传动式,轮胎压路机的行走、转向及制动等系统实现了全液压传动。随着我国交通基础设施建设步伐的加快,尤其是高等级公路建设的快速发展,对轮胎压路机的需求呈逐年增长态势,性能可靠、具有操作舒适性的轮胎压路机在市场上备受青睐,同时随着公路建设的不断发展,对路面质量要求不断提高,接地比压大、压实性能优越的轮胎压路机必将有着广阔的应用前景。

四、凸块式压路机

凸块式压路机如图3-5所示。与羊脚压路机类似的有凸块式压路机,其表面焊有多排对称的凸块,凸块形状为正方体或四棱锥台,凸块高度一般为20cm,端面面积一般为150cm²。凸块具有静压、夯实、揉搓等多种压实作用,因此对土质的适用范围比较大,可用于大面积土压实。凸块式压路机作业速度可达20km/h。

五、冲击式压路机

冲击式压路机如图3-6所示。冲击式压路机的冲击轮有两瓣形、三瓣形、四瓣形、五瓣形,如图3-7所示,每段曲线由两段或三段圆弧组成。四瓣形冲击轮压实土的工作原理如图3-8所示。

图3-5 凸块式压路机　　　　图3-6 冲击式压路机

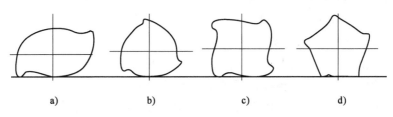

图3-7 不同轮边数冲击轮的截面形状
a)两瓣形;b)三瓣形;c)四瓣形;d)五瓣形

四瓣形冲击式压路机的牵引功率通常为160~180kW,压实宽度为2.0~2.3m,最佳碾压速度范围为12~15km/h,压实生产率可达2000~3000m³/h。应用冲击式压路机碾压一般的黏性土,碾压5~9遍,铺层的相对密实度即可达到90%~92%,平均压实生产率为600~800m³/h,相当于6台10t级自行式压路机的压实效果。冲击式压路机对厚铺层具有很好的压实效果。压实厚铺层只需碾压4~5遍,在1m压实深度上其相对密实度即可达90%~92%。碾压15~20遍,压实深度可超过5m;在5m的压实深度上,相对密实度也可达90%~92%。碾压1m厚的铺层,只需碾压8遍,即可达到预期的压实效果。

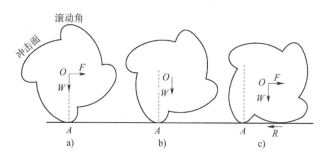

图3-8 四瓣形冲击轮压实土的工作原理示意图
a)冲击轮抬升至最高位置;b)冲击轮在水平力和重力作用下开始下冲;c)冲击轮冲击地面
F—水平牵引力;O—冲击轮回转中心;W—冲击轮自重;A—冲击轮接地点;R—牵引阻力

振动压路机的最佳压实厚度为200~500mm,当土层厚度再增加时,振动压实效果将明显减弱。而冲击式压路机的压实深度则可随碾压遍数的增加而明显递增,这是多边形碾轮低频滚动冲击所产生的巨大集中冲击能量具有地震波传播特性的缘故。随着土体密实度增加,其影响深度也逐渐增加。冲击式压路机适用于压实黏性土、非黏性土和碎石路面,以及"白改黑"工程中的旧水泥路面的破碎等。同时,对土的含水率不十分敏感。

六、振动压路机

振动压路机以振动载荷使被压实材料处于高频振动状态,颗粒间的内摩擦力减小,压路机振动轮对材料的作用力迫使这些颗粒重新排列而得到压实。振动压路机作为一种应用最广泛的压实机械,最适宜非黏性材料、碎石、碎石混合料以及各种沥青混凝土等各种路面的压实作业。

1.振动压路机的分类

振动压路机按不同标准的分类如下:

按机器结构质量可分为轻型、小型、中型、重型和超重型。

按行走方式可分为自行式、拖式和手扶式。

按振动轮数量可分为单轮振动、双轮振动和多轮振动。

按驱动轮数量可分为单轮驱动、双轮驱动和全轮驱动。

按传动系传动方式可分为机械传动、液力传动、液压传动和全液压传动。

按振动轮外部结构可分为光轮、凸块(羊脚)和橡胶轮。

按振动轮对压实介质的作用形式可分为非定向式振动、定向式振动和振荡。其中振动又可分为单频单幅、单频双幅、单频多幅、多频多幅和无级调频调幅。图3-9为正反转两级调幅结构示意图。

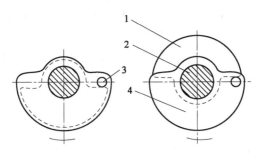

图 3-9　正反转两级调幅结构示意图
1-活动偏心块;2-振动轴;3-挡销;4-固定偏心块

按振动激励方式可分为垂直振动激励、水平振动激励和复合激励。垂直振动激励又可分为定向激励和非定向激励。振动压路机的振动方式可分为非定向式振动、定向式振动和摆动式振动,如图 3-10 所示。

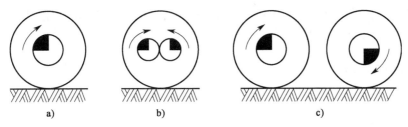

图 3-10　振动压路机的振动方式
a)非定向式振动;b)定向式振动;c)摆动式振动

通常振动压路机可分为单钢轮振动压路机和双钢轮振动压路机两大类。

2. 振动压路机的适用范围

振动压路机是利用振动和线载荷的综合作用进行压实的。振动压路机一般都设有调频、调幅装置,可以根据需要调成不振、弱振或强振。因而,它可兼作轻型、中型和重型压路机使用。

各种不同类型的振动压路机虽可用于压实黏土,但其有效压实深度比碾压其他塑性指数较小的土和砂砾混合料等要小得多。目前,单钢轮振动压路机主要用于路基及路面基层的压实,而双钢轮振动压路机用于路面面层的压实。

单钢轮振动压路机压实路基时,主要用于复压阶段,在初压阶段及终压阶段有时也会用到。一般应优先选用 18t 以上振动压路机,施工时先慢速静压 1～2 遍,碾压速度控制在 2～4km/h,待土层稳定形成一定强度后,再振动碾压 4～6 遍(由弱振到强振,最大行驶速度不超过 6km/h)。

双钢轮振动压路机用于沥青混合料的初压阶段及复压阶段,有时也用于终压阶段。初压时使用 8～13t 双钢轮振动压路机振动碾压,静压 1～2 遍,碾压速度控制在 2～3km/h,最大不超过 4km/h。

采用双钢轮振动压路机进行复压时,对于以粗集料为主的较大粒径的混合料,尤其是大粒径沥青稳定碎石基层,宜优先采用振动压路机。

振动压路机适用于压实非黏性土壤(砂土和砂砾石)。振动频率与土壤的性质有关：压实砂性土，频率低；压实沥青混凝土，频率高。

振动压路机的优点是生产效率高，单位时间压实面积更大；压实深度大；机重轻，节省材料，便于运输。

3. 振动压路机的发展方向

(1) 节能环保

随着能源紧缺和人类生存环境的不断恶化，节能减排、绿色低碳不仅成为工程机械一项重要的技术经济指标，而且成为推动工程机械产品技术进步和结构调整的动力，同时也是振动压路机非常重要的一个发展方向。未来，将在振动压路机上越来越多地使用动力电子控制管理系统，自动调节发动机的输出功率，以满足不同作业工况的需要，提高燃料的利用率和确保排出的废气符合环境保护法规越来越高的要求。

(2) 智能压实

智能压实是振动压路机的一个中长期发展方向，将由目前的初级智能压实向真正的智能压实发展，最终实现终极智能压实。

七、振荡压路机

卧轴式振荡压路机的工作原理如图3-11所示。

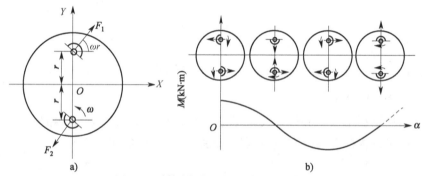

图3-11 卧轴式振荡压路机工作原理示意图
a)振荡扭矩产生原理；b)振荡扭矩的大小、方向与偏心块回转轴相位之间的关系
F_1、F_2-偏心块离心力；ω-偏心块回转角速度；α-偏心块回转相位角；M-振荡扭矩

振荡压路机在碾压过程中，振荡轮始终不跳离地面，而是利用滚轮摆动形成高频振荡压力波，对滚轮接触面施加交变剪切力，实现对土的持续静载作用与水平剪切应变的组合压实。振荡压路机的独特碾压方式，在特定的压实条件下，克服了振动压路机的诸多缺点，提高了压实效果。实践证明，一定范围内的同一压实深度上，振荡压路机的压实均匀度和相对密实度均高于振动压路机。尤其是振荡压路机对被压表面结构层采用振荡揉搓压实技术，不仅密实度和平整度高，而且表面封闭性好。因此，其对沥青混凝土面层的振荡压实效果较好。

振荡压实的作用力主要集中在被压材料的上层，对下层的影响深度和压实效果则不如振动压路机。振荡压路机的压实不像振动压路机那样相对于地面产生垂直跳动和冲击，因此不会将混合料的集料击碎，可以稳定混合料的级配质量。振荡压路机适用于压实厚度不大的压实作业，作业效率高、能耗小。

八、夯实机

现代夯实机械按其一次打击能量可以分为以下三级：

重级：打击能量 10~15kJ 或更高；

中级：打击能量 1~10kJ；

轻级：打击能量 0.8~1kJ。

自由落锤式夯实机械属于重级类。这种机型具有很高的打击能量，夯实板重力 10~30kN，提升高度 1.0~2.5m，在夯实板自重作用下夯击土；夯击频率比较低，频率大小取决于夯锤的提升高度。

重型机械夯、内燃爆炸夯、蒸汽锤夯和振动夯等属于中级类。这类夯实机械一般做成拖式、半拖式以及轮式或履带式牵引车所悬挂的装置；也可悬挂在挖掘机动臂上或做成专用的自移式夯实机。

各种手扶式夯实机属于轻级类，其中有内燃机驱动、电动机驱动和以压缩空气为动力驱动多种。振动平板夯（平板振动夯）有内燃机驱动和电动机驱动两种。

振动平板夯按其质量可以分为轻型（0.1~2t）、中型（2~4t）和重型（4~8t）；按其结构原理可分为单质量和双质量，见图 3-12。

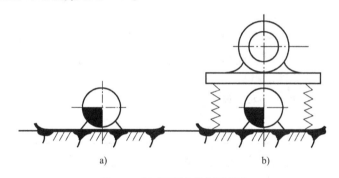

图 3-12 振动平板夯结构原理图
a) 单质量；b) 双质量

单质量的振动平板夯，全部质量都参与了振动运动；而双质量的振动平板夯仅下部振动，上部不振动。自移式双质量振动平板夯如图 3-13 所示。

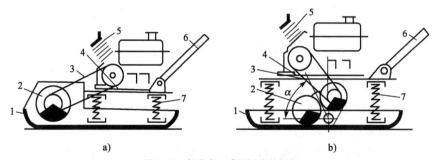

图 3-13 自移式双质量振动平板夯
a) 非定向式振动；b) 定向式振动

1-夯板；2-激振器；3-V 形皮带；4-发动机底架；5-操纵手柄；6-扶手；7-弹簧悬挂系统

试验表明,当上部的质量为机械总质量的 40% ~ 50% 时,可以保证机械稳定地工作,而且功率消耗少。

振动式打夯机适用于颗粒性土壤(砂性土等)的夯实和压路机难以碾压到的局部或狭窄地段的压实,如涵洞基底、桥台背回填土等。

第三节 路基压实

路基是按照路线位置和一定技术要求修筑的带状构造物,是路面的基础,承受由路面传来的行车荷载。路基压实是保证路基质量的重要环节。本节将介绍路基压实标准、正确确定压实度的意义、压实机械选用及压路机的施工(路基)。

一、路基压实标准

路基土由水、土及空气组成,其中土属"骨架"构件,空气及水多分布在颗粒间的孔隙位置。天然土的密实度在长时间的自然因素作用下有所增加,但却远不能满足路基使用性能的相关要求。此外,路基施工往往促使天然土体发生二次重组,进而增加了土体间的孔隙率及土体结构间的松散程度,并最终降低土体的强度及稳定性。通过路基压实可实现路基强度及稳定性的提高。

路基压实度是筑路材料压实后的干密度与标准最大干密度之比,以百分比表示。

路基压实度是路基施工质量检测的关键指标之一,表征现场压实后的密度状况,压实度越高,密度越大,材料整体性能越好。

土质路基压实度标准如表 3-4 所示。

土质路基压实度标准　　　　　表 3-4

填挖类别		路床顶面以下(m)	高速公路、一级公路	二级公路	三级、四级公路
零填方及挖方		0 ~ 0.30	≥96%	≥95%	≥94%
		0.30 ~ 0.80	≥96%	≥95%	—
路堤	上路床	0 ~ 0.30	≥96%	≥95%	≥94%
	下路床	0.30 ~ 0.80	≥96%	≥95%	≥94%
	上路堤	0.80 ~ 1.50	≥94%	≥94%	≥93%
	下路堤	> 1.50	≥93%	≥92%	≥90%

注:1. 表中压实度以现行《公路土工试验规程》(JTG 3430)重型击实试验法为准。
    2. 三、四级公路铺筑水泥混凝土路面或沥青混凝土路面时,其压实度应采用二级公路的规定值。
    3. 路堤采用特殊填料或处于特殊气候地区时,压实度标准根据试验路在满足路基强度要求的前提下可适当降低。
    4. 特别干旱地区的压实度标准可降低 2% ~ 3%。

压实度检测应符合以下规定:

(1)用灌砂法、灌水(水袋)法检测压实度时,取土样的底面位置为每一压实层底部;用环刀法试验时,环刀中部处于压实层厚 1/2 深度处;用核子仪试验时,应根据其类型,先进行标定和对比试验。

(2)施工过程中,每一压实层均应检验压实度,检测频率为每1000m²至少检验2点,不足1000m²时检验2点,必要时可根据需要增加检验点。

二、正确确定压实度的意义

正确确定压实度的意义有如下两点:
(1)保证路基强度、刚度和整体板块性以及路基的水、温度稳定性。
(2)降低压实工作的经济成本,提高施工作业效率。

路基压实的最终目的是保证路基的整体强度——回弹模量或弯沉值应达到铺筑路面垫层或底基层的要求。

三、压实机械选用

现代工程的施工规范、建筑材料及施工工艺在不断地更新,对压实标准和压实机械提出了越来越高的要求。如何合理地选择压路机、合理地评价压路机和合理地使用压路机,是实现工程压实施工目标的关键所在。选择压实机械进行施工时,要通过各方面的比较,在综合分析的基础上做出生产率高、质量好、经济合理的选择。

压实机械应根据工程规模、场地大小、填料种类、压实度要求、气候条件、压实机械效率等因素综合考虑确定。根据材料性质选择压实机械的方法有如下几点:

岩石填方:应选用大吨位压路机,以便使大型物料发生位移。
级配碎、砾石:宜选用轮胎压路机、钢轮压路机、振动压路机等。
砂性土:含有砂石、碎石、砾石的土,应选用振动压路机。
黏性土:宜选用碾压式压路机(光轮压路机和凸块式压路机)和夯实机。

四、压路机的施工(路基)

压路机的施工(路基)应注意以下几点:
(1)先轻后重,以便适应逐渐增大的土基强度,否则土被挤出而移位。
(2)先慢后快,防止压实材料被推移。
(3)先两侧再中间,防止压实材料被推移使中间低。
(4)先内侧,再外侧。
(5)分层填筑,分层碾压,松铺厚度与压路机机型有关,铺层应厚度均匀。
(6)全宽填筑,全宽碾压,以形成一个整体,并且碾压时应有纵向重叠区,以保证没有漏压。重叠区:二轮压路机,后轮应重叠1/3轮宽;三轮压路机,后轮应重叠1/2轮宽。
(7)填筑含水率应达最佳含水率。

第四节 压路机生产率

压路机的生产率是指压路机每小时所完成的土石填方压实的面积或体积。压路机的生产率主要取决于压路机的作业速度、重叠宽度、滚轮宽度、碾压遍数、每层压实后的铺层厚度等。

压路机生产率的计算公式如下：
面积生产率：

$$Q_A = \frac{1000vBe}{N} \tag{3-2}$$

体积生产率：

$$Q_V = \frac{1000vBHe}{N} \tag{3-3}$$

式中：Q_A——面积生产率，m^2/h；

Q_V——体积生产率，m^3/h；

v——碾压速度，km/h；

B——有效压实宽度，$B = B_0 - C$，其中 C 为重叠宽度（0.2~0.3m），B_0 为滚轮宽度，m；

H——铺层厚度，m；

N——碾压遍数；

e——效率系数。

第四章 路面基层(底基层)机械化施工

第一节 概述

一、基层在路面结构中的位置、作用及要求

1. 基层在路面结构中的位置

路面基层是路基路面体系中的重要组成部分,位于路基和路面面层之间,在路面结构中起着"承上启下"的作用。路面基层是直接位于沥青面层或水泥混凝土面板之下,用高质量材料铺筑的主要承重层或下承层。基层可以是一层或多层,可以是一种或多种材料。基层由多层构成时,最下一层被称为"底基层",除最下一层之外的其他层相应地被称为"基层"。应注意鉴别基层概念在不同情况下的内涵。

2. 基层的作用以及对基层的要求

(1) 基层的作用

基层主要承受由面层传来的车辆垂直荷载,并把它扩散到底基层(或垫层)和土基中。由于车轮的水平荷载沿深度递减得很快,所以水平荷载对基层影响较小。

(2) 对基层的要求

①要有足够的强度和刚度,坚实,抗变形能力强。
②有平整的表面,以保证面层厚度均匀。
③应有足够的水稳定性和抗冻性(冰冻地区)。

二、基层结构类型

基层可分为有结合料稳定类基层和无结合料的粒料基层。

有结合料稳定类基层又可分为有机结合料基层和无机结合料基层。

有机结合料主要是沥青(包括乳化沥青和泡沫沥青)。无机结合料主要有水泥、石灰、粉煤灰和火山灰等。

无机结合料基层又称为半刚性或整体型基层。无机结合料基层可分为水泥稳定类、石灰稳定类、综合稳定类。

无结合料的粒料基层分为嵌锁型和级配型。嵌锁型的强度由嵌锁力、摩阻力决定;级配型的强度由内摩阻力、黏结力决定。

三、半刚性基层材料的特点

在粉碎的或原状松散的土中掺入一定量的无机结合料(包括水泥、石灰或工业废渣等)

和水,经拌和得到的混合料在压实与养护后,其抗压强度符合规定要求的材料称为无机结合料稳定材料。由于无机结合料稳定材料的刚度介于柔性路面材料和刚性路面材料之间,常被称为半刚性材料,以此修筑的基层或底基层亦称为半刚性基层(底基层)。半刚性基层是二级以上公路的主要基层形式。

半刚性基层材料的优点:整体性好、承载力高、强度较大,水稳定性较好,经济性较好。

半刚性基层材料的缺点:在温度和湿度变化时易开裂,当沥青面层较薄时,易形成反射裂缝,进而影响路面使用性能。

半刚性基层材料的收缩分为温缩和干缩两种。温缩由温度发生变化而产生;干缩由湿度发生变化而产生。含土较多的材料以干缩为主,含集料较多的材料以温缩为主。半刚性基层材料的干缩主要发生在竣工后初期阶段,当基层上铺筑沥青面层以后,基层的含水率一般变化不大,此时半刚性基层材料的收缩转化为以温缩为主。

半刚性基层材料的抗裂性能是以温缩抗裂系数与干缩抗裂系数来评价的。抗裂系数愈大,表明材料的抗裂性能愈强,在同样的条件下,能承受较大的温度或湿度的变化而不开裂。其中,温缩抗裂系数是指温度每降低1℃,单位长度的收缩量。干缩抗裂系数是指含水率每减少1%,单位长度的收缩量。

目前常用的无机结合料稳定材料有以下几种类型:水泥稳定材料、石灰稳定材料、工业废渣稳定材料等。各种稳定土可在拌和场集中拌和,也可沿路拌和,故施工方法有厂拌法和路拌法之分。高速公路和一级公路的半刚性基层对强度和平整度等技术性能有很高的要求,应采用施工质量好、进度快的厂拌法施工,其他等级公路的半刚性基层可采用路拌法施工。

第二节　稳定土拌和机械

稳定土拌和机械是一种旋转式加工稳定土材料的拌和设备。本节将介绍稳定土拌和机械的功用、分类、结构、功能、工作原理及特点、影响因素等内容。

一、稳定土拌和机功用

直接在施工现场将稳定剂与土壤或砂石均匀拌和的施工技术称为路拌法施工技术,所使用的专用自行式机械统称为稳定土拌和机(图4-1)。

在高速公路、一级公路施工中,稳定土拌和机用于修筑路面底基层;在二、三级公路或其他低等级公路施工中,可用于修筑路面基层。稳定土拌和机安装铣刨转子后,还可以用来铣刨旧的沥青混合料路面,完成就地破碎再生作业。

图4-1　稳定土拌和机

二、稳定土拌和机分类

根据其结构和工作特点,稳定土拌和机可以按以下几个方面进行分类。

1. 按行走装置的类型分类

按行走装置不同,稳定土拌和机可分为履带式和轮胎式,见图 4-2a)、图 4-2b)。

履带式稳定土拌和机多为大、中功率等级的稳定土拌和机,有双履带式、三履带式、四履带式等不同结构形式。履带式稳定土拌和机适用于大面积连续施工,它整机稳定性好,具有较好的自找平能力和较大的牵引力,拌和后作业面也比较平整。

轮胎式稳定土拌和机具有机动灵活,便于自行转移施工工地等优点,其行驶速度一般在 20~30km/h 的范围内,是履带式稳定土拌和机行驶速度的 3~4 倍,它适合在施工工程量较小,需要频繁转移工地的情况下使用。近年来,轮胎式稳定土拌和机由于采用了低压宽基轮胎,提高了整机稳定性和牵引附着性,因而得到了较多的应用。

2. 按移动的形式分类

按移动的形式,稳定土拌和机分为自行式、拖式和悬挂式,如图 4-2c)、图 4-2d)、图 4-2e)所示。

自行式稳定土拌和机,其工作装置安装在轮胎式或履带式专用底盘上,这是当前世界各国生产的稳定土拌和机的主要形式。

拖式稳定土拌和机利用牵引车牵引并驱动拌和装置,这类稳定土拌和机国内使用较少。

悬挂式稳定土拌和机把工作装置安装在定型的拖拉机上,为了满足其工作速度的要求,一般要在拖拉机上附加副减速箱,这种稳定土拌和机多属于小功率等级的机型。

3. 按拌和装置的安装位置分类

按拌和装置的安装位置,稳定土拌和机分为转子前置式、转子中置式[图 4-2f)]和转子后置式[图 4-2g)]。

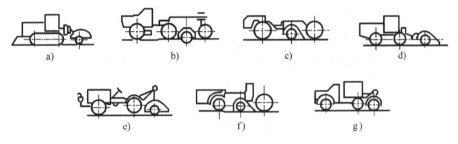

图 4-2 稳定土拌和机类型

a)履带式;b)轮胎式;c)自行式;d)拖式;e)悬挂式;f)转子中置式;g)转子后置式

转子前置式稳定土拌和机拌和过的作业面残留有轮迹,仅见于早期生产的稳定土拌和机。

后置式稳定土拌和机的转子悬挂在底盘的后部,整机结构比较简单,制造、安装、保养、维修和更换转子或拌和刀具都比较方便,可实现拌和后无轮迹。

中置式是把转子安装在底盘的中间,与后置式相比,其在工作过程中能起到自动整平作用,拌和作业面比较平整;但安装、维修和使用等方面不如后置式方便,且拌和后作业面留有轮迹。另外,由于其转子设置在机架的下面,在机架的作用下,能保持较稳定的切削深度,而后置式在作业过程中碰到硬土时,转子可能会被抬起来,从而影响切削和拌和深度。

4.按动力传动形式分类

按动力传动形式，稳定土拌和机可分为机械传动、液压传动、机械-液压传动三种形式。

机械传动是指发动机的动力通过离合器、变速箱、传动轴等机械的传动来驱动整台机械的各有关部件。小型稳定土拌和机多采用机械传动，具有结构简单，易于维修、制造、使用成本低等优点。

液压传动是指工作机构和行走机构均采用液压传动（其中有的机型还配有机械减速机构，以满足稳定土拌和机的基本性能要求，也属于液压传动）。采用液压传动可简化整机结构，便于总体布置，易于实现自动控制，操作简单、轻便。当前国内外工厂生产的稳定土拌和机多采用液压传动。

机械-液压传动是指稳定土拌和机的工作机构和行走机构一个为机械传动，另一个为液压传动。一台机械采用两种传动方式使工厂的制造、装配复杂化，给使用也带来麻烦。但由于机械传动效率高，可以从专业厂选配机械传动零部件，组成合适的机械传动系统，所以有些机型仍采用这种混合传动形式，而行走系统则采用液压传动。

5.按转子的旋转方向分类

按转子的旋转方向，稳定土拌和机可分为正转和反转两种。

正转是指转子刀头由上向下切入土中，入土后的运动方向与机械的前进方向相反，切削阻力较大，但可以对切削下来的土颗粒进行二次破碎，有利于均匀拌和。

反转即刀头由下向上切入土中，入土后的运动方向与机械前进方向相同，切削阻力较小，对硬土层及切削旧沥青路面作业有利。

三、稳定土拌和机结构

稳定土拌和机的部件结构、作业装置的构造和安装部位可以有不同的形式，但稳定土拌和机均由主机和作业装置两个基本部分组成。有些稳定土拌和机还设置了稳定剂计量洒布系统。图4-3是现代筑路机械工程中广泛使用的稳定土拌和机。

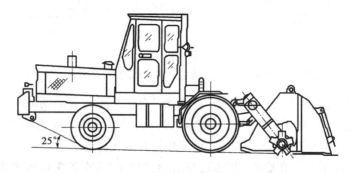

图4-3 稳定土拌和机

主机是稳定土拌和机的基础车辆，其组成部分包括发动机和底盘。底盘作为拌和作业装置的安装基础，由传动系统、行走驱动桥、转向桥、操纵机构、电气系统、液压系统、驾驶室、翻滚保护架以及主机架等部分构成。各个部分均安装于主机架上。

1. 转子装置

稳定土拌和机的主要作业装置是转子装置。它由转子、罩壳、举升油缸、刀具等组成,以 WBY210 型稳定土拌和机为例,其转子装置如图 4-4 所示。

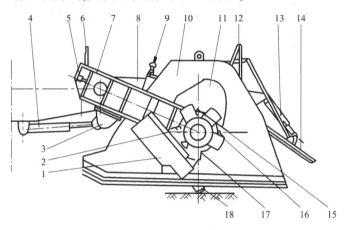

图 4-4　WBY210 型稳定土拌和机转子装置

1-分土器;2-液压马达;3-举升轴;4-举升油缸;5-保险销;6-深度指示器;7-举升臂;8-牵引杆;9-调整螺栓;10-罩壳;11-护板;12-尾门开度指示器;13-尾门油缸;14-尾门;15-加油口;16-油面口;17-放油口;18-转子拌刀

全液压稳定土拌和机转子的动力来自液压马达,有两种传动布置形式:一种形式是低速大扭矩液压马达直接驱动转子;另一种形式是高速液压马达配行星齿轮减速器,降速增扭后将动力传给转子。

(1)转子

转子用来切削土并将土与结合料均匀拌和。由于转子直接接触土壤,承受拌和土壤时所产生的各种载荷,因此要求转子轴具有足够的强度和刚度。

转子有两种主要结构形式:刀盘结构式转子和刀臂结构式转子,如图 4-5 所示。在图 4-5a)中,转子轴上焊接着若干个刀盘,转子轴采用大口径薄壁空心钢管,在质量相同的前提下,可以提高整体强度和刚度;还可减小刀盘的尺寸,提高刀盘的强度。这种结构形式适合拌和深度较小的工作条件。图 4-5b)所示为刀臂结构式转子,这种转子的强度和刚度比刀盘结构式的要差些,不适合切削阻力比较大的破碎工况;当切削阻力较小,拌和深度较大时,采用这种结构形式比较合理。

(2)刀具

为保证转子承受的工作载荷均匀分布,拌和刀具应沿转子轴线方向呈螺旋线布置,一般从转子轴线的中心点向转子两端呈螺旋线布置最佳。要求在任何时刻与土壤接触的切削刀刃数量都为常数。

稳定土拌和机转子上使用的刀具主要有三种结构形式:图 4-6a)为弯板形刀具,其刀片安装在转子轴上时,相邻刀片之间可以有一定重叠或正好搭接,这样其拌和均匀性和效果将会很好,但其很难适应恶劣复杂的拌和工况;图 4-6b)为铲形刀具,刀头的切削刃处镶有耐磨硬质合金材料,以提高刀头的强度和耐磨性,并延长其工作寿命;图 4-6c)为子弹形铣削刀,这种刀的刀尖上镶嵌有硬质合金,能承受极大的摩擦力,其强度和耐磨性均很好,适用于破碎旧的沥青路面以及拌和加石料的稳定土。

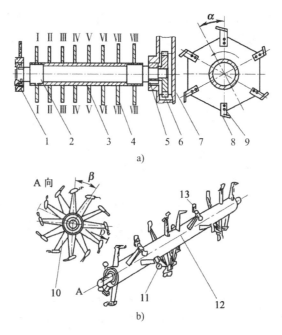

图 4-5 转子结构形式
a) 刀盘结构式转子；b) 刀臂结构式转子
1-转子动臂；2-转子轴头；3、12-转子轴；4-刀盘；5-轴承；6-链轮；7-动臂侧板；8、13-刀片；9-固定螺栓；10-刀臂；11-刀头

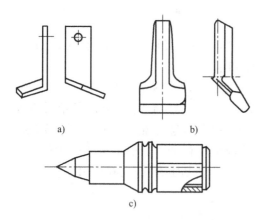

图 4-6 转子上的刀具结构形式
a) 弯板形刀具；b) 铲形刀具；c) 子弹形铣削刀

（3）罩壳

罩壳不仅形成一个封闭的空间以保护周围的工作人员不被转子抛出的块状物击伤和防止尘土飞扬，而且在很大程度上影响着稳定土的破碎及拌和均匀性。

罩壳相对于转子轮的关系有两种类型：浮动式和固定式。浮动式罩壳无论转子处于何种拌和位置，罩壳都自由地放置在地面上，能可靠地封闭工作室。固定式罩壳刚性固定在转子轴上，随转子一同升降，在工作状态，转子通过升降液压缸放下来，罩壳便支撑在地面上，此时转子轮颈则借助罩壳两侧长方形孔内的深度调节垫支撑在罩壳上。因此在自身重量和转子重量的共同作用下罩壳紧紧地压在地面上形成较为封闭的工作室。

2. 计量洒布系统

计量洒布系统的功用是计量、喷洒液体稳定结合料或水，使拌和机拌和过的稳定层具有施工设计要求的结合料含量，或者使拌和过的稳定层达到压路机压实所期望的最佳含水率。

为了使喷入的稳定剂能够理想地与土壤混合，拌和机作业时转子的旋向不同，稳定剂从罩壳的喷入部位也有所差别,如图 4-7 所示。

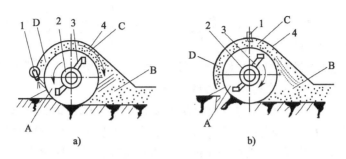

图 4-7 稳定剂的合理喷入位置示意图
a)正转转子工作情况;b)反转转子工作情况
1-稳定剂喷嘴;2-转子轴;3-刀臂;4-罩壳;A、B、C、D-工作区

当转子正转时,如图 4-7a)所示,在罩壳下面的工作室内会形成几个特定的区域。高速旋转的拌和刀具在 A 区内从土体上切下很薄的月牙形土屑,并把它们抛向罩壳,在这个区域主要是进行土壤的粉碎作业。被抛出的土壤以一定的速度碰撞罩壳内壁,然后向四周散开,在罩壳后壁下面的 B 区内形成一个由已粉碎的土壤组成的土堆。罩壳的下沿是一个整型部件用以维持处理层的厚度和表面平整性。与罩壳碰撞后飞散开的土壤颗粒和沉落下来的土壤颗粒,有些被拌和刀具带起并抛向转子上部的罩壳壁 C 区内,其中一部分土壤颗粒逐渐向前移到 D 区,并形成长圆形土堆。通常把稳定剂洒布在转子前的 D 区内,便于拌和刀具铲起加入这些稳定剂的土壤,并进行拌和,这样拌和效果会好些。

当转子反转时,如图 4-7b)所示,转子的拌和刀具从沟底向上切削土壤,并将切下来的土壤沿拌和机运行方向向前抛去,与罩壳相碰的土壤颗粒将向四周飞散,而与转子的拌和刀具相碰的土壤颗粒将沿转子旋转方向向后抛去。最终,在转子上方罩壳壁下的 C 区里,悬浮于空中的土壤颗粒杂乱地向后壁移动。最后处理的土壤基本都被拌和刀具从转子上方抛到 B 区。鉴于罩壳下土壤移动的特点,把液体稳定剂加入转子工作室中最适宜的区域是 C 区,因为在 C 区,处于悬浮即将发散状态的土壤颗粒会接收到喷洒的稳定剂后再扩散到 B 区,从而使其拌和均匀。

四、稳定土拌和机的工作原理及特点

稳定土拌和机由基础车辆和拌和装置组成。拌和装置是一个垂直于基础车辆行驶方向水平横置的转子搅拌器,通称拌和转子。用罩壳封遮拌和转子上部和左右侧面,形成工作室。拌和转子工作原理如图 4-8 所示。在车辆行驶过程中,操纵拌和转子旋转和下降,转子上的切削刀具就将地面的物料切削并在罩壳内抛掷,于是稳定剂与土壤或砂石材料掺拌混合。

稳定土拌和机的主要功能是对土壤进行破碎,

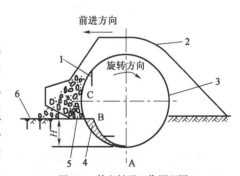

图 4-8 拌和转子工作原理图
1-刀具;2-罩壳;3-转子;4-切削物料;5-堆集物料;6-地面;A、B、C-工作区;H-切削深度

并使土壤与稳定剂均匀拌和。根据作业对象的不同，选用的转子旋转方向也不同（即正转或反转）。

当在较松软的土层上进行拌和作业时，一般采用正转方式，即旋转的刀具从土层表面开始自上而下进行切削、破碎与拌和。

当在坚硬的土层上进行拌和作业或铣削旧沥青混合料路面时，多采用反转方式，即旋转刀具从土层的底部自下而上进行切削、破碎与拌和。

下面分析将稳定剂（石灰或水泥）铺撒在土层上时稳定土拌和机的作业过程。

从图4-9可以看出，正转时高速旋转的刀具从土层上切下一块很薄的月牙形土屑，并把它抛向罩壳，这就是切削、破碎过程；抛出的土壤以一定的力量碰撞罩壳壁，随后向四周飞散开，其中一部分土壤颗粒被粉碎；也有部分土壤颗粒再次与刀具相碰，或互相碰撞，这一过程被称为二次破碎；还有部分与罩壳碰撞后飞散开的土壤颗粒和沉落下来的土壤颗粒被刀具带起并抛向转子上部的罩壳壁下面的B区内，其中有部分土壤颗粒逐渐向前，置于A区并形成前长条形土堆；位于A区的土壤将再次受到刀具的冲击、切削。上述过程反复进行多次，土壤颗粒被破碎得很细，并与稳定剂均匀拌和，最后大部分土壤颗粒因失去速度而沉落在地面上，此时土壤因疏松而体积增大，并在罩壳后壁下面的C区形成圆形土堆，经罩壳拖板下缘刮平、整形，形成一条具有一定厚度且表面平坦的稳定土层带。

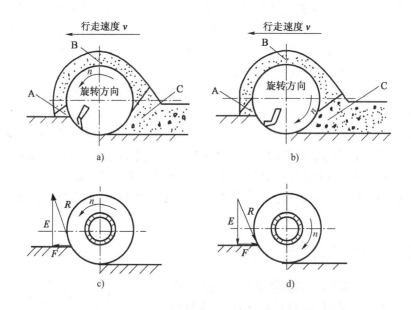

图4-9 工作转子旋转方向及受力分析示意图
a）正转方向；b）反转方向；c）正转受力状况；d）反转受力状况
R-土壤给转子的切削反力；E-土壤给转子的切削垂直反力；F-土壤给转子的切削水平反力；A、B、C-工作区

在反转状态，刀具从沟底向上切削土壤，并将切下来的土壤沿机械前进方向向前抛，在转子前面形成前长条形土堆；在同一作业状态下，长条形土堆的尺寸基本保持不变；被切下来的土壤有相当大的一部分被抛入C区，一部分被向上抛并撞击罩壳前壁，和罩壳相碰的土壤颗粒将向下飞散，而和刀具相碰的土壤颗粒将沿转子旋转方向被向罩壳的后壁抛去。可

以看出,被处理的土壤基本上都被拌和刀具从转子上方抛到 C 区,经罩壳拖板下缘刮平、整形,形成稳定土层带。从上述工作原理分析可知,整个拌和过程包含切削和拌和两个阶段,但这两个阶段不是绝对分开的,而是互相交织在一起,并往往是同时发生的。

现代的稳定土拌和机几乎都是单转子工作装置,一般在同一作业带上要拌和两遍,有的甚至要拌和三遍、四遍,这由机械的性能和工程的性质决定。

稳定土拌和机作业时,拌和转子旋转方向与车轮前进时的转向相同者称为转子正转;反之称为转子反转。转子正转时,拌和转子从上向下切削土壤,如图 4-9 所示。从转子受力情况看,正转转子切削反力的水平分力与拌和机前进方向一致,减少了行进阻力,有助于拌和机的行走。但是,当遇到地下有较大的拌和障碍物时,切削阻力增加很快,会对转子形成冲击载荷。采用反转方式的拌和转子由下向上翻起土壤进行切削,其切削阻力比采用正转方式的小。在破坏旧的沥青混合料路面或翻修硬的基层作业中,切削阻力很大,这时采用反转方式较为合理。由下向上翻时,切层由薄变厚,切削阻力平稳增加,这样可以减少冲击载荷,使得工作稳定性比正转转子好些。从反转转子受力分析可以看出,转子切削阻力的水平分力与拌和机行进方向相反,因而整机功率消耗较大。

五、影响稳定土拌和施工质量的因素

基层是路面结构的重要组成部分,主要承受路基、路面重力沉陷时所产生的静载荷和车辆施加于路面的动载荷,由于基层起着承上连下的作用,因此要求基层具有较高的强度和平整度,而基层强度主要取决于材料的级配、拌和均匀性和压实度。因此,要提高基层的强度,就需要稳定土拌和设备具有准确的级配和均匀拌和能力,又同时满足生产率高、故障率低的要求。

1. 拌和机的功率

目前国产拌和机品种繁多,多为全液压传动,有带载荷自动调节装置的,亦有不带的。在购置机器时,要确定该机能否有效地发挥发动机功率,要看转子系统是否按全功率匹配以及载荷调节装置控制特性是否正确,这两个条件不满足就不能保证该机能全部有效地发挥发动机功率。即使转子液压系统按全功率匹配,不带载荷调节装置的机器或调节装置设置不合理的机械只能发挥大约 80% 的发动机功率。

2. 土壤破碎程度和拌和均匀性

当刀具插入土壤切屑时,刀具的刃面拍击和挤压前方的土壤并弯曲切屑,使切屑剪断、折断和破碎,这被称为第一次破碎。第一次破碎程度随着切屑厚度减小以及刃面前方挤压和拍击作用加强而增大,它在土壤的整个破碎过程中占主要地位。土壤在抛掷过程中互相碰撞、和罩壳碰撞以及碰落后由后续刀具再次破碎被称为第二次破碎,其作用将随着抛掷速度增大而加强。由于减小进距 S(转子同一切削位置上相继切削的刀具轨迹之间的水平距离)将直接减小切屑厚度,增大切削角将加强刃面对前方土壤的挤压和弯曲作用,增大切削速度将加强刀具分离切屑的拍击作用,同时增大抛掷土块的碰撞能量,因而进距 S、切削角以及切削速度是影响破碎程度的主要因素。

拌和均匀性取决于单位体积的材料所需要的拌和次数。减小进距 S 将增加拌和次数,改善拌和质量。切削角过小将使刃面沿轨迹从材料底部滑过,减弱拌和作用,适当增大切削角则有利于加强对材料的拌和作用。抛掷过程的分离作用对拌和质量有着重大影响。破碎质量越好混合料越易混合而不易分离,抛掷速度较小则分离作用减弱。因此进距 S 和切削角是影响拌和均匀性的主要因素。

此外,反转转子的工作过程将减弱对材料的抛掷作用而加强拌和作用,因此反转将有助于改善轻质材料的拌和质量。

3. 进距 S

进距 S 随行走速度增大而增大时,比能耗 W_b（拌和单位体积土壤所消耗的功）呈递减趋势,因此从动力性、生产率和经济性考虑,应选用大进距进行作业。

4. 作业速度

拌和机的拌和宽度并不是衡量其性能的唯一参数,一味追求拌和宽度,将降低作业速度,特别是后置式机型拌和宽度增大对整机稳定性极为不利,且增加重力。一台性能良好的机械首先应生产率高、机动性好、自重轻,即比功率大。拌和机在行走速度方面还要有很大潜力可挖,要可以从 1km/h 的拌和速度提高到 1.5km/h,甚至更大,而拌和质量则可以通过复拌来满足要求。

5. 复拌

如果土壤较松,机器动力富余,应优先考虑采用提高作业速度,用大进距进行第一次拌和,用第二次复拌来满足作业质量要求的施工工艺。例如某拌和机用大进距 80~100mm 进行两次拌和方式,比用小进距 30mm 进行一次拌和方式提高生产率 30%~50%。

6. 配套机械的完好率

与稳定土拌和机配套的施工机械有挖掘机、推土机、装载机、自卸汽车、粉料撒布机、平地机、洒水车、压路机等多种。在进行机械化施工作业时,除应确保稳定土拌和机无故障、能正常作业外,还要保证其配套机械的完好率,必要时（特别是单台配套机械机种）还应有一定量的备用机,这样才能保证并充分发挥稳定土拌和机的效率。否则任何一个环节的机械出问题,都可能造成施工中断,影响施工进度,其经济损失将是巨大的。

7. 合理的施工路段

从理论上讲,施工路段越长,其生产率越高。但从施工的综合条件考虑,则存在一个经济的施工路段。根据经验,一个施工路段以 500~1000m 为宜。

8. 合理的拌幅

稳定土拌和机性能参数中的拌和宽度,视综合公路施工规范中各级公路基层宽度而优化选定。

施工时要依据具体的工程条件决定实际的拌幅数,下式可供参考:

$$n_o = \frac{B}{b - \Delta b} \tag{4-1}$$

式中:n_o——拌幅数;

B——施工路面基层宽度,m;

b——稳定土拌和宽度,m;

Δb——相邻拌幅的重叠量,一般取 $0.1\sim0.2$m。

实际的拌幅数应为整数,这样可以充分发挥机械的性能,又可以提高生产率。

9. 正确选择工作速度并保持拌和速度的恒定

稳定土拌和机的生产率和拌和质量是与其工作速度密切相关的。这里所说的工作速度是指稳定土拌和机作业时的行走速度和转子的旋转速度。它随着地质条件、公路等级、筑路材料、配合比及铺层厚度的变化而变化。通常在开始施工时先要对机械进行调试,以选择最佳的机械行走速度及转子旋转速度来保证获得最佳的、均匀的拌和质量,同时还要尽可能地提高生产率、节约燃料、降低使用成本等。因此,采用调速范围广、无级变速的全液压传动的稳定土拌和机是最佳选择。

恒定的拌和速度是指在某一施工路段进行拌和作业时,按工程条件、稳定材料的要求所设定的最佳机械行走速度和转子旋转速度。稳定土拌和机作业时应能够自始至终保持这一速度恒定不变,只有这样才能获得均匀一致的拌和料。

第三节　稳定土厂拌设备

修筑路面基层(底基层)的施工过程中,要完成稳定土材料的拌和、运输、摊铺、压实等一系列工序,这些工序中的第一道工序就是稳定土材料拌和,需要用到稳定土厂拌设备。本节将介绍稳定土厂拌设备的用途、分类、结构组成与工艺流程、作业与要求等内容。

一、稳定土厂拌设备的用途

在固定的场地集中进行稳定土混合料拌制的施工工艺称为厂拌法,所使用的专用机械称为稳定土厂拌设备(图4-10)。稳定土厂拌设备是路面工程机械的主要机种之一,专用于拌制各种以水硬性材料为结合剂的稳定混合料。由于混合料的拌制是在固定的场地集中进行,厂拌设备具有材料级配准确、拌和均匀、节省材料以及便于计算机自动控制,能统计、打印各种数据等优点,因而广泛用于公路和城市道路的基层、底基层施工,也适用于货场、停车场、机场等需要稳定材料的工程。

厂拌法施工需配备大量的汽车、装载机来装运土、石材料和拌和好的稳定材料,当稳定材料运到现场后,还需要摊铺设备来摊铺,因此厂拌法施工造价较高。

图4-10　稳定土厂拌设备

二、稳定土厂拌设备分类

稳定土厂拌设备可根据生产率、拌和工艺、布局及机动性等进行分类。

1. 根据生产率分类

其可分为小型(生产率小于200t/h)、中型(生产率为200~400t/h)、大型(生产率为

400～600t/h)和特大型(生产率大于600t/h)四种。

2. 根据设备拌和工艺分类

其可分为非强制跌落式、强制间歇式、强制连续式等三种。

强制连续式又可分为单卧轴强制连续式和双卧轴强制连续式。在诸多形式中,双卧轴强制连续式是最常用的搅拌形式。

3. 根据设备的布局及机动性分类

其可分为移动式、分总成移动式、部分移动式、可搬式、固定式等结构形式。

(1)移动式厂拌设备

该设备将全部装置安装在一个专用的拖式底盘上,形成一个较大型的半挂车,可以及时转移施工地点。设备从运输状态转到工作状态时不需要吊装机具,仅依靠自身液压机构就可实现部件的折叠和就位。这种厂拌设备一般是中小型生产能力的设备,多用于工程分散、频繁移动的公路工程。

(2)分总成移动式厂拌设备

该设备是将各主要总成分别安装在几个专用底盘上,形成两个或多个半挂车或全挂车形式。各挂车分别被拖动到施工场地,依靠吊装机具将各总成组合安装成工作状态,并可根据实际施工场地的具体条件合理布置各总成。这种形式多在中、大生产率设备中采用,适用于工程量较大的公路工程。

(3)部分移动式厂拌设备

该设备是一种常见的布局方式。采用这种布局的设备在转移工地时将主要的部件安装在一个或几个特制的底盘上,形成一组或几组半挂车或全挂车,依靠拖动来转移工地,而对小的部件采用可拆装搬移方式,依靠汽车运输完成工地转移。这种形式在中、大生产率设备中采用,适用于城市道路和公路工程。

(4)可搬式厂拌设备

该设备是采用最多的厂拌设备,这种设备将各主要总成分别安装在两个或两个以上的底架上,各自装车运输实现工地转移,再依靠吊装机具组合安装成工作状态。这种形式在小、中、大生产率设备中均可采用,具有造价较低、维护保养方便等特点,适用于各种工程量的城市道路和公路工程。

(5)固定式厂拌设备

该设备固定安装在预先选好的场地上,一般不需要搬迁,形成一个稳定材料生产工厂。因此,一般规模较大,具有大、特大生产能力,适用于城市道路施工或工程量大且集中的工程。

三、稳定土厂拌设备组成与工艺流程

稳定土厂拌设备可以根据工程设计的要求,集中拌制各种不同级配的稳定土混合料。如图4-11所示,稳定土厂拌设备一般包括集料配料装置、粉料配给装置、水供给系统、搅拌机、皮带输送装置、成品料仓、电气控制系统等部分。

1. 集料配料装置

集料配料装置包括配料斗、料斗配料皮带输送机、斗架和水平集料皮带输送机等部分。

根据设备的生产率和级配材料粒径分级,可选用由多个配料斗组成的配料机组进行配料。配料量的多少,可通过调速电动机驱动给料机,改变给料皮带速度以调节给料量;也可由装在出料斗门上的闸板手动控制,即通过手轮调节闸门开启的高度,以调节给料量。集料皮带输送机装设在配料斗的下方,当配料斗的数量增加时,水平集料皮带输送机需相应地增加。工作时,各个配料斗给出的计量好的级配材料先落在水平集料皮带输送机上,再由它将级配材料输送到斜置集料皮带输送机中。

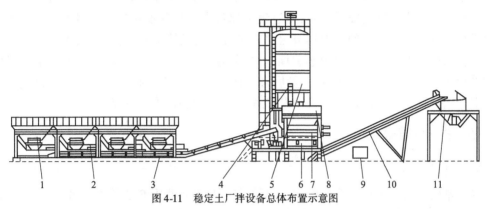

图4-11 稳定土厂拌设备总体布置示意图

1-配料斗;2-集料称重皮带机;3-集料皮带输送机;4-螺旋输送机;5-立式粉料罐;6-搅拌机;7-螺旋秤;8-粉料筒仓;9-水箱;10-成品料皮带输送机;11-成品料仓

2. 粉料配给装置

粉料配给装置包括粉料筒仓、螺旋输送机和粉料给料计量装置等。其工作原理是:由散装水泥运输车运来的结合料(水泥或生石灰粉)通过运输车上的气动力输送装置输送到粉料筒仓内;粉料筒仓的出料口与叶轮给料机的进料口相连接,然后进入螺旋输送机的粉料被输送到螺旋秤中,由螺旋输送机进行初给料,螺旋秤进行水泥的精确计量。叶轮给料机和螺旋输送机由调速电动机驱动,整个粉料配给装置按施工技术要求的配合比进行配料。

3. 水供给系统

水供给系统包括水箱、水泵(带电动机)、三通阀、节流阀、流量计、管路和喷水管等。其作用是向搅拌机中喷水,控制和调节被拌混合料的含水率,以保证成品混合料的质量。

4. 搅拌机

搅拌机是厂拌设备的关键部件,其常用的结构形式是双卧轴强制连续式。其主要包括壳体、搅拌轴及与搅拌轴连成一体的搅拌臂、桨叶等。这种搅拌机的工作原理是:级配料和粉料从进料口连续进入搅拌机,搅拌轴的同步反向转动带动桨叶旋转;在桨叶的作用下,各种级配料和水快速混合;桨叶沿轴向安装成一定角度,使物料沿轴向和横向快速移动拌和,被搅拌成均匀的混合料从出料口排出。有些厂拌设备的桨叶与搅拌轴的安装角度是可调的,以适应不同工况的要求。

5. 成品料仓

成品料仓包括立柱、平台、料斗、溢料管和启闭斗门的液压或气压传动机构等。其作用是暂时存放拌和好的成品混合料,这样既便于装车,又可减少混合料的离析。

6. 电气控制系统

电气控制系统主要包括控制系统、电源、各执行电气元件及电气显示系统。厂拌设备的电气控制系统形式主要有计算机集中控制和常规电气元件控制两种，不同控制形式的电气控制系统有不同的结构组成。工作时，任何形式的控制系统都必须遵守工艺路线中各设备启动和停机的程序。

稳定土厂拌设备工作时的工艺流程：利用装载机或其他上料机具，将需要拌和的不同粒径的集料分别装入不同的配料斗中，通过集料称重皮带机分别对各种集料按施工要求的配合比进行计量、配料；配好的各种集料由集料皮带输送机输送到搅拌机中；用气动力输送装置把结合料（水泥或石灰）输送到粉料筒仓中，再通过计量系统进行配料，通过螺旋输送机输送到搅拌机中；水由水供给系统经计量后泵送到搅拌机中与其他固体物料一起拌和，拌好的成品混合料从搅拌机的出料口直接卸入成品料仓中，以待装车运往施工工地。

四、作业与要求

1. 厂拌设备的正确使用

在正常使用稳定土厂拌设备前，应选配好与厂拌设备相配套的装载机械，如散装水泥罐车及成品料运输车辆等，备好充足的物料，以保证设备连续高效工作。

稳定土厂拌设备包括的总成比较多，是一种自动连续作业的大型设备，在使用中除了按照设备的使用说明书要求严格、认真地操作使用、维修保养外，还应特别注意保证各皮带输送机的正常运行，防止皮带跑偏造成撕裂的事故发生。

2. 成品料的生产技术

稳定土混合料的生产过程包括原材料的堆存、称量配料、搅拌及混合料运输等工序，各工序执行的结果，尤其是原材料的管理和搅拌混合料的质量管理都将影响混合料的最终质量。

（1）原材料的管理

稳定土厂拌设备是一种全自动连续作业的设备，被拌和物料的类型、规格和配合比较多，设备本身不带筛分装置，因而拌出的混合料的质量与所提供的原材料的质量有很大的关系，所以在施工过程中必须对进入厂拌设备的各种原材料加强质量管理。

稳定土厂拌设备拌和时所用的原材料包括粗集料、细集料、粉料、水和添加剂等。首先，应确认其质量是否符合施工规范的要求，对不符合质量要求的原材料坚决不予使用，把好原材料的质量关。其次，管理好原材料的储存，集料应储存在厂拌设备的现场，集料含水率对混合料的质量有很大的影响，对来自不同产地的各种粒径的集料应分别储存在自然排水良好的料场里；同时还要考虑，在任何时候都应当储存有足够数量的集料，以保证厂拌设备能连续运转，不致因缺料而中断工作。在储存和配料的过程中，还应加强管理，注意避免不同粒径的集料混杂在一起。所用的粉料（水泥、石灰、粉煤灰）最好是散装供应，运到施工现场后，应立即储存在干燥和通风良好的结构物内；现场应储存有足够数量的粉料，以保证厂拌设备能连续工作；储仓中的粉料在每次工作结束时都应使用完，以防粉料在储仓中结块，影响下次使用。

(2)搅拌混合料的质量管理

搅拌的目的是将各种形状不同、粒径不一的粗细集料、粉料与水一起拌制成混合均匀、颜色一致的混合料,即成品混合料。成品混合料的质量可用均匀性来衡量,即从拌制好的混合料中随机抽取样品进行均匀性试验,要求各个样品试验结果的差值均在规定的范围之内。为了得到均质的混合料,除了对原材料进行严格的质量管理之外,还应保证组成混合料的各种原材料的配料称量准确。因此,必须经常对设备的称量系统按其使用说明书要求的步骤和方法进行标定。无论何时发现称量或配料的精确度不能满足要求,都应立即停机检查,进行必要的调整或修理,直到确认配料的精确度满足使用要求后,方可开机作业。

施工中对混合料的含水率有严格的要求。因此,水供给系统应能准确地计量搅拌用水量。要做到这一点,除了把要加入的水量称得准确无误外,还要确切地知道集料在配料称量时的含水率以及含水率的变化情况。对没有安装连续式含水率测定仪的厂拌设备,在使用时应当经常检测集料,特别是细集料的含水率。细集料的含水率试验每天应做两次以上,至少上午一次,下午一次,同时,在设备开始拌和物料之前和在发现含水率有变化时应立即抽检,并将检测的结果随时通知控制室操作人员,以便调节供水量。

第四节 稳定土摊铺机

稳定土摊铺机是铺筑路面基层(底基层)的主要设备,本节将介绍稳定土摊铺机的用途、分类、工作原理、作业与要求等内容。

一、稳定土摊铺机的用途

稳定土摊铺机(图 4-12)是将已经拌制好的稳定土材料,按照一定的技术要求(横断面形状和厚度),迅速而均匀地摊铺在已准备好的下承层上,并给予初步的捣实和整平,使摊铺层达到一定平整度、压实度的机械。其广泛用于公路、城市道路、机场等工程中的基层(底基层)摊铺作业,可大幅度降低施工人员的劳动强度,加快施工进度,降低工程成本,提高路面基层的施工质量。

图 4-12 稳定土摊铺机

二、稳定土摊铺机的分类

1. 按行走装置分类

按行走装置,稳定土摊铺机可分为轮胎式、履带式两种。

轮胎式稳定土摊铺机的前轮为一对或两对实心小胶轮,可以起到增强载重能力,避免其因所受荷载变化而变形的作用,后轮大多为大尺寸的充气轮胎。有的摊铺机轮胎内充氯化钠溶液并充气是为了增加自重。轮胎式稳定土摊铺机的优点是:行驶速度快,可自行转移工地现场,费用低;弯道摊铺质量好;结构简单,造价低。其缺点是:对路面平整度敏感性较强;机内混合料的多少会改变轮胎的变形量,影响摊铺质量。

履带式稳定土摊铺机(图4-13)的履带上都安装有橡胶履带板,以免对路面造成压痕,同时也可减小对地面的压力,增大牵引力。其优点是:由于接地面积大,所以牵引力大,减小对下层的作用力,对下层的平整度不太敏感。其缺点是:行驶速度慢,不能长距离自行转移工地现场;对地面较高的凸起点适应能力差,制造成本高。

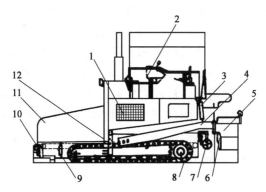

图4-13 履带式稳定土摊铺机组成简图

1-发动机;2-转向盘;3-侧臂提升油缸;4-侧臂;5-熨平板;6-振捣器;7-螺旋布料器;8-履带;9-刮板输料器;10-推辊;11-料斗;12-闸门

2. 按使用场合的不同分类

按使用场合的不同,稳定土摊铺机可分为专用式和多用式两种。

所谓多用式,即为多功能沥青混合料摊铺机,由于其既能用来摊铺沥青混合料,又能用来摊铺稳定土,故能做到一机多用,节省费用。但某些沥青混合料摊铺机由于综合性能及设计方面的原因,在摊铺稳定土时易造成材料离析,在宽幅度摊铺时熨平板两端部摊铺材料的密实度均匀性较差,影响整体平整度。

专用式稳定土摊铺机由于其设计方面及综合性能均围绕摊铺稳定土,故其摊铺稳定土效果较好。

三、稳定土摊铺机的工作原理

稳定土摊铺机主要工作原理:料斗接收自卸卡车的混合料,通过左右刮板输料器将料斗内混合料刮送至分料槽内,再由左右分料螺旋将分料槽内混合料沿摊铺机宽度均匀分配,然后由熨平板将混合料按规定的厚度进行熨平、预压实,以获得道路所需的平整度和几何尺寸。

四、作业与要求

摊铺开始前,将熨平板放置在与摊铺厚度(即松铺厚度)相称的木板上,调整熨平板工作仰角,使其与摊铺厚度相适应。打开左右输分料开关,进行送料。待分料槽中的混合料的高度不低于螺旋布料器直径的2/3时,开始摊铺。

摊铺机工作时,熨平板在自重及振动力的作用下,给予混合料一个接触压力以初步压实混合料,同时熨平板在混合料表面浮动并向前滑行,熨平板底面与运行方向构成仰角,仰角的存在是熨平板能够预压实混合料和正常工作的前提。影响该仰角大小的因素有摊铺厚度、密实度、工作速度、混合材料的性质和配合比等,应综合考虑上述因素,通过调节自动找平油缸来调整实际的摊铺厚度。

通过操纵位于熨平板左右两侧的小控制台上的开关,均可以控制左右两侧自动找平油缸的上升或下降,以改变摊铺层的厚度。如果电器出现故障,还可以用手直接操纵找平电磁阀来进行调整。找平电磁阀位于机身内侧前板的两边,分别控制相应的找平油缸。

通过改变熨平板前牵引点高度来改变摊铺层的厚度,其调整机理是当找平油缸向上提升时,左右大臂的牵引点同时向上运动,此时熨平板前边角增大,这使得熨平板下面的摊铺料增加,摊铺料对熨平板的浮力增大,使熨平板上浮,一直到熨平板达到新的受力平衡,才停止上浮。这一过程只有在运行中才能实现。这也是在每次调整厚度后应摊铺一段距离,然后再调的原因所在。同时也可以说明摊铺层厚度的改变只能是逐渐产生的,不会发生突变。当找平油缸达到死点但摊铺厚度还需要继续增加时,应该调整大臂端的鱼尾板和大臂的角度。

第五节 碎、砾石基层(底基层)机械化施工

碎、砾石基层(底基层)是由各种粗细集料(碎石和石屑或砾石和砂)铺筑,当强度符合要求时得到的基层(底基层)。按强度形成的原理不同,矿质材料分为嵌挤型和密实型两种。嵌挤型碎石包括泥结碎石、泥灰结碎石、填隙碎石等,强度靠颗粒之间的摩擦和嵌挤锁结作用形成。密实型碎(砾)石具有连续级配,故也称为级配型基层(底基层),其强度主要靠碎(砾)石颗粒间的密实、填充作用形成。本节主要介绍级配碎石、级配砾石基层(底基层)机械化施工技术。

级配碎、砾石基层中粗细料的配合比不同,混合料的结构强度、稳定性和施工难易程度也有所不同。根据粗细料的配合比不同,混合料基本可分为以下三种:

第一种不含或含很少细料(指0.075mm以下的颗粒),主要依靠颗粒之间的摩阻力获得强度和稳定性。不含或少含细料的混合料,其强度较低,但透水性好,不易冰冻。由于这种材料没有黏结性,施工时压实困难。

第二种含有足够的细料来填充颗粒间的空隙,它仍然能从颗粒接触中获得强度,其抗剪强度、密实度有所提高,透水性低,施工时易压实。

第三种含有大量细料而没有粗颗粒与粗颗粒的接触,集料仅仅"浮"在细料之中,这类混合料施工时很易压实,但其密实度较低,易冰冻,难以透水,强度和稳定性受含水率影响很大。

一、级配碎、砾石基层(底基层)材料要求

1. 级配碎石

级配碎石指各档粒径的碎石和石屑按一定的比例混合,级配满足一定要求且塑性指数和承载比均符合规定要求的混合料。级配碎石适用于各级公路的基层和底基层。级配碎石

可用未筛分碎石和石屑组成,缺乏石屑时,也可以添加细砂砾或粗砂,但其强度和稳定性不如添加石屑的级配碎石。也可以用颗粒组成合适的含细集料较多的砂砾与未筛分碎石配合成级配碎砾石,但其强度和稳定性不如级配碎石。

2. 级配砾石

级配砾石指各档粒径的砾石和砂按一定的比例混合,级配满足一定要求且塑性指数和承载比均符合规定要求的混合料。级配砾石适用于二级及二级以下公路的基层及各级公路底基层。天然砂砾是常用的一种级配砾石。当天然砂砾符合规定的级配要求,且塑性指数在6(9)以下时,可以直接用作基层。级配不符合要求的天然砂砾,需要筛除超尺寸颗粒或掺加另一种砂砾或砂,使其符合级配要求。当砂砾中砂或土含量偏大时,可以用筛除一部分砂或土的办法,使其符合级配要求。塑性指数偏大的砂砾,有时可掺配无塑性的砂或石屑,使其塑性指数降低到符合要求,或使塑性指数与细土(粒径小于0.5mm的颗粒)含量的乘积符合要求。如在天然砂砾中掺加部分碎石或轧碎砾石,可以提高混合料的强度和稳定性(天然砂砾掺加部分未筛分碎石组成的混合料称为级配碎砾石,其强度和稳定性介于级配碎石和级配砾石之间)。

级配碎石或砾石的级配范围宜符合下列规定:
用于高速公路和一级公路基层时,级配宜符合表4-1中级配4或5的规定。
用于高速公路和一级公路底基层时,级配宜符合表4-1中级配3或4的规定。
用于二级及二级以下公路的基层时,级配可符合表4-1中级配1或2的规定。

级配碎石或砾石的推荐级配范围 表4-1

筛孔尺寸(mm)	1	2	3	4	5
37.5	100%	—	—	—	—
31.5	90%~100%	100%	100%	—	—
26.5	80%~93%	90%~100%	90%~95%	100%	100%
19	64%~81%	70%~86%	72%~84%	79%~88%	95%~100%
16	57%~75%	62%~79%	65%~79%	70%~82%	82%~89%
13.2	50%~69%	54%~72%	57%~72%	61%~76%	70%~79%
9.5	40%~60%	42%~62%	47%~62%	49%~64%	53%~63%
4.75	25%~45%	25%~45%	30%~40%	30%~40%	30%~40%
2.36	16%~31%	16%~31%	19%~28%	19%~28%	19%~28%
1.18	11%~22%	11%~22%	12%~20%	12%~20%	12%~20%
0.6	7%~15%	7%~15%	8%~14%	8%~14%	8%~14%
0.3	—	—	5%~10%	5%~10%	5%~10%
0.15	—	—	3%~7%	3%~7%	3%~7%
0.075	2%~5%	2%~5%	2%~5%	2%~5%	2%~5%

注:对无塑性的混合料,小于0.075mm的颗粒含量宜接近高限。

二级及二级以下公路底基层采用未筛分碎石、砾石时,宜采用表4-2推荐的级配范围。

未筛分碎石、砾石的推荐级配范围 表4-2

序号	通过下列筛孔(mm)的质量百分率								
	53	37.5	31.5	19.0	9.5	4.75	2.36	0.6	0.075
1	100%	85%~100%	69%~88%	40%~65%	19%~43%	10%~30%	8%~25%	6%~18%	0~10%
2	—	100%	83%~100%	54%~84%	29%~59%	17%~45%	11%~35%	6%~21%	0~10%

天然砂砾的颗粒尺寸应该合适，必要时应筛除其中的超尺寸颗粒。天然砂砾或粗砂应有好的级配。用作底基层的天然砂砾、砂砾土或其他粒状材料也应有好的级配，并符合表4-3的要求。当底基层集料在最佳含水率下制作，集料的干压实密度与工地规定达到的干压实密度相同时，浸水4d的承载比值应不小于40%（轻交通道路）~60%（中等交通道路）。

砂砾底基层的集料级配范围 表4-3

通过下列筛孔(mm)的质量百分率						液限	塑性指数
53	37.5	9.5	4.75	0.6	0.075	<28%	<6(9)
100%	80%~100%	40%~100%	25%~85%	8%~45%	0~15%		

注：级配碎石或砾石、未筛分碎石、天然砾石和砾石土等材料的液限宜不大于28%。在潮湿多雨地区塑性指数宜小于6，其他地区宜小于9。

二、级配碎、砾石基层(底基层)施工

1. 路拌法施工

级配碎、砾石基层(底基层)施工工艺流程如图4-14所示。

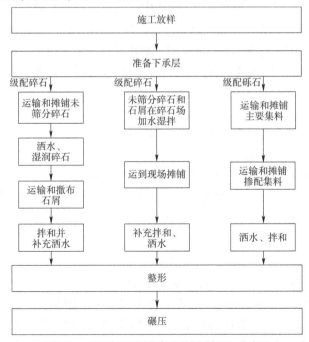

图4-14 级配碎、砾石基层(底基层)施工工艺流程

(1)准备工作

①施工放样。

A. 在下承层上恢复中线。直线段每15~20m设一桩;平曲线段每10~15m设一桩,并在两侧路面边缘外0.3~0.5m设指示桩。

B. 进行水平测量。在两侧指示桩上用红漆标出基层或底基层边缘的设计高程。

②准备下承层。

A. 基层的下承层是底基层及其以下部分,底基层的下承层可能是土基也可能还包括垫层。下承层表面应平整、坚实,具有规定的路拱,没有任何松散的材料和软弱处。

B. 下承层的平整度和压实度应符合规范的规定。

C. 土基不论是路堤还是路堑,必须用压实机械进行碾压检验(压3~4遍)。在碾压过程中,如发现土过干、表层松散,应适当洒水;如土过湿,发生"弹簧"现象,应采取挖开晾晒、换土、掺石灰或粒料等措施进行处理。

D. 对于底基层,根据压实度检查(或碾压检验)和弯沉测定的结果,凡不符合设计要求的路段,必须根据具体情况,分别采用补充碾压、加厚底基层、换填好的材料、挖开晾晒等措施,使其达到标准。

E. 底基层上的低洼和坑洞,应仔细填补及压实。

F. 逐一断面检查下承层高程是否符合设计要求。

G. 新完成的底基层或土基,必须按规范规定进行验收。凡验收不合格的路段,必须采取措施,达到标准后,方能铺筑基层或底基层。

③准备材料。

A. 计算材料用量。根据各路段基层或底基层的宽度、厚度及预定的干压实密度,计算各段需要的干集料数量。对于级配碎石,分别计算未筛分碎石和石屑(细砂砾或粗砂)的数量,根据料场未筛分碎石和石屑的含水率以及所用运料车辆的吨位,计算每车料的堆放距离。

B. 在料场洒水加湿未筛分碎石,使其含水率较最佳含水率大1%左右。

C. 未筛分碎石和石屑可按预定比例在料场拌和,同时洒水加湿,使混合料的含水率超过最佳含水率约1%,以减轻施工现场的拌和工作量。

④准备机械设备。

A. 汽车或其他运输车辆、平地机、稳定土拌和机等。

B. 洒水车。利用就近水源洒水。

C. 压实机械。如轮胎压路机、钢轮压路机、振动压路机等。

D. 其他夯实机具。适于小范围处理路槽翻浆等。

(2)运输和摊铺集料

①运输。

A. 集料装车时,应控制每车料的数量基本相等。

B. 在同一料场供料的路段,应由远到近将集料按要求的间距卸置于下承层上。卸料间距应严格把控,避免料不够或过多,并且要求料堆每隔一定距离留一缺口,以便施工。当采用两种集料时,应先将主要集料运到路上,待主要集料摊铺后,再将另一种集料运到路上。如粗细两种集料的最大粒径相差较多,应在粗集料处于潮湿状态时,摊铺细集料。

C. 集料在下承层上的堆置时间不宜过长。运送集料较摊铺集料工序只宜提前 1~2d。

②摊铺。

A. 摊铺前,先通过试验确定集料的松铺系数(或压实系数,它是混合料的松铺厚度与压实厚度的比值)。人工摊铺混合料时,其松铺系数为 1.40~1.50;平地机摊铺混合料时,其松铺系数为 1.25~1.35。

B. 用平地机或其他合适的机具将集料均匀地摊铺在预定的宽度上,当路的宽度大于 22m 时,适合分条摊铺,要求表面应平整,并具有规定的路拱。同时摊铺路肩用料。

C. 检验松铺材料的厚度,看其是否符合预计要求。必要时应减料或补料。

D. 级配碎、砾石基层设计厚度一般为 8~16cm,当厚度大于 16cm 时,应分层铺筑。下层厚度为总厚度的 60%,上层厚度为总厚度的 40%。

(3)拌和及整形

应采用稳定土拌和机拌和级配碎石、砾石。在无稳定土拌和机的情况下,也可采用平地机进行拌和。

①用稳定土拌和机拌和时,应拌和两遍以上。拌和深度应达到级配碎石、砾石层底。

②用平地机拌和。将铺好的集料翻拌均匀。作业长度一般为 300~500m,拌和遍数一般为 5~6 遍。

在拌和的过程中应用洒水车洒足所需的水分,拌和结束时,混合料的含水率应该均匀,较最佳含水率大 1% 左右,避免粗细颗粒离析现象。

拌和均匀的混合料要用平地机按规定的路拱进行整平和整形。先用平地机或压路机在已初平的路段上快速碾压一遍,以消除潜在的不平整,再用平地机进行最终的整平和整形。在整形过程中,禁止任何车辆通行。

(4)碾压

铺层整形后,当混合料的含水率等于或略大于最佳含水率时,立即用压实设备碾压。直线段由两侧路肩开始向路中心碾压;在有超高的路段上,由内侧路肩开始向外侧路肩碾压。碾压时,压实轮迹应重叠轮宽 20~30cm,压路机压实采用交错方式行进,保证铺层整体压实的均匀性。碾压遍数一般为 6~8 遍。压路机的碾压速度,头两遍以 1.5~1.7km/h 为宜,以后以 2.0~2.5km/h 为宜。

级配碎石、砾石基层在碾压过程中还应注意下列几点:

①路面的两侧,应多碾压 2~3 遍。

②凡含土的级配碎石、砾石基层,都应进行滚浆碾压,直至碎石、砾石层中无多余细土泛到表面为止。滚到表面的浆(或事后变干的薄层土)应清除干净。

③碾压全过程均应根据情况随时洒水,使其保持最佳含水率。洒水量可参考表 4-4,同时也应考虑季节和天气情况适时增减洒水量,待表面晾干后碾压。但厚度小于 10cm 时不宜摊铺后洒水,可在料堆上泼水,摊铺后立即碾压。碾压到要求的密实度。

④碾压开始时,应用轻型压路机初压,初压两遍后,及时检测、找补,如发现砂窝现象,应将多余的砂或砾石挖出,分别掺入适量的碎石、砾石或砂,彻底翻拌均匀,并补充碾压,不能采用粗砂或砾石覆盖处理。

⑤碾压中局部有"软弹""翻浆"现象,应立即停止碾压,待翻松晒干或换含水率合适的

材料后再碾压。

级配碎石及砾石基层不同厚度、不同季节洒水量　　　　　　表4-4

厚度(cm)	洒水量(kg/m²)		说明
	春秋季	夏季	
10	6~8	8~12	(1)天然级配砂、砾石含水率未计入,施工时应扣除天然含水率;
15	9~12	12~16	(2)一般天然级配砂、砾石含水率约为7%;
20	12~16	16~20	(3)天然级配砂、砾石最佳含水率为5%~9%
25	15~20	20~28	

⑥两作业段的衔接处应搭接拌和。第一段拌和后,留5~8m不碾压。第二段施工时,将前段留下未压部分重新拌和,并与第二段一起碾压。

⑦对于不能中断交通的路段,可采用半幅施工的方法。接缝处应对接,必须保持平整密合。

2. 厂拌法施工

级配碎石混合料除上面介绍的路拌法外,还可以在拌和中心站用稳定土厂拌设备进行集中拌和。

(1)材料

宜采用不同粒级的单一尺寸碎石和石屑按预定配合比在拌和机内拌制级配碎石混合料。

(2)拌制

正式拌制级配碎石混合料之前,必须先调试所用的厂拌设备,使混合料的颗粒组成和含水率都达到规定的要求。

(3)摊铺

①摊铺机摊铺。宜采用稳定土摊铺机摊铺碎石混合料。摊铺时,应在摊铺机后面设专人消除粗细集料离析现象。

②平地机摊铺。在没有摊铺机时,可采用具有自动找平功能的平地机摊铺级配碎石混合料。

(4)碾压

用单钢轮振动压路机、钢轮压路机和胶轮压路机进行组合碾压,碾压方法与要求和路拌法相同。

(5)接缝处理

①横向接缝。

用摊铺机摊铺混合料时,对于摊铺机当天未压实的混合料,应与第二天摊铺的混合料一起碾压,但应注意此部分混合料的含水率。必要时,应人工补洒水,使其含水率达到规定的要求。用平地机摊铺混合料时,每天工作缝的处理与路拌法相同。

②纵向接缝。

应尽量避免产生纵向接缝。如摊铺机的摊铺宽度不够,必须分两幅摊铺时,宜采用两台摊铺机一前一后,相隔5~8m并机梯次向前摊铺。在仅有一台摊铺机的情况下,可先在一条摊铺带上摊铺一定长度后,再开到另一条摊铺带上摊铺,然后一起碾压。

第六节 稳定材料基层(底基层)机械化施工

按结合料种类和强度形成机理不同,基层稳定材料分为石灰稳定材料、水泥稳定材料和综合稳定材料三种。本节主要介绍石灰稳定材料和水泥稳定材料基层机械化施工。

一、石灰稳定材料基层机械化施工

1. 石灰稳定材料

(1)石灰稳定材料的定义

石灰稳定材料是以石灰为结合料,通过加水与被稳定材料共同拌和形成的混合料,包括石灰碎石土、石灰土等。

石灰稳定细粒材料的颗粒最大粒径小于9.5mm,且其中粒径小于2.36mm的颗粒含量不少于90%,如黏性土、粉性土、砂性土、砂和石屑等。

石灰稳定中粒材料的颗粒最大粒径小于26.5mm,且其中粒径小于19mm的颗粒含量不少于90%,如砂砾土、碎石土、级配砂砾、级配碎石等。

石灰稳定粗粒材料的颗粒最大粒径小于37.5mm,且其中粒径小于31.5mm的颗粒含量不少于90%,如砂砾土、碎石土、级配砂砾、级配碎石等。

(2)石灰稳定材料的特点

①整体性好,承载力高。

②有较高的强度,较好的水稳性。

③初期强度低,后期强度较高。

④易干缩和冷缩,从而产生裂缝。

(3)石灰稳定材料适用范围

①可适用于各类路面的基层和底基层,但不适用于高等级路面的基层,而宜用于底基层。

②在冰冻地区的潮湿路段,以及其他地区过分潮湿路段,不宜使用。

③硫酸盐含量超过0.8%的土和腐殖质含量超过10%的土,不宜用石灰稳定。

(4)对石灰稳定材料基层压实度的要求

用石灰稳定土作基层或底基层时,不同等级的道路压实度要求不同,见表4-5。

石灰稳定土基层、底基层的压实度要求　　　　　　表4-5

层位	类型	不同等级公路的压实度	
		高速公路和一级公路	其他等级公路
基层	石灰稳定中、粗粒土	—	97%
	石灰稳定细粒土		93%
底基层	石灰稳定中、粗粒土	96%	95%
	石灰稳定细粒土	95%	93%

2. 石灰稳定材料基层施工方法

(1) 路拌法施工

石灰稳定材料基层施工工艺流程如图 4-15 所示。

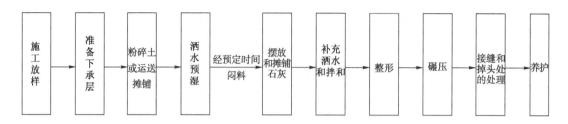

图 4-15　石灰稳定材料基层施工工艺流程图

①准备工作。

A. 施工放样。

在底基层或土基上恢复中桩，直线段每 15～20m 设一桩，平曲线段每 10～15m 设一桩，并在对应断面的路肩外侧设指示桩。在两侧指示桩上用红漆标出石灰稳定材料层边缘的设计高程。

B. 准备下承层。

按规范规定，对拟施工的路段进行验收。凡验收不合格的路段，必须采取措施，使其达到标准后，方能在其上铺筑石灰稳定材料层。

C. 备料。

采备集料前，应先将树木、草皮和杂土清除干净，并在预定采料深度范围内自上而下采集集料，不宜分层采集，不应将不合格材料采集在一起。如分层采集集料，则应将集料分层堆放在一场地上，然后从前到后(上下层一起装入汽车)将料运到施工现场。料中的超尺寸颗粒应予以筛除。

石灰堆放在拌和厂时，宜搭设防雨棚。石灰应在使用前 7～10d 充分消解。每吨石灰消解所需用水量一般为 500～800kg。消解后的石灰应保持一定的湿度，以免粉尘飞扬，但也不能过湿成团，并尽快使用。根据各段石灰稳定土层的宽度、厚度及预定的压实度(换算为压实密度)，计算各路段需要的干集料量。根据料场集料的含水率和运料车辆的吨位，计算每车料的堆放距离。根据石灰稳定土层的厚度和预定的干容重及石灰剂量，计算每平方米石灰稳定材料需用的石灰数量，并计算每车石灰的摊铺面积，如使用袋装生石灰粉，则计算每袋石灰的摊铺面积。

②运输及摊铺。

A. 运料。

对预定堆料的下层在堆料前应先洒水，使其湿润，但不应过分潮湿而造成泥泞。集料装车时，应控制每车料的数量基本相等。在同一料场供料的路段，由远到近将料按计算的距离(间距)卸置于下承层中间或一侧。

卸料距离应严格控制，避免料不够或过多；料堆每隔一定距离应留一缺口；集料在下承层上的堆置时间不应过长。运送集料较摊铺集料工序宜提前 1～2d。

B. 摊铺集料。

通过试验确定集料的松铺系数。在摊铺集料前,应先在下承层上洒水使其湿润,但不应过分潮湿而造成泥泞。

摊铺集料应在摊铺石灰的前一天进行。摊料长度应与施工日进度相当,以够次日摊铺石灰、拌和、碾压成型为准。

用平地机将集料均匀摊铺在预定的宽度上,表面应力求平整,并有规定的路拱。摊铺过程中,应注意将土块、超尺寸颗粒及其他杂物去除。

C. 摊铺石灰。

摊铺石灰时,如黏性土过干,应事先洒水闷料,使土的含水率略小于最佳含水率。细粒土宜闷料一夜;中粒土和粗粒土,视细土含量的多少,可闷料1~2h。在人工摊铺的集料层上,用6~8t双钢轮振动压路机碾压1~2遍,使其表面平整,并有一定密实度。然后,按计算的每车石灰的纵横间距,将卸置的石灰均匀摊开。混合料松铺厚度应符合预计要求。

混合料松铺系数的参考值见表4-6。石灰摊铺完后,表面应没有空白。测量石灰的松铺厚度,根据石灰的含水率和松密度,校核石灰用量是否合适。

混合料松铺系数参考值 表4-6

材料名称	松铺系数	说明
石灰土	1.53~1.58	现场人工摊铺土和石灰,机械拌和,人工整平
石灰土	1.68~1.70	路外集中拌和,现场人工摊铺
石灰土、砂砾	1.52~1.56	路外集中拌和,现场人工摊铺

③拌和与洒水。

A. 集料应采用稳定土拌和机拌和,通常应拌和两遍以上。应设专人跟随拌和机,随时检查拌和深度。拌和应适当破坏下承层的表面(1cm左右),以利上下层黏结。

B. 在拌和过程中,及时检查含水率。用喷管式洒水车补充洒水,使混合料的含水率等于或大于最佳含水率1%左右,洒水段应长一些。拌和机械应紧跟在洒水车后面拌和,尤其在纵坡大的路段上更应配合紧密,减少水分流失。在洒水过程中,要人工配合拣出超尺寸颗粒,清除粗细石料"窝"。

C. 拌和石灰加黏土的稳定碎石或砂砾时,应先将石灰土拌和均匀,然后均匀地摊铺在碎石或砂砾层上,再一起拌和。用石灰稳定塑性指数大的黏土时,由于黏土难以粉碎,宜采用两次拌和法,即第一次加70%~100%预定剂量的石灰进行拌和,闷放一夜,然后补足石灰用量,进行第二次拌和。

拌和完成的标志:混合料色泽一致,没有灰条、灰团和花面,没有粗细石料"窝",且水分合适、均匀。

④整形与碾压。

A. 整形。

混合料拌和均匀后,用平地机初步整平和整形。在直线段,平地机由两侧向路中心进行刮平。在平曲线段,平地机由内侧向外侧进行刮平。根据需要,可再返回刮一遍。

用平地机或轮胎压路机快速碾压1~2遍。用轮胎压路机碾压时,因轮胎表面没有花纹,碾压后表面比较光滑。在用平地机整平前,应先用齿耙把低洼处表面层5cm以上耙松,避免在较光滑的表面产生薄层找补的情况,用平地机进行整形后再碾压一遍。对于局部低洼处,应用齿耙将其表面层5cm以上耙松,并用新拌的石灰混合料进行找补平整。最后用平地机进行精平。每次整形都要按照规定的坡度和路拱进行。特别要注意接缝处的整平,接缝必须顺适平整。

B. 碾压。

当混合料处于最佳含水率±1%范围时(若表面水分不足,应适当洒水),立即用12t以上压路机、重型轮胎压路机或振动压路机,在路基全宽内进行碾压。

直线段,由两侧向路中心碾压;平曲线段,由内侧向外侧路肩碾压。碾压至压实度符合规范要求为止。

碾压过程中石灰稳定土表面应始终保持湿润。若表面水蒸发过快,应及时补洒少量的水。如有"弹簧"、松散、起皮等现象,应及时翻开重新拌和;碾压结束之前用平地机再终平一次,使其纵向顺适,路拱和超高符合设计要求。

终平应仔细进行,必须将局部高出部分刮除,并扫出路外。对局部低洼之处,不再找补,留待修筑面层时处理。

⑤养护。

A. 石灰稳定材料在养护期间应保持一定的湿度。养护期一般不少于7d,养护方法可视具体情况采用洒水,覆盖砂、低塑性土或沥青膜等。在养护期间石灰稳定材料表层不宜忽干忽湿。每次洒水后,应用双钢轮振动压路机将表层压实。石灰稳定材料层碾压结束1~2d后,其表层较干燥(如石灰土的含水率不大于10%,石灰粒料土的含水率为5%~6%)时,可以立即喷洒透层沥青,做下封层或铺筑面层。但初期应禁止重型车辆通行。

B. 在养护期间未采用覆盖措施的石灰稳定材料层上,除洒水车可通行外,应封闭交通。在采用覆盖措施的石灰稳定材料层上,当不能封闭交通时,应限制车速不得超过30km/h。如石灰稳定材料分层施工时,下层石灰稳定材料碾压完后,可以立即铺筑另一层石灰稳定材料,不需要专门的养护期。

C. 养护期结束后,应立即喷洒透层沥青或做下封层,并在5~10d内铺筑沥青面层。在喷洒透层沥青后,应撒布3~8mm或5~10mm的小碎(砾)石,小碎(砾)石均匀覆盖约60%的面积。

⑥施工中应注意的问题。

A. 横向接缝和掉头处的处理。

两工作段的搭接部分,应采用对接形式。接缝垂直于路中心线,便于整形和碾压。前一段拌和后,留5~8m不碾压。后一段施工时,将前段留下未压部分一起拌和,以提高接缝质量。拌和机械和其他机械不宜在已碾压成型的石灰稳定材料层上掉头,以防止转向轮的水平推移力推移表层。

B. 纵向接缝的处理。

石灰稳定材料层的施工应尽可能避免纵向接缝。对于不能中断交通的路段,可采用半幅施工方法。必须分两幅施工时,纵缝必须垂直相接,不应斜接。

一般情况下,纵缝可按下述方法处理。前一幅施工时,在靠中央一侧用方木或钢模板做支撑,方木或钢模板的高度与稳定材料层的压实厚度相同。混合料拌和结束后,靠近支撑木(或板)的条带区域,应人工进行补充拌和,然后进行整形和碾压。在铺筑另一幅或养护结束时,拆除支撑木(或板)。第二幅混合料拌和结束后,靠近第一幅的纵缝条带区,亦应做如此处理。

C. 路缘处理。

如石灰稳定材料层上为薄沥青面层,基层每边应较面层宽 20cm 以上。在基层全宽上喷洒透层沥青或铺设下封层,沥青面层边缘以三角形向路肩抛出 6~10cm。如设路缘块,必须注意防止路缘块阻滞路面表面水和结构层中的水。

D. 用石灰稳定低塑性指数的砂、粉性土的处理。

用石灰稳定低塑性指数的砂性土和粉性土时,碾压过程中容易起皮松散,成形困难。施工时要大量洒水,分两阶段碾压。

第一阶段:洒水后用轻型压路机先碾压 2~3 遍,达到初步稳定。

第二阶段:待含水率接近最佳含水率时,再继续用 12t 以上压路机压实。养护后,将素土层清除干净。

(2)中心站集中拌和(厂拌)法施工

石灰稳定材料集中拌和,有利于保证配料的准确性和拌和的均匀性。

①备料。

集料的最大粒径和级配都应符合要求。在潮湿多雨地区施工时,还应采取措施保护集料和石灰。

②拌制。

在正式拌和之前必须先调试所用厂拌设备,使混合料的颗粒组成和含水率都达到规定要求。当集料颗粒组成发生变化时,应重新调试设备。应根据集料和混合料的含水率及时调整拌和水量。拌和要均匀。

③运输。

已拌成的混合料应尽快运送到铺筑现场。卸料时,卸料口距车厢不宜太高,以减少混合料的离析。运输车辆不宜过分颠簸。距离远、气温高时,要对稳定土进行覆盖,以防水分过多蒸发。

④摊铺及碾压。

下承层为石灰稳定材料时,应先将下承层顶面拉毛,再摊铺混合料。摊铺应采用稳定土摊铺机。在没有稳定土摊铺机时,可以用具有自动找平功能的平地机摊铺混合料。

用平地机摊铺时,要计算每车混合料的铺筑面积和卸料间距,尽量减少平地机不必要的整平工作量,缩短时间,减少水分蒸发,并按松铺厚度摊铺均匀。

用摊铺机摊铺时,拌和机与摊铺机的生产能力要相协调。应在摊铺机后面设专人消除粗、细集料离析现象,局部粗集料"窝"应铲除,并用新混合料填补。摊铺后应及时用静作用压路机、振动压路机和轮胎压路机碾压。

⑤横向接缝处理。

每天的工作缝应做成横向接缝。末端混合料处理整齐,紧靠混合料放两根方木,方木高度与混合料压实厚度相同,方木另一侧回填长约 3m 的砂石或碎石。重新摊铺前,除去砂石、碎石和方木,并将下承层顶面清扫干净和拉毛。也可将末端碾压成一斜坡,第二天将末端斜坡挖除,做成垂直向下的断面。

⑥纵向接缝处理。

同路拌法。

⑦养护。

同路拌法。

二、水泥稳定材料基层机械化施工

1. 水泥稳定材料

(1) 水泥稳定材料的定义

水泥稳定材料是以水泥为结合料,通过加水与被稳定材料共同拌和形成的混合料,包括水泥稳定级配碎石、水泥稳定级配砾石、水泥稳定石屑、水泥稳定土、水泥稳定砂等。

(2) 水泥稳定材料的特点

①具有良好的力学性能和板块性。

②其水稳性和抗冻性都较石灰稳定材料好。

③初期强度高,且随龄期增长强度增大。

(3) 水泥稳定材料的适用范围

可用于各级公路的基层和底基层。

(4) 对材料的要求

①集料:集料颗粒的尺寸及级配组成应根据规定选用。高速公路和一级公路集料的压碎值应不大于 30%,二级和二级以下公路集料的压碎值应不大于 35%。颗粒最大粒径,高速公路和一级公路不大于 31.5mm,二级和二级以下公路不大于 37.5mm。

②水泥:普通硅酸盐水泥、矿渣硅酸盐水泥或火山灰水泥都可以使用,但应选择终凝时间较长(宜在 6h 以上)的水泥。不宜用快硬水泥、早强水泥,禁用已受潮变质的水泥。宜采用强度等级较低(如 32.5 级或 42.5 级)的水泥。

③水:符合现行《生活饮用水卫生标准》(GB 5749)的饮用水可直接作为基层、底基层材料拌和与养护用水。

(5) 对级配的要求

①采用水泥稳定时,被稳定材料的液限应不大于 40%,塑性指数应不大于 17。塑性指数大于 17 时,宜采用石灰稳定或水泥和石灰综合稳定。

②采用水泥稳定,被稳定材料中含有一定量的碎石或砾石,且小于 0.6mm 的颗粒含量在 30%以下时,塑性指数可大于 17,且土的均匀系数应大于 5。其级配可采用表 4-7 推荐的范围,并且应符合以下要求:

A. 用于高速公路和一级公路的底基层时,被稳定材料的公称最大粒径应不大于 31.5mm,级配宜符合表 4-7 中 1 或 2 的规定,被稳定材料中不宜含有黏性土或粉性土。

B. 用于二级公路的基层时,级配宜符合表 4-7 中 1 的规定,被稳定材料中不宜含有黏性土或粉性土。

C. 用于二级以下公路的基层时,级配宜符合表4-7中3的规定,被稳定材料的公称最大粒径应不大于37.5mm。

D. 用于二级及二级以下公路的底基层时,级配宜符合表4-7中4的规定,被稳定材料的公称最大粒径应不大于37.5mm。

水泥稳定材料的推荐级配范围　　　　　表4-7

筛孔尺寸(mm)	高速公路和一级公路的底基层或二级公路的基层	高速公路和一级公路的底基层	二级以下公路的基层	二级及二级以下公路的底基层
	1	2	3	4
53	—	—	100%	100%
37.5	100%	100%	90%~100%	—
31.5	90%~100%	—	—	—
26.5	—	—	66%~100%	—
19	67%~90%	—	54%~100%	—
9.5	45%~68%	—	39%~100%	—
4.75	29%~50%	50%~100%	28%~84%	50%~100%
2.36	18%~38%	—	20%~70%	—
1.18	—	—	14%~57%	—
0.6	8%~22%	17%~100%	8%~47%	17%~100%
0.075	0~7%	0~30%	0~30%	0~50%

注:表中水泥稳定材料不包括水泥稳定级配碎石或砾石。

③水泥稳定级配碎石或砾石的级配可采用表4-8中推荐的范围,并宜符合下列规定:

A. 用于高速公路和一级公路时,级配宜符合表4-8中C-B-1、C-B-2的规定,混合料密实时也可采用C-B-3级配。C-B-1级配宜用于基层和底基层,C-B-2级配宜用于基层。

B. 用于二级及二级以下公路时,级配宜符合表4-8中C-C-1、C-C-2、C-C-3的规定。C-C-1级配宜用于基层和底基层,C-C-2和C-C-3级配宜用于基层,C-C-3级配宜用于极重、特重交通载荷等级下的基层。

C. 被稳定材料的液限宜不大于28%。用于高速公路和一级公路时,被稳定材料的塑性指数宜不大于5;用于二级及二级以下公路时,宜不大于7。

水泥稳定级配碎石或砾石的推荐级配范围　　　　　表4-8

筛孔尺寸(mm)	高速公路和一级公路			二级及二级以下公路		
	C-B-1	C-B-2	C-B-3	C-C-1	C-C-2	C-C-3
37.5	—	—	—	100%	—	—
31.5	—	—	100%	90%~100%	100%	—
26.5	100%	—	—	81%~94%	90%~100%	100%
19	82%~86%	100%	68%~86%	67%~83%	73%~87%	90%~100%

续上表

筛孔尺寸 (mm)	高速公路和一级公路			二级及二级以下公路		
	C-B-1	C-B-2	C-B-3	C-C-1	C-C-2	C-C-3
16	73%~79%	88%~93%	—	61%~78%	65%~82%	79%~92%
13.2	65%~72%	76%~86%	—	54%~73%	58%~75%	67%~83%
9.5	53%~62%	59%~72%	38%~58%	45%~64%	47%~66%	52%~71%
4.75	35%~45%	35%~45%	22%~32%	30%~50%	30%~50%	30%~50%
2.36	22%~31%	22%~31%	16%~28%	19%~36%	19%~36%	19%~36%
1.18	13%~22%	13%~22%	—	12%~26%	12%~26%	12%~26%
0.6	8%~15%	8%~15%	8%~15%	8%~19%	8%~19%	8%~19%
0.3	5%~10%	5%~10%	—	5%~14%	5%~14%	5%~14%
0.15	3%~7%	3%~7%	—	3%~10%	3%~10%	3%~10%
0.075	2%~5%	2%~5%	0~3%	2%~7%	2%~7%	2%~7%

2. 水泥稳定材料基层机械化施工方法

水泥稳定材料施工时，必须采用流水作业法，使各工序紧密衔接。特别是要尽量缩短从拌和到碾压完成之间的延迟时间。在施工时，应做延迟时间对强度影响的试验，确定合适的延迟时间。

水泥稳定材料基层的施工方法主要有路拌法和中心站集中拌和(厂拌)法两种。

（1）路拌法施工

水泥稳定材料基层路拌法施工与石灰稳定材料路拌法施工相似，其工艺流程如图4-16所示。

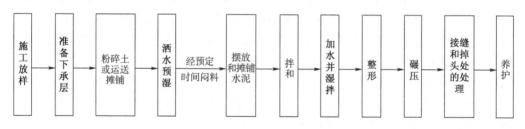

图4-16 水泥稳定材料基层路拌法施工工艺流程图

①准备工作。

A. 施工放样。

方法同石灰稳定材料。

B. 准备下承层。

方法同石灰稳定材料。

C. 确定合理的作业长度。

确定路拌法施工每一作业段的合理长度时，应考虑如下因素：水泥的终凝时间、延迟时间对混合料密实度和抗压强度的影响;施工机械和运输车辆的效率和数量;操作施工机械的熟练程度;尽量减少接缝;施工季节和气候条件。

一般宽7~8m的稳定层,每一流水作业段以200m为宜。如稳定层较宽,则作业段应该进一步缩短。

D. 备料。

方法同石灰稳定材料。

E. 计算材料用量。

方法同石灰稳定材料。

F. 集料运输与摊铺。

方法同石灰稳定材料。

②拌和。

A. 摊铺水泥。

在人工摊铺的集料上,用6~8t双钢轮压路机碾压一遍,使其表面平整,然后按计算的每袋水泥的纵横间距,用石灰或水泥在集料层上做安放每袋水泥的标记,同时划出摊铺水泥的边线。水泥应当日用汽车直接送到摊铺路段。每袋水泥从汽车上直接卸置于做标记的地点,检查有无遗漏和多余。运水泥的车应有防雨设备。打开水泥袋,将水泥倒在集料层上,用刮板将水泥均匀摊开,应注意使每袋水泥的摊铺面积相等,水泥摊铺完后,表面应没有空白,但也不过分集中。

B. 干拌。

用稳定土拌和机拌和。拌和深度应达稳定层底。应设专人跟随拌和机,随时检查拌和深度并配合拌和机操作员调整拌和深度。严禁在拌和层底部留有"素土"夹层。应略破坏下承层的表面(1cm左右),以利上下层黏结。通常应拌和两遍以上。在最后一遍拌和之前,必要时可先用多铧犁紧贴底面翻拌一遍。直接铺在土基上的拌和层也应避免"素土"夹层。

在没有专用拌和机械的情况下,也可用平地机拌和。先用平地机将铺好水泥的集料翻拌2遍,使水泥分散到集料中,但不翻拌到底,以防止水泥落到底部。第一遍由路中心开始,将混合料向中间翻,同时机械应慢速前进。第二遍相反,由两边开始,将混合料向外侧翻,接着用旋转耕作机拌和两遍,再用平地机将底部料翻起。随时检查并调整翻拌深度,使稳定土层全部翻透。严禁在底部留有"素土"夹层,也应防止过多破坏下承层的表面。

C. 洒水湿拌。

干拌过程结束时,特别是在用平地机进行拌和的情况下,如果混合料含水率不足,应用洒水车洒水以补充水分。洒水车洒水时不应中断,洒水距离应长一些。洒水车起洒处和另一端掉头处都应超出拌和段2m以上。洒水车不应在正进行拌和的以及当天计划拌和的路段上掉头和停留,以防推移混合料和使局部水量过大。洒水后,应再次拌和,使水分在混合料中分布均匀。拌和机械应紧跟在洒水车后面拌和,尤其在纵坡大的路段上应配合紧密,以减少水分流出。洒水及拌和过程中,应及时检查混合料的含水率,可采用含水率快速测定仪测定混合料的含水率。混合料的最佳含水率也可以在现场由人工控制。达到最佳含水率的混合料,在手中能紧捏成团,落在地上能散开,并应参考室内击实试验时处于最佳含水率的混合料状态。含水率宜略大于最佳含水率,稳定粗粒土和中粒土的含水率应较最佳含水率大0.5%~1.0%,稳定细粒土含水率较最佳含水率大1.0%~2.0%,以补偿施工过程中水分的蒸发,并有利于减轻延迟时间的影响。在洒水及拌和过程中,还要人工配合拣出超尺寸颗粒,消除粗细颗粒"窝"以及局部过分潮湿或过分干燥之处。拌和完成的标志是混合料中没有灰条、灰团和花面,没有粗细颗粒"窝",且水分合适和均匀。

③整形与碾压。

方法同石灰稳定材料。

④接缝和掉头处的处理。

A. 当天两工作段的衔接处,应搭接拌和。第一段拌和后,留5~8m不碾压;第二段施工时,前段留下未压部分要再加部分水泥重新拌和,并与第二段一起碾压。当天其余各段的接缝都可这样处理。

B. 应注意横向接缝和掉头处的处理。横向接缝的处理如图4-17所示。在已碾压完成的水泥稳定材料层末端将稳定土挖出一条宽约30cm的槽,直挖到下承层顶面。此槽与路的中心线垂直,靠近稳定材料的面应切成直线,而且应垂直向下。将两根方木(长度为水泥稳定材料层宽的一半,厚度与其压实厚度相同)放在槽内,并紧靠已碾压完成的稳定材料,以保护其边缘不致遭第二天作业时的机械破坏。用原先挖出的素土回填槽内其余部分。如拌和机械及其他机械必须在已压成的水泥稳定土层上掉头,应采取措施保护掉头部分。一般,可在准备用于掉头的8~10m长的稳定土层上,先覆盖一张厚塑料布,然后在塑料布上盖约10cm厚的一层土、砂或砂砾。第二天,摊铺水泥及湿拌后,除去支撑木,用混合料回填。靠近支撑木未能拌和的部分,应人工进行补充拌和。整平时,接缝处的水泥稳定材料应比已完成断面高,以便将掉头处的材料除去后能刮成一个平顺的接缝;整平后,用平地机将塑料布上大部分材料除去,注意勿刮破塑料布,然后人工除去余下的材料,并收起塑料布。在新混合料碾压过程中,将接缝修整平顺。

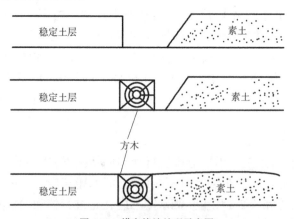

图4-17 横向接缝处理示意图

C. 工作缝可按下述方法处理:在水泥稳定材料混合料拌和结束后,在预定长度的末端,按前述方法挖一条横贯全路宽的槽,槽内放两根与压实厚度等厚的方木,方木的另一侧用素土回填至3~5m长,然后进行整形和碾压。第二天,邻接的作业段拌和结束后,除去方木,用混合料回填,靠近方木未能拌和的部分,应人工进行补充拌和。

D. 纵缝的处理。水泥稳定材料层的施工应该避免纵向接缝。当必须分两幅施工时,纵缝必须垂直相接,不应斜接,并按下述方法处理:在前一幅施工时,在靠中央一侧用方木或钢模板做支撑,方木或钢模板的高度与水泥稳定材料层的压实厚度相同。混合料拌和结束后,靠近支撑木(或板)的一部分,应人工进行补充拌和,然后整形和碾压。在铺筑另一幅或养护结束后,拆除支撑木(或板)。第二幅混合料拌和结束后,靠近第一幅的部分,应人工进行补充拌和,然后进行整平和碾压。

⑤养护。

水泥稳定材料基层每一段碾压完成并经压实度检查合格后,应立即养护,不应延误。为增加上、下层之间的黏结性,在铺筑上层稳定材料时,宜在下层表面撒少量水泥或水泥浆。

水泥稳定材料基层养护方法如下:

A. 用不透水薄膜或湿砂进行养护。用砂覆盖时,砂层厚7~10cm,砂铺均匀后,应立即洒水并保持整个养护期间砂的潮湿状态。也可以用潮湿的帆布、粗麻布、草帘或其他合适的材料覆盖。但不得用湿黏土覆盖。养护结束后,必须将覆盖物清除干净。

B. 采用沥青乳液进行养护。乳液应采用沥青含量约35%的慢裂沥青乳液,使其能透入基层几毫米深。沥青乳液的用量为$1.2\sim1.4kg/m^2$,宜分两次喷洒。乳液分裂后,宜撒布粒径3~8mm或5~10mm的小碎(砾)石。小碎(砾)石约撒布60%的面积(不完全覆盖,露黑)。养护结束后,沥青乳液相当于透层沥青。也可以在已铺筑完的基层上立即(或第二天)做下封层,利用下封层进行养护。

C. 无上述条件时,可通过洒水车经常洒水进行养护,每天洒水的次数应视气候而定。整个养护期间应始终保持稳定土层表面潮湿,不应时干时湿。洒水后,应注意表层情况,必要时,用双钢轮振动压路机压实。

除采用沥青养护外,养护期不宜少于7d,如养护期少于7d就已做上承层,则应注意勿使重型车辆通行。若养护期间未采用覆盖等措施,除洒水车可通行外,应封闭交通。

养护期结束后,应立即喷洒透层沥青或做下封层,并在5~10d内铺筑沥青面层。在喷洒透层沥青后,应撒布粒径3~8mm或5~10mm的小碎(砾)石,如喷洒的透层沥青能透入基层,且运料车辆和面层混合料摊铺机在上面行驶不会破坏沥青膜时,可以不撒小碎(砾)石。如面层为水泥混凝土时,也不宜让基层长期暴晒。

(2)中心站集中拌和(厂拌)法施工

水泥稳定材料可以在中心站用厂拌设备进行集中拌和,其施工方法与石灰稳定材料厂拌法施工基本相同,不再赘述。

但在摊铺过程中,如中断时间已超过2~3h,又未按横向接缝方法处理,则应将摊铺机附近及其下面未经压实的混合料铲除,并将已碾压密实且高程和平整度符合要求的末端挖成一横向(与路线垂直)垂直向下的断面,再摊铺新的混合料。

第七节 路面基层(底基层)机械化施工新技术

长期以来,路面基层采用的施工方法是并机、分层摊铺与压实,随着摊铺与压实设备研发的进步,路面基层施工出现了一些新技术。本节主要介绍水泥稳定级配碎石基层(底基层)双层连铺施工、大宽度大厚度摊铺施工的工艺流程和操作要点。

一、路面基层(底基层)双层连铺施工工艺

1. 特点

(1)水泥稳定级配碎石基层摊铺采用双层连铺整体成型。即在水泥初凝之前,先完成下基层的摊铺碾压,再及时摊铺上基层,完成碾压工作,使上下基层形成整体板块结构。相较于传统的分层摊铺碾压成型技术,其能显著提高铺筑质量和使用性能。

(2)采用双层连铺整体成型技术,相比于传统的分层摊铺碾压成型技术,可以简化施工工艺、加快施工进度、节约工程成本。

2. 适用范围

双层连铺整体成型技术适用于厚度大于20cm的水泥稳定级配碎石基层(底基层)施工。

3. 工艺原理

路面底基层验收合格后,采用两套水泥稳定级配碎石摊铺设备进行摊铺,即下基层采用两台摊铺机进行并机梯次摊铺,上基层采用两台(或一台大宽度)摊铺机进行摊铺,施工现场如图4-18和图4-19所示。在下基层摊铺一定距离后(60m左右),利用适宜吨位的单钢轮振动压路机进行压实,达到规定的压实度后,紧接着进行上基层的摊铺,并采用压实设备按照初压、复压、终压的压实顺序进行碾压,使上基层压实度、平整度等指标满足规范要求。

图4-18 基层双层连铺施工现场　　　图4-19 基层双层连铺(僚机侧向输送混合料)施工现场

4. 施工工艺流程及操作要点

(1)施工工艺流程

水泥稳定级配碎石基层双层连铺施工工艺流程如图4-20所示。

(2)操作要点

①施工准备。

A. 材料试验、存放。

各种材料进场前,检查其规格和品质,不符合技术要求的不得进场。材料进场时,应检

查其数量,并按施工平面图存放,集料采用分层堆放以减少离析,采取搭建防雨棚等防雨防潮措施(图4-21),而且还应按规定项目对其进行抽样检查。

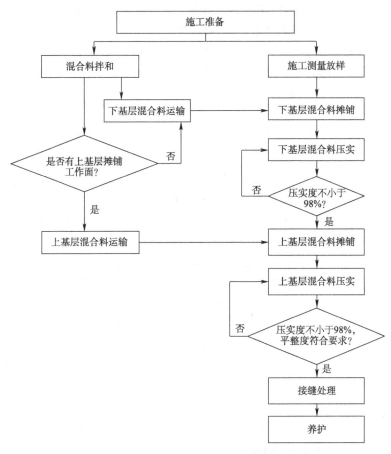

图4-20 水泥稳定级配碎石基层双层连铺施工工艺流程

B. 配合比设计。

根据施工设计图纸和现行技术规范进行水泥稳定级配碎石结构层配合比设计,采用重型击实或振动成型方法确定最大干密度、最佳含水率及水泥剂量,并在一般条件和最不利条件下进行水泥稳定粒料延迟试验,确定水泥稳定粒料结构层施工的允许延迟时间。

图4-21 集料存放

C. 准备下承层。

a. 水泥稳定级配碎石基层的下承层表面应平整、坚实,具有规定的路拱,没有任何松散的材料和软弱处。下承层的平整度和压实度应符合水泥稳定级配碎石基层的质量标准。测量组应对下承层顶面高程、路拱横坡、宽度进行复测,各项指标均应满足规范要求。

b. 水泥稳定级配碎石基层施工前应对验收合格的底基层进行彻底清扫,清除表面各类杂物及散落材料,使其表面清洁。施工布料前先洒水润湿。

②施工测量放样。

下基层摊铺前,将底基层清扫干净后,在边线处每间隔 10m 挂钢丝绳,作为下基层摊铺高程的参考线;根据松铺系数、铺层设计厚度、下承层实际高程及横坡度确定挂线高度。中线处挂好施工线,将加工好的铝合金支架沿施工线摆放,将铝合金杆置于支架上,铝合金杆的顶面与施工线齐平,作为摊铺时的控制高程。混合料摊铺时设专人向前挪移铝合金杆,并保证相邻两个铝合金杆接头处平稳、无错台。上基层采用单机宽幅摊铺时,其边线设置方法按下基层方法控制高程,无须进行中线控制。

③混合料拌和及运输。

搅拌设备配料系统静态计量允许误差和动态配料允许偏差应满足表4-9和表4-10的要求。在拌和过程中要设专人分别对拌和站的计量设备进行经常性的检查,保证配料准确;根据各种材料的天然含水率并考虑运输过程中含水率的损失,及时调整配合比,使混合料的含水率略大于最佳含水率,保证混合料运到现场摊铺后碾压时的含水率不小于最佳含水率。为了保证物料拌和均匀性,搅拌缸不宜少于两级(图4-22),各缸有效长宽比宜大于2,叶片布置利于增加拌和时间。混合料暂存仓应设置防离析装置。

搅拌设备配料系统静态计量允许误差 表4-9

材料名称	水泥	细集料	粗集料	水
允许误差	±0.5%	±0.5%	±0.5%	±0.5%

搅拌设备动态配料允许偏差 表4-10

材料名称	水泥	细集料	粗集料	水
高速公路、一级公路	±1%	±2%	±2%	±1%
其他等级公路	±2%	±3%	±3%	±2%

图4-22 两级搅拌缸

运输车辆装料时,搅拌设备宜采用五步卸料法(图4-23),以减少混合料离析。运输途中车上的混合料用帆布覆盖严实,倒车到摊铺机前方可掀开帆布,以防止水分过分损失。运输车数量根据拌和设备生产能力、运载能力、运送距离、交通状况来确定,以摊铺机前有3辆以上车等候为宜。卸料时设专人指挥,自卸汽车应停在摊铺机前 0.2～0.3m 处,严禁撞击摊铺机。

④下基层摊铺及碾压。

A. 下基层摊铺。

a. 摊铺机应采用履带式、高密实、全自动控制摊铺机。

b. 摊铺机熨平板应具有强夯功能,摊铺密实度宜大于80%。

c. 摊铺作业宜均匀、连续,摊铺速度应与搅拌设备生产率相协调,并可由式(4-2)计算:

$$V = \frac{5}{3} \cdot \frac{CQ}{DWT} \tag{4-2}$$

式中：V——摊铺机摊铺速度，m/min；

D——压实成型后混合料的密度，t/m^3；

Q——拌和机产量，t/h；

W——摊铺宽度，m；

T——摊铺层压实成型后的平均厚度，cm；

C——效率系数，根据材料供应、运输能力、施工管理水平等因素确定，宜为 0.8。

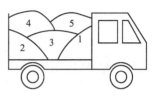

图 4-23 五步卸料法示意图

d. 采用两台型号和磨损程度基本相同的摊铺机，相邻两台摊铺机前后距离不宜超过 10m，且两个施工断面纵向应有一定的重叠，见图 4-24。

e. 摊铺过程中，刮板输料器的供料量应与螺旋布料器的分料量相匹配，调节料位传感器使螺旋布料器中的混合料处于合适位置，且其高度不宜低于螺旋布料器直径的 2/3，料位应均衡、稳定。

f. 水泥稳定级配碎石铺层的松铺系数宜控制在 1.3 以内，在摊铺过程中应通过实测确定。

g. 摊铺机起步前熨平板下方须垫长 400mm×宽 200mm 的木板，厚度为松铺厚度与压实厚度的差值。

h. 摊铺前应洒水润湿底基层。

B. 下基层碾压。

下基层碾压采用单钢轮振动压路机（图 4-25），碾压遍数不宜少于 6 遍，以达到压实要求为度。

图 4-24 双层连铺下基层摊铺

图 4-25 双层连铺下基层碾压

⑤上基层摊铺及碾压。

A. 上基层摊铺。

下基层碾压完成并经检测合格后立即进行上基层的摊铺，摊铺时采用一台摊铺机进行全宽摊铺（图 4-26）。摊铺上基层时，运输车辆要提前掉头慢慢倒向摊铺机，禁止在碾压完成的下基层上急刹车或掉头，运输车辆卸完料后平稳地驶

图 4-26 双层连铺上基层摊铺

离下基层。

B. 上基层碾压。

a. 宜采用双钢轮振动压路机、单钢轮振动压路机和轮胎压路机进行组合碾压作业,压实成型的路面应满足压实度和平整度的要求。

b. 双钢轮振动压路机重量不宜低于13t,单钢轮振动压路机重量不宜低于18t,轮胎压路机单轮荷载不宜低于2.5t。

c. 碾压宜分为初压、复压、终压三个阶段进行。初压、复压、终压作业应衔接配合,不相互干扰,如图4-27所示。

初压:采用双钢轮振动压路机在不开振动的状态下静压,碾压遍数不宜少于2遍,重叠量宜为1/4~1/3钢轮宽度。

复压:采用单钢轮振动压路机和轮胎压路机组合碾压。根据铺层厚度选择单钢轮振动压路机的振动频率和振幅,碾压遍数根据压路机型号、铺层厚度和混合料种类等因素由试验确定,一般不宜少于6遍,重叠量宜为1/3~1/2钢轮宽度。轮胎压路机静压,对混合料进行揉搓,消除褶皱和裂纹,使其致密,碾压遍数一般不宜少于2遍。

终压:采用双钢轮振动压路机静压,消除轮迹,碾压遍数不宜少于2遍。

a)

b)

c)

图4-27 双层连铺上基层碾压
a)初压;b)复压;c)终压

d. 碾压段长度宜控制在 30~50m 之间。直线段,压路机应从外侧到内侧直线碾压;曲线超高路段,应由低侧到高侧、自内侧到外侧碾压。

e. 碾压时应将压路机驱动轮面向摊铺机,碾压路线及碾压方向不应突然改变,避免混合料产生推移。

f. 摊铺机并机梯次摊铺时,对于相邻两台摊铺机搭接处,将前机已铺的松铺层预留 200~400mm 宽暂不碾压,作为后机的调平传感器基准面,然后跨缝碾压以消除缝迹。

g. 压路机不得在未碾压成型路段上转向、掉头、加水或停留。

⑥接缝处理。

A. 横向接缝的处理。摊铺机摊铺混合料时,尽量避免随意中断,摊铺机因故中断时间超过 2h 或当天工作段结束时要设置横向接缝。摊铺中断或每段工作结束时,摊铺机驶离摊铺的混合料末端,碾压末端形成一个斜坡,人工将末端含水率合适的混合料处理整齐,紧靠混合料末端放两根方木,方木的高度应与混合料的压实厚度相同,并整平紧靠方木的混合料;方木的另一侧用砂砾或碎石回填约 3m 长,其高度应高出方木几厘米,将混合料碾压密实;在重新开始摊铺混合料之前,将砂砾或碎石和方木除去,并将下承层顶面清扫干净;摊铺机返回到已压实层的末端,重新开始摊铺混合料;接缝处的碾压应当作为重点,碾压时应先按摊铺方向碾压,再沿横缝方向碾压,以保证接缝处的平整度。

B. 纵缝处理。下基层摊铺时用两台摊铺机成梯队摊铺,保证中间不留纵缝,同时两台摊铺机接缝处着重检查平整度,不平处人工找平。

⑦养护。

完工后,养护不少于 7d,拟采用草帘或土工布覆盖的办法养护。养护期间,除洒水车可通行外封闭交通,并设专人看管。

二、路面基层(底基层)大宽度大厚度摊铺施工工艺

1. 特点

(1)大宽度大厚度水稳基层一次性摊铺碾压成型,避免了纵向接缝,基层将形成一个整体的板块结构,其抗拉伸、抗冲击强度可以显著提高,并可以延缓路面的下沉、凹陷、龟裂脱落、坑洞等病害的产生。

(2)大宽度大厚度水稳基层单机作业,减少了现场的作业人员和施工操作环节,机械设备的利用率得到很大提高,施工工序减少,机械的调迁也相应地减少,节省一次层间养护费用。

2. 适用范围

大宽度大厚度摊铺施工工艺适用于厚度为 20~40cm 的水泥稳定级配碎石基层摊铺施工。

3. 工艺原理

工艺原理:路面底基层验收合格后,采用一台大型摊铺设备完成水泥稳定级配碎石基层的摊铺作业,并利用适宜吨位的双钢轮振动压路机、单钢轮振动压路机以及轮胎压路机,按照初压、复压、终压的压实顺序进行碾压,使基层压实度、平整度等指标满足规范要求,以提

高基层的整体性。

利用大型摊铺、碾压机械设备对以往两层施工完成的基层进行一次性摊铺碾压成型,从而提高基层的整体性。施工中除了应用先进摊铺设备外,还需用大吨位碾压设备进行碾压,确保压实度、厚度及平整度满足设计要求,施工现场如图 4-28 所示。

图 4-28 基层大宽度大厚度摊铺施工现场

4. 施工工艺流程及操作要点

(1)施工工艺流程

施工准备→混合料拌和及运输→摊铺→碾压→接缝处理→试验检测→养护→芯样检测。

(2)操作要点

①施工准备。

基本要求同双层连铺,大宽度大厚度施工放样时,根据松铺系数、铺层设计厚度、下承层实际高程及横坡度确定挂线高度。在边线处每间隔 10m 挂钢丝绳,作为基层摊铺高程的参考线。

②混合料拌和及运输。

基本要求同双层连铺,所不同的是,铺筑双车道路面基层时,搅拌设备生产能力必须满足单幅单层全宽同时摊铺的要求,并配备足够数量的运输车。

③摊铺。

基本要求同双层连铺,大宽度大厚度摊铺过程如图 4-29 所示,所不同的是:

A. 大宽度大厚度基层摊铺的松铺系数初次可在 1.2~1.3 之间选取,然后通过试验段修正。

B. 宽幅摊铺机刮板输料器的速度和螺旋布料器的转速相协调,并调整到均匀稳定输料状态。通过对螺旋布料器料位传感器、刮板输料器料位传感器进行调节,熨平板前混合料的高度在全宽范围内保持一致,料位不宜低于螺旋布料器直径的 2/3,料位应均衡、稳定,且宜进行满埋螺旋输料,避免摊铺层出现明显的离析现象。

C. 摊铺机应具有足够容量的受料斗,并配置转接装置,以利于运料车交替卸料时连续摊铺。车辆卸料应衔接紧密,摊铺机收斗应及时迅速。

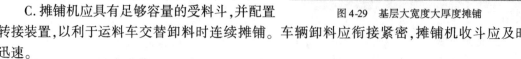

图 4-29 基层大宽度大厚度摊铺

D. 摊铺机工作装置的参数设定应与材料施工特性、机械性能、摊铺厚度、摊铺速度相适应。正确选择振捣器的工作振幅和频率,以提高铺层材料的初始密实度。但所设参数应避免设备自身发生共振或击碎混合料中的材料。

④碾压。

大厚度水稳基层宜采用双钢轮振动压路机、单钢轮振动压路机与轮胎压路机组合方式进行碾压作业,以达到最佳碾压效果。碾压过程中避免出现推移、开裂、粘轮和压碎石料等现象。

压路机的数量应根据搅拌设备生产率决定,对于双车道路面基层不宜少于3台,即双钢轮振动压路机不少于1台,超重型轮胎压路机不少于1台,超重型单钢轮振动压路机不少于1台。

压实过程分初压、复压和终压三个阶段(图4-30),每个阶段使用的压实机械不同。在这三个阶段中应合理选择和配置压路机,设置与材料特性和铺层厚度相适应的压路机工作参数,并制订有效的碾压工艺,使碾压成型的路面平整、密实、均匀、稳定,达到要求的压实度和平整度。

a)

b)

c)

图4-30 大厚度水稳基层压实过程
a)初压;b)复压;c)终压

A. 初压。

a. 初压采用双钢轮振动压路机以静压方式进行,以摊铺完成后40~50m作为初压段,前静后振,相邻碾压带重叠宽度为1/2轮宽,将压路机的驱动轮面向摊铺机,通常宜静压1遍、振动1遍。

b. 对于虚铺系数较大,承载力较弱,振动碾压易造成推移的混合料,双钢轮振动压路机静压遍数宜增加2遍。

c. 必要时可采用单钢轮振动压路机静压1遍,作为补充压实。

B. 复压。

a. 复压宜采用超大吨位单钢轮振动压路机和轮胎压路机进行组合碾压,轮胎压路机跟随单钢轮振动压路机碾压。应遵循"先弱振、然后强振、再弱振"的方式进行。

　　b. 水稳混合料振动碾压频率应不小于25Hz,振幅根据混合料种类、铺层厚度等因素宜在1.0~2.5mm内确定,铺层厚度较大或混合料难压实时,宜采用低频率大振幅,反之宜采用低频率小振幅。

　　c. 轮胎压路机应在单钢轮振动压路机之后进行搓揉碾压,并视表面失水情况酌情喷洒雾状水,但不宜喷水过多以致产生粘轮或"弹簧"现象。

　　d. 轮胎压路机的单轮压力不宜小于2.5t,轮胎充气压力为0.5~0.6MPa。可根据轮迹形状调整轮胎气压,轮迹呈凸形时表明气压不足,轮迹呈凹形时表明气压过大。

　　e. 为了避免漏压与过压现象发生,双钢轮振动压路机碾压时相邻碾压带应重叠200~300mm宽,铺层越厚重叠宽度越大。轮胎压路机碾压时相邻碾压带应重叠1/3~1/2的碾压轮宽度。

　　f. 振动碾压遍数应综合考虑混合料类型、铺层厚度、设备类型及振动参数等因素,并经试压确定,一般为4~5遍,使铺层下部达到规定的压实度标准。当材料较难压实时,可增加1遍;轮胎压路机碾压遍数应为4~6遍。

　　g. 当采用不同型号的压路机组合碾压时,每一台压路机均进行全幅碾压,防止不同部位的压实度不均匀。

　　h. 振动碾压作业时,应先起步后起振,先停振后停机。宜采用压路机自动起振功能,设置合适的起振门槛速度,当压路机速度高于门槛速度时自动起振,当压路机速度低于门槛速度时自动停振。

　　C. 终压。

　　采用双钢轮振动压路机静压,消除轮迹,碾压遍数不宜少于2遍。

　　⑤接缝处理。

　　同双层连铺。

　　⑥养护。

　　同双层连铺。

第五章 沥青路面机械化施工

第一节 概 述

一、沥青路面的使用性能

沥青路面是由沥青结合料与不同粒径的矿料按一定的要求（级配和沥青用量），在一定温度下拌制和铺筑而成的路面结构层。沥青路面因其表面平整、坚实、无接缝、行车舒适、耐磨、噪声低、施工期短、养护维修简便，且适宜于分期修建等优点，得到了广泛的应用。沥青路面在自然界中，长期受到交通荷载和地质、水文、气候等因素的作用，为了使其具备足够的力学强度、预期的耐久性和必要的表面特性，给车辆提供安全、高速、舒适的服务功能，对其提出一定的使用性能要求。概括而言，沥青路面的使用性能主要指以下方面：

(1) 高温抗车辙性能，即在高温条件下，路面抵抗流动变形的能力。
(2) 低温抗裂性能，即在低温条件下，路面抵抗低温收缩开裂的能力。
(3) 水稳定性能，即抵抗受水的作用，路面产生沥青膜剥离、掉粒、松散、坑槽的能力。
(4) 耐疲劳性能，即抵抗在反复荷载（包括交通和温度荷载）作用下发生破坏的能力。
(5) 抗老化性能，即抵抗受气候影响逐渐丧失黏结力及各种良好性能的能力。
(6) 表面服务功能，即抗滑性能、低噪声、防雨天产生水雾等性能。
(7) 行车舒适性能，主要指路面平整度，包括纵向和横向平整度。

在以上性能中，水稳定性能、耐疲劳性能、抗老化性能统称为耐久性。沥青路面的使用性能，由沥青混合料自身性能和施工质量共同决定。

二、沥青路面的结构

沥青路面结构可由面层、基层、底基层和必要的功能层等几个部分组成，如图 5-1 所示。

面层——直接承受车辆荷载和自然因素（降雨、气温）作用的部分。

基层——直接位于沥青面层之下用高质量材料铺筑的主要承重层（可以是一层或二层），或直接位于水泥混凝土面板之下用高质量材料铺筑的一层。

底基层——在基层之下铺筑的次要承重层或在水泥混凝土路面基层下铺筑的辅助层。

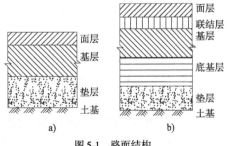

图 5-1 路面结构
a) 低、中级路面；b) 高级路面

垫层——在土基与底基层(或基层)之间加铺的一层材料。多在土基强度不够或水位较高等条件下采用,垫层多用砾石、砂、炉渣等材料铺筑。

三、沥青路面的结构类型

根据基层材料类型和组合可将沥青路面划分为柔性基层沥青路面、刚性基层沥青路面和半刚性基层沥青路面等类型。

1. 柔性基层沥青路面

柔性基层是指各种粒料基层和各类沥青稳定材料、沥青混合料等基层。柔性基层沥青路面的车辙变形不仅发生在沥青面层,还发生在柔性基层,因此,普遍认为柔性基层沥青路面的抗车辙能力较半刚性基层沥青路面差。然而理论研究和工程实践均表明,在进行合理的结构设计之后,柔性基层沥青路面也具有较好的抗车辙能力。

2. 刚性基层沥青路面

刚性基层是指用普通混凝土、钢筋混凝土、连续配筋混凝土、钢纤维混凝土、碾压混凝土等修筑的基层。其具有强度高、稳定性好的特点,有很高的高温稳定性和抗剪切变形能力。刚性基层沥青路面车辙变形主要产生在沥青面层。

3. 半刚性基层沥青路面

半刚性基层是指用水泥、石灰或粉煤灰等水硬性无机结合料处治的土、碎(砾)石或工业废渣修筑的基层,其后期强度和刚度处于柔性基层和刚性基层之间,故称为半刚性基层。半刚性基层具有很高的高温稳定性和抗剪切变形能力,本身不会产生永久变形,因此,半刚性基层沥青路面的车辙主要产生在沥青面层。

四、沥青混合料分类

1. 按结合料分类

沥青结合料是在混合料中起胶结作用的沥青类材料(含添加的外掺剂、改性剂等)的总称。可按结合料类型将沥青混合料分为如下几种类型:

(1)石油沥青混合料:以石油沥青为结合料的沥青混合料,包括黏稠石油沥青、乳化石油沥青及液体石油沥青。

(2)煤沥青混合料:以煤沥青为结合料的沥青混合料。

2. 按施工温度分类

根据施工温度不同,可将沥青混合料分为如下几种类型:

(1)热拌热铺沥青混合料(简称热拌沥青混合料):沥青与矿料在热态拌和、热态铺筑的混合料。

(2)温拌沥青混合料:拌和温度比热拌沥青混合料低25~50℃的沥青混合料。

(3)冷拌沥青混合料:采用乳化沥青或稀释沥青与矿料在常温状态下拌制、铺筑的混合料。

3. 按级配类型分类

根据级配可将沥青混合料分为如下几种类型：

(1)连续级配沥青混合料。连续级配沥青混合料是指矿料中各级粒径的粒料，由大到小逐级按一定的质量比例组成的沥青混合料。

这种混合料的级配曲线平顺圆滑，具有连续的(不间断的)性质，连续密级配矿料具有较大的密实度。由于各级粒料都具有一定的数量，每级较大的粒料容易被较小的粒料挤开；若矿料不能形成骨架，粗粒料以悬浮状态分布于较小的颗粒之中，在组成结构上属于悬浮密实结构类型。这种混合料可以获得较佳的密实度和较大的黏结力，但内摩阻力较小，其强度主要取决于黏结力；在重载交通作用下，路面可能因热稳定性不足而产生车辙、波浪、推移等病害。

对于连续开级配沥青混合料而言，粗粒料含量相对增加，细集料含量较少甚至没有，混合料可以形成骨架作用；由于粗粒料之间的空隙不能被充分填充会产生较大的空隙率，形成一种骨架空隙结构。这类混合料的强度主要取决于颗粒内摩阻力，黏结力相对是次要的，因而其热稳定性显著提高，但路面的耐久性将受到影响。

(2)间断级配沥青混合料。间断级配沥青混合料是指在矿料组成中，大小颗粒不是连续存在，而是缺少某一个或两个档次粒径材料或某个档次的材料很少，所组成的一种混合料。这种混合料不仅有足够数量的粗粒料可以形成空间骨架，而且有足够数量的细料填充于骨架间的空隙中，使混合料有较高的密实度，形成一种骨架密实结构，故其内摩阻力和黏结力都较高。当间断级配混合料在间断的粒径区间材料很少时，被称为断级配，最为典型的是沥青玛琋脂碎石混合料(SMA)。

4. 按混合料密实度分类

根据密实度可将沥青混合料分为如下几种类型：

(1)密级配沥青混合料：由按密实级配原理设计组成的矿料与沥青结合料拌和而成，设计空隙率较小的密实型沥青混凝土混合料和密实型沥青稳定碎石混合料。按关键性筛孔通过率的不同又可分为细型密级配沥青混合料和粗型密级配沥青混合料。粗集料嵌挤作用较好的也称嵌挤密实型沥青混合料。

密实型沥青混凝土混合料(以 AC 表示)，空隙率为3%~5%；密实型沥青稳定碎石混合料(以 ATB 表示)，空隙率为3%~6%；其设计空隙率可根据不同交通条件、气候情况、应用层位做适当调整。

(2)半开级配沥青混合料：由适当比例的粗集料、细集料及少量填料(或不加填料)与沥青结合料拌和而成，经马歇尔标准击实成型试验的空隙率为6%~12%，以 AM 表示。

(3)开级配沥青混合料：矿料级配主要由粗集料嵌挤组成，细集料及填料较少，设计空隙率大于18%的混合料。

5. 按公称最大粒径分类

根据公称最大粒径可将沥青混合料分为如下几种类型：

(1)特粗式沥青混合料：公称最大粒径等于或大于37.5mm 的沥青混合料。

(2)粗粒式沥青混合料:公称最大粒径为 26.5mm 或 31.5mm 的沥青混合料。

(3)中粒式沥青混合料:公称最大粒径为 16mm 或 19mm 的沥青混合料。

(4)细粒式沥青混合料:公称最大粒径为 9.5mm 或 13.2mm 的沥青混合料。

(5)砂粒式沥青混合料:公称最大粒径小于 9.5mm 的沥青混合料。

五、常用沥青混合料级配范围

1. 密级配沥青混凝土混合料

密级配沥青混凝土混合料,简称 AC。按照公称最大粒径分为粗粒式、中粒式、细粒式和砂粒式等四种类型,设计级配范围见表 5-1。密级配沥青混凝土混合料宜根据公路等级、气候及交通条件按表 5-2 选择粗型(C 型)或细型(F 型)混合料。

密级配沥青混凝土混合料矿料级配范围　　表 5-1

级配类型		通过下列筛孔(mm)的质量百分率												
		31.5	26.5	19	16	13.2	9.5	4.75	2.36	1.18	0.6	0.3	0.15	0.075
粗粒式	AC-25	100%	90%~100%	75%~90%	65%~83%	57%~76%	45%~65%	24%~52%	16%~42%	12%~33%	8%~24%	5%~17%	4%~13%	3%~7%
中粒式	AC-20		100%	90%~100%	78%~92%	62%~80%	50%~72%	26%~56%	16%~44%	12%~33%	8%~24%	5%~17%	4%~13%	3%~7%
	AC-16			100%	90%~100%	76%~92%	60%~80%	34%~62%	20%~48%	13%~36%	9%~26%	7%~18%	5%~14%	4%~8%
细粒式	AC-13				100%	90%~100%	68%~85%	38%~68%	24%~50%	15%~38%	10%~28%	7%~20%	5%~15%	4%~8%
	AC-10					100%	90%~100%	45%~75%	30%~58%	20%~44%	13%~32%	9%~23%	6%~16%	4%~8%
砂粒式	AC-5						100%	90%~100%	55%~75%	35%~55%	20%~40%	12%~28%	7%~18%	5%~10%

粗型和细型密级配沥青混凝土混合料的关键性筛孔通过率　　表 5-2

混合料类型	公称最大粒径(mm)	用以分类的关键性筛孔(mm)	粗型密级配		细型密级配	
			名称	关键性筛孔通过率	名称	关键性筛孔通过率
AC-25	26.5	4.75	AC-25C	<40%	AC-25F	>40%
AC-20	19	4.75	AC-20C	<45%	AC-20F	>45%
AC-16	16	2.36	AC-16C	<38%	AC-16F	>38%

续上表

混合料类型	公称最大粒径（mm）	用以分类的关键性筛孔（mm）	粗型密级配 名称	粗型密级配 关键性筛孔通过率	细型密级配 名称	细型密级配 关键性筛孔通过率
AC-13	13.2	2.36	AC-13C	<40%	AC-13F	>40%
AC-10	9.5	2.36	AC-10C	<45%	AC-10F	>45%

2.沥青碎石混合料

沥青碎石混合料是由矿料和沥青组成的具有一定级配要求的混合料,按空隙率、集料最大粒径、添加矿粉数量的多少,分为密级配沥青碎石混合料(ATB)、开级配沥青碎石混合料(OGFC 表面层及 ATPB 基层)、半开级配沥青碎石混合料(AM)。沥青碎石混合料的级配要求,见表5-3～表5-5。

密级配沥青碎石混合料矿料级配范围　　表5-3

级配类型		通过下列筛孔(mm)的质量百分率													
		53	37.5	31.5	26.5	19	16	13.2	9.5	4.75	2.36	1.18	0.6	0.3	0.15	0.075
特粗式	ATB-40	100%	90%~100%	75%~92%	65%~85%	49%~71%	43%~63%	37%~57%	30%~50%	20%~40%	15%~32%	10%~25%	8%~18%	5%~14%	3%~10%	2%~6%
粗粒式	ATB-30		100%	90%~100%	70%~90%	53%~72%	44%~66%	39%~60%	31%~51%	20%~40%	15%~32%	10%~25%	8%~18%	5%~14%	3%~10%	2%~6%
粗粒式	ATB-25			100%	90%~100%	60%~80%	48%~68%	42%~62%	32%~52%	20%~40%	15%~32%	10%~25%	8%~18%	5%~14%	3%~10%	2%~6%

半开级配沥青碎石混合料矿料级配范围　　表5-4

级配类型		通过下列筛孔(mm)的质量百分率											
		26.5	19	16	13.2	9.5	4.75	2.36	1.18	0.6	0.3	0.15	0.075
中粒式	AM-20	100%	90%~100%	60%~85%	50%~75%	40%~65%	15%~40%	5%~22%	2%~16%	1%~12%	0~10%	0~8%	0~5%
中粒式	AM-16		100%	90%~100%	60%~85%	45%~68%	18%~40%	6%~25%	3%~18%	1%~14%	0~10%	0~8%	0~5%
细粒式	AM-13			100%	90%~100%	50%~80%	20%~45%	8%~28%	4%~20%	2%~16%	0~10%	0~8%	0~6%
细粒式	AM-10				100%	90%~100%	35%~65%	10%~35%	5%~22%	2%~16%	0~12%	0~9%	0~6%

开级配沥青碎石混合料矿料级配范围 表 5-5

级配类型		通过下列筛孔(mm)的质量百分率												
		53	37.5	31.5	26.5	19	16	13.2	9.5	4.75	2.36	1.18	0.6	0.3	0.15	0.075
特粗式	ATPB-40	100%	70%~100%	65%~90%	55%~85%	43%~75%	32%~70%	20%~65%	12%~50%	0~3%	0~3%	0~3%	0~3%	0~3%	0~3%	0~3%
粗粒式	ATPB-30		100%	80%~100%	70%~95%	53%~85%	36%~80%	26%~75%	14%~60%	0~3%	0~3%	0~3%	0~3%	0~3%	0~3%	0~3%
	ATPB-25			100%	80%~100%	60%~100%	45%~90%	30%~82%	16%~70%	0~3%	0~3%	0~3%	0~3%	0~3%	0~3%	0~3%

3. 沥青玛琋脂碎石混合料(SMA)

沥青玛琋脂碎石混合料是由沥青结合料与少量的纤维稳定剂、细集料以及较多的填料(矿粉)组成的沥青玛琋脂,填充于间断级配的粗集料骨架的间隙,形成的沥青混合料。沥青玛琋脂碎石混合料,具有优良的抗车辙性能、抗滑性能、低温抗裂性、耐久性以及水稳定性。它的最基本的组成是碎石骨架和沥青玛琋脂结合料两大部分。SMA 的组成有以下特点:

(1)SMA 是一种间断级配的沥青混合料。以 SMA-16 为例,料径 4.75mm 以上粗集料颗粒的比例高达68%~80%,矿粉的用量达8%~12%,细集料较少,由此形成间断级配。

(2)沥青结合料用量多,比普通混合料要高1%以上,黏结性要求高,希望选用针入度小、软化点高、温度稳定性好的沥青。最好采用改性沥青,以改善高低温性能及与矿料的黏附性。

(3)为加入较多的沥青,一方面增加矿粉用量,另一方面使用纤维作为稳定剂,通常采用木质素纤维,用量为沥青混合料的0.3%左右,也可采用矿物纤维,用量为沥青混合料的0.4%左右。

(4)SMA 的配合比设计与马歇尔配合比设计方法不完全相同,它主要由体积指标确定,目标空隙率3%~4%;动稳定度是重要的设计指标,此外还参考马歇尔稳定度和流值,沥青用量还应根据高温析漏试验结果确定。

(5)SMA 的材料要求:粗集料必须特别坚硬、表面粗糙,针片状颗粒少,以便嵌挤良好;细集料一般不用天然砂,宜采用坚硬的人工砂;矿粉必须是磨细石灰石粉,最好不使用回收粉。

(6)SMA 的施工与普通沥青混凝土相比,拌和时间要适当延长,施工温度要提高,压实不宜采用轮胎压路机。

综合 SMA 的特点,可以归纳为"三多一少":粗集料多、矿粉多、沥青结合料多、细集料少,还掺加纤维稳定剂。SMA 的矿料级配范围见表5-6。

沥青玛琋脂碎石混合料矿料级配范围 表 5-6

级配类型		通过下列筛孔(mm)的质量百分率										
		26.5	19	16	13.2	9.5	4.75	2.36	1.18	0.6	0.3	0.15	0.075
中粒式	SMA-20	100%	90%~100%	72%~92%	62%~82%	40%~55%	18%~30%	13%~22%	12%~20%	10%~16%	9%~14%	8%~13%	8%~12%
	SMA-16		100%	90%~100%	65%~85%	45%~65%	20%~32%	15%~24%	14%~22%	12%~18%	10%~15%	9%~14%	8%~12%

续上表

级配类型		通过下列筛孔(mm)的质量百分率									
		26.5	19	16	13.2	9.5	4.75	2.36	1.18	0.6	0.3	0.15	0.075
细粒式	SMA-13				100%	90%~100%	50%~75%	20%~34%	15%~26%	14%~24%	12%~20%	10%~16%	9%~15%	8%~12%
	SMA-10					100%	90%~100%	28%~60%	20%~32%	14%~26%	12%~22%	10%~18%	9%~16%	8%~13%

4. OGFC 沥青混合料

OGFC 是一种大空隙开级配排水式磨耗层混合料。压实后剩余空隙率超过18%,可以在层内形成一个水道网。与开级配沥青碎石混合料的区别是,OGFC 混合料具有严格的矿料级配,含有一定数量的矿粉,具有面层所要求的力学性能;应用在沥青路面的面层。

OGFC 的最大特点是具有优良的抗滑性能,尤其在降雨期间多孔隙沥青混合料面层表面的雨水可通过内部的空隙流动排出路面之外,而不会在路面表面形成水膜;使车辆轮胎与路面保持接触,避免行驶车辆产生水漂现象。多孔隙沥青混合料路面还能消除车后的溅水和喷雾现象,减少路面表面的反光,从而使道路标志更容易看清。

多孔隙沥青混合料路面的另一个重要特性是能明显降低车辆的行驶噪声。研究结果显示:平均降低 3~4dB(A),最大达到 7dB(A),3 年后降低 2~3dB(A)。

OGFC 用作表面层时,抗车辙能力好,但因为其空隙率太大容易出现剥落、松散、沥青老化及孔堵塞等现象。OGFC 的矿料级配范围见表5-7。

开级配排水式磨耗层混合料矿料级配范围　　　　表5-7

级配类型		通过下列筛孔(mm)的质量百分率									
		19	16	13.2	9.5	4.75	2.36	1.18	0.6	0.3	0.15	0.075
中粒式	OGFC-16	100%	90%~100%	70%~90%	45%~70%	12%~30%	10%~22%	6%~18%	4%~15%	3%~12%	3%~8%	2%~6%
	OGFC-13		100%	90%~100%	60%~80%	12%~30%	10%~22%	6%~18%	4%~15%	3%~12%	3%~8%	2%~6%
细粒式	OGFC-10			100%	90%~100%	50%~70%	10%~22%	6%~18%	4%~15%	3%~12%	3%~8%	2%~6%

第二节　沥青洒布车

沥青洒布车是用于公路、市政道路、机场和港口码头建设的重要设备,用于洒布道路石油沥青、液体沥青、乳化沥青和改性沥青等。沥青洒布车可用于公路施工中透层、黏层洒布,沥青表面处治与封层,沥青贯入式路面施工中的沥青洒布。本节将介绍沥青洒布车的分类、主要组成、工作原理、作业及使用注意事项等内容。

一、沥青洒布车分类

沥青洒布车可按其喷洒方式、行走方式、工作装置动力来源、控制方式、沥青加热方式等进行分类。

沥青洒布车按其喷洒方式可分为气压洒布车和泵压洒布车两种。

沥青洒布车按其行走方式可以分为拖式沥青洒布车和自行式沥青洒布车。拖式沥青洒布车结构简单，罐容小，一般只带一个手提式洒布枪，主要适用于沥青路面的养护工程。自行式沥青洒布车机动性好，行走方便；特别是汽车二类底盘平台的多样性与系列化，在此基础上开发的沥青洒布车产品，用户可根据自己的使用习惯与地域位置，选择更加适合的底盘，也容易实现罐容的系列化与产品功能的扩展。

沥青洒布车按其工作装置动力来源不同，可分为由汽车底盘发动机驱动、单独（辅助）发动机驱动、沥青泵和导热油泵分别由底盘发动机和辅助发动机驱动几种形式。由汽车底盘发动机驱动的沥青洒布车总体造价低，只需一个发动机工作便可完成行走与沥青洒布、沥青加热工作，总体燃油消耗少，废气排放少；由单独（辅助）发动机驱动的沥青洒布车，沥青泵转速与汽车底盘发动机转速无关，进行洒布作业时控制变量少，容易控制。

沥青洒布车按其控制方式分为普通型沥青洒布车和智能型沥青洒布车。两者的主要区别在于智能型沥青洒布车使用计算机控制系统，能在驾驶室内完成沥青洒布参数设定和监控，洒布密度不受车速变化的影响。

沥青洒布车按沥青加热方式可分为火焰直接加热方式、导热油加热方式和其他加热方式。利用燃烧器通过火管直接加热沥青时，优点是简单快速，加热效率高；缺点是不能对沥青管路、沥青洒布管及沥青泵进行加热，与火管直接接触的沥青容易被高温烧焦，造成沥青碳化而包裹在火管外围，不利于散热，轻则影响散热与加热效果，重则容易将火管烧毁，造成严重的机械事故或火灾。导热油加热方式利用燃烧器所产生的热量加热双层火管中间的导热油，导热油通过热油泵强制循环，将热量通过导热油盘管释放到沥青中，达到加热沥青的目的；同时与罐内导热油盘管并联的另一路导热油管路用来加热沥青管路、沥青泵及沥青洒布管，达到全方位加热目的。

二、自行式沥青洒布车主要组成与工作原理

1. 主要组成

沥青洒布车是在二类底盘上加装沥青罐、沥青泵、沥青加热与循环系统、沥青洒布系统、动力与传动系统、气动系统、液压与控制系统的特种专用汽车，如图5-2所示。

沥青洒布车通过车载沥青泵或外泵将沥青加入沥青罐中，运输到施工现场，加热系统将沥青加热到洒布温度；洒布时，沥青泵将沥青从沥青罐内吸出，通过沥青管路和沥青洒布系统，按照设定好的沥青洒布量和洒布宽度，在汽车行驶过程中将沥青均匀地洒布到规定的区域内。

（1）二类底盘

二类底盘为沥青洒布车提供安装基础与工作动力（带辅助发动机的沥青洒布车则不需要底盘发动机提供工作动力），承载整车质量，并提供各气缸运动所需的气源，确保整机行驶

可靠安全、性能稳定。

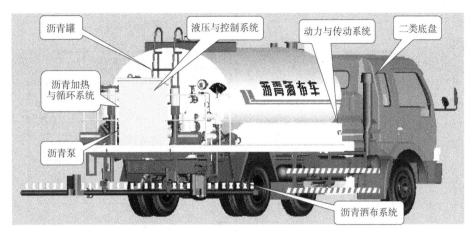

图 5-2　沥青洒布车主要组成

（2）沥青罐

沥青洒布车罐体主要为盛装沥青之用。由于沥青温度降低会使流动性变差，因此，沥青洒布车的罐体周边及两个端面进行了保温设计，且为了保证沥青达到洒布温度，罐内设置了沥青加热装置。

沥青罐由筒体、封头、隔仓板（防波板）、U形加热火管、温度传感器、沥青液位指示器、柴油燃烧器、烟筒、换热器、人孔等组成，如图5-3所示；在筒体与封头的外侧包裹有保温材料，以减少沥青热量损失。

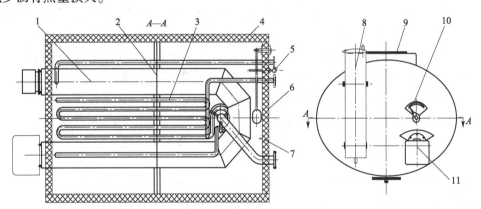

图 5-3　沥青罐组成示意图

1-U形加热火管；2-隔仓板；3-换热器；4-筒体；5-温度传感器；6-保温材料；7-封头；8-烟筒；9-人孔；10-沥青液位指示器；11-柴油燃烧器

橡胶沥青洒布车的沥青罐，还需增加沥青搅拌装置，实现橡胶粉与沥青的有效融合，保证在洒布时无离析。

（3）沥青洒布系统

沥青洒布系统由沥青泵、具有加热与保温功能的沥青管路、沥青阀门、沥青过滤器、沥青洒布管等组成。通过阀门之间的切换，实现沥青罐内循环、沥青罐外循环、沥青外吸、沥青外排、沥青洒布等功能，其工作原理如图5-4所示。

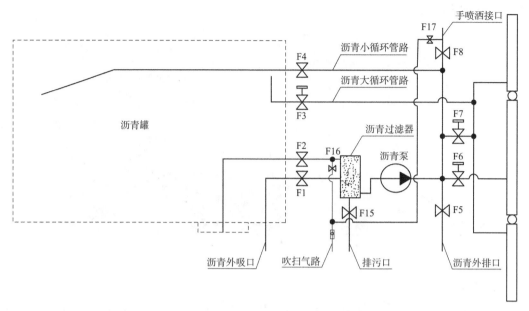

图 5-4 沥青洒布系统工作原理

(4) 导热油加热系统

为了降低沥青黏度,保证其流动性,实现均匀地洒布,沥青洒布车需在高温下进行洒布作业,不同的介质对洒布温度有不同的要求。因此,需对沥青进行加热。

传统的沥青洒布车加热系统采用燃烧器直接加热浸入沥青罐中的火管,通过火管壁的热传导实现沥青的升温,这种加热方式的缺陷是温度场分布不均匀,易导致局部沥青因温度过高而发生结焦和老化。自 20 世纪 80 年代末以来,导热油加热技术由于其温升均匀、热量损失少等特点,已被引入沥青洒布车的加热系统中。目前沥青洒布车的导热油加热系统可分为两类:一类是沥青罐内嵌双层 U 形管的形式,在 U 形管内层用燃烧器加热,外层为导热油受热层;导热油在外层流动,将燃烧器火焰辐射的热量带出,并在沥青罐内部的换热管中循环,实现对沥青的加热。另一类是沥青罐外置独立导热油炉的形式,导热油在油炉内部加热到一定温度后,从油炉出口循环至沥青罐内部的换热管对沥青进行加热。

(5) 动力与传动系统

沥青洒布车的动力与传动系统分为两个部分,一部分是发动机的动力经过离合器、变速箱、传动轴、后桥传至轮胎驱动车辆行驶;另一部分是通过液压系统驱动沥青泵和导热油泵工作(或另设辅助发动机单独驱动)。

由于沥青洒布车工作具有特殊性要求,车辆行驶以前,沥青泵必须处于工作状态,沥青通过沥青泵、沥青管路,在洒布管与沥青罐之间循环流动;车辆行驶时,切断沥青回罐阀门并打开沥青喷嘴开关,沥青从喷嘴定量喷出。

沥青洒布车的液压系统由液压泵、液压控制阀、液压马达及其他液压辅助装置组成,为沥青泵、导热油泵工作提供动力。不同的车型采用不同的液压元件和液压系统,但有一点是必须满足的,即沥青泵驱动马达的转速必须是可调的,其速度必须满足沥青洒布车在不同车速、不同洒布密度情况下沥青流量的需求。

(6)控制系统

沥青洒布车的控制系统具有以下功能:

①显示:在洒布时,能显示洒布车的车速、沥青泵转速、洒布密度、洒布宽度等工作参数;在加热过程中,能显示导热油温度、沥青温度等参数。

②设置:设置的洒布参数包括洒布宽度、洒布密度、沥青比重。

③控制:控制沥青流量,根据车速、洒布宽度、洒布密度的变化,适时自动调整沥青泵转速,确保洒布质量。

④将压缩空气引入操作系统,不仅将其作为动力通过电磁阀控制沥青管路中的沥青阀门和沥青洒布管上的喷嘴气缸,还用于沥青管路的吹扫。在沥青洒布结束后,将管路中的沥青吹回罐内,并将全部喷嘴吹扫干净,以便下次使用。

沥青洒布车的控制系统一般由驾驶室内的前控制操作面板、后控制机柜两部分组成。前控制操作面板可以设置洒布参数,显示洒布参数设定值和实测值,控制洒布车的工作过程。后控制机柜位于洒布车的尾部,是控制信号的执行机构,自动控制洒布过程及洒布量的调整。

(7)气动系统

气动系统为喷嘴气缸的开启与关闭、沥青洒布管的升降与侧移、沥青自动阀的开启与关闭提供动力,也为沥青管路与喷嘴吹扫提供压缩空气。一般情况下,压缩空气取于汽车底盘制动系统的储气罐,由底盘发动机的空气压缩机提供。但必须安装专用储气罐,两罐之间装逆止阀,以保证不影响沥青洒布车整车行驶的安全性。

2. 工作原理

沥青洒布车装有沥青罐、沥青泵、加热保温系统、沥青洒布系统和计算机控制系统等,在驾驶室内完成沥青洒布参数设定,实现洒布作业。工作时,通过沥青泵的旋转,将沥青从沥青罐内吸出,沥青洒布系统按照设定好的沥青洒布量和洒布宽度,在汽车行驶过程中将沥青均匀地洒布到规定区域内。

加热保温系统通过燃烧器加热导热油,经过油泵强制循环,将热能传递给沥青及沥青管路、沥青洒布系统等,实现沥青的升温,并保证沥青管路的畅通。在进行沥青洒布作业时,通过计算机控制系统根据汽车洒布作业速度设定沥青洒布量、洒布宽度,控制并调节沥青泵的流量,保证沥青洒布的均匀性。

沥青洒布车从二类底盘发动机上取力,给沥青泵及导热油泵提供动力,使沥青在罐内和外部管路及洒布管间循环,最终实现沥青精确地洒布。

在智能型沥青洒布车液压变量泵-液压马达调速系统中,变量泵是以比例电磁阀作为电液转换元件的集成泵。在控制器中预先设置有车辆需要达到的控制状态,工作时控制器将实时状态参数与目标值参数进行比较,根据其差值输出相应的控制参数,使发动机、泵、液压马达和沥青泵等机构的实时工作状态接近目标状态。所以在洒布之前将机器的工作状态参数输入控制器,洒布过程中控制器就会通过车速传感器检测洒布车行驶速度,改变比例电磁阀的控制电流进行排量控制。沥青洒布量、沥青泵转速、洒布速度等参数显示在控制面板上。

智能型沥青洒布车的沥青泵控制采用闭环系统,控制精度高,系统稳定性好,并具有良好的动态响应特性。图5-5为智能型沥青洒布车泵—液压马达—沥青泵系统转速传递图。

图 5-5　泵—液压马达—沥青泵系统转速传递图

智能型沥青洒布车与传统洒布车相比,可以根据洒布量的要求,在洒布过程中动态地测量车辆行驶速度和作业参数,自动调节沥青供应量,保证洒布量恒定在设置值附近稳定地输出。

三、沥青洒布作业

沥青洒布车作业时,应确定洒布高度、洒布量、洒布路段长度、洒布车生产率等参数。

1. 确定洒布高度

沥青从喷嘴喷出后,将会形成一个扇面,让喷嘴喷出的扇面偏转一个角度 β(即喷嘴开槽方向与洒布管的安装夹角),使洒布的扇面不会相互干涉。假设喷嘴间距为 b,喷嘴离地高度为 h,喷嘴喷出的扇面落到路面的长度为 s,在横向上的长度为 a。选择适当的参数,可使洒布到路面上的沥青形成一定的重叠。据有关文献介绍,在洒布压力或单喷嘴流量相同的情况下,多喷嘴形成单层洒布时其流量分布不均匀度大于 15%;形成两重叠时,不均匀度可减小到 10% 以内;达到三重叠时,不均匀度可减小到 2% 以下,如图 5-6 所示。

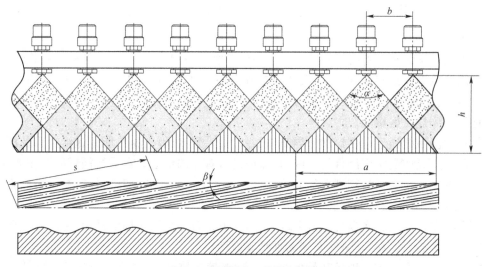

图 5-6　沥青洒布三重叠示意图

实现沥青洒布三重叠时,需满足下式要求:

$$h = \frac{3b}{2\cos\beta \cdot \tan(\alpha/2)} \tag{5-1}$$

式中:h——喷嘴距离地面的高度,mm;

　　　b——两喷嘴之间的安装距离,mm;

　　　β——喷嘴开槽方向与洒布管的安装夹角,(°);

　　　α——洒布扇面角,(°)。

喷嘴安装夹角要求确保各喷嘴形成的洒布沥青扇面不交叉撞击,一般取 20°～30°。喷嘴洒布沥青形成的扇面角与沥青的黏度、沥青的洒布压力、沥青的洒布量、车速等因素相关。当施工时沥青类型确定、沥青温度确定、洒布量确定、车速可控制在一定值,这时洒布沥青形成的扇面角可认为是定值;通过洒布管的升降,调整喷嘴距离地面的高度,以满足三重叠洒布施工需求。

2. 确定洒布量

洒布沥青时,应根据公路工程技术规范的要求确定洒布量。

沥青泵的生产率与单位面积的沥青洒布量、洒布车的行驶速度以及洒布宽度有关。其关系式为:

$$Q_\text{L} = qvB \tag{5-2}$$

式中:Q_L——沥青泵的生产率,L/min;

q——单位面积的沥青洒布量,L/m²;

v——洒布车的行驶速度,m/min;

B——洒布宽度,m。

依据式(5-2),可以确定洒布车的行驶速度。为了保证沥青洒布量不变,需要控制沥青泵的流量、车速、洒布宽度等参数;洒布宽度由喷嘴的开启数量决定,控制系统很容易识别;施工过程中实际车速会与推荐车速有所不同,但智能型沥青洒布车采用雷达或车速传感器采集车速信号,并利用控制系统控制沥青泵转速随之变化,实现洒布量保持不变。

3. 确定每次洒布的路段长度

为了便于施工,当沥青洒布量确定后,应进一步确定每一罐沥青洒布的路段长度,见下式。

$$L = \frac{VK}{qB} \tag{5-3}$$

式中:L——洒布路段长度,m;

V——洒布车沥青罐容量,L;

K——考虑洒布带重叠的系数,通常取 0.90～0.95;

B——洒布的路面宽度,m;

q——单位面积洒布量,L/m²。

4. 沥青洒布车生产率计算

沥青洒布车的生产率主要视沥青的运距、洒布车的准备工作和施工组织而定。其生产率可用下式计算:

$$Q_\text{p} = VK_\text{H}n_\text{p} \tag{5-4}$$

式中:Q_p——沥青洒布车的生产率,L/d;

V——沥青洒布车沥青罐容量,L;

K_H——沥青罐充满系数,通常取 0.95～0.98;

n_p——洒布车每班洒布次数。

$$n_\text{p} = \frac{60tK_\text{B}}{t_\text{T}} \tag{5-5}$$

式中：t——每天工作时数，h；

K_B——时间利用系数；

t_T——洒布车每一个循环所需时间，min。

$$t_T = t_1 + \frac{0.06L_1}{v_1} + \frac{0.06L_2}{v_2} + t_2 + t_3 + t_4 \tag{5-6}$$

式中：t_1——加满沥青罐所需时间，min；

L_1——沥青基地至工地的距离，m；

L_2——工地至沥青基地的距离，m；

v_1——洒布车重车行驶速度，km/h；

v_2——洒布车空车行驶速度，km/h；

t_2——洒布一罐沥青所需时间，min；

t_3——洒布车掉头倒车时间，min；

t_4——准备洒布所需时间，min。

从上述过程可以看出，沥青洒布车用于洒布的时间很短，大部分时间用于运输，这样不但影响洒布车的利用率，同时也会影响洒布工作的进行，增加非生产辅助时间。如果长距离运输，必然会增加洒布车的数量，这样就更不合理。

为了更好地组织施工，减少洒布车的用量，目前大型工程中多用沥青保温罐进行运输和储存，以减小沥青运输距离，提高洒布车的生产率。

四、沥青洒布车使用注意事项

沥青洒布应严格按照各型沥青洒布车使用说明书要求及操作步骤进行，并注意下列事项：

1. 施工操作注意事项

(1) 禁止冷罐加注热沥青。加注沥青前，应先"烘"罐，以免沥青降温过快。

(2) 燃烧器点火前，观察烟筒盖是否打开，导热油阀门位置是否正确，导热油循环压力是否正常；点火后观察燃烧器工作是否正常。

(3) 加热沥青时，要检查沥青液位是否覆盖加热管。

(4) 及时清理沥青过滤器。清理沥青过滤器时，要保证沥青泵处于停止状态，管路内处于无压状态。

(5) 往沥青罐内加注沥青时，观察阀门、软管连接处是否漏油，如果有漏油现象立即停止加注。

(6) 洒布前先加热沥青罐内沥青，达到洒布温度后，开启沥青泵，让沥青充分循环，加热沥青管路、洒布管，打开并固定好洒布管。

(7) 洒布前应确认施工面上有无障碍物和需要加减洒布宽度的区域。

(8) 洒布前逐个打开喷嘴试喷，如有堵塞，立即清理；试喷时，应让沥青喷入容器内。

(9) 洒布前应确认沥青泵速是否达到推荐泵速，设置参数是否正确。

(10) 洒布开始后，注意是否有堵塞的喷嘴。

(11) 洒布车作业地段应有专人警戒，作业范围内不得有人。

(12) 洒布时，若等待时间较长，建议将沥青吹回沥青罐内。

(13)施工现场严禁使用明火。

2.施工结束时注意事项

(1)洒布结束时,应立即合上洒布管,然后开启沥青泵,打开吹扫气阀,迅速吹扫管路中的沥青,并吹扫喷嘴;吹扫时应用容器盛装残余沥青,以防污染环境。

(2)吹扫完毕后,固定洒布管,关闭相关阀门,分离取力器,关闭控制系统电源,盖好烟筒盖,罩好控制柜。

(3)沥青洒布车内不允许长时间存放腐蚀性介质,洒布工作结束后应及时排空。排空后应将沥青罐、沥青管路及洒布管内的水分烘干,以防加热沥青时发生危险。

(4)洒布橡胶沥青后如要更换其他沥青,必须用柴油清洗沥青罐、沥青管路及洒布管,以防使用小号喷嘴时,残余橡胶沥青堵塞喷嘴,洒布不畅。

(5)长时间停机,应将沥青管路内的沥青吹回沥青罐内,并排空。

3.提高洒布质量的注意事项

(1)沥青洒布车开始洒布作业前,首先要检查罐内沥青温度是否达到要求。为了降低沥青黏度,保证其流动性,实现均匀地洒布,沥青洒布车应在高温下进行洒布作业,不同的介质要求有不同的洒布温度。乳化沥青可常温洒布,但为了保证洒布过程中沥青泵齿轮啮合挤压破乳的乳化沥青不粘连运动部件,一般也要求对乳化沥青进行加热。SBS改性沥青和橡胶改性沥青的洒布温度与改性剂含量有关,含量越高,洒布温度也越高。常用的几种沥青洒布温度见表5-8。

常用沥青洒布温度推荐表　　　　表5-8

沥青种类	橡胶沥青	普通沥青	SBS改性沥青	液体沥青	乳化沥青
洒布温度(℃)	195~200	150~160	175~180	≤50	常温或≤60

(2)对不同的洒布量,应选择不同型号的喷嘴。对于同一喷嘴而言,单喷嘴流量的大小,直接影响喷洒扇面角的大小,单喷嘴流量越大,喷洒扇面角也越大。对相同的喷洒高度,喷洒扇面角直接影响沥青落到地面的宽度,从而影响三重叠的程度和横向均匀性。

(3)调整好喷嘴的离地高度。沥青的横向均匀性与喷嘴的离地高度有关,喷嘴离地高度大,其喷洒宽度大,相邻喷嘴沥青落地宽度重叠量就多;反之,则洒布宽度变小,重叠量就变小。因此,应根据喷洒扇面角、喷嘴间距、喷嘴安装角,选择合理的离地高度,并在洒布前调整到位。

(4)洒布过程中随时注意罐内沥青剩余量,当喷嘴喷出的沥青含有气泡时,说明沥青已经洒完,应立即停止洒布。

第三节　沥青混合料拌和设备

修筑沥青路面的施工过程中,要完成沥青混合料的拌和、运输、摊铺和压实等一系列工序,这些工序中的第一道工序就是沥青混合料拌和。本节将介绍沥青混合料拌和设备的用途、分类、结构、功能、工作原理及作业性能等内容。

一、沥青混合料拌和设备的用途与分类

1. 沥青混合料拌和设备的用途与功能

沥青混合料生产是将不同粒径的材料与沥青结合料,按规定比例在给定温度下拌和均匀的过程,该生产过程由拌和设备完成。除小型移动式外,沥青混合料拌和设备一般不是一台单机,而是多种设备的有机组合。在沥青路面修筑工程所涉及的多种配套机械中,沥青混合料拌和设备所占的投资比重很大,其运用技术和生产调度管理也较复杂。无论是从混合料的质量,还是从生产经济性考虑,沥青混合料拌和设备的运作都不是独立的,而是与整个路面施工密切相关;沥青混合料拌和设备运用得如何,直接影响路面工程施工的质量、进度和生产效益。

按照混合料生产要求,沥青混合料拌和设备应具备的基本功能如下:
(1)集料配料、加热烘干、筛分与计量。
(2)沥青加热、保温、输送与计量。
(3)填料输送与计量。
(4)按照设计配合比,将经过计量的集料、矿粉与热沥青均匀地拌和成所需要的成品沥青混合料。

2. 沥青混合料拌和设备分类

沥青混合料拌和设备一般可按其生产工艺、额定生产率和机动性进行分类。

(1)按生产工艺分类

按生产工艺,将沥青混合料拌和设备分为间歇式和连续式两种类型。

①间歇式沥青混合料拌和设备。

间歇式沥青混合料拌和设备的拌和工艺特征:各种规格的集料、矿粉和沥青分批计量好后投入搅拌器进行拌和,拌和好的成品料从搅拌器中卸出,接着进行下一批料的拌和,形成周而复始的循环作业过程。

②连续式沥青混合料拌和设备。

连续式沥青混合料拌和设备的拌和工艺特征:各种规格的集料、矿粉和沥青连续地进行计量和拌和,拌和好的成品料源源不断地卸出。在结构上,传统的连续式沥青混合料拌和设备的集料烘干和混合料拌和在同一个滚筒中进行,所以又称为滚筒式沥青混合料拌和设备。

(2)按设备的额定生产率分类

按照额定生产率大小可将拌和设备划分为小型、中型、大型和特大型。中、小型拌和设备主要用于道路维修、养护和中小型工程,大型和特大型拌和设备用于高速公路、机场道面等大型工程。

①小型拌和设备的生产率小于或等于80t/h。
②中型拌和设备的生产率为80~160t/h。
③大型拌和设备的生产率为160~320t/h。
④特大型拌和设备的生产率大于320t/h。

(3)按设备的机动性分类

根据拌和设备的机动性,可将其分为固定式、移动式、模块式等几种类型。

①固定式拌和设备。整套设备安装在永久性的基础上,一经建成不便拆卸、搬运。

②移动式拌和设备。设备的主要系统或全部系统安装在一个或多个底盘上,转移工地时由牵引车拖行,可非常方便地进行移动。

③模块式拌和设备。设备由若干个模块组成,可以分别由平板拖车运输,用起重机进行拼装。

二、间歇式沥青混合料拌和设备

1. 间歇式沥青混合料拌和设备拌和工艺

间歇式沥青混合料拌和设备的特点是集料烘干、加热在滚筒中连续进行,热料与沥青、矿粉的拌和则是在双卧轴强制式搅拌器中一批一批间歇进行,而且热料在送入搅拌器拌和之前经过了二次筛分、储存和称量环节。间歇式沥青混合料拌和设备的基本结构组成如图5-7所示。

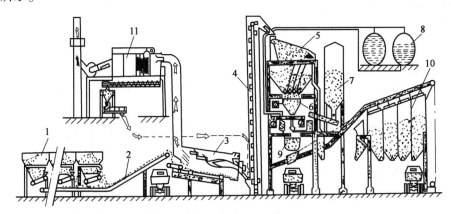

图5-7　间歇式沥青混合料拌和设备的基本结构组成

1-冷料储存及配料装置;2-冷料输送机;3-冷料烘干滚筒;4-热料提升机;5-热料筛分及储存装置;6-热料计量装置;7-矿粉储存仓;8-沥青供给系统;9-搅拌器;10-成品料储存仓;11-除尘装置

间歇式沥青混合料拌和设备生产工艺流程:不同规格的冷料经储存及配料装置配料后,由输送机送至烘干滚筒中烘干、加热,燃烧器以柴油(或重油或天然气)为燃料经雾化燃烧,采取逆流方式对冷料进行加热;加热后的热料由提升机送入筛分及储存装置,经过筛分分级的各种规格的材料分别储存在相应的热储料仓中,然后按预先设定的比例和顺序先后卸入热料称量斗内进行累计称重计量;同时,储存在矿料存储仓中的矿粉由螺旋输送机送至矿粉称量斗内进行称重计量,储存在保温罐内的热沥青由沥青泵送至沥青称量桶内进行称重计量。经计量后的各种材料按预先设定的程序先后卸入搅拌器内进行强制拌和,待混合料拌和均匀后送至成品料储存仓暂时储存或直接卸入运输车辆中。材料在烘干、筛分、拌和等生产过程中产生的燃烧废气、水蒸气以及灰尘,通过除尘装置净化处理后排入大气中,如图5-8所示。间歇式沥青混合料拌和设备采用电网电力或柴油发电机组发电驱动,混合料生产过程可自动控制,也可辅以人工操作。

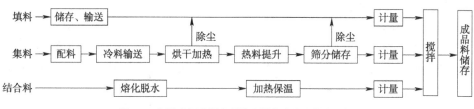

图 5-8 间歇式沥青混合料拌和设备生产工艺流程图

2. 沥青混合料拌和设备的主要组成结构

(1) 冷集料供给系统

①冷集料的储存。

通常，冷集料堆放在料场或存放在特制的筒仓内。前者称为堆场式，后者称为筒仓式。

A. 堆场式。

各种粗集料、细集料分类存放在料场内，并应设置防雨棚。冷集料堆放应预防集料含水率过大，尤其是阴雨天，含水率增加会加大烘干、加热系统的工作强度，使能耗和排放增加或设备产量下降；严重时，还会造成混合料出料温度波动或残余含水率过大。

B. 筒仓式。

在存放材料的场地受到限制时，可利用几个特制的筒仓，将集料分类存放。筒仓下设有给料器，将材料送入配料装置，经皮带输送机输送给烘干滚筒。这种储料方式占地面积小，筒仓加盖后，冷料的含水率不受外界条件变化的影响；此外，由于不使用推土机、装载机等工程机械上料，减少了噪声和灰尘对环境的污染。因此对环境要求较高且场地受到限制的场合，应采用筒仓式储料。这种存放方式多用于生产商品沥青混合料或建于城市中的沥青混合料拌和站。

②冷料配料装置。

各种规格的冷集料，在进入烘干滚筒之前应进行初步配料。初步配料在沥青混合料的生产过程中是一个关键环节，直接关系到热储料仓内各种材料储料量的均衡性和拌和设备生产过程的连续性，关系到成品料的质量。因此，冷料配料装置的性能和自动化程度，已成为衡量拌和设备技术先进性的重要指标。

配料装置主要由配料斗、给料机组成，如图 5-9 所示。

图 5-9 冷料配料装置

A. 配料斗。

配料斗的数量根据工程需要确定，一般为 4~6 个。料斗按装料规格大小沿运动方向依次排列，大粒径集料料斗在前，小粒径集料料斗在后。在每个料斗的上面放置一个隔网，以防止超规格料进入斗内。料斗上口尺寸应与上料方式相适应，如采用装载机上料，料斗的宽度要大于装载机的宽度。料斗下口的宽度应小于给料机的宽度，并且应前大后小，以利于下料。斗前壁下部设有一个调节闸门，用以调节材料流量。在细集料料斗的后斗壁,装有小型振动器,用以破除细集料在出料口处的结拱现象。

有些拌和设备在料斗下部装有料位指示器,当斗内料位低于设定值时发出警报信号,提醒操作者及时上料,以保证设备连续工作。

B. 给料机。

冷料配料设备下部为给料机,给料机有电磁振动式和皮带式两种形式,常用的是皮带式。

皮带式给料机安装在冷料仓下方作仓底,皮带旋转将材料卸出。通过调节皮带式给料机的转速或料门开度改变供料量。料门开度用于粗调,并在开机前完成调整工作,开机后的流量调节工作通过改变皮带的转速实现。皮带式给料机由电机驱动,其调速方式主要有两种,一种是直流调速,另一种是交流变频调速。直流调速通过控制直流电机的励磁电流实现,调速方便,精度高,动力特性好,但电刷对环境要求苛刻,维护成本高,功率难以做大。交流电机虽然调速精度不如直流电机高,但其结构简单,价格低,维护方便,运行成本低;通过变频器可以实现交流变频调速,功率可以做大,应用广泛。皮带式给料机的调速比一般为 1:10~1:20,最大为 1:30,在给定的范围内,速度无级变化,因此供料量可连续调节。

冷料仓下部安装的料门和调速皮带共同决定了材料流量,通过设置料门高度或皮带转速可以改变流量大小。电机通过变频调速并配以适当的料门高度,将料斗内的材料按级配要求送入水平集料带。给料机的调速范围可以是最大速度的 0~100%,但是对于交流变频调速而言,考虑到变频器的调速特性、机械设备的工作性能和设备的操作方便性,实际工作时调速范围以最大速度的 20%~80% 为宜。当该范围不能满足配合比要求或生产能力要求时,可以通过调节料门高度解决。料门高度一旦确定,在生产过程中则通过调节电机转速适应各种变化,无须改变料门高度。如果材料规格有很大的改变,操作室显示的给料转速超出允许范围,则需重新调节料门高度,以适应流量变化。

有些厂家生产的拌和设备设有产量同步调节功能键(称为总调系数),用于对各个冷料仓按材料供料比例同时调节生产流量。当每个冷料仓的给料机皮带转速调定以后,通过该调节功能,可以使各料仓的供料速度同步调整,按照比例变化,在不改变各种规格材料相互之间比例的前提下,调节设备的生产能力。对于连续式拌和设备,这种操作方式简单、方便;对于间歇式拌和设备应慎用,在采用该功能时流量调节幅度不宜过大,以免影响成品混合料级配组成。

每个给料机出料口处均设置了料位传感器,用于检测材料流量通断情况。典型的传感器是一个行程开关,如果料仓内材料起拱或缺料产生断料,行程开关自动复位,监控系统发出声光报警信号,提示操作人员及时处理,否则超过设定时间后自动停机。

给料机皮带从动轮一端设有张紧装置,调节张紧度使皮带具有一定的张力,皮带与驱动轮之间产生足够的摩擦力,避免皮带打滑。皮带调节不能过紧,以免损坏。当皮带跑偏时,需查找原因,通常采取的措施是缓慢拧紧皮带向外跑偏一侧的调节螺栓,或松弛皮带向内跑偏一侧的螺栓,使驱动轮与从动轮轴线平行。若通过调节张紧装置没有达到应有的效果,可以调节皮带托辊组沿输送带倾斜 2°~4°,使皮带与托辊之间产生一定的摩擦力,但托辊的倾斜角不宜过大,以免加速皮带磨损。

在冷料给料机和皮带输送机侧面,设有紧急停机按钮或拉线,用于紧急情况下快速切断电源,局部停止运转。

③水平输送带和倾斜输送带。

冷料给料机下方为水平集料带,收集冷料仓卸下的集料并送入倾斜输送机,通过倾斜输送机送入烘干滚筒。接近烘干滚筒一端的皮带输送机倾角可调,以适应滚筒进料口的高度。水平输送带和倾斜输送带的输送速度为定值,不可改变,其输送量决定于各冷料给料机的给料流量。为了减少皮带粘料现象,粗集料应先于细集料卸入输送带,避免细集料颗粒太小,含水率太高黏附于皮带之上影响混合料级配。因此,在料斗装料时应由远到近分别装入粗集料和细集料。

在集料卸入烘干滚筒之前应有剔除大颗粒材料的筛网,该筛网宜设置在冷料斗顶部,也可设置在水平输送带和倾斜输送带交接处。当设置在冷料仓上部时,宜采用不振动的斜筛,筛孔尺寸宜为该规格集料最大颗粒的 1.5~2.5 倍。对于连续式拌和设备须在两输送带之间设置振动斜筛,筛孔略大于混合料要求的最大粒径,以除去超限料。

(2)集料烘干加热系统

①烘干加热系统的功能与基本组成。

烘干加热系统的功能是烘干集料,并将其加热到要求的拌和温度,以使沥青能够很好地裹附于集料表面。对于普通热拌沥青混合料,通常加热至 140~160℃;对于改性沥青混合料,需要加热到 180℃ 以上。

烘干加热系统主要由燃烧器、烘干滚筒及其驱动装置共同组成热交换体系,对集料进行烘干、加热。如图 5-10 所示,长圆柱形筒体(2)通过滚圈(3、6)分别支承在滚轮上,中小型滚筒用 4 个滚轮支撑,大型滚筒用 8 个滚轮支撑(2 个一组)。滚轮安装在机架(21)上,滚筒有一个倾角,由轴向限位滚轮(20)限位。滚圈与滚轮之间留有间隙,以免滚筒受热膨胀后卡死。间歇式沥青混合料拌和设备采用逆流式烘干工艺,燃烧器(12)安装在筒体下端中心。燃烧火焰及废气在筒内上行至排烟口排向除尘系统。冷料从筒体高端的加料口进入烘干滚筒内,与燃烧器喷出的火焰逆向对流,脱水升温后由卸料槽(15)排出。

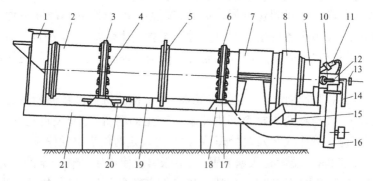

图 5-10 集料烘干加热装置

1-加料口和排烟箱;2-筒体;3、6-滚圈;4-胀缩件;5-传动机构;7-冷却罩;8-卸料箱;9-火箱;10-点火喷头;11-火焰探测器;12-燃烧器;13-供油调节器;14-输油管;15-卸料槽;16-鼓风机;17-支承滚轮;18-防护罩;19-驱动装置;20-轴向限位滚轮;21-机架

间歇式沥青混合料拌和设备采用逆流式加热方式,燃气与集料流动方向相反,热量交换较为充分。燃烧器设置在滚筒出料一端,在出料口设有温度传感器,检测材料加热温度,通

过控制器调节燃烧器供油量从而改变集料加热温度。引风除尘系统设置在滚筒的另一端,在抽风道上设有可调的阻风门,通过检测滚筒内的负压值,自动或手动调节风门开度,改变引风量和气流速度,为燃料在筒内充分燃烧提供条件。

②烘干滚筒结构。

烘干滚筒由耐热钢板卷制而成,滚筒内壁装有叶片,根据结构与功能不同可将滚筒分为四个区域,如图5-11所示。

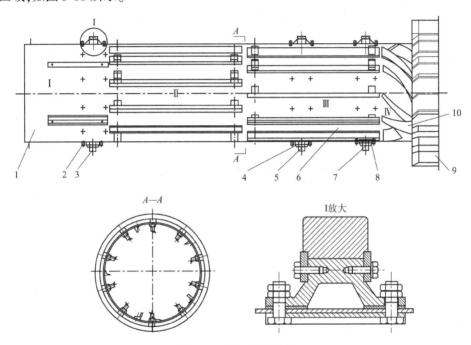

图 5-11 逆流式烘干滚筒

1-筒体;2、8-滚圈架;3、7-滚圈;4-齿圈架;5-齿圈;6-升料槽板;9-进料箱;10-螺旋叶片

第Ⅰ个区域为导入区。烘干滚筒入口段为导入区或称进料区,这一区段的叶片属于接料叶片,筒内均匀安装螺旋状抛料叶片,螺旋状抛料叶片与烘干滚筒轴线成45°～60°,其功能是确保进入滚筒的材料快速向前移动,避免反向撒落。

第Ⅱ个区域为对流区。紧接导入区的为对流区或称料帘区,筒内安装平行于轴线的提升叶片,其功能是产生均匀的落料分布,俗称"料帘",以利于进行充分的热交换。这一区段的叶片端面形状似"勺形",沿圆周均匀分布一圈,纵向有若干组,每组之间错落分布。叶片与筒体通过螺栓连接,可以防止叶片和滚筒因不均匀受热变形产生相对位移,同时也便于更换叶片。这种"勺形"叶片可以使材料多次提升和自由撒落,燃气充分与材料进行热交换。集料轴向移动依靠滚筒与水平面的倾斜角实现,一般滚筒的倾斜角在3°～6°范围内,改变滚筒的倾斜角会改变其生产率和对材料的烘干效果。

第Ⅲ个区域为辐射区。辐射区或称燃烧区,是与对流区相邻的区域。为了使燃料充分燃烧,并防止火焰直接烘烤滚筒,该区段材料不形成"料帘",而是沿滚筒壁滚动。叶片与筒体轴线成20°～30°,其断面形状为"T"形或"⌒"形,其功能是使物料贴近筒壁分布、滚动,物料不直接与火焰接触,避免影响燃料充分燃烧。

第Ⅳ个区域为出料区。出料区与辐射区相邻，为靠近燃烧器的一段，其功能是确保滚筒中的材料快速向前移动卸料，避免滞留于筒中。叶片断面形状和第Ⅲ个区域相似，叶片与筒体纵轴线成20°~30°安装，以便于材料排向卸料口。该区段长度为筒径的40%~50%。

烘干滚筒旋转有三种传动形式，即齿轮传动、链条传动和摩擦传动。中、小型烘干滚筒可采用齿轮传动，中型烘干滚筒多采用链条传动。对于大型拌和设备或特大型拌和设备，由于烘干滚筒尺寸很大，将滚圈下的托轮作为主动轮，利用摩擦传动的方式驱动烘干滚筒旋转。摩擦传动方式结构简单、安装维护方便，啮合部分不需注油，但传动精度较低，特别是驱动轮磨损后会降低烘干滚筒的转速。

烘干滚筒的转速在一定程度上决定了筒中材料是否能够形成均匀的"料帘"，转速太高"料帘"会向旋转方偏移，转速太低筒中材料不能提升到足够的高度，"料帘"向逆旋转方偏移，一般烘干滚筒的圆周速度在0.75~0.85m/s范围内较为合适。若烘干滚筒直径不同，为了满足圆周速度要求，其转速也相应地发生改变，直径愈大转速愈低。表5-9为某拌和设备厂商提供的烘干滚筒几何尺寸、转速与生产能力之间的关系。

烘干滚筒几何尺寸、转速与生产能力 表5-9

生产能力(t/h)	烘干滚筒直径(mm)	烘干滚筒长度(mm)	烘干滚筒转速(r/min)
30~40	1300	4500	10.0~11.0
50~60	1450	6250	9.0~9.4
60~80	1600	7000	7.5~8.5
90~120	2000	7500	6.8~7.0
120~160	2200	8000	6.0~6.4
180~240	2700	9500	5.0~5.3

在烘干滚筒的卸料口处安装有测温仪，用于检测材料的加热温度，与自动控温系统相连，为燃烧器火焰强度调节提供依据。温度传感器有两种形式：热电偶接触式和红外线非接触式。热电偶温度传感器的特点是测温精度高，使用过程中免维护，但灵敏度较低，测量响应时间长，在与材料接触的过程中易磨损。红外线温度传感器的特点是灵敏度较高，测量响应时间短，但精度较低，结构复杂，使用中需要经常维护。为了防止蒸汽和粉尘影响测量精度，须用吹风机送风保护，并需对其进行物料标定。

烘干滚筒的排气温度应控制在115~160℃之间，排气温度过高既不经济，也影响除尘器中过滤袋的寿命，通常袋子的耐温能力为230~250℃。但排气温度也不可过低，如果温度低于水蒸气的露点温度，水蒸气便会在除尘器中凝结，使灰尘黏附在过滤袋表面，影响除尘器正常工作，降低引风除尘效率。

③燃烧器。

燃烧器是一种为集料烘干加热提供热能的装置，其功能是将燃料雾化成细小液滴，均匀地分布在燃烧区的气流中，与空气充分混合以利于完全燃烧。拌和设备配置的燃烧器需经过专门设计，具有易于点火、燃烧稳定、油量调节比大、短火焰等特点。燃烧器的核心是喷油嘴，其功能是将燃油充分雾化成细小的油滴与空气均匀混合，以利于完全燃烧。燃烧器雾化燃油的方法有多种，主要有低压空气雾化、高压机械雾化、混合雾化等。

低压雾化燃烧器是将空气作为雾化剂,一般空气压力为 3~8kPa;经鼓风机送入燃烧器,从空气喷嘴中旋转喷出,在燃油喷嘴处形成负压将燃油吸出,气流与燃油产生剧烈的冲击和摩擦将油分散雾化。通常低压雾化的燃油压力较低,以免油压太高影响雾化质量。低压雾化的送风量和供油量的大小和比例可通过风道上的阻风门和油路上的流量控制阀进行自动或手动调节。

高压雾化燃烧器是利用高压将燃油雾化,一般油压可达 1~4MPa。高压雾化燃油燃烧所需的空气主要由鼓风机供给,这种结构由于喷嘴雾化效果较差需要大量的过量空气才能使燃料完全燃烧。加热能力取决于燃油压力或流量,但油压不能过低以免影响雾化质量。

混合雾化燃烧器同时利用油压和气压两种方式共同雾化燃料。这种燃烧器具有结构紧凑、维修方便、高效节能、调节比大(最大燃烧能力与最小燃烧能力之比大于 8∶1)的优点。其结构如图 5-12 所示,混合雾化燃烧器主要由鼓风机、喷嘴、油量控制阀、油气比例控制阀等组成,除此之外,还有电子点火、火焰控制等装置。鼓风机提供燃油燃烧所需的氧气,通过调节进风门角度改变进风量大小。喷嘴是燃烧器的核心,空气以 0.55~0.60MPa 的压力,经喷嘴外腔的喷射头喷出与压力为 0.60~0.80MPa 的燃油(经喷嘴内腔的喷头喷出)混合,并充分雾化,经点火器点燃后燃烧。油量控制阀是燃油供给系统中调节油量大小的装置,控制系统根据安装在烘干滚筒出料口的温度传感器的检测信号,控制执行机构调节油量控制阀;通过油量控制阀与鼓风机风门之间的拉杆机构使供油量和送风量产生联动,同时调节流量大小。油气比例控制阀用来调节燃油供给量与空气供给量之间的比例关系,通过改变风门连杆和油门连杆在调节轴上的位置来调节风与油的比例,从而获得最佳的过量空气系数,使燃料充分燃烧。火焰监控器是用来监控燃烧器是否点火成功和生产过程中是否断火的仪器,若点火成功或工作过程中火焰正常,传感器将信号送入控制器,设备按规定程序启动和运转;若点火失败或工作过程中断火,传感器将信号送入控制器,关闭油路,避免燃烧器将油喷入烘干滚筒引起爆燃,发生危险。

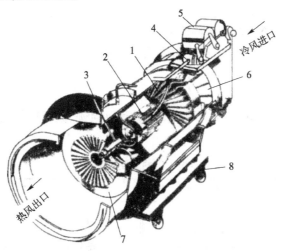

图 5-12 混合雾化燃烧器
1-鼓风机;2-电动机;3-喷嘴;4-油量控制阀;5-油气比例控制阀;6-进风门;7-涡旋导流板;8-台车

燃烧器中燃油燃烧需要的空气有两种输送形式,一种为100%的空气由鼓风机提供;另一种为30%的空气由鼓风机提供,70%的空气由引风机从燃烧器与烘干滚筒之间的间隙吸入。无论采用何种形式,必须保证有足够的空气使燃油完全燃烧,一般需要的过量空气系数不小于1.25。

④燃料。

燃烧器使用的燃料主要有固体、气体和液体三种类型,大部分燃烧器针对具体燃料进行设计,经过改造才能使用一种以上燃料;有些燃烧器可以使用一种以上燃料。煤是主要的固体燃料,以煤作燃料可以降低成本,但需用磨煤设备制成煤粉使用。煤存在热值低、灰分大、火焰稳定性差、温度调节控制不方便等不足。天然气和丙烷气是主要的气体燃料,它们有优良的燃烧特性,但是使用这类燃料需有管道天然气资源,使用成本较高。液体燃料主要为柴油和重油,由于液体燃料具有热值高、没有灰分、便于运输、火焰稳定性好、温度调节控制方便等特点,在拌和设备上得到广泛应用。柴油黏度低可直接燃烧,重油黏度大需降低黏度才能雾化,燃烧之前必须将黏度降到燃烧器的规定值。降低重油的黏度,通常有两种方法,即加热法和乳化法。目前,对于重油主要采用加热的方法降低黏度,并根据重油标号确定预热温度。对于杂质较多的重油还需要在输送系统中设置过滤器。被污染的再生油不能作为拌和设备用燃料。

(3)热料提升机

热料提升机的功能是将烘干滚筒卸出的混合集料输送至筛分装置。热料提升机通常为链斗提升机,为减少运料过程中的热量损失,以及出于安全保护的需要,链斗提升机安装在封闭的箱体内。

链斗提升机通常采用料斗离心卸料方式,在大型拌和设备上,也可用导槽料斗重力卸料方式。重力卸料方式链条运动速度低,磨损和噪声都相对较小。

热料提升机的驱动部分设有防倒转装置,防止提升过程中突然停止,带载部分在材料重力作用下倒转,使料积存在底部,影响提升机再起动。

(4)热料筛分与储存系统

热料筛分与储存系统的功能是将热料提升机输送来的混合集料按粒径大小重新分级成不同规格的材料并储存,为生产配合比准备各种规格的材料。热料筛分与储存系统主要由筛分系统与热料储存仓组成。

①筛分系统。

筛分系统主要采用振动筛,振动筛按照筛体运动轨迹、激振轴数量、筛分原理、筛网层数等进行分类,主要类型见表5-10。

振动筛的主要类型　　表5-10

分类方式	振动筛类型	分类方式	振动筛类型
筛体运动轨迹	直线振动筛	筛分原理	等厚振动筛
	圆振动筛		概率振动筛
	椭圆振动筛		弛张振动筛
	特殊轨迹振动筛		一般振动筛

续上表

分类方式	振动筛类型	分类方式	振动筛类型
激振轴数量	单轴振动筛	筛网层数	单层振动筛
	双轴振动筛		双层振动筛
	多轴振动筛		多层振动筛

在间歇式拌和设备中得到广泛应用的是双轴(或单轴)振动筛、多层振动筛。振动筛主要由筛网、偏心块、振动轴、减振器等组成,如图5-13所示。

振动筛的基本工作原理如下:电动机通过传动装置带动振动轴转动,使筛网产生一定幅度和频率的振动,对筛面上的混合料进行筛分。在振动轴上装有固定偏心块和活动偏心块,调整活动偏心块的质量可以改变筛子的振幅。通常振动筛的倾角在12°~30°之间,振动频率在17~25Hz之间,振幅在5~8mm之间。在振动筛侧面装有振幅测试标志(图5-14),利用视觉残留效应判断带载工作时的振幅。若振幅偏离设定值,可以通过加减偏心块质量的方法进行调整。

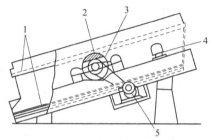

图5-13 单轴振动筛示意图
1-筛网;2-偏心块;3-振动轴;4-减振器;5-电动机

振动筛中的筛网形状主要有正方形和矩形。筛网根据需要分为多层,每层可分割为几段。各层筛网的筛孔尺寸大小不同,最上面一层筛网的筛孔尺寸最大,向下各层筛网的筛孔尺寸依次减小,最下面筛网的筛孔尺寸最小,每层筛网下面对应一个热料储存仓。工作过程中经过烘干滚筒加热的材料由提升机提升到搅拌塔顶部送入振动筛的最上层筛面上,过大的材料(超限料)不能透过筛孔则被分离出来,沿着筛面移到出料口进入废料储存仓;能通过最大筛孔,但不能通过次一级筛孔的材料被送入相应的粗颗粒热料储存仓;能通过第二层筛网,但不能通过第三层筛网的材料被送入相应的中等颗粒热料储存仓;能通过所有筛孔的材料落入细颗粒热料储存仓(图5-15)。

图5-14 振幅测试标志

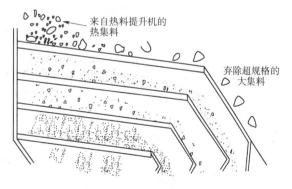

图5-15 振动筛筛分示意图

振动筛的一个重要性能指标是筛分效率,表征了筛网对材料颗粒的筛净程度。筛分效率与筛网长度、有效面积率及振动参数等因素有关,筛孔面积占筛网面积的百分率为有效面积率,有效面积率越大筛分效率越高,一般有效面积率为60%~80%。

振动筛的有效筛分面积应与设备的生产能力相适应,若筛分能力弱、筛分效率低,则需放大所对应标准筛的筛孔尺寸。这种情况下,在材料流量较小时,大颗粒材料容易进入小颗粒材料的储料仓中,这种现象会造成混合料级配偏粗,称为"窜仓"现象;若材料流量较大,由于供给的材料较多振动筛来不及筛分,小粒径材料进入大颗粒材料的储料仓中,这种现象会造成混合料级配偏细,称为"混仓"现象。对于振动筛而言,由于连续筛分,材料在筛面上的滞留时间仅几秒钟,因此很难避免"混仓"或"窜仓"现象。一般"混仓"率或"窜仓"率应低于15%。若"混仓"率、"窜仓"率过大,且不稳定,会导致混合料级配发生明显变化,严重影响生产质量。材料"混仓"现象会由于振动筛的筛分效率变低或筛孔堵塞等现象变得严重。振动筛的筛分能力过低,加之冷料给料量发生大幅变化会使"混仓"率或"窜仓"率变得不稳定,导致热料储存仓中材料级配组成发生变化,这种变化对混合料稳定生产危害极大。特别是细料储存仓与相邻储料仓材料之间的"混仓"对混合料质量影响最大,因为细料表面积系数很大,混入相邻储料仓中使混合料表面积变大,严重影响沥青混合料的油膜厚度。

②热料储存仓。

热料储存仓位于振动筛下方,其功能是储存经过筛分的热料。热料储存仓与振动筛筛网规格相对应,各热料储存仓之间用隔板分隔为独立空间,有些拌和设备为了扩大使用功能还增加了一个未经过筛网的热料储存仓——直通仓。在每个热料储存仓下分别设置了料门,通过气缸实现料门的启闭操作。每个热料储存仓内均设有料位传感器,用来显示仓中材料的多少。料位传感器主要有阻旋式料位计和电容式料位计两种形式。阻旋式料位计只能安装在热料储存仓某一个固定高度,主要用于检测仓中材料是否高于、等于或者低于传感器所在位置。电容式料位计可以沿料仓高度设置,通过材料在不同高度对其电容量的影响确定料位高度,全程显示热料储存仓中的材料量。在每个热料储存仓上部设有溢料口,当仓中材料过满时从溢料口排出仓外,避免流入相邻热料储存仓产生"混仓"或影响振动筛正常工作。

热料储存仓的容量由拌和设备生产能力决定,一般设计为10~20倍搅拌器容量,生产粗粒式混合料时需要5~6个仓,生产细粒式混合料时需要3~4个仓。第一个热料储存仓的容积占总容积的30%~40%,第二个热料储存仓的容积占总容积的20%~30%,第三个热料储存仓的容积占总容积的15%~25%,第四、第五个热料储存仓的容积占总容积的10%~20%。在热料储存仓中,由于细料仓容积大,且细料有较大的表面积,因此其中材料变化对混合料质量影响最大。

为了使热料储存仓中的材料稳定,需要控制冷料的流量以保证热料储存仓中材料的料位基本均衡。有时原材料变化、材料之间混杂或者给料机供料不稳定等原因,会造成热料储存仓中材料的变化,当仓中材料过满时,则从溢料口排出;当仓中材料不足时,则产生待料现象。当出现以上现象时应对冷料给料机进行相应调整,以改善这种不正常的工作状态;当需要调整的幅度过大时,表明设备调试或运行存在问题,需查找原因加以解决。

(5)供给与计量系统

供给与计量系统的功能是对组成混合料的各种规格的材料进行称重,并满足规定的计量准确度要求。

供给与计量系统分为沥青供给与计量系统、粉料供给与计量系统和热集料计量系统。

图 5-16 为间歇式拌和设备的集料、粉料与沥青计量装置示意图。

①沥青供给与计量系统。

沥青供给与计量系统用于对液体沥青进行储存、保温，并定时定量送入搅拌器中。该系统主要由保温沥青罐、沥青泵、计量装置、喷射装置，以及管路和阀门等组成。

常温下的沥青为固态，在送入沥青罐之前需熔化、脱水，并加热至要求温度。液态沥青用油罐车

图 5-16　集料、粉料与沥青计量装置示意图

运至搅拌场，送入保温罐内储存。桶装（或袋装）沥青通过沥青熔化装置，由沥青泵和连接管路输送至保温罐。

沥青熔化主要有导热油、蒸汽间接加热方式，也可以利用太阳能辅以电加热完成。常用导热油加热系统加热，该系统结构紧凑，便于拆装。沥青加热温度必须严格控制，防止高温加热或局部过热导致沥青老化；在沥青熔化、脱水过程中辅以搅动，以防止"溢锅"或局部过热。

沥青计量系统由计量罐、称重传感器、输送泵、喷射泵和控制器等组成。

沥青计量系统的称重装置由三个或两个拉力（或压力）传感器组成。沥青由输送泵从沥青罐中抽出送入计量罐称量达到误差允许范围后卸入搅拌器中。根据结构原理不同，沥青卸入搅拌器可分为自流式和喷射式两种方式，自流式是在重力作用下沥青自流入搅拌器，喷射式则由喷射泵将沥青喷入搅拌器。对于未采用喷射泵的拌和设备，计量完成后沥青依靠重力流入搅拌器，与压力喷洒相比沥青进入搅拌器的时间会缩短，但初始分布均匀性较差，想达到相同的拌和均匀性需要增加拌和时间。沥青计量秤如图 5-17 所示。目前有两种典型的沥青计量秤，一种是减量式沥青计量秤，一种是增量式沥青计量秤。

图 5-17　沥青计量秤

②粉料供给与计量系统。

矿粉储存在粉料筒仓中。在筒仓的顶部设有袋式过滤器和人孔，人孔盖上装有安全阀；当仓内气体压力过大时，顶开安全阀与大气连通。仓内装有料位器，料位信号接入控制室，当料位达到高限或低限时发出警报信号。筒仓的下部为圆锥形，锥壁上设有气力破拱装置。在筒仓出口设有调节闸门和叶轮给料器（或螺旋给料器），通过改变闸门开度和给料器的转速调节供粉量大小。

储存在筒仓内的矿粉有两种主要方式送至计量装置，一种是用螺旋输送机供料，另一种是通过链斗提升机送入计量装置上部的暂存仓。

粉料计量系统由粉料输送螺旋、计量斗、斗门、称重传感器和控制器等组成。

粉料计量系统的称重装置由三个压力或拉力传感器构成，矿粉通过粉料输送螺旋从粉

料罐送入计量斗中,待达到设定重量允许误差范围后停止输料。当进行回收粉再利用时,矿粉计量完成之后,回收粉罐中的回收粉经粉料输送螺旋送入计量斗中进行累计称量。粉料计量秤如图5-18所示。

为了增加混合料的水稳定性,提高抗水损害能力,有时需要加入1.5%~2.0%的消石灰或水泥。为了保证计量准确,可采用与矿粉相同的计量方式,通过粉料计量秤计量后卸入搅拌器。也可以先将消石灰或水泥与矿粉均匀混合,然后一同称量。

为了避免粉料流动性下降或在罐内凝结起拱,影响供料装置正常工作,粉料含水率应小于1%。

③热集料计量系统。

热集料计量系统位于热集料储存仓的下方,由计量斗、斗门、称重传感器和控制器等组成。图5-19为热集料计量秤示意图。

图5-18 粉料计量秤示意图

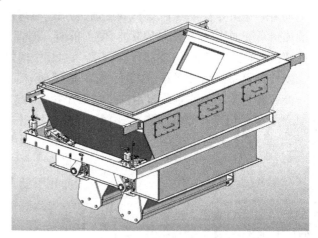
图5-19 热集料计量秤示意图

热集料计量系统的传感器有三点式和四点式两种形式,三点式因安装调整方便而采用较多。进行热集料配料时,根据控制系统设定的程序,由电磁阀控制气缸启闭热料储存仓仓门向计量斗中放料。

可以采用多种顺序将热集料储存仓中的材料卸入计量斗中,通常先卸较粗的材料,后卸较细的材料。拌和设备配料过程采用自动控制模式,当某个热集料储存仓中没有足够的材料供给时,系统将会等待直到获得符合允许误差要求的材料量,才进行下一步工作。

拌和设备安装完毕进入调试阶段后或经过一段时间使用之后,需对计量系统的准确性进行检查校准,在生产过程中需要对配料误差进行修正,以满足混合料配合比准确性要求。

(6)搅拌器

搅拌器的功能是将称量好的热集料、粉料和沥青结合料在一定温度下拌和成均匀的混合料。搅拌器是间歇式沥青混合料拌和设备的核心装置之一,其作业性能直接决定了混合料的生产品质。

①搅拌器的组成。

间歇式沥青混合料拌和设备采用双卧轴搅拌器对混合料进行强制拌和。搅拌器由缸体、衬板、搅拌轴、搅拌臂、拌桨、卸料门、同步齿轮(或同步销轴)及驱动机构等组成,搅拌器结构示意图见图 5-20。拌桨安装在搅拌臂末端,与搅拌轴中心线约成 45°,与衬板之间的间隙为 4~8mm。搅拌臂通过螺栓固定在搅拌轴上,每根轴安装 6~8 对搅拌臂,两个搅拌轴通过一对同步齿轮(或同步销轴)实现反向同步旋转。同一根轴上相邻的两对搅拌臂错开 90°或 45°,两根轴上对应的搅拌臂错开 90°或 45°。搅拌器内侧装有可更换的用耐磨材料制成的衬板,底部有卸料门。

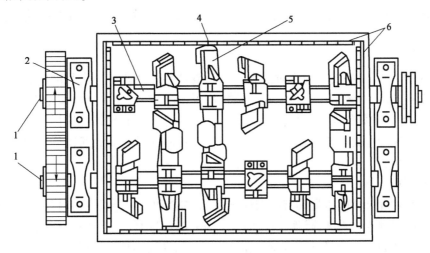

图 5-20 搅拌器结构示意图
1-传动齿轮;2-轴承;3-搅拌轴;4-拌桨;5-搅拌臂;6-衬板

②搅拌器的工作原理。

双卧轴搅拌器在搅拌时迫使其中的材料产生垂直面和水平面内的两种类型的运动。在垂直面内处于搅拌器下部的材料被埋入其中的拌桨翻松并向上抛掷,达到一定高度后在自身重力的作用下回落并与继续向上抛掷的材料颗粒相互接触碰撞。在垂直面内存在两种搅拌作用:一种是拌桨在材料内部的翻拌作用,这种作用由于存在两轴之间的拌桨的重叠区域而加强了横向交流作用;另一种是存在于搅拌器上方的"沸腾效应"而产生的混合作用。在水平面内拌桨与搅拌轴存在的倾角推动材料沿轴向移动,在两根轴上拌桨安装角度相反,推动材料在搅拌器内做循环运动。在水平面内的搅拌作用按两种方式进行:一种是两轴之间的拌桨重叠区域,由于两轴之间的拌桨推动材料相对运动产生材料之间的不规则运动,使材料之间发生翻拌与混合;另一种是两轴外侧材料在拌桨的推动下沿搅拌器周边做循环运动,这种运动虽然不直接对材料进行翻拌,但是可以加强材料纵向交流作用。

因此,材料进入搅拌器之后,在双卧轴的转动过程中被强制沿轴线螺旋推进、循环往复运动,运动过程中材料颗粒之间发生碰撞、摩擦、分散,当拌和时间足够长时可以获得均匀的混合料。

③拌和质量要求。

混合料的拌和均匀性是搅拌器的重要作业质量指标,在拌和过程中混合料中的小颗粒首先被沥青裹附,大颗粒最后被沥青裹附。若在搅拌器工作过程中的不同时段卸出一部分混合料就会发现最初只有粒径小于 2.36mm 的细集料被沥青裹附,随着拌和时间增加,粒径在 2.36~4.75mm 之间的集料逐渐被裹附,再延长拌和时间,则粒径大于 4.75mm 的粗集料才被沥青裹附。由于搅拌器容量有限,并且考虑到拌和时间过长会降低产量和沥青的品质,希望尽量缩短拌和时间以提高设备生产能力,减少沥青的氧化老化;但是缩短拌和时间的前提条件是确保混合料的拌和均匀性。相关标准规定判别混合料是否拌匀,以沥青均匀裹附集料为度,无花白料、油团等现象。

④搅拌器的投料顺序与拌和时间。

搅拌器的工作参数主要有集料、矿粉和沥青的投料顺序,混合料在搅拌器中的拌和时间等。

A. 投料顺序。

集料、矿粉和沥青的投料顺序对拌和时间和混合料的性能有一定程度的影响。目前主要有两种投料顺序:一种是在集料加入搅拌器后,先加入矿粉,再加入沥青继续搅拌,直至搅拌均匀;另一种是在集料加入搅拌器后,先加入沥青,再加入矿粉继续搅拌,直至搅拌均匀。第二种投料顺序沥青先于矿粉加入搅拌器,沥青在相对含量较高的状态下与粗集料接触易于裹附在颗粒表面。

B. 拌和时间。

拌和时间对混合料的质量具有决定性作用,增加拌和时间会提高混合料的拌和均匀性,但也会增加沥青的老化程度,降低生产率;反之,减少拌和时间虽然可以提高设备产量,但是有可能影响拌和的均匀性,降低混合料的品质。因此,合理的拌和时间非常重要。搅拌器在拌和过程中的拌和时间可以划分为干拌和时间、湿拌和时间、卸料时间。干拌和时间是指从热集料计量斗门打开向搅拌器卸料到开始喷射沥青这段时间;湿拌和时间是指从沥青喷射到搅拌器卸料门打开这段时间;卸料时间是指从搅拌器卸料门打开到关闭这段时间。将搅拌器完成一个拌和工作循环所用的时间称为循环时间。

(7)集尘系统

①集尘系统的功能与基本组成。

在生产过程中拌和设备的烘干滚筒、振动筛、搅拌器等部位会产生大量的粉尘,集尘系统的功能是将这些粉尘进行回收再利用,或者进行湿化处理后排放,防止直接排出污染空气。

通常沥青混合料拌和设备集尘系统采用两级集尘装置。第一级集尘装置用于分离较大的颗粒,减轻第二级集尘装置负荷,一般采用旋风集尘器或惯性集尘器;第二级集尘装置用于收集小颗粒粉尘,使排气符合环保标准要求,一般采用湿式集尘器或袋式集尘器。

②集尘器的结构与工作原理。

A. 旋风集尘器。

旋风集尘器由壳体、螺旋导向装置、出气口、集尘室等组成。其工作原理如下:在引风机的负压作用下含有粉尘的气流以 $10 \sim 20 \text{m/s}$ 的速度沿着壳体内壁切向进入集尘器,通过螺旋导向装置,气流进行旋转运动,在离心力作用下较大的颗粒被抛向分离器壳体内侧落入集尘室。经过旋风除尘的空气通过出气口进入第二级集尘装置。旋风集尘器的壳体直径愈小,除尘效率愈高。为了使旋风集尘器正常工作,风道中需产生 $2 \sim 3 \text{kPa}$ 的负压。如图 5-21 所示。

B. 惯性集尘器。

惯性集尘器由壳体、导流板、出气口、集尘室等组成。其工作原理如下：在引风机的负压作用下含有粉尘的气流以一定速度进入"气-尘"分离室，由于"气-尘"分离室的面积比管道面积大许多倍，气体进入后流速显著降低，于是一些粗颗粒粉尘沉积到集尘室中，经过第一级集尘装置的空气通过出气口进入第二级集尘装置。如图 5-22 所示。

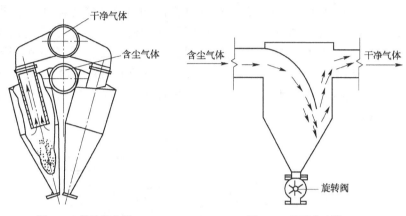

图 5-21　旋风集尘器　　　　图 5-22　惯性集尘器

第一级集尘装置的效率取决于气体中粉尘颗粒粒径大小和集尘器的结构形式。集尘器效率定义为气流中被分离的颗粒占总颗粒的百分比，对于粒径大于 0.075mm 的颗粒而言，旋风集尘器的效率可达 70%～90%，惯性集尘器的效率低一些。因此，被第一级集尘装置分离的粉尘可以通过螺旋输送机送到热料提升机进行回收再利用；经过第一级集尘装置的气体，需通过第二级集尘装置进行进一步净化处理。

C. 湿式集尘器。

图 5-23 为湿式集尘器结构示意图。其由文丘里喷嘴、扩压管、文丘里洗涤罐、沉淀水池等组成。其工作原理如下：含粉尘的气流进入集尘器后被压入一个狭小的文丘里管道中增加粉尘的浓度，并与从喷嘴喷出的水帘相遇，在"喉管效应"作用下气流速度增大，水被雾化，气体中的粉尘被水黏附、聚集后送入文丘里洗涤罐中。湿粉尘颗粒在罐中沿着螺旋路径在离心力作用下被甩到壁上，然后流入沉淀水池中。

沉淀水池用于分离水中的粉尘，将水循环利用，节约用水总量。含有粉尘的水进入沉淀水池后，在重力作用下经过一段时间后沉积于池底，上部的水则由沉淀水池的一个区域流入另一个区域，逐渐变清。将清水送入循环水供给装置进行再利用，被沉淀水池收集的粉尘必须定期清除并废弃，以免影响沉淀效率。

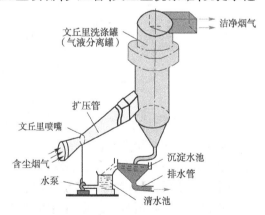

图 5-23　湿式集尘器结构示意图

由于集料中的一些细料和粉尘在烘干过程中被湿式集尘器捕获废弃，会影响混合料的级配组成，因此在进行生产配合比设计时需进行补偿。

湿式集尘器的除尘效率与粉尘含量、粒径大小、喷水量、水的清洁度等因素有关,当循环水清洁干净,水量充足时,湿式集尘器的效率可以达到90%~99%。沉淀水池越深、面积越大,沉淀时间越长,沉淀效果就越好。

D. 袋式集尘器。

如图5-24所示,袋式集尘器由过滤袋、袋骨架、脉冲阀、喷吹管、管座板、喉管、折流板、螺旋输送器、压差计、控制器等组成。其工作原理如下:过滤袋将集尘器分割为两室,含尘气体进入外室,在引风机作用下通过袋子的过滤作用,灰尘留在袋子表面,净化后的空气由内室排入大气。在这个过程中袋式集尘器会通过过滤、拦截、碰撞、扩散和静电吸附的综合作用捕获粉尘。开始使用时除尘效果较好,随着黏附在袋子上的粉尘增多,气体流动阻力增加,集尘器内外室气体压力差增大,当粉尘达到一定厚度时压力差达到一定值,此时必须清尘以恢复其高效集尘性能。

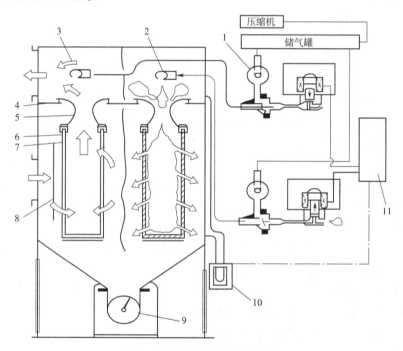

图5-24 袋式集尘器结构示意图

1-脉冲阀;2-喷吹管;3-净气;4-管座板;5-喉管;6-过滤袋;7-袋骨架;8-折流板;9-螺旋输送器;10-压差计;11-控制器

a. 清尘方式与粉尘回收利用。

沥青混合料拌和设备配套的袋式集尘器具有类似的结构和相同的工作原理,主要区别是清尘方式不同,可分为脉冲气流喷吹、大气反吹等几种类型。

脉冲气流喷吹清尘方式是利用压缩空气反向脉冲喷吹过滤袋,使袋子向外膨胀,抖动,把黏附在集尘袋外表面的粉尘振松落入集尘室底部。集尘器工作时,第一级集尘装置净化后的空气进入袋式集尘器外室,经分流板分散流动,分别通过袋子过滤后排入大气。粉尘在过滤袋上达到一定厚度时,内外室压差增大到一定程度,控制器发出信号,脉冲阀工作,压缩空气从袋子上方与烟气相反的方向喷入。为了不影响引风系统工作,将除尘箱分割为许多小室,作业时依次清尘,喷吹0.10~0.15s。

大气反吹清尘方式是利用除尘器工作过程中箱体内的负压直接吸入大气反向通过过滤袋,降低粉尘在集尘袋上的黏附力,使其脱落。清尘过程在各单元中依次进行,为了增加空气进入量需延长清灰时间,与脉冲气流喷吹清尘方式相比应增加过滤面积。

袋式集尘器收集的粉尘被送入回收粉储存仓中,当粉尘符合质量要求时可直接回收利用,但其用量不得超过矿物填料总用量的50%,掺有回收粉的填料塑性指数不得大于4。当回收粉尘质量达不到规定质量要求时,应彻底排放,排放时采用加水机构进行湿化处理,避免对环境产生污染。

b. 袋式集尘器的工作温度。

过滤袋是袋式集尘器的主要部件,经验表明气体体积流量与过滤面积之比约为5:1或6:1。根据设备产量不同,集尘器中可安装300~1200个过滤袋,这些袋子呈圆柱状或矩形,最高可承受230℃高温。在混合料生产过程中集尘室的极限温度不超过200℃,工作温度不应超过180℃,以免过滤袋长时间处于高温下发生老化。为了防止温度过高,集尘器进气口处安装有温度传感器,在温度高于设定温度时自动关闭燃烧器。

废气进入集尘箱的温度也不能过低,当温度低于水蒸气的露点温度时,气流中的水与粉尘结合形成泥浆黏附于过滤袋表面,很难清除。当这种现象发生时,集尘器工作效率降低,过滤袋内外室压差增大,气体流动受阻,严重时会造成燃烧器不完全燃烧或火焰熄灭。一般袋式集尘器气体入口温度不应低于115℃,出口温度不应低于93℃。

c. 袋式集尘器工作效率。

袋式集尘器的除尘效率很高,可以滤除99.9%的粉尘。其工作效率与内外室压差有关,当压差低于50mm水柱时,表明滤袋非常干净,可能有些细粉尘通过滤袋排入大气;当压差高于150mm水柱时,表明滤袋表面黏附的粉尘过多,严重阻碍气体通过,导致引风不畅影响设备正常工作。表5-11为几种集尘器的工作效率比较。

几种集尘器工作效率比较　　　　表5-11

粉尘粒径(μm)	干式集尘器(%)	湿式集尘器(%)	袋式集尘器(%)
>75	90	99.9	99.9
40~75	80	99.9	99.9
5~40	50	99.0	99.9
<5	10	98.0	99.9

(8) 成品料仓

①成品料仓的功能与类型。

拌和设备的成品料仓用来暂时存放拌和好的成品混合料,目的是解决车辆运输与混合料生产之间存在的不协调问题,减少因车辆不足而造成的频繁开机和停机现象,使拌和设备连续稳定地生产。对于连续式拌和设备可以通过成品料仓将连续生产过程转化成可控的卸料、分批次卡车装载。图5-25为成品料仓示意图。

成品料仓可以分为暂存仓与储存仓两种类型,暂存仓是在混合料生产过程中临时存储混合料的储仓,它与储存仓的区别在于暂存仓只有保温设施,一般没有加热设施。储存仓不仅全部有保温和加热设施,而且其进料门和卸料门必须进行密封处理,必要时需要在仓内充入保护气体以避免沥青过度氧化。一般情况下两种类型的成品料仓在使用上没有太大的区别,只有当大量储存混合料,且储存时间较长,要求混合料的性质不发生较大改变时,才有明显差别。储存仓可以作为暂存仓使用,但暂存仓不能长时间存放混合料。

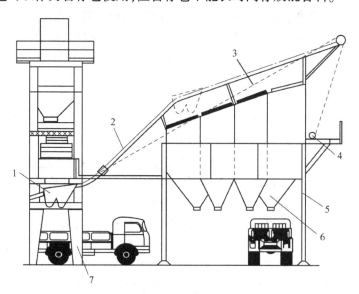

图5-25 搅拌楼和成品料仓示意图
1-运料小车;2-轨道;3-钢索;4-驱动机构;5-支架;6-成品料仓;7-搅拌楼

②配置成品料仓的优点。

A.拌和设备可以连续生产,不受车辆调配和施工组织的影响,有利于保证稳定的混合料生产质量。

B.成品料仓具有保温设施,混合料存放其中热量散失少,温度降低小,不会影响施工和易性。

C.在成品料仓内可以设计一些防离析的结构,卸料过程有利于控制混合料卸料离析。

D.便于施工组织管理,可以节约运力,减少车辆装料等候时间,降低运输成本。

③成品料仓结构。

成品料仓的外形主要有圆柱形、长方体和正方体等形状。成品料仓的底部为锥形漏斗,锥形的角度在55°~70°之间,锥形角度和卸料门开度越大,向运料车卸料时粗颗粒向车厢四周滚落的距离越短,有利于减少材料离析现象的发生。在成品料仓上部和下部均装有料位计,上部料位计用于控制高料位,下部料位计用于限制低料位以减少卸料离析现象。在仓体外部设有保温层,防止混合料冷却。对于小型暂存仓,当混合料储存时间不大于1h时,仓体可不设保温层。成品料仓仓门设置加热装置,以防止沥青凝固。成品料暂存仓要求保温性能达到12h内混合料温度下降不超过混合料入仓温度与当日环境平均温度差值的5%。

④混合料暂存。

混合料在保温仓中的存放时间取决于混合料类型、沥青含量、级配组成、初始温度、周围环境温度和料仓设计的完善程度。混合料在不设保温设施的暂存仓中的储存时间不得超过

1h,避免温度过低影响摊铺、压实。

保温性良好的暂存仓,混合料在其中的储存时间不宜超过24h,避免温度下降过多或者沥青发生较严重的老化现象。对于粗集料含量较多的混合料特别是沥青含量很高的混合料(如SMA),为了避免发生离析,储存时间不得超过12h。OGFC宜随拌随用。

当混合料储存时间较长,超过48h时,使用之前需要对混合料进行检测,确认其性能是否达到规范规定的指标要求,检测内容包括混合料温度和混合料技术性能参数。

三、滚筒连续式沥青混合料拌和设备

1.滚筒连续式沥青混合料拌和设备拌和工艺

滚筒连续式沥青混合料拌和设备的特点是将集料的烘干、加热和混合料拌和工序集成在同一个滚筒中,连续进行。滚筒连续式沥青混合料拌和设备主要由配料装置、烘干加热与拌和系统、集尘装置、成品料储存仓和控制系统等组成,如图5-26所示。

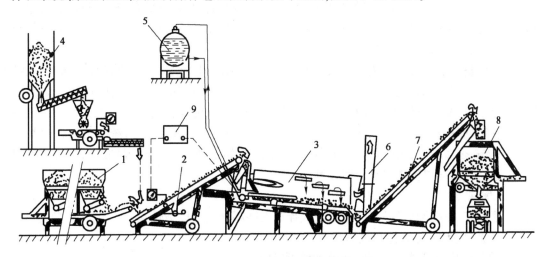

图5-26 滚筒连续式沥青混合料拌和设备组成图

1-冷料配料装置;2-冷料输送机;3-烘干拌和滚筒;4-矿粉供给系统;5-沥青供给系统;6-集尘装置;7-成品料输送系统;8-成品料储存仓;9-控制系统

(1)拌和工艺

滚筒连续式沥青混合料拌和设备拌和工艺流程如图5-27所示。

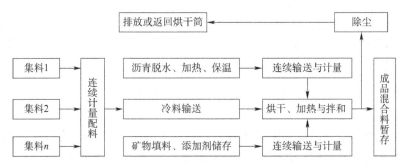

图5-27 滚筒连续式沥青混合料拌和设备拌和工艺流程图

混合料生产工艺过程:不同规格的集料由装载机分别装入相应的冷料仓中,其中细集料装入带仓壁振动器的仓内。通过调节冷料仓底部的给料机皮带速度,控制材料的给料量。每种材料的给料量由目标配合比确定;对于采用容积计量的设备,在投入生产之前需对冷料仓的材料流量进行标定,使实际流量与设定值相符。各冷料仓中的材料通过给料机汇集于其下方的水平输送皮带上,经过一个超限料剔除装置后落入倾斜输送带上送入烘干拌和滚筒中。通常在倾斜输送带上安装有皮带电子秤和测速传感器,用来测量集料的实际流量。计算机控制系统扣除材料中的含水率后得到进入烘干拌和滚筒的干料流量,经过延时,送入设计的沥青用量和矿物填料用量。

烘干拌和滚筒成一定角度(3°~6°)倾斜安装,滚筒转动过程中,集料通过自重和筒内叶片的共同作用,呈螺旋状向前移动,在移动过程中与燃烧器产生的热量进行热交换,排出水分,并加热到要求的温度。

沥青由沥青泵从储存罐中抽出,通过连续式流量计量装置计量后,输送到滚筒的后部与热集料拌和并一起翻滚移动,集料颗粒被沥青裹附。在沥青喷入滚筒后,矿粉与外加剂也加入滚筒中与集料和沥青一起拌和,拌和均匀的混合料通过滚筒末端的卸料口卸入传送带或刮板提升机,混合料被送入成品料仓中进行储存。

拌和设备的引风集尘系统由两级装置组成,一级为旋风集尘器或惯性颗粒分离箱;二级为湿式集尘器或袋式集尘器。引风集尘系统的功能是在滚筒内产生负压,既保障燃烧器的火焰充分燃烧,又可过滤烘干拌和滚筒排出废气中的粉尘,将净化的空气排入大气。一级集尘系统收集的材料粒径大于0.075mm,可以全部回收利用。二级集尘系统收集的粉尘粒径小于0.075mm,如果使用湿式集尘器,粉尘只能废弃;如果采用袋式集尘器收集粉尘,可以根据需要和材料洁净情况决定是否回收利用。

(2)优缺点

①滚筒连续式拌和设备与间歇强制式拌和设备相比具有以下优点:

A.工艺较简单,连续拌和效率高。

B.设备组成较简单,投资省,维修费用低,能耗少。

C.由于湿冷集料在烘干拌和滚筒内烘干,加热后即被沥青裹附,粉尘难以逸出,空气污染小。

②滚筒连续式拌和设备与间歇强制式拌和设备相比具有以下缺点:

A.集料加热采用顺流式,热利用率较低。

B.拌制的沥青混合料的残余含水率较大。

采用滚筒式拌和工艺,设备得以简化,能耗降低。而且烘干拌和滚筒同时具有加热烘干与拌和功能,冷料烘干后随即被液态沥青裹附,粉尘排放量大为减少。随着对环境污染问题的普遍重视,这种拌和工艺获得了发展。

2.滚筒连续式沥青混合料拌和设备的主要组成及功能

(1)冷料配料装置

滚筒连续式拌和设备的冷料配料装置主要包括配料斗、给料机、集料皮带机和机架等。由于设备中不再设置热料的二次筛分与计量装置,因此矿料的级配精度取决于冷料配料装置的给料精度。作为调节供料量的给料机多选用皮带式给料机,并配置电子皮带秤,进行供料称重闭环控制,以提高配料精度和稳定性。

(2)称重皮带输送机

有些滚筒连续式拌和设备将电子皮带秤设置在皮带输送机上,所有配料装置输出的冷料一起称重后送入烘干拌和滚筒。因此,称重皮带输送机不仅是输送装置,而且是各种级配料质量总和的称重装置。

在称重皮带输送机的进料端设有振动筛,用以去除大于某一限定规格的石料,防止其进入烘干拌和滚筒。在称重皮带输送机的中部装有称重传感器和速度传感器,当物料通过时,传感器将重量和速度信号传送到控制室的计算机中。由于称重传感器检测到的重量信号包含了冷料中含有的水分,生产过程中需对冷料进行抽样检测平均含水率并输入计算机,通过换算得出干料重量。但这种处理方法忽略了含水率的瞬时变化,存在着一定计算误差。比较先进的方法是用含水率检测仪在线检测冷料的含水率,由计算机换算出干料的瞬时流量。

(3)烘干拌和滚筒

烘干拌和滚筒外部结构形式、驱动方式、支撑方式等与间歇强制式拌和设备的烘干拌和滚筒基本一致。两者的主要区别是连续式拌和设备的加热装置设在滚筒的进料端,集尘装置设在滚筒的出料端,采用顺流方式加热;烘干拌和滚筒结构如图5-28所示,将滚筒分为四个区域:Ⅰ为进料区;Ⅱ为烘干、加热区;Ⅲ为料帘区;Ⅳ为搅拌区。集料从左侧进料端进入滚筒,经过烘干加热后,进入搅拌区与从出料端喷入的沥青拌和。

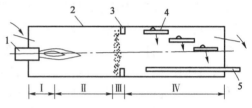

图5-28 烘干拌和滚筒结构示意图
1-燃烧器;2-筒体;3-叶片;4-提料叶片;5-沥青喷管;
Ⅰ-进料区;Ⅱ-烘干、加热区;Ⅲ-料帘区;Ⅳ-搅拌区

通常沥青经管路从滚筒的出料端进入滚筒,沥青的出口至出料端的距离为筒长的1/3～2/5,矿料在这一区段内被沥青裹附拌和成沥青混合料。由于沥青和燃烧器的火焰处在同一滚筒内,为防止沥青老化,在滚筒内部设置了料帘区,一方面将火焰与沥青隔开,防止沥青过度老化;另一方面有利于材料与热气流之间进行热交换。

为了生产再生沥青混合料,通常在滚筒的中部设置一个回收沥青混合料喂料环;回收材料通过皮带输送机从上部的喂料口投入,每个投料口转到顶部时料门开启,回收料进入筒内之后关闭;回收沥青混合料在筒内被热气流加热后,与新矿料和沥青拌和成再生沥青混合料。

(4)矿粉供给与计量系统

矿粉加入烘干拌和滚筒主要有两种方式:一种是单独计量后,用螺旋输送机将矿粉送至冷料输送机上,进入烘干拌和滚筒;另一种是计量后,采用气力输送方式从出料端送入滚筒。矿粉采用前一种方式加入,设备结构简单易实现,但是受到滚筒内引风的影响,容易流失;采用后一种方式加入,易被喷洒的沥青黏附而结团,从而难以拌和均匀。故如何保证矿粉的加入量和均匀的拌和效果,是滚筒连续式拌和设备的一个技术关键。

(5)沥青供给与计量系统

滚筒连续式拌和设备在拌和过程中,沥青结合料需要稳定、连续地喷入烘干拌和滚筒;在生产过程中,不仅要准确地计量,而且还要根据矿料多少适时地调节喷入量。因此,沥青供给与计量系统由调速电动机驱动的沥青泵、沥青流量计、三通阀、压力表、过滤器和连接管路等组成。通过改变三通阀的通流方向,可满足系统调试、流量计标定、沥青回送、沥青计量供给等不同工况的需求。

四、沥青混合料拌和设备的生产率计算

沥青混合料拌和设备是沥青路面机械化施工的主导机械,其生产能力是确定与其配套机械的型号、数量的重要依据。拌和设备的生产能力是指在规定的环境条件、生产条件和质量条件下,单位时间内生产的混合料量。

环境条件是指环境温度,由于拌和设备主要功能之一是将冷料从环境温度加热到要求的出料温度,显然气温对设备的生产能力和油耗的影响很大。生产条件是指冷料含水率和出料温度对干燥筒性能的影响,这是因为蒸发水所需的热量占全部消耗热量的比例很大,一般冷料含水率在5%时每增加1%,燃油消耗率约增加10%;出料温度对干燥筒的生产能力也有很大影响,一般热料出料温度每升高10℃,产量约降低5%。质量条件是指混合料的沥青含量均匀性和矿料级配的稳定性,这项指标与搅拌器的性能及材料在拌锅中的搅拌时间关系密切,搅拌时间短材料难以均匀,搅拌时间长沥青容易老化,也会降低生产能力。

沥青混合料拌和设备是由多组相对独立而又密切联系的系统组成的,为了使设备协调工作,发挥其优良的整体性能,各系统之间应有合理的匹配关系,对于间歇式拌和设备的生产能力而言,搅拌器和烘干滚筒是关键系统,在整个设备中处于主导地位。在进行拌和设备生产能力计算时,应以确定烘干滚筒的生产能力和搅拌器的搅拌能力为前提。

(1)烘干滚筒生产能力

烘干滚筒的生产能力主要取决于三个因素:一是设计因素,主要有滚筒直径、长度、转速、倾角、叶片布置、燃气流速等,集料应在滚筒内形成均匀的料帘,并滞留足够的时间,以充分地进行热交换,排出水分,提高料温;二是材料因素,主要表现在粗细集料的比例上,粗集料比例越高,越有利于烘干,生产能力越高;三是环境及工况因素,主要包括集料温度、平均含水率,集料加热温度和排气温度等。

烘干滚筒加热集料一方面是将水分蒸发,另一方面是将材料加热到出料温度,因此材料、环境及工况等因素对烘干效率有重要影响。为了评价烘干滚筒的生产能力,有关规范规定的材料、环境和工况条件如下:

①烘干中粒式连续级配的混合料。
②冷料平均含水率为5%。
③环境温度为15℃(或20℃)。
④热料出料温度为160℃。

(2)搅拌器的搅拌能力

搅拌器的搅拌能力主要受三个因素的影响:一是结构因素,包括搅拌器大小、形状、叶片数量、安装角度等;二是材料因素,主要是矿粉和细集料所占的比例;三是运动和使用参数,如搅拌时间、搅拌速度、充盈率。对于成型产品而言,搅拌器充盈率越大,越难以拌匀,需要的拌和时间越长。充盈率和拌和时间两者之间存在着相互制约和平衡关系,不同的厂家设计理念不同,如有些设备采用少装快拌的原则,充盈率控制在45%~55%之间,拌和时间在

25~30s 之间;另一些设备采用多装慢拌的设计原则,充盈率在 55%~70% 之间,拌和时间则在 35~40s 之间,因此不能一概而论。搅拌器的充盈率一般设计在 45%~70% 之间,纯拌和时间在 25~50s 之间,不同型号的设备具有不同的设计理念和相应的参数。混合料应该达到如下拌和质量要求:

①沥青含量偏差小于或等于 ±0.3%。

②矿料级配偏差:0.075mm 筛孔的通过率变化值小于或等于 2%;2.36mm 筛孔的通过率变化值小于或等于 3%;4.75mm 筛孔的通过率变化值小于或等于 4%。

(3)拌和设备生产率

在满足以上条件之后,沥青混合料拌和设备的生产率可按每小时拌制混合料的吨数计算。间歇式拌和设备生产率计算公式如下:

$$Q_J = 60K_B G_J/t \tag{5-7}$$

式中:Q_J——沥青混合料拌和设备生产率,t/h;

G_J——拌和设备每锅沥青混合料重量,t;

K_B——时间利用系数;

t——拌和设备拌和一锅所需时间,$t = t_1 + t_2 + t_3$,min;

t_1——加料时间,min;

t_2——搅拌时间,min;

t_3——卸料时间,min。

连续式拌和设备生产率计算公式如下:

$$Q_L = 60K_B G_L/t \tag{5-8}$$

式中:Q_L——沥青混合料拌和设备生产率,t/h;

G_L——混合料生产量,t;

t——生产时间,min;

K_B——时间利用系数。

第四节 沥青混合料摊铺机

随着我国高等级公路的迅速发展,对公路面层施工的进度和质量要求越来越高,采用性能好、效率高的设备进行机械化施工已成为一种必然趋势。沥青混合料摊铺机可用于摊铺各种沥青混合料、稳定材料、级配碎石、碾压混凝土(RCC)等,其功能是将混合料按照设计技术要求(截面形状、尺寸)均匀地摊铺在下承层上,并进行初步振实。本节将介绍沥青混合料摊铺机的组成、分类、结构、工作原理及作业性能等内容。

一、沥青混合料摊铺机的组成及分类

沥青混合料摊铺机主要由发动机、底盘和工作装置等部分组成,根据需要还可配置自动调平系统。

沥青混合料摊铺机的发动机通常采用水冷柴油发动机,发动机带有增压器,以增大发动机功率。发动机的动力通过分动箱分别驱动行走和布料器变量液压泵、振捣器变量液压泵、

刮板输料器液压泵、熨平板提升油缸和料斗收起油缸液压泵,以及驱动熨平板振动的变量液压泵等。在液压泵上装有压力切断装置,防止系统超载和过热。

沥青混合料摊铺机底盘由机架、传动系统和行驶装置等组成。在机架上装有发动机、传动系统、工作装置、转向机构、供料装置及控制系统等。

沥青混合料摊铺机主要按行走装置分类。此外,也可根据传动系统的传动形式、熨平板的加宽形式和振捣装置的形式进行分类。

(1)按行走装置分类

按行走装置不同,分为轮胎式摊铺机和履带式摊铺机。

轮胎式摊铺机(图5-29)的行走装置为轮胎,前轮为一对或两对实心胶轮,既可增强其承载能力,又可避免因承受的载荷变化而发生变形。后轮多为大尺寸的充气轮胎。轮胎式摊铺机具有行驶速度快、机动性和操作性好、结构简单、造价低等优点。但轮胎式摊铺机也存在着对下承层平整度比较敏感,后轮变形会影响摊铺质量,牵引附着力不足会导致轮胎打滑等缺点。

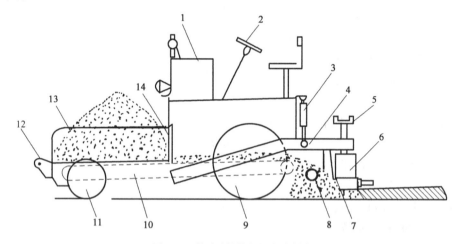

图5-29 轮胎式摊铺机组成示意图

1-控制台;2-转向盘;3-悬挂油缸;4-侧臂;5-熨平板调整螺旋;6-熨平板;7-振捣器;8-螺旋布料器;9-驱动轮;10-刮板输料器;11-转向轮;12-推辊;13-料斗;14-闸门

履带式摊铺机(图5-30)的行走装置为左右两条履带,履带板上装有橡胶垫块,以免履刺对地面造成压痕,同时减小对地面的单位压力。履带式摊铺机的优点是接地面积大,对地面的单位压力小,牵引力大,能充分发挥其动力性能;其缺点是对下承层的平整度不太敏感,行驶速度低,不能很快地自行转移工地,此外,其制造成本较高。

(2)按传动系统的传动形式分类

按传动系统的传动形式不同,分为机械传动摊铺机、液压传动摊铺机和液压机械传动摊铺机三种类型。

机械传动的传动机构由离合器、变速箱和减速器等构成。机械传动具有传动可靠、效率高、维修方便等优点;但操作费力,传动装置对载荷的适应性较差,容易引起发动机熄火。

液压传动是由液压泵、液压阀和液压马达等构成。液压传动具有布置方便、操作简便、无级变速等优点。

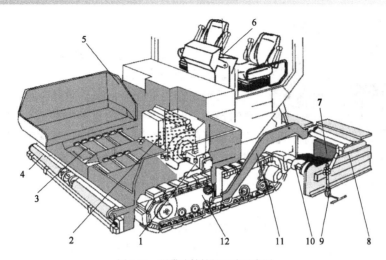

图 5-30 履带式摊铺机组成示意图

1-液压传动系统；2-发动机；3-刮板输料机；4-推辊；5-接料斗；6-驾驶台；7-振捣器；8-熨平板；9-纵坡传感器；10-螺旋布料器；11-牵引臂；12-行驶系

液压机械传动是由液压泵、液压马达以及变速箱和减速器等构成。这种传动方式兼具液压传动和机械传动的优点。

(3) 按熨平板的加宽形式分类

按熨平板的加宽形式不同，分为液压无级伸缩式沥青混合料摊铺机和机械有级加宽式沥青混合料摊铺机。

液压无级伸缩式沥青混合料摊铺机的摊铺宽度在一定范围内可任意调节，从工作状态变成运输状态或者从运输状态变成工作状态都比较方便；由于液压缸伸出后，熨平板刚度变小，所以摊铺宽度不能太大，一般不超过 9m。液压无级伸缩式沥青混合料摊铺机调整摊铺宽度十分简便，适于铺筑高速公路匝道和宽度经常变换的场合，以及市区街道和复杂地形的摊铺作业；其缺点是调整范围小，而且结构较复杂。

机械有级加宽式沥青混合料摊铺机铺筑效果好，但摊铺宽度不能连续变化，只能以 0.25mm 的间距来调整，适合在大规模施工中使用。

(4) 按振捣装置的形式分类

按振捣装置的形式不同，分为单振捣梁式摊铺机、双振捣梁式摊铺机和无振捣梁式摊铺机。

单振捣梁式摊铺机结构简单，预压实度稍低；双振捣梁式摊铺机预压实度较高；无振捣梁式摊铺机的预压实度较低。

现代沥青混合料摊铺机采用全液压驱动和电子控制、中央自动集中润滑、液压振动和液压无级调节摊铺宽度等新技术，自动化程度高，操作简单方便；并设有自动调平装置、卸载装置及闭锁装置，能够较好地保证摊铺质量。此外，由于摊铺的速度快，且有可以加热的熨平装置，因此在摊铺时，对气温的要求比人工摊铺时要低，可在较低的气候条件下施工。

二、沥青混合料摊铺机工作装置

沥青混合料摊铺机的工作装置包括推辊、料斗、刮板输料器、螺旋布料器、振捣和振动装置、熨平装置等部分。

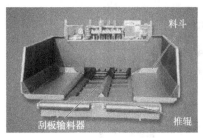

图 5-31　推辊、料和刮板输料机

1. 推辊

推辊位于摊铺机的最前端，为两个左右对称的可自由转动的辊轴，如图 5-31 所示。

推辊的作用是配合自卸车向料斗卸料。当装满混合料的自卸车倒至摊铺机的正前方位置时，自卸车后轮顶住摊铺机的两个推辊，变速箱置于空挡位置，自卸车在摊铺机的推动下前进，并向摊铺机料斗卸料。摊铺机一边推着自卸车前进，一边完成摊铺作业，直至混合料卸完为止。

2. 料斗

料斗位于摊铺机的前端，用来接收自卸车卸下的混合料，如图 5-31 所示。料斗由左右两扇活动斗壁和液压缸组成，斗壁下端铰接在机体上，用两个油缸控制其翻转。两扇活动斗壁打开时，可以接收自卸车卸下的混合料；两扇活动斗壁收拢时，可以将料斗内两侧的混合料卸至刮板输料器上。摊铺机运输过程中，收起料斗并固定。

3. 刮板输料器

刮板输料器位于料斗底部，如图 5-31 所示。其作用是将自卸车倒入摊铺机料斗内的混合料输送至摊铺机后部的摊铺室。

摊铺机并排设有两个刮板输料器，每个刮板输料器有左右两条同步运转的传动链，每隔数个链节用一条刮料板连接左右链条。采用液压传动系统的摊铺机，两个刮板输料器分别由两个液压马达和减速装置驱动，实现无级调速，控制混合料进入螺旋布料器的流量。每个刮板输料器上方安装有非接触(或接触)式料位传感器检测料位高度，以调节和控制输料量。有些摊铺机的料斗后方安装有供料闸门，改变闸门的开度，可以调节刮板输料器上料层厚度，从而改变刮板输料器的生产率。

刮板输料器设置了张紧调节装置，一般采用螺杆调节从动轴支座位置，改变主、从动轴的轴距。正确调整刮板输料器张紧度，可保证刮板输料器、链轮和轴具有较长的使用寿命；同时也可减少刮板输料器工作时的振动。

4. 螺旋布料器

螺旋布料器位于摊铺室，其作用是将刮板输料器送来的混合料，沿熨平板横向布料。螺旋布料器有左、右两个，旋向相反，左侧螺旋布料器为左旋，右侧螺旋布料器为右旋，如图 5-32 所示。工作时，两个螺旋布料器的转向相同，使混合料向摊铺机的两侧输送。在左、右螺旋布料器内侧的端头，装有反向叶片，用以向中间填料，保证摊铺机熨平板的中间位置有混合料供应。

沥青混合料摊铺机的左、右螺旋布料器，分别采用液压马达和传动机构驱动，由非接触(或接触)式料位传感器检测混合料在摊铺室中的位置，以调节和控制摊铺室中料位高度，保证摊铺质量。

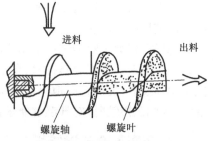

图 5-32　螺旋布料器示意图

螺旋布料器的高度可以调节,在摊铺不同类型和不同厚度的混合料时,应对螺旋布料器的高度进行调节。为适应不同的摊铺要求,螺旋布料器可在几种基本长度之外加长。

5. 振捣和振动装置

振捣装置布置在螺旋布料器之后、熨平板之前,由偏心轴和铰接在偏心轴上的振捣梁组成。振捣装置的作用是将横向铺开的混合料进行初步捣实,如图5-33所示。

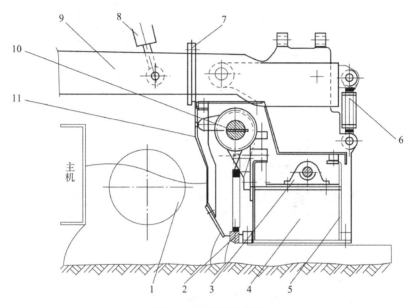

图5-33 振捣和振动装置

1-螺旋布料器;2-振捣梁;3-振动机构;4-加热室;5-熨平板;6-厚度调节螺杆;7-连接法兰;8-升降油缸;9-牵引大臂;10-偏心轴;11-前挡板

振捣装置安装在熨平装置前部,采用液压马达驱动偏心轴转动,振捣梁被夹在熨平板前端板和挡料板之间。当偏心轴转动时,振捣梁做上下往复运动。振捣梁的底部前沿切有斜面,当进行施工作业时,振捣梁对松散混合料的击实作用逐渐增强。振捣梁的下止点位置,低于熨平板底面3~4mm。

振捣梁有单振捣梁和双振捣梁两种结构形式。单振捣梁结构比较简单,但振捣的密实度稍低。为了提高铺层密实度,有的摊铺机配备双振捣梁。

沥青混合料摊铺机的振捣梁频率可以无级调整。振捣梁的往复行程,可进行多级调整。根据摊铺路面的材料类型、摊铺厚度、摊铺温度、摊铺速度和密实度要求等,选择适当的振捣频率和振幅。

振动装置由液压马达、振动偏心轴和轴承座等组成,通过改变液压马达转速,可以得到不同的振动频率,调节范围一般为0~55Hz。

6. 熨平装置

熨平装置布置在振捣装置之后,它的主要作用是将螺旋布料器送来的混合料,按照要求的宽度、拱度和厚度,均匀地进行摊铺和熨平。同时,带有振动装置的熨平装置对铺层混合料进行预压实。

熨平装置组成如图 5-34 所示。该装置主要由熨平板、拱度调节机构、加热系统等组成,通过两侧大臂前端的连接销与机架铰接。熨平板的升降,由大臂后端的两个提升油缸控制,在进行摊铺作业时,大臂提升油缸处于浮动状态。

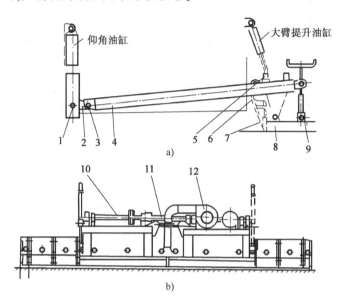

图 5-34 熨平装置
a)熨平装置(侧视);b)熨平装置(后视)
1、3-销子;2-连接块;4-大臂;5-固定架;6-护板;7-振捣梁;8-熨平板;9-厚度调节机构;10-偏心轴;11-调拱螺栓;12-加热系统

现代摊铺机熨平板提升液压回路一般设有液压防降锁、液压防爬锁、液压平衡锁(简称"三锁"),以提高沥青混合料面层的摊铺质量,改善摊铺机的工作性能。

摊铺机停机时,如果熨平板的提升油缸仍为工作时的状态,熨平板由于自重作用将会有一定程度的下降;重新起步工作,熨平板的下方将会出现一个台阶,这将对沥青面层的摊铺质量带来一定程度的影响。液压防降锁的工作原理是在熨平板提升油缸的油路里设置液压锁,当摊铺机停机时,能自动将熨平板提升油缸锁死,使停机过程中熨平板高度固定在停机前的位置,防止出现熨平板沉降和由此而形成的台阶。

若摊铺机停机待料时间较长,熨平板前堆积的沥青混合料温度会下降很快,尤其在气温较低的季节作业时更为明显。混合料温度下降,对熨平板的支反力增加,摊铺机重新起步时,熨平板将"上爬";即使自动调平装置的调节非常有效,但由于要有一个延时和渐进的过程,不可避免地在熨平板后方留下一道横向的"鱼脊"。液压防爬锁的工作原理就是在熨平板提升油缸的油路中设置一套液压锁,当摊铺机由静止重新起步时,将熨平板提升油缸锁死,使熨平板在数秒钟内高度固定在起步时的位置,以便将熨平板前堆积的"冷料"铺完而不致使熨平板出现"上爬"的现象,从而减轻或消除"鱼脊"的形成。

液压平衡锁的作用是当行走系统附着状况恶化时,通过熨平板提升油缸给熨平板施加一个向上的提升力。这个力将抵消熨平板的一部分自重,进而有效地减少滑动摩擦力,使机器前进时对牵引力的要求降低,改善摊铺机的工作性能。除此之外,摊铺机还具有快速提升、快速卸载装置,以提高摊铺质量。

沥青混合料摊铺机的熨平板分为机械有级加长型和液压无级加长型。机械有级加长型有多个不同长度的熨平板,工作时需要根据摊铺宽度选择不同的熨平板进行组装。而液压无级加长型,则可根据摊铺宽度加宽或变窄。

无论是液压无级调整还是机械分段调整,熨平板必须左右对称,否则,牵引负荷不平衡,影响摊铺机的直线行驶(特别在有横坡时),加剧行走机构的磨损和增加不必要的转向操作。而频繁转向,会导致摊铺层平整度降低。在不得已的情况下,可以不对称安装,但宽度不大于该机器的一个最小接件宽度尺寸。

三、熨平板工作原理

1. 熨平板自调平原理

摊铺机工作装置的大臂牵引结构,决定了熨平板具有自调平功能。其原理如下:如图 5-35 所示,当履带式摊铺机越过起伏变化的下承层时,位于熨平板两侧的牵引大臂铰点抬升 H 距离。由于牵引臂长度 L 远大于熨平板长度 L_1,当铰点上升 H 时,熨平板的前缘相对于后缘向上升高 h,可由下式计算:

$$h = (L_1/L)H \tag{5-9}$$

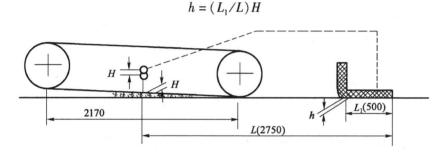

图 5-35 熨平板的自调平原理示意(尺寸单位:mm)

当摊铺第二层时,熨平板前缘向上抬起高度 h,由下式计算:

$$h = (L_1/L)^2 H \tag{5-10}$$

由于式中熨平板长度 L_1 远小于牵引臂长度 L,因此随着摊铺次数增加,路面平整度会越来越好,具有自调平特性。

对于定型的熨平装置来说,其自调平效果,主要取决于下承层的平整情况和凹凸变化的快慢程度。下承层越平整、凹凸变化越快,则自调平效果越好;反之,自调平效果变差。

2. 摊铺层厚度调节原理

摊铺层厚度调节原理如图 5-36 所示。改变摊铺层厚度可通过调节大臂牵引点(1)或螺旋调节机构(3)完成。升降大臂牵引点或转动螺旋调节机构手轮,均可改变熨平板对下承层的纵向夹角。通常前者用于工作过程中调节摊铺层厚度,后者用于摊铺作业之前调节摊铺层的极限厚度。

摊铺机在工作过程中,熨平板浮动在摊铺层表面。熨平板将整个重量作用于摊铺层,并被拖着向前滑动。一般熨平板与下承层表面形成一个微小的仰角(15′~40′)。

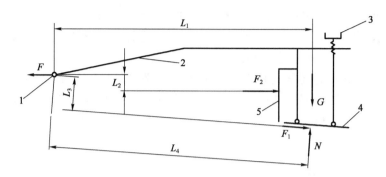

图 5-36 摊铺层厚度调整的工作原理示意图

1-大臂牵引点；2-牵引大臂；3-螺旋调节机构；4-熨平板；5-振捣梁护板；F-牵引力；F_1-混合料对熨平板的摩擦力；F_2-摊铺室混合料对熨平板的推力；G-熨平、振捣系统等简化到重心重量；N-混合料对熨平板的支撑力

熨平板在摊铺过程中,保持高度不变的前提是作用在熨平板上的所有力对牵引点的力矩和为零。即

$$GL_1 - F_2L_2 - F_1L_3 - NL_4 = 0 \tag{5-11}$$

式中：L_1——G 对大臂牵引点的力臂；

L_2——F_2 对大臂牵引点的力臂；

L_3——F_1 对大臂牵引点的力臂；

L_4——N 对大臂牵引点的力臂。

假使熨平板仰角 θ 增大,则在摊铺过程中混合料对熨平板的抬升力增大,即 N 增大,使熨平板原始受力平衡遭到破坏,逆时针力矩增大。于是整个熨平板绕大臂牵引点(1)逐渐抬升。在抬升过程中,熨平板的仰角将会逐渐减小,从而使料层对它的浮力和前移阻力也随之减小,直至达到平衡。完成这个调节过程后,摊铺层厚度就增加了。反之,摊铺层厚度将随之减小。当下承层平整度较差时,为了使摊铺层具有很好的平整度,就必须随时对仰角进行调整,这项工作依靠自动调平装置完成。

应该注意,在摊铺过程中所有能够破坏熨平板受力平衡的因素都会使熨平板上浮或下沉,从而影响摊铺层厚度和平整度。

四、沥青混合料摊铺机的生产率计算

沥青混合料摊铺机的生产率以每小时摊铺沥青混合料量计算,见下式：

$$Q = 60\rho bvh \tag{5-12}$$

式中：Q——摊铺机的生产率,t/h；

ρ——沥青混合料的摊铺密度,t/m³；

b——摊铺宽度,m；

v——摊铺机的摊铺速度,m/min；

h——摊铺层的厚度,m。

五、摊铺机自动调平系统

虽然摊铺机的浮动熨平装置具有自调平功能,可以在一定程度上减轻下承层平整度对

摊铺层的影响，但这种有限的调平作用很难达到更高的路面平整度要求，因此，需要配置自动调节平整度的装置，采用传感器跟踪外部基准，以保证摊铺层的平整度。

1. 沥青混合料摊铺机自动调平系统分类

沥青混合料摊铺机自动调平系统，按动作机构、检测元件或装置是否与基准接触、调平原理等，主要分为以下几种形式。

（1）按动作机构分类

按动作机构，可将自动调平系统分为以下三种类型：

①"电-机"式。以电子元件作为检测装置（传感器和控制器），以伺服电机和机械传动作为执行机构，调节"牵引点"的升降。

②"电-液"式。以电子元件作为检测装置，以液压元件作为执行机构，调节"牵引点"的升降。

③全液压式。以液压元件作为检测装置，以液压元件作为执行机构，调节"牵引点"的升降。

（2）按检测元件或装置是否与基准接触分类

按检测元件或装置是否与基准接触，可将自动调平系统分为以下两种类型：

①接触式。检测元件（或装置）与基准接触，如：接触式挂线法（固定基准）、机械式平衡梁（移动基准）。

②非接触式。检测元件（或装置）与基准不接触，如：以激光、超声波等方式作为检测元件的非接触式挂线法（固定基准），非接触式平衡梁（移动基准）。

（3）按调平原理分类

按调平原理，可将自动调平系统分为以下三种类型：

①开关式自控系统。以开和关的方式进行调节，无论检测到的偏差是多少，均以恒速进行调节控制。为了提高系统的稳定性，在系统中设置了调节"死区"，传感器越过"死区"之后才有信号输出。为了提高系统的控制精度，"死区"范围应尽量减小；由于系统是以恒速进行调节的，如果"死区"范围设置过小，调节容易冲过"死区"而产生较大误差，即超调。一旦发生超调现象，系统将进行反方向修正，这样就会在"死区"上下来回反复"搜索"零点，使系统发生振荡，影响路面平整度。为了避免发生振荡，"死区"要足够宽，让系统在进行反方向修正时，不再冲出"死区"。但"死区"不应过宽，以免降低系统精度。由以上分析可知，这种系统的性能并不理想，但由于其结构简单、价格低廉、使用方便，可满足一般的要求，仍有使用。

②比例式自控系统。根据偏差信号的大小，以相应的调节速度进行调节。偏差趋于零时，调节速度为零，因此，不会产生超调或振荡现象。这种系统可使铺成的路面十分平整，但其结构较复杂，对系统要求高。

③比例脉冲式自控系统。它是在开关式自控系统的"恒速调节区"与"死区"之间设置了"脉冲区"。脉冲信号根据偏差的大小成正比例地变化。其脉冲信号变化方式有改变脉冲宽度和频率两种。偏差进入脉冲区后，调节器即根据信号的大小，以不同脉宽或频率的脉冲信号推动电磁阀，使油缸工作。这种系统兼具开关式和比例式两种自控系统的优点，可大大缩小"死区"范围。因其精度高、价格低、耐用性好，得到广泛使用。

(4)按调平基准是否随摊铺机移动分类

按调平基准是否随摊铺机移动,可将自动调平系统分为以下两种类型:

①固定基准自动调平系统。调平系统参考基准固定不动,不随摊铺机一起移动。如挂线基准、架梁基准等。

②移动基准自动调平系统。调平系统参考基准不固定,随摊铺机一起移动。如机械式平衡梁基准、非接触式平衡梁基准、激光基准等。

2. 自动调平系统的组成及工作原理

(1)挂线基准自动调平系统

摊铺机自动调平系统,由参考基准、传感器、控制器、液压阀、液压油缸等组成。挂线基准自动调平系统如图5-37所示。触臂以一定的角度(一般为45°)搭置在挂线基准上,摊铺机在摊铺过程中遇到下承层向下凹陷或向上凸起时,牵引臂相对于基准会上下移动;纵坡传感器通过触臂探测到牵引臂的升降并把信号反馈给调平控制器,根据偏差信号的方向和大小向摊铺机大臂升降油缸电磁控制阀发出升或降的信号,液压油缸调整熨平板牵引点的高度,使熨平板的工作仰角增大或减小。工作仰角变化会使熨平板受力平衡被破坏,处于浮动状态的熨平板为了使力系重新达到平衡状态,会自动调整自身高度,使工作仰角随之减小或增大,直至力系达到平衡,从而实现铺层平整度、厚度或高程等参数控制。

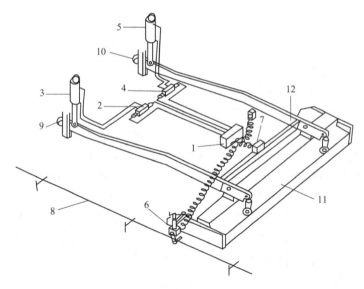

图5-37 挂线基准自动调平系统组成示意图

1-控制器;2-左侧电磁阀;3-左侧调平液压油缸;4-右侧电磁阀;5-右侧调平液压油缸;6-纵坡传感器;7-横坡传感器;8-挂线基准;9-左侧牵引铰点;10-右侧牵引铰点;11-熨平板;12-横杠

挂线基准称为绝对基准,能较好地控制铺层的高程,主要用在基层或沥青路面的下面层摊铺中。这种方式采用直径为2.0~2.5mm的钢丝绳,以长度200m为一段,立杆间距10m。为了减小钢丝绳的挠度,要求具有足够的张紧力(通常张紧力在800~1000kN之间)。

(2)机械式浮动平衡梁基准自动调平系统

机械式浮动平衡梁基准是一种随摊铺机一起移动的基准,如图5-38所示,图中1、2、3点为平衡梁与摊铺机铰接点,O 点为与大臂的铰接点,a 点为传感器的安装位置。

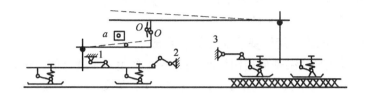

图 5-38　机械式浮动平衡梁结构示意图

工程上通常采用一种跨越熨平板的超长浮动平衡梁基准,如图 5-39 所示。超长浮动平衡梁基准由前和后平衡梁、前连接梁和跨越熨平板的连接梁等组成,前、后平衡梁分别位于摊铺机的前面和后面,在下承层和摊铺面上移动。前、后平衡梁主要由滑靴(或轮子)、支撑弹簧、梁体和连接件等组成,与摊铺机主机通过铰接方式相连;前连接梁和跨越熨平板的连接梁在同一点与大臂铰接,在两梁之间的 B 点安装传感器。一般摊铺机前端由 3 根单元梁 12 组滑靴(或轮子)组成,后端由 2 根单元梁 8 组滑靴(或轮子)组成。前平衡梁和后平衡梁将地面的变化进行均化、滤波,形成参考基准;中部跨越梁安装的位移传感器检测到的前后平衡梁的高差作为调平系统的输入参数控制摊铺机牵引点。

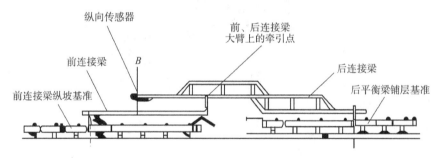

图 5-39　超长浮动平衡梁基准

浮动平衡梁滤波原理如下:当下承层有一个高度为 h 的凸起物时,经过凸起物的滑靴(或轮子)会影响平衡梁,使其向上移动。设有 n 个滑靴(或轮子),每个滑靴(或轮子)支撑弹簧的弹性系数均为 k,则可得平衡梁的移动距离 H,其由下列公式计算。

$$k \cdot (n-1) \cdot H = k \cdot (h-H) \tag{5-13}$$

$$H = \frac{1}{n} \cdot h \tag{5-14}$$

由上式可见,弹簧式浮动平衡梁的前梁和后梁有滤波作用,其效果与滑靴(或轮子)的个数成正比,滑靴(或轮子)愈多滤波效果愈好。

中间跨越梁的工作原理如下:将前梁和后梁及连接杆件进行简化如图 5-40 所示。AO 为前连接杆,BO 为后连接梁,A 为与前梁连接的铰点,B 为与后梁连接的铰点,O 为与大臂连接的铰点,CD 为传感器的安装位置。传感器检测得到的距离偏差作为系统的输入信号,控制牵引点。在摊铺

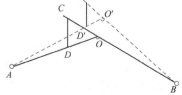

图 5-40　中间跨越梁工作原理示意图

机作业时,当受到某些偶然因素的干扰,熨平板大臂高度发生变化,即 O 点移到了 O' 点,此时 $C'D' \neq CD$,检测到该偏差后,控制器发出信号,执行元件调整大臂牵引点,使 O' 回到 O 的位置,从而实现误差自动修正的目的。

(3) 多声呐非接触式平衡梁基准自动调平系统

多声呐非接触式平衡梁基准结构组成如图 5-41 所示。平衡梁的主梁为 8m 长的铝合金梁(1),安装在摊铺机熨平板的牵引臂上;在主梁(1)上安装 3~4 个超声波传感器(2),其中一个传感器位于熨平板之后,其余传感器位于熨平板之前,用于测量与铺层和下承层的距离。多声呐平衡梁基准是一种计算基准,利用超声波在一定范围内对下承层表面或铺层进行扫描,获得采集范围内基准面的平均距离作为调平的虚拟基准。非接触式平衡梁调平系统的工作原理与机械式浮动平衡梁调平系统类似。由于声呐追踪器随摊铺机一起运动,该基准是移动基准。扫描所得摊铺机前面下承层高度平均值与摊铺机后面铺层高度平均值的差值作为控制信号,数字控制器根据熨平板相对于虚拟基准的变化来调整熨平板的升降,从而较好地控制摊铺层平整度和厚度。

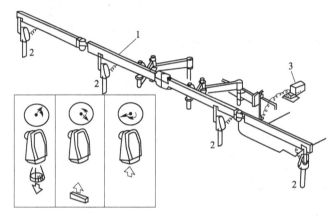

图 5-41 多声呐非接触式平衡梁基准
1-铝合金梁;2-传感器;3-控制盒

(4) 激光调平基准自动调平系统

激光调平基准是利用激光扫描器,采集一定长度范围内基准面的高低变化,经过滤波、平均,获得与基准面之间距离的平均值作为调平系统的虚拟基准。激光调平系统由数字控制器和激光探测元件构成。激光探测元件是激光扫描器,它既是激光发射器,也是激光接收器。一般激光扫描器安装在熨平板大臂上,位于螺旋布料器的前方。它可以发射一组多达 150 束的密集激光束构成一个激光扫描面,相邻的光束之间相隔 1°,形成 150 个测点,如图 5-42 所示。

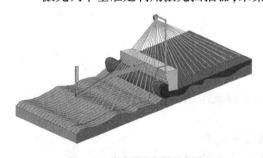

图 5-42 激光纵向扫描示意图

激光调平系统的工作原理:如图 5-43 所示,通过光波接触地面后的反射波 B,测量从发射激光到接收反射波所经历的时间,计算激光发射点与反射点两者之间的距离。来自激光扫描器的数据,由计算机分析处理。在进行数据处理时,应过滤扫描范围内的超大物体,例如人和机器部件(如熨平板)等。

图 5-43　激光调平系统的工作原理图

激光调平基准的突出特点是采用激光作为检测距离的介质,由于激光在空气中传播速度恒定不变,不需要对介质中的传播速度进行检测校正;该系统测距精准,计算过程简单,易于保证计算精度,从而使获得的虚拟基准更加准确,且受环境因素的影响较小。另外,激光扫描器可以发射密集的激光束对基准面进行大范围的扫描,并且扫描过程随摊铺机作业连续进行,使数字控制系统对基准面的变化具有预知和平缓、稳定的过滤作用,进而获得良好的铺层平整度和厚度。

再者,由于扫描长度可调,施工时可以根据现场情况设定扫描长度。例如,在平直路段上采用较大的扫描长度可以在更大范围内扫描采集基准面高程数据,并获得长距离平均效果和路面平整度;在弯道或纵向坡道上施工时,可以根据弯道和坡道的缓急程度采用相应较小的扫描长度,这样可以准确地跟踪超高或纵向高程的连续变化,从而获得连续平整的弯道、坡道、匝道等。由于系统通过激光进行扫描,在能见度很低的情况下会影响激光传输和调平效果。另外,系统对摊铺现场管理要求较高,如果扫描范围内出现过多的杂物或人员流动,也会影响激光的传输而使系统工作不稳定,降低精度。

(5)3D 数字化摊铺自动控制系统

3D 数字化摊铺自动控制系统,主要由 GNSS 基准站、激光发射器、激光接收器、显示器、控制器、接线盒等组成,如图 5-44 所示。

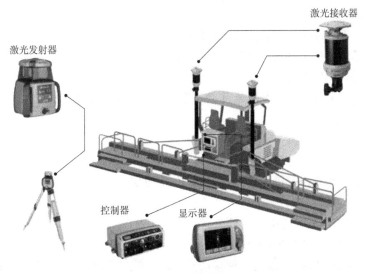

图 5-44　3D 数字化摊铺自动控制系统

工作原理:3D 数字化摊铺自动控制系统工作时,GNSS 基准站和架设在工作装置牵引臂上的激光发射器分别向激光接收器发送实时的高程信号和差分信号;激光接收器对接收到的数据进行实时处理,得到摊铺机熨平板的三维坐标,将坐标数据传输到控制器;控制器将当前三维坐标信息与设计数据进行对比,生成相应的高程修正信息,并根据高程修正信息,生成对应的驱动信号;液压阀根据驱动信号控制摊铺机大臂液压油缸,调整熨平板仰角,改变路面铺层厚度,实现对路面高程和平整度的控制。

3. 几种典型的调平方式比较

现代公路施工中,为了满足沥青路面摊铺需求,提供了多种调平方式用于摊铺机作业。几种主要的调平方式的特点如下:

(1)挂线基准调平方式

挂线基准属于固定基准,主要特点是能较为准确地控制高程,还有结构简单、工作温度范围宽、可靠性高、使用寿命长、价格低廉等优点。但是挂线基准存在着人工架线效率低、工作量大,钢丝线易产生挠度和脱落等问题。若配以接触式传感器组成调平系统,传感器在基准线上滑动容易产生振动或滑落等问题,使其在沥青面层工程中的应用受到影响;若配以非接触位移传感器,以上问题可得到改善。

(2)机械式平衡梁基准调平方式

机械式平衡梁基准属于移动基准,主要特点是能较好地控制摊铺层厚度和平整度。由于这种基准的参考范围大,测点多,所以具有高效低通滤波效果。采用该基准可获得较大范围基准面的平均值,能够削弱局部区域较小的不平整对系统的影响;同时在遇到较大的不平整时可以平滑过渡,从而减少下承层不平整对铺层平整度的影响;该调平基准的控制信号通过前后连接梁的高差产生,因此对铺层厚度控制更有效。

机械式平衡梁基准存在如下不足:

①结构件过于庞大,难以保管,且运输费用高。

②接触摊铺层的滑靴或轮子黏附沥青现象严重,清理困难。

③机械损坏率高。

④需要人工精细保修和安装,工作烦琐。

⑤弯道摊铺时易损坏梁架,且影响摊铺平整度。

(3)多声呐非接触式平衡梁基准调平方式

多声呐非接触式平衡梁基准属于移动基准,它除具备机械式平衡梁基准的优点外,还具有如下特点:

①数字化控制,精度更高。

②非接触、无黏结,使用方便。

③摊铺机可方便进、退,压路机能及时碾压摊铺层;用于匝道、桥梁及特殊路面摊铺更方便。

④摊铺机起步、收尾时的接缝方便处理。

(4)非接触式激光扫描基准调平方式

非接触式激光扫描基准,也是一种移动基准。系统的扫描长度通常为16m,最长可调到30m,扫描长度和测量点可根据需要设定。由于采用大范围的多点测量方法产生计算基准,低通滤波功能更有效。同时在遇到较大的不平整时可以平滑过渡,从而减小下承层不平整对铺层平整度的影响;由于依据该调平基准得到的控制信号通过摊铺层的前后高差产生,因此对铺层厚度控制更有效。该系统还具有对无效物体的识别功能,可避免调节油缸误动作。

摊铺机采用非接触式激光扫描基准进行弯道施工和桥面铺装等复杂工况作业时,更方便灵活。该基准具有无磨损、易拆装、不易损坏、精度高、操作方便、适用范围广的特点。

(5)3D数字化摊铺基准调平方式

3D数字化摊铺产生的基准属于固定基准。其利用北斗或GPS定位及激光接收器,可控制路面高程满足设计要求。在基准设置、摊铺层平整度和厚度控制、摊铺过程与设计数据结合等方面都具有很大优势,尤其在进行大面积施工作业时,具有工作效率高、质量好、成本低等特点。

第五节 沥青路面施工平整度传递特性

成型沥青路面的平整度是高速公路的主要指标之一,不仅体现了公路施工质量的总体水平,而且直接影响了车辆的行驶质量和乘坐舒适性,还在一定程度上影响路面使用寿命和养护维修费用。沥青路面施工平整度是一项综合性指标,它涉及施工过程中许多环节的众多因素,是施工过程质量控制技术水平的综合体现。本节将分析影响沥青路面施工平整度的因素和施工过程中平整度的传递特性,为施工平整度与压实度综合控制提供理论基础和方法。

一、影响沥青路面施工平整度的因素

施工过程中,从根源和机理上,可以将影响成型沥青路面平整度的主要因素归类于以下三个方面:下承层平整度、摊铺层平整度和随机因素。下承层平整度的影响是指下承层凹凸不平对成型路面的反射作用;摊铺层平整度的影响是指摊铺作业中基准的选择与设置、摊铺机参数设置、运输车辆的配合等因素对摊铺层平整度的影响及对成型路面的反射作用;随机因素对平整度的影响是指碾压过程中压路机参数、压实工艺及材料的特性变化对成型路面平整度的影响。

1.下承层平整度

(1)下承层平整度的直接影响

下承层凹凸不平对施工平整度的影响通过多种途径传递到铺层表面。

下承层是摊铺机行走机构的支撑面,当支撑面凹凸变化时摊铺机履带会随之上下变动;由于履带与机身之间为刚性悬挂,因此机身也随之变化;机身变化使熨平板大臂牵引点的高度发生变化,引起熨平板工作角改变从而造成摊铺层表面平整度变化。

在采用相对基准(如机械式平衡梁、非接触式平衡梁、滑靴、托杠等)作为摊铺机调平基准时,下承层为基准移动的参考面,其凹凸不平将引起基准的误差,进而通过摊铺机自动调平系统调节熨平板牵引点高度,引起工作角改变从而造成摊铺层表面平整度变化。

(2)下承层平整度的间接影响

以上影响是下承层通过摊铺机牵引车底盘和调平基准对松铺层平整度的影响,并通过摊铺层表面的不平整传递给成型路面,是下承层平整度通过摊铺机对成型路面平整度的直接传递特性,其间接传递是由摊铺层厚度变化引起的。

当下承层平整度较差时,摊铺机可以通过调平系统和基准(挂线、架梁及 3D 等基准)控制熨平板牵引点高度,摊铺出较平整的松铺层,这便会产生铺层厚度的变化。下承层平整度的间接传递是松铺层厚度不同导致碾压过程中压缩量的差异反射到成型路面。在假设材料均质的条件下,各点之间压缩量的变化取决于铺层厚度的差值;铺层厚度的变化造成碾压完成后压缩量的不同,使铺层碾压成型后平整度发生变化。根据厚度变化诱发原因不同,可产生两方面的结果:如果铺层厚度的变化是由摊铺机造成的,而非下承层不平整所引起,如由于基准架设误差过大,或者由于摊铺机工作装置的阻力突然变化,或者由于运料车撞击摊铺机等,在这种情况下经过碾压后铺层表面的平整度会略有改善;如果铺层厚度的变化是由下承层不平整造成的,如下承层的波浪、突然的隆起或下凹等,在这种情况下经过碾压后铺层表面的平整度会下降。

由以上分析可知:下承层平整度对成型路面的间接传递是由于松铺层厚度变化,并通过碾压过程中铺层压缩量的不同传递给成型路面表面,这种传递有规律可循,属于确定因素的影响,可以采用理论分析与数学推导的方式进行研究。而下承层平整度的直接影响,可归类于摊铺作业的影响。

2. 摊铺作业

从摊铺机工作过程中熨平板受力平衡的角度出发,影响摊铺层平整度的基本因素包括熨平板前方的料堆推移阻力变化、摊铺阻力变化、牵引点高度变化等。下面对引起上述变化的原因作进一步分析。

(1)料堆推移阻力变化

熨平板前部的混合料高度在整个摊铺宽度上应保持稳定,不应有太大的变化。如前所述,熨平板高度取决于作用力的平衡关系,作用力大小和方向的改变会使熨平板上下移动。若前部料位太高,推移阻力增大,熨平板会升高以克服阻力的变化,造成铺层加厚;反之料位太低,熨平板因混合料支承力减弱而下降,造成铺层变薄。

(2)摊铺阻力变化

引起摊铺阻力波动的第一个因素是摊铺速度的变化,摊铺过程中速度应尽可能稳定,速度波动会导致熨平板作用力变化,影响铺层平整度。在正常情况下摊铺机的作业速度为 2～6m/min,而就摊铺机的作业能力而言,摊铺速度可达到 20m/min 以上,具有很宽的速度范围。实际摊铺速度取决于拌和设备产量、混合料类型和机器性能。摊铺机应稳定、均匀、连续不间断地摊铺,不应随意大幅变换速度或中途停顿。提高沥青路面铺筑平整度,要做到摊铺时不随意停机,运料车不碰撞摊铺机。摊铺过程中停机是一个严重问题,不仅会给路面带来损伤,而且会影响混合料温度,使混合料发生温度离析。一旦摊铺机停机待料,熨平板就会产生下沉趋势,其前部、后部的混合料温度也会下降,当摊铺机重新作业时,熨平板会被抬升以越过前面冷却的混合料。

引起摊铺阻力变化的第二个因素是混合料组成的不均匀性和混合料温度的不均匀性。沥青含量和混合料温度变化都会使混合料与熨平板之间的摩擦力发生变化,打破其受力平衡,影响摊铺层平整度。

(3)牵引点高度变化

牵引点高度变化主要是摊铺机行走在高低不平的下承层上,引起主机的上下波动和行走基准的上下变动所致。牵引点升高会使铺层变厚,牵引点降低会使铺层变薄。虽然现代摊铺机采用了自动调平控制技术,具有较好的平整度控制功能,但是调平系统本身的精度和参考基准的性能与误差,也是引起铺筑路面平整度变差的重要原因。

可以看出,为了获得平整的摊铺表面,从摊铺机的操作方面来说,应尽可能地保持摊铺机的稳定作业,亦即摊铺机有稳定的摊铺速度、稳定的刮板输料器供料量、稳定的螺旋布料器送料量,从而保持熨平板前方料堆大小和料位高度的稳定。为了满足这个要求,从摊铺机的结构与性能而言,需要有性能优良的调平系统和自动控制系统。

高性能摊铺机采用了机电液一体化的自动控制技术,具有较好的自动控制功能,其采用的自动控制系统主要有摊铺机速度自动控制系统、混合料供给量和料位高度自动控制系统,以及针对牵引点高度干扰和混合料阻力变化而设置的熨平板自动调平系统。虽然带有上述装置的现代摊铺机铺筑的松铺层表面的平整度可达到很高的水平,但是自动调节系统本身也存在控制精度、调整误差和调整滞后等问题。因而,影响摊铺层表面平整度的基本因素依然存在,摊铺出来的路面也不可能绝对平整。

需指出的是,以上所讨论的在摊铺作业过程中影响路面平整度的各种因素都将最终以直接或间接的方式综合反映在铺层的平整度上。由于铺层平整度对成型路面的传递有规律可循,属于确定因素的影响,可以采用理论分析与数学推导的方式进行研究。

3. 碾压作业

碾压作业对路面平整度的影响带有很大的随机性和不确定性,从机理上可以将这种影响分成两类:一类是由碾压设备直接施加给成型路面;另一类则是通过混合料间接作用于成型路面。

(1) 碾压作业直接影响

碾压过程中,钢轮与混合料相互作用;压路机碾压混合料时,钢轮对混合料产生一定的切向力。被动轮施加的切向力与碾压方向相同,混合料容易产生推移;反之,混合料不容易产生推移。所以,通常采用驱动轮在前的方式对混合料进行初压。此外,压路机在变换碾压方向时制动、停车、反向加速所引起的惯性力,以及上、下坡时的爬坡阻力等都会导致钢轮对材料切向推力的变化,从而引起混合料的推移。在操作方面,急剧的起步、制动、停车,在变换碾压方向时没有及时停止振动机构的工作等不当情况,也会在成型路面上引起鼓包和压痕等缺陷。上述各种因素引起的路面隆起和凹陷都将直接影响成型路面的平整度。

(2) 碾压作业间接影响

在碾压过程中还有另一类因素,它们的作用机理与上述不同,这些因素的影响通过材料压缩比的变化传递给成型路面表面,而不是碾压过程中对材料的直接推移造成不平整。这些因素主要包括三个方面:

① 施加给铺层材料的压实作用不均匀,亦即不同区域的材料所受到的压实功不一致。引起这种不一致的原因主要是碾压设备参数(速度、频率、振幅等)和碾压工艺(碾压遍数、重叠宽度等)的不一致。

② 松铺层混合料的密度或力学特性不均匀,亦即材料抵抗压实的性能不一致。引起这种不一致的原因有松铺层混合料的预压密实度不均匀、混合料的材料离析和温度离析等。

③ 松铺层的厚度不均匀,亦即在摊铺过程中铺层厚度不一致,发生较大的变化。引起这

种不一致的原因有下承层不平整、摊铺层不平整或下承层和摊铺层两者均不平整等。

前两方面的因素最终都归结为铺层材料压缩比的变化,亦即它们的影响最终是通过压缩比的不均匀反映到成型路面。后一方面的因素则是直接传递给成型路面。

二、施工过程中下承层平整度传递特性

摊铺过程中,下承层凹凸不平对成型路面平整度的影响是通过碾压过程来显现的。施工过程中,下承层的不平整对成型路面平整度的影响,可以通过建立数学模型进行分析。为了便于公式推导,在不影响其基本特性的前提下进行如下假设:

(1)假设在一个凹凸不平的下承层上,摊铺了一层十分平整的松铺层。

(2)假设松铺层材料均匀一致,且各点具有相同的密度和相同的温度,即不存在材料离析和温度离析,压实后铺层材料也有均匀的密度。

(3)假设在碾压过程中压路机对松铺层施加了相同的压实功,不同的区域压实前后具有均匀的密度。

设从铺层中压路机钢轮下方取出一个单元体,其受力如图5-45所示,垂直方向受到压路机的压应力 σ_1,水平方向受到混合料之间的挤压应力 σ_2、σ_3,$\sigma_2 = \sigma_3$。

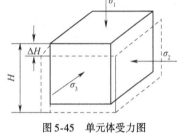

图5-45 单元体受力图

压实后与压实前单元体的体积比存在如下关系式:

$$\frac{V'}{V} = 1 - \varepsilon_1 + 2\mu\varepsilon_1 \tag{5-15}$$

式中:V'——单元体压缩后的体积;

V——单元体压缩前的体积;

ε_1——单元体垂直应变($\varepsilon_1 = \Delta H/H$,$H$ 为单元体的高度,ΔH 为单元体压缩量);

μ——横向应变与垂直应变之比。

∵

$$V = \frac{m}{\rho} \tag{5-16}$$

$$V' = \frac{m}{\rho'} \tag{5-17}$$

∴

$$\Delta H = H(1 - \rho/\rho')/(1 - 2\mu) \tag{5-18}$$

式中:ρ——压实前的混合料密度;

ρ'——压实后的混合料密度。

假设在理想状态下,新铺层表面非常平整,而且压实前和压实后铺层材料密度均匀。由于下承层表面凹凸不平造成铺层厚度发生变化,在凹下处铺层厚度较大,在凸起处铺层厚度较小。假设在碾压过程中施加了相同的压实功,即材料的压缩系数相同,铺层厚度大的地方绝对压缩量大,铺层厚度小的地方绝对压缩量小。显而易见,下承层的平整度在碾压完成后按相似准则的规律反射到成型路面表面,只是变化的幅度不同而已,这种传递规律称为下承层平整度的反射作用。为了定量地描述下承层平整度的反射作用,建立与下承层、摊铺层和材料密度等参数相联系的计算模型。

根据式(5-18),若松铺层上有点"1"和点"2"两点,压缩量分别为 ΔH_1 和 ΔH_2,可由下列公式计算两点压缩量之差。

$$\Delta H_1 = H_1(1-\rho/\rho')/(1-2\mu) \quad (5-19)$$

$$\Delta H_2 = H_2(1-\rho/\rho')/(1-2\mu) \quad (5-20)$$

$$\Delta H' = \Delta H_2 - \Delta H_1 = (H_2 - H_1)(1-\rho/\rho')/(1-2\mu) \quad (5-21)$$

令

$$\Delta H_0' = H_2 - H_1 \quad (5-22)$$

$$\Delta H' = \Delta H_0'(1-\rho/\rho')/(1-2\mu) \quad (5-23)$$

$$\frac{\Delta H'}{\Delta H_0'} = (1-\rho/\rho')/(1-2\mu) \quad (5-24)$$

式中：H_1——"1"点处松铺层的厚度；

H_2——"2"点处松铺层的厚度；

ΔH_1——"1"点压缩量；

ΔH_2——"2"点压缩量；

$\Delta H_0'$——"1""2"两点间的厚度差值；

$\Delta H'$——成型路面"1""2"两点间的压缩量差值。

式(5-24)表明：下承层的平整度以相似准则的规律传递到铺层压实后的表面，从而复现下承层的变化规律，这种现象称为下承层平整度的传递作用。这种平整度的传递作用通过压路机的碾压过程体现出来。当铺层刚刚摊铺完，进行碾压之前铺层表面具有一个较好的平整度，碾压过程中，若不考虑材料的非均质性，铺层具有相同的压缩系数，故而铺层较厚的地方较铺层薄的地方会产生较多的压缩量。一旦完成碾压工作，铺层具有了均匀的压实度，平整度也随之降低。因此，从下承层平整度的反射特性而言，平整度与压实度是相互矛盾的两个方面，提高压实度就会在一定程度上降低平整度。但是，这种下承层向上的反射和传递作用的强度并不是1:1的关系，反射和传递作用的强度与铺层材料松铺密度和压实密度等因素有关。

三、施工过程中摊铺层平整度传递特性

下承层平整度传递特性的公式推导中的假定条件之一是松铺层表面非常平整，而实际施工中由于受到摊铺机调平系统的性能、基准的工作特性、摊铺作业等因素的影响，摊铺层表面也会出现不平整的现象，只是这种不平整的程度较下承层轻而已。摊铺完成后，经过碾压松铺层表面的平整度也会传递到碾压完成的成型路面表面上。

施工过程中，松铺层不平整对成型路面平整度的影响，可以通过建立数学模型进行分析。为了便于公式推导，在不影响其基本特性的前提下提出如下假设：

(1)假设下承层是一个非常平整的表面，在其上摊铺了一层不平整的松铺层；

(2)假设松铺层材料均匀一致，且各点具有相同的密度和相同的温度，即不存在材料离析和温度离析，压实后铺层材料也有均匀的密度；

(3)假设在碾压过程中压路机对松铺层施加了相同的压实功，不同的区域压实前和压实后具有均匀的密度。

在理想状态下，下承层表面非常平整；根据假设条件(2)压实前后铺层材料都有均匀的密度，由于松铺层表面不平整造成铺层厚度发生变化，在表面凹下处铺层厚度较小，在表面凸起处铺层厚度较大；根据假设条件(3)在碾压过程中施加了相同的压实功，即材料的压缩

系数相同,铺层厚度大的地方绝对压缩量比较大,铺层厚度小的地方绝对压缩量小。显而易见,松铺层表面的平整度在碾压完成后按相似准则的规律反射到成型路面表面,只是变化的幅度发生了变化,这种传递规律称为摊铺层的反射作用。为了定量地描述摊铺层平整度对压实铺层的传递作用,需要建立与铺层厚度和材料密度等参数相联系的计算模型。松铺层压实前后平整度的传递量化关系式建立如下:

松铺层上点"1"和点"2"的压缩量 $\Delta H_1'$ 和 $\Delta H_2'$ 及两点压缩量之差,见下列公式。公式表明松铺层平整度的传递也符合相似准则;由于存在松铺层密度和压实后密度等因素的影响,这种传递也不是 1:1 的关系。

$$\Delta H_1' = H_1(1-\rho/\rho')/(1-2\mu) \tag{5-25}$$

$$\Delta H_2' = H_2(1-\rho/\rho')/(1-2\mu) \tag{5-26}$$

令

$$\begin{aligned}\Delta H''' &= \Delta H_2' - \Delta H_1' \\ &= H_2(1-\rho/\rho')/(1-2\mu) - H_1(1-\rho/\rho')/(1-2\mu) \\ &= (H_2 - H_1)(1-\rho/\rho')/(1-2\mu)\end{aligned} \tag{5-27}$$

令

$$\Delta H_0'' = H_2 - H_1 \tag{5-28}$$

$$\Delta H''' = \Delta H_0''(1-\rho/\rho')/(1-2\mu) \tag{5-29}$$

设压实前后松铺层厚度变化量为 $\Delta H''$,由于压实前松铺层上点"1"和点"2"的厚度差值为 $\Delta H_0''$,压实后点"1"和点"2"的厚度差值为 $\Delta H'''$,因此,成型路面表面平整度可用下式表示:

$$\begin{aligned}\Delta H'' &= \Delta H_0'' - \Delta H''' \\ &= \Delta H_0'' - \Delta H_0''(1-\rho/\rho')/(1-2\mu) \\ &= \Delta H_0''[1 - (1-\rho/\rho')/(1-2\mu)] \\ &= \Delta H_0''(\rho/\rho' - 2\mu)/(1-2\mu)\end{aligned} \tag{5-30}$$

$$\frac{\Delta H''}{\Delta H_0''} = (\rho/\rho' - 2\mu)/(1-2\mu) \tag{5-31}$$

式中:H_1——"1"点处松铺层的厚度;

H_2——"2"点处松铺层的厚度;

$\Delta H_1'$——"1"点压缩量;

$\Delta H_2'$——"2"点压缩量;

$\Delta H'''$——"1""2"两点间压缩量差值;

$\Delta H_0''$——松铺层"1""2"两点间的厚度差值;

$\Delta H''$——成型路面"1""2"两点间的厚度差值。

松铺层的平整度受多种因素影响,其中一个主要因素是下承层平整度造成的摊铺机大臂牵引点的上下波动。由于摊铺机行走在凹凸不平的路面上,尽管自动调平系统采用了先进的机电一体化控制技术,但是由于其自身的精度和熨平板调平的滞后性,很难保证摊铺层十分平整。另外,调平系统的参考基准存在误差,也是造成摊铺层不平整的另一个因素。例如放线时的测量误差、弦线张紧度引起的下垂挠度,以及人为的操作误差,都会反映到松铺层上。对于滑靴基准,行走在凹凸不平的下承层上时,缓慢变化的低频分量仍然没有消除,因此,下承层平整度的低频变化,对松铺层平整度也有影响。

四、随机因素对施工平整度的影响

以上推导了下承层和摊铺层平整度对成型路面平整度的传递作用,这种传递具有确定的规律可以遵循。在建立平整度传递数学模型时,提出的假设包括:松铺层材料均匀一致,且各点具有相同的密度和相同的温度,即不存在材料离析和温度离析,压实后铺层材料也有均匀的密度;在碾压过程中压路机对松铺层施加了相同的压实功,不同的区域压实前后具有均匀的密度。但是在实际工程中,从影响路面平整度的根源和机理而言,存在着许多随机因素会对成型路面平整度产生影响,如材料的非均质性、温度的差异、摊铺速度变化、运料卡车与摊铺机的接触与分离、碾压过程中压路机的起步和停机、振动压路机的起振、停振过程等,这些因素叠加后的综合作用带有很大的随机性。

尽管每个随机因素的影响带有不确定性,但是它们的综合影响是有界的,因而受到一些确定性趋势的制约并呈现一定的规律性,通过对大量的试验测试数据进行统计分析可以获得其分布。

1. 材料非均质性对平整度的影响

在混合料生产、运输、摊铺过程中,由于存在材料离析和温度离析,混合料的密度和力学特性是非均质的,在施加相同的压实功时,各部分的压缩量会有所不同。而且碾压过程中压实功也在不断地变化,这些因素的影响会通过压缩比的不均匀传递到成型路面。压实功的变化可以通过采用性能优良的压路机和规范操作过程加以控制,使参数变化和不确定因素减少,从而减小其对路面的影响程度。但是材料离析和碾压温度的不均匀难以控制,成为压实过程中影响平整度的重要因素。以上因素的综合作用带有很大的随机性。

2. 压实过程附加因素对平整度的影响

在碾压过程中压路机钢轮与铺层材料相互作用时存在着水平的推移力,当变换碾压方向时要经历制动、停车、反向起步的过程。在这一过程中一方面由于机器的惯性,减速和加速引起的惯性力都会加剧钢轮对松铺层材料的推移作用,从而引起松铺层材料的推移或隆起;而另一方面碾压速度的变换又会改变压路机的压实作用,从而影响材料压缩量。碾压过程中各碾压段和碾压道之间需要重叠交叉,当控制不好时也会对平整度产生影响。当压路机选用和操作不当时,例如:用被动轮向前碾压松铺层材料、制动和倒车起步过猛、在变换碾压方向时没有停止振动机构的工作等,都有可能引起一些部位的平整度变化。这些因素的特点是它们的影响没有通过中间过程而直接叠加到成型路面上;尽管通过采取措施会在一定程度上改善压路机的作业性能,但是碾压过程中的不确定因素依然存在,这些因素的综合作用具有很大的随机性。

3. 施工平整度分布

为了研究沥青路面施工平整度的分布,长安大学科研小组与泰安公路局合作在京沪高速公路化临段进行了大规模的实体工程足尺试验研究工作。在获取了大量的试验资料之后,分离出影响平整度传递过程的基本因素,揭示了主要因素在不同条件下的传递规律,并对施工平整度进行了分析。

在施工完沥青混合料下面层、中面层和上面层之后,分别测量了路面各层平整度,分布如图 5-46 ~ 图 5-48 所示。

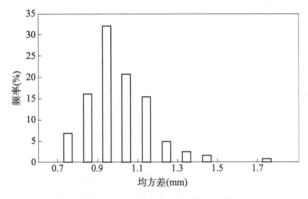

图 5-46　下面层平整度分布图

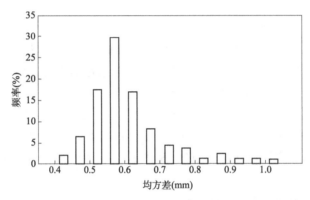

图 5-47　中面层平整度分布图

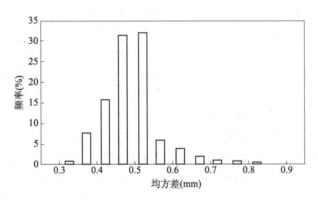

图 5-48　上面层平整度分布图

由图可以看出平整度分布的特点如下:

(1)分布图的左端为一个大于零的正值,它表明摊铺作业、碾压作业设备和工艺确定之后,在下承层平整度较好的情况下,路面施工平整度所能达到的值。显然,整个施工过程控制得愈好,该值愈小,但其不可能为零,因为路面不可能绝对平整。

(2)平整度的分布明显呈现不对称性,其最高点不位于曲线中部,而是偏向左方。

(3)分布曲线的尖峭和平坦程度反映了随机因素影响的大小,从图中可见中、上面层的分布图形比较尖峭,下面层的图形比较平坦,这种图形分布的差别表明下面层铺筑过程中随机因素的影响较中、上面层大。

根据以上图形分布特点,可以用皮尔森Ⅲ型概率密度函数,建立非对称分布模型。

五、施工平整度综合传递特性

以上分别讨论了影响沥青路面施工平整度的主要因素,以及各因素对成型路面平整度的影响。下承层的平整度会以相似准则的规律传递到成型路面;摊铺层的平整度也会以相似准则的规律传递到成型路面。在建立以上两个因素的平整度传递规律的数学模型时,假设松铺层材料均匀一致,且各点具有均匀的密度和相同的温度,压实后铺层材料也有均匀的密度;假设在碾压过程中压路机对松铺层施加了相同的压实功,不同的区域压实前后具有均匀的密度。由于实际工程中,不存在这种理想状态,大量的随机因素直接或间接地作用于路面成型过程,影响成型路面的平整度。因此,在讨论路面平整度的传递特性时,应包括以上三个方面的综合作用。最终成型路面的平整度由以上三部分叠加而成,综合因素作用下路面平整度传递数学表达式用下式表示:

$$\Delta H = \Delta H' + \Delta H'' + \Delta H_3 = \frac{1 - \frac{\rho}{\rho'}}{1 - 2\mu}\Delta H_0' + \frac{\frac{\rho}{\rho'} - 2\mu}{1 - 2\mu}\Delta H_0'' + \Delta H_3 \qquad (5-32)$$

沥青混合料在正常的施工温度下,特别是在有路缘石约束的情况下进行碾压时,可以认为仅有垂直应变,而横向应变近似为零,于是,可得下式:

$$\Delta H = \left(1 - \frac{\rho}{\rho'}\right)\Delta H_0' + \frac{\rho}{\rho'}\Delta H_0'' + \Delta H_3 \qquad (5-33)$$

令

$$\frac{\rho}{\rho'} = q \qquad (5-34)$$

则可得下式:

$$\Delta H = (1 - q)\Delta H_0' + q\Delta H_0'' + \Delta H_3 \qquad (5-35)$$

式中:ΔH——成型路面平整度;

$\Delta H_0'$——下承层平整度;

$\Delta H_0''$——摊铺层平整度;

ΔH_3——随机因素附加的平整度;

q——混合料摊铺密实度。

式(5-35)表明:成型路面的平整度取决于下承层的平整度、摊铺层的平整度和随机因素附加的平整度,而且混合料的摊铺密实度也对其有重要影响。

第六节 热拌沥青混合料面层机械化施工

沥青面层施工主要包括原材料选择与确定、混合料配合比设计、混合料拌和、混合料运输、混合料摊铺与压实等过程。在具体实施中,分为施工准备和施工过程两个阶段。

一、施工前的准备工作

沥青面层施工前需要进行大量的准备工作,如组织工程技术人员、管理人员、机械操作人员熟悉设计文件,了解工程设计意图、工期和质量要求、施工方法等。从工程质量控制出发,施工前的准备工作主要有进场材料的质量检验、施工设备检查、修筑试验路段等内容。

1. 原材料质量检查

原材料质量是保证工程质量的基础,没有优良的原材料就不可能修筑优良的工程。沥青混合料的原材料主要包括沥青、粗集料、细集料、填料,以及其他材料。

(1)沥青

沥青应满足现行《公路沥青路面施工技术规范》(JTG F40)中关于沥青的要求,如沥青的针入度、延度、软化点、薄膜加热损失、蜡含量和密度等指标是否符合要求。由于不同标号的沥青施工特性有差异,工程应用中主要依据沥青的黏度-温度曲线来确定沥青的加热温度、拌和温度、碾压温度等参数。无黏度-温度曲线时,可参照规范中给出的推荐范围选择,并结合实际情况确定使用温度的高值或低值。

(2)粗集料

粗集料应满足现行《公路沥青路面施工技术规范》(JTG F40)中关于粗集料的要求,如石料的压碎值、磨耗损失、磨光值(表面层)、针片状颗粒含量、软弱颗粒含量和黏附性等技术指标是否符合要求。

粗集料质量不仅取决于母岩的力学和物理性能,而且加工破碎方式也对其有重要影响。在粗集料加工过程中要注意控制粗集料级配变异性,并使针片状颗粒含量、软弱颗粒含量符合要求。

粗集料堆放宜搭棚防雨,场地应硬化;为了预防材料发生离析现象,应采用水平或斜坡分层方式堆放。

(3)细集料

细集料主要有石屑、天然砂、机制砂等,应满足现行《公路沥青路面施工技术规范》(JTG F40)中关于细集料的要求,如坚固性、含泥量、砂当量、级配和棱角性等技术指标是否符合要求。由于天然砂多属于酸性集料,与沥青的黏附性较差,而且其颗粒形状对沥青混合料的高温抗车辙能力有不利影响,因此其用量在工程应用中应受到限制;通常石屑的砂当量较低、针片状颗粒含量较高,会对沥青混合料的路用性能产生一定影响;机制砂是一种应用广泛、得到认可的细集料,在生产时注意原料选取和加工方式。

细集料堆放应搭棚防雨、场地应硬化,并注意堆放时预防材料发生离析现象。

(4)填料

填料主要指矿粉,应满足现行《公路沥青路面施工技术规范》(JTG F40)中关于矿粉的要求。必须采用石灰岩或岩浆岩中的强基性岩石等憎水性石料经磨细得到矿粉,原料中的泥土杂质应除净。不良岩性的矿粉会造成混合料质量大幅度降低。

(5)其他材料

沥青混合料中经常掺加的其他材料有消石灰粉、水泥、抗剥落剂、纤维等,均应满足现行《公路沥青路面施工技术规范》(JTG F40)中的相关要求。

2. 施工设备准备

施工设备选型和配套是保证工程质量和施工进度的关键,应根据工程量大小、工期要求、工程质量要求、材料施工特性、施工现场条件等,确定合理的机械类型、数量及组合方式,使施工能连续、均衡、高效地进行。

(1)沥青混合料拌和设备选择

新建和改扩建高速公路沥青面层施工通常在修筑的公路附近生产沥青混合料,拌和设备选型时应考虑拆装方便;采用可搬式拌和设备,方便修筑完成后拌和站转移到其他工地;对于养护施工,可选择移动式或半移动式沥青混合料拌和设备。

选择的拌和设备生产能力、计量配料准确度、作业性能、经济性能、环保性能和工作可靠性等应满足相关规范要求。

(2)摊铺设备选择

履带式摊铺机具有较好的牵引性能和附着性能,其优点是接地面积大、比压小、不易打滑、运行平稳、制动可靠;缺点是机动性能差,转移工地不方便。轮胎式摊铺机优点是机动性好,转移工地快捷方便;缺点是附着性较差,摊铺阻力大时,轮胎易打滑。履带式摊铺机多为大型摊铺机,主要用于要求较高的工程施工中;轮胎式摊铺机多为中小型摊铺机,主要用于养护作业和要求机动性好的场合。

高等级公路沥青路面施工中,摊铺沥青混合料通常采用履带式行走机构和全自动操控系统,并配置自动调平系统、强力型或标准型熨平工作装置;要求摊铺的沥青混合料均匀、平整,并具有一定的初压密实度。

(3)压实设备选择

施工过程中对混合料进行充分压实的目的在于提高路面的承载力,抵抗交通荷载引起的塑性变形,降低沥青的氧化老化速度,增强路面的耐久性和抗疲劳性能。同时使路面具有较好的平整度和表面纹理,使其具有良好的行车性能。沥青混合料面层施工使用的压实设备主要有双钢轮振动(或振荡)压路机、双钢轮静作用压路机、轮胎压路机、小型振动压路机和振动平板夯等。

振动压实是指采用振动设备,对材料施加周期性的激振作用力。双钢轮振动压路机的特点是压实效率高、压实深度大、需要静载荷小、压实度高、压实效果好,通常用于高等级公路沥青面层的复压。可变振幅的双钢轮振动压路机,能够更好地适应铺层厚度变化的压实工况。

双钢轮静作用压路机的压实特点是压实效率较低、压实深度较小,但适用范围广,路表面平整度好。主要用于铺层薄、压实度要求不高的工程;在高等级公路沥青面层施工中,通常用于初压和终压作业。

轮胎压路机的轮胎在压实作业过程中的柔性变形可对混合料产生揉搓作用,有利于消除表面裂纹,增加沥青混合料路面的密水性。轮胎压路机的压实特点是压实效率较高、压实效果好、适用范围广,但压实深度较振动压路机小。轮胎压路机通常用于沥青面层的复压和终压,也可以用于初压;但不适合 OGFC 与 SMA 的压实。

小型压实机械有小型振动压路机和振动平板夯,自重较轻,质量仅 1~3t。它不作为主要碾压设备,只能用于辅助碾压作业。

(4) 施工机械配套

沥青混合料面层施工以摊铺机、拌和设备为主导机械,并与自卸汽车、碾压设备配套进行。在沥青混合料拌和设备与摊铺机配套时,既要保证摊铺机尽可能少地停机待料,以免影响摊铺质量,又不能让拌和设备长时间停机,以充分发挥生产能力。一般情况下,根据拌和设备的实际拌和能力配套其他设备,摊铺机的理论摊铺能力大于拌和设备的实际拌和能力。运输车辆的数量应根据装料、卸料和返回等各工作环节所需时间来确定;应注意根据运输路况和运输距离的变化及时调度,确保摊铺用料量。压实机械的配套,应根据碾压温度、混合料温降速率和摊铺速度等参数,在确定合理的碾压长度后决定。

3. 施工组织机构的准备

为了对施工全过程实施管理,提供施工生产的组织保证,应设置项目经理部,项目经理部成员分别负责工程各方面的具体工作。图5-49为沥青混合料面层施工管理机构示意图。

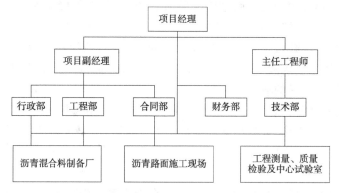

图5-49 沥青混合料面层施工管理机构示意图

4. 试验室准备

施工现场应设立试验室,配备符合要求的试验检测仪器;试验检测仪器应检定合格,试验检测人员应持证上岗。原材料选定、配合比设计是试验室的重要工作;施工工艺的确定、施工参数的控制需要依靠试验室;工程质量分析与评价也离不开试验室。

通常试验室人员的配置、试验检测仪器的种类与数量,应能满足沥青混合料原材料指标检测、混合料配合比设计、施工参数分析、施工质量检测评价的要求。在实际操作过程中,试验室人员的操作水平和试验检测仪器的标定必须受到重视。

5. 混合料配合比设计

沥青面层施工之前,需要进行混合料配合比设计。配合比设计过程分为三个阶段:目标配合比设计、生产配合比设计及生产配合比验证。各个阶段的工作内容虽有所不同,但最终要解决的问题是相同的,即确定材料的配合比和沥青用量。

1) 目标配合比设计

目标配合比设计是指以工程设计要求的路用性能为目标进行的配合比设计,包括确定工程级配范围、选择原材料、优选矿料级配、确定最佳沥青用量、进行路用性能检测评价等内容,在此基础上提出的配合比称为目标配合比。目标配合比设计结果可以供拌和机确定各冷料仓的供料比例、进料速度。目标配合比设计步骤如下:

(1)混合料类型与级配范围确定

沥青混合料类型应依据道路等级、结构层次、交通条件、气候水文特点,以及当地的材料特性等进行选择和确定。

矿料级配范围包括规范规定的级配范围、工程设计级配范围和施工允许波动范围。规范规定的级配范围较为宽泛,适用于全国不同道路等级、不同气候条件、不同交通条件、不同层次等情况;工程设计级配范围根据具体工程的气候条件、交通条件、公路等级、所处的层次提出,针对性强;施工允许波动范围是根据施工质量控制要求,得出的施工级配质量检验允许波动范围。

(2)原材料的选择

原材料选择通过试验进行,依据道路所在地区的气候分区及相关技术标准对材料的要求,通过对不同料源的材料进行性能试验和经济性比较,选择既符合路用性能要求又经济合理的原材料。

(3)矿料级配选择

矿料级配选择是在设计级配范围内计算三组不同级配的配合比,使包括0.075mm、2.36mm、4.75mm筛孔在内的多个筛孔的通过率分别位于设计级配范围的上方、中值及下方进行优选。

(4)马歇尔试验

初选5组沥青用量与选择的设计级配拌和,分别制作马歇尔试件。计算沥青混合料的密度、空隙率、饱和度、矿料间隙率等各项体积指标。进行马歇尔试验,试验结果与马歇尔设计标准相比较,并结合技术经济分析,优选出一组矿料设计级配。

(5)确定最佳沥青用量

根据实践经验和公路等级、气候条件、交通情况,确定最佳沥青用量OAC。还应检验最佳沥青用量时的粉胶比和有效沥青膜厚度。

(6)路用性能检验

按照以上设计得到的混合料还要进行路用性能的检验,不符合要求的沥青混合料,应更换材料或重新进行配合比设计。配合比设计检验的项目主要有高温稳定性检验、水稳定性检验、低温抗裂性能检验、渗水系数检验等。

2)生产配合比设计

生产配合比设计用于拌和设备生产。目前生产中使用的拌和设备主要有两种类型,一类是连续式拌和设备,其生产配合比是按照目标配合比要求,确定冷料仓流量;另一类是间歇式拌和设备,由于计量控制系统要求输入通过筛分储存在各热料仓中材料的比例,而不是目标配合比,这就需要通过试验确定各热料仓配合比,也称为生产配合比。生产配合比设计主要包括两方面的工作:一是以目标配合比确定的矿料级配作为基础进行的拌和机的热料仓配合比设计;二是以目标配合比的沥青混合料马歇尔试验参数为依据,进行最佳沥青用量的验证。设计步骤如下:

(1)对设备的材料计量和温度计量系统进行标定,达到计量精度要求。

(2)对冷料仓流量进行标定,使冷料仓按照目标配合比供料。

(3)确定各热料仓配合比,使矿料级配符合目标级配。

(4)确定沥青用量,在目标配合比最佳沥青用量基础上±0.3%(或±0.5%),增加两个沥青用量,加上最佳沥青用量,成型三个沥青用量的马歇尔试件,按目标配合比的设计方法,测试并计算马歇尔指标,确定沥青用量。

3)生产配合比验证

生产配合比验证是指拌和设备按生产配合比设计结果进行试拌和试铺,并取样进行马歇尔试验和路面芯样的空隙率分析;根据需要对生产配合比做进一步的调整之后,确定生产用的标准配合比作为生产控制和质量检验的依据。在进行生产配合比验证时,应取样进行下列试验:

(1)马歇尔试验

取样成型马歇尔试件,测定马歇尔指标(包括残留稳定度),确定是否满足设计要求,必要时还应进行车辙试验。

(2)抽提试验

取样进行抽提试验,检测矿料级配和沥青用量是否符合设计要求。

(3)钻芯取样

从压实的路面上钻取芯样,测量压实层厚度和压实度等指标。

6. 铺筑试验路段

铺筑试验路段的目的在于确定施工方案的可行性,对材料、设备、工艺进行综合验证和评定,提出合理的施工工艺;修改、充实和完善施工方案,为正式施工提供依据。

沥青路面的每个结构层都应进行试验段试铺,拟定几种施工方案进行比较,每个方案的路段长度宜为100~200m。驻地监理工程师应监督、检查试验路段的施工质量,并与施工单位商定有关正式工程施工时的技术措施、工期安排和质量保证体系等。

热拌热铺沥青混合料面层试验段分为试拌和试铺两个阶段进行,应解决以下问题:

(1)确定施工机械设备的型号、数量和组合方式。

(2)确定拌和设备上料速度、拌和数量、拌和时间、拌和温度等拌和工艺参数。

(3)验证沥青混合料配合比,提出生产配合比。

(4)确定摊铺机的摊铺温度、速度、宽度和自动找平方式等摊铺工艺参数。

(5)确定混合料摊铺的松铺系数、接缝方法等。其中松铺系数可按如下两种方法确定:

①通过试铺碾压确定。

②按经验选取,然后通过试铺碾压修正。通常沥青混凝土混合料松铺系数为1.15~1.35;沥青碎石混合料松铺系数为1.15~1.30(细粒式取上限,粗粒式取下限)。

(6)确定压路机的压实顺序、碾压温度、速度和遍数等压实工艺。

(7)建立不同密实度检测方法之间的对比关系(钻孔法与核子密度仪法对比),确定标准压实密度。

(8)全面检查材料及施工质量。

(9)确定施工效率、作业段长度,调整施工进度计划。

(10)确定施工组织、管理体系、质量自检体系、人员、通信方式、指挥方式等。

试验段施工完成后要进行性能检验,如沥青混合料的各项指标,路面的平整度、抗滑性、渗水系数;确认施工工艺、施工程序、质量检验方法是否满足设计要求;根据拌和设备生产能力、摊铺设备作业能力,确定施工产量及作业段长度,制订施工进度计划;将试验获得的各项数据进行认真分析整理,总结试验段的施工经验,同时对不完善的地方进行相应的调整,为下一阶段正式施工提供基础。

二、热拌沥青混合料施工

1. 热拌沥青混合料施工温度

热拌沥青混合料的拌和与压实温度,通过测定沥青结合料在135℃和175℃条件下的黏度-温度曲线,按表5-12确定。

确定热拌沥青混合料拌和及压实温度的沥青黏度 表5-12

黏度	适宜于拌和的沥青结合料	适宜于压实的沥青结合料	试验方法
表观黏度(Pa·s)	0.17±0.02	0.28±0.03	T 0625
运动黏度(mm²/s)	170±20	280±30	T 0619

无黏度-温度曲线时,参照表5-13选择,并结合实际情况确定使用温度高值或低值。

普通沥青混合料施工温度范围(℃) 表5-13

施工工序	石油沥青标号			
	50号	70号	90号	110号
沥青加热温度	160~170	155~165	150~160	145~155
沥青混合料出料温度	150~170	145~165	140~160	135~155
间歇式拌和设备集料加热温度	滚筒出口处集料温度较沥青温度高10~20			
混合料废弃温度,高于	200	195	190	185
混合料运输到现场温度,不低于	150	145	140	135

聚合物改性沥青混合料的施工温度根据同类工程的实践经验,并参照表5-14选择,通常宜较普通热拌沥青混合料的施工温度提高10~20℃。

聚合物改性沥青混合料的施工温度范围(℃) 表5-14

施工工序	聚合物改性沥青类别		
	SBS类	SBR类	EVA、PE类
改性沥青加热温度	165~170	160~165	165~170
集料加热温度	190~200	180~195	185~195
改性沥青混合料出料温度	170~185	160~180	165~180
混合料废弃温度,高于	195		

2. 沥青混合料拌和

(1)冷料流量标定

沥青混合料拌和设备冷料供给量,在一定的料门高度下通过调节皮带转速实现。由于不同规格的材料有不同的松装密度,所以即使在相同的料门高度和相同的皮带转速下,供料量也不同。因此,为了确保冷料给料器按目标配合比准确供料,应将体积流量换算成重量流量,这样就需要对冷料仓进行流量标定。冷料仓流量标定是将目标配合比转化为生产配合比,若不重视或者不进行这项工作,可能会造成生产配合比和目标配合比不协调,混合料生产过程不稳定。因此,通过流量标定得出每种规格集料的冷料仓供料皮带转速与重量流量之间的关系,从而准确确定供料量,为生产配合比设计与拌和设备稳定生产提供基础。

(2)确定振动筛的筛网规格

间歇式拌和设备振动筛的筛网规格宜与集料规格相匹配,并应设置主要筛孔和关键筛孔,以利于控制混合料质量。振动筛的筛孔尺寸与试验室标准筛的筛孔尺寸之间的对应关系见表5-15,并应根据所使用拌和设备振动筛的结构、性能及实际筛分情况做适当调整。振动筛应有较高的自洁能力,不应有明显的堵筛现象;当筛分过程中筛孔容易堵塞时,应采取措施加以解决。

振动筛与标准筛筛孔尺寸之间的对应关系 表5-15

项目	筛孔尺寸								
试验室标准筛筛孔(mm)	2.36	4.75	9.5	13.2	16	19	26.5	31.5	37.5	53
振动筛筛孔(mm)	3~4	5.5~6	11	15	19	25	30	35	41	60

(3)确定拌和时间

对于不同类型的沥青混合料,拌和时间应根据拌和设备的类似工程经验并由试拌确定,以沥青均匀裹附集料为度。为了增加可操作性,根据搅拌器拌和性能研究成果和工程实践经验,对几种典型的混合料给出了最小拌和时间参考值(表5-16),并应根据实际拌和情况调整。表中干拌时间为间歇式拌和设备称量斗中的集料卸入搅拌器到沥青开始喷射这段时间,湿拌时间为沥青开始喷射到混合料开始卸料这段时间,湿拌时间由沥青喷射时间与沥青喷射完成后的持续拌和时间组成。由于不同结构类型的设备沥青喷射方式不同(如压力喷射式、自流式等)和不同类型混合料沥青用量不同,需要的沥青喷射时间有差异,因此搅拌器的拌和均匀性主要由沥青喷射完成后的持续拌和时间决定。拌和好的混合料应色泽均匀一致,无花白料,无结团成块或严重的粗细料离析现象。

混合料的拌和时间参考值 表5-16

混合料类型		干拌时间(s)	湿拌时间(s)
普通沥青混合料		≥5	≥25+沥青喷射时间
改性沥青混合料		≥5	≥30+沥青喷射时间
SMA改性沥青混合料	絮状纤维	≥5	≥35+沥青喷射时间
	颗粒纤维	≥10	≥30+沥青喷射时间
掺加抗车辙剂改性沥青混合料		≥10	≥30+沥青喷射时间

添加纤维的沥青混合料拌和时,松散的絮状纤维宜在沥青喷入搅拌器时,同步或稍后送

入;颗粒纤维和抗车辙剂,宜在集料卸入搅拌器时同步加入。采用乳胶类沥青改性剂直接喷入搅拌器制作改性沥青混合料时,乳胶应采用专用计量投料设备按使用比例,在沥青喷入5s后喷入搅拌器,并相应延长拌和时间,以避免乳胶直接接触热料而降低改性效果。采用液体抗剥落剂时,应按剂量加入不低于140℃的热沥青中,并在沥青罐中搅拌均匀。

对于强制式拌和设备而言,混合料的拌和质量取决于搅拌器的结构参数、运行参数和使用参数等方面。成型搅拌器的结构参数和运行参数都已确定,在生产过程中可改变的主要是使用参数。由于不同类型搅拌器的结构参数与运行参数有差异,不同类型的混合料拌和的难易程度也有差别,因此对具体的机型和不同的材料应有相应的使用参数(充盈率、拌和时间等)。

在搅拌器结构和搅拌轴转速一定的条件下,提高搅拌器的充盈率就意味着直接增加每批料的数量,这样想要达到相同的拌和质量就要求有更多的搅拌次数,因为随着充盈程度的增加,搅拌桨叶对材料的翻拌作用削弱,材料在每个循环中参与翻拌的机会减少,这就要求增加对材料的搅拌次数,即增加拌和时间。搅拌器的拌和时间直接决定了材料在搅拌器中经受各种作用的持续时间,拌和时间增加,即增加了每个循环中搅拌桨叶的转动圈数,在一个工作循环中搅拌桨叶的转动圈数决定着最终的搅拌质量。因此,拌和时间与每锅材料量,以及混合料的生产质量三者之间存在着明显的制约关系。缩短拌和时间意味着提高搅拌器的生产率,而增加拌和时间显然会改善材料的拌和均匀性。由于混合料的拌和均匀性与搅拌器的结构参数、运行参数和使用参数等因素有关,因此,各参数之间的匹配关系是进行混合料生产质量控制和发挥搅拌器生产能力的重要方面。

拌和质量直观检查:若混合料冒黄烟,可能加热温度过高;若沥青裹附不均匀,可能温度过低;若混合料堆积过高,可能温度过低或沥青含量少。

(4)回收粉尘的处理

通常拌和设备配置了两级集尘装置,第一级集尘装置回收的材料主要是粒径大于0.075mm的细料,可直接送入振动筛回收利用。第二级集尘装置回收的材料主要是粒径小于0.075mm的粉料,若经试验确认符合要求可部分使用,但用量不得大于填料的25%;否则应废弃,因除尘造成的粉料损失应补充等量的新矿粉。

(5)成品料储存

拌和设备宜配备成品混合料保温暂存仓,送入仓中的普通沥青混合料储存时间不宜超过48h,改性沥青混合料储存时间不宜超过24h;SMA应当天使用,且不得有沥青滴漏;OGFC宜随拌随用。

3. 沥青混合料装卸与运输

沥青混合料宜采用状态良好的高底盘自卸卡车运输,车辆运输能力大于拌和设备的实际生产能力。运输车箱体四周有保温层,且混合料表面应有保温措施;使用前后将车厢清洗干净,并涂刷防止沥青黏结的隔离剂或防黏剂,且不得有积液。

运输车接料时,在拌和设备暂存仓下按前、后和中的顺序多次移动接料,控制每次卸下的料堆高度不超过车厢高度的一半,以减少材料落地成堆发生的粗细料分离现象。摊铺机前方等候卸料的车辆不少于4台时方可开始摊铺,摊铺过程中每台摊铺机前方等待卸料的车辆不应少于1台。运输车向摊铺机卸料时不得撞击摊铺机,在车轮距摊铺机顶推滚轮200~300mm

处停车,由摊铺机慢慢靠近车辆推动前进;运输车举升车厢时,轻微制动,防止车辆与摊铺机分离;每次卸料必须干净彻底,如有余料应及时清理。

运输车的运输距离不应过长,以避免混合料温度下降过多;当车厢保温和混合料表面覆盖保温效果良好,运输过程中混合料温度下降较小,并确认能够保证摊铺温度要求时,可适当延长运输距离。运输车进入摊铺现场时,不得带入泥土,不得损坏已完成的透层、黏层或封层。混合料运到摊铺地点后应凭运料单接收,用插入式温度计逐车检测沥青混合料的温度,并目测混合料拌和质量,不符合规定温度要求、已经结成团块、有花白料、沥青含量有明显偏差或遭雨淋湿的混合料,必须废弃。SMA 在运输、等待过程中,如出现沥青胶结料沿车厢滴漏现象,应寻找原因,并采取措施。

4. 沥青混合料摊铺

在沥青面层铺筑前,应完成各类管线、路缘石等附属工程的铺设工作,并检查确认下承层质量符合设计要求后,再进行施工放样、摊铺作业和沥青混合料压实。

1) 施工放样

施工放样是为了准确控制路面高程,以符合工程平面和纵断面位置要求。施工放样主要包括高程测定与平面控制两项内容。高程测定的目的是确定下承层表面高程与原设计高程是否相符,为挂线高度设置提供依据。施工放样时根据高程值设置挂线标准桩,控制摊铺厚度和高程。对于无自动调平装置的摊铺机,不存在挂线问题,但应根据所测高程值和本层应铺厚度综合考虑确定实铺厚度。为便于掌握铺筑宽度和方向,摊铺前还应放出摊铺的平面轮廓线或设置导向线。

高程放样应综合考虑下承层高程、厚度和本层应铺厚度后定出挂线高度,再打桩挂线。当下承层厚度不够时,应在本层内加入厚度差并兼顾设计高程;如果下承层厚度够而高程低,应根据设计高程放样;如果下承层的厚度与高程都超过设计值,应按本层厚度放样;若下承层厚度和高程都不够,应以差值大的为标准放样。总之,不但要保证沥青路面总厚度,而且要考虑高程不超出容许范围;当两者有矛盾时,应以满足厚度为主考虑放样,放样时计入实测的松铺系数。

2) 摊铺作业

沥青混合料摊铺作业时,应调整和确定摊铺机的机构参数和运行参数。机构参数主要包括熨平板宽度、拱度、初始工作仰角、摊铺厚度、布料螺旋与熨平板前缘的距离等;运行参数主要包括摊铺机的作业速度、熨平板振动频率、振捣器振幅(行程)和频率等。

(1) 摊铺宽度

单台摊铺机的摊铺宽度应根据摊铺机的作业能力和作业质量情况确定,宜小于 7.5m;在有效控制离析和确保摊铺质量的条件下,可适当放宽。限制摊铺机摊铺宽度的主要目的是减少摊铺离析,摊铺过宽使螺旋布料器运送混合料的距离过长,易造成粗细集料分离,温度不均匀和压实度不一致等现象。近年来,随着摊铺机的技术进步,一些摊铺机采取了较好的解决离析问题和控制摊铺质量的措施,在经过确认所采用的摊铺机能有效控制离析和确保摊铺质量的条件下,摊铺宽度也可适当放宽。

当采用两台或多台摊铺机作业时,相邻两台摊铺机的距离不应超过 10m,两幅搭接宽度 60mm 左右,相邻层的纵缝位置宜错开 200mm 以上。

(2)摊铺厚度

摊铺厚度为松铺厚度,即设计厚度乘松铺系数。摊铺层的松铺系数由摊铺试验确定,缺乏试验数据时,可根据以往类似工程经验初定,然后通过摊铺试验修正。摊铺起始点时,在熨平板下方根据摊铺宽度对称摆放2、4或6块垫木,调整垫木厚度,使熨平板底面达到松铺层表面高度。

(3)熨平板初始工作仰角和拱度

进行摊铺作业时,熨平板后部的提升油缸应处于浮动状态,不能锁死进行强制摊铺。熨平板的初始工作仰角与摊铺机型号、铺层厚度、混合料种类,以及摊铺混合料温度等因素有关,应参考以往类似工程经验,通过摊铺试验确定。具有自动调平装置的摊铺机,摊铺过程中依靠调平装置控制工作仰角,以保证摊铺层平整度。

初始工作仰角正确与否,通过实际摊铺试验检验,在调整时应注意:

①初始工作仰角每调整一次,必须在摊铺3~5m后多点检测厚度,将其平均值与设计值进行比较。

②在摊铺过程中,不要频繁调整厚度控制装置,以免影响摊铺层的平整度。

③调整熨平板初始工作仰角时,如果自动调平油缸活塞杆伸出或缩回至油缸行程的极限位置附近,应调整厚度调节机构,使自动调平油缸活塞杆在油缸行程的中部附近。

④调整拱度时,需注意熨平板两端的挠度变形。

对于液压伸缩式熨平板,由于基本熨平板与左右伸长熨平板前后布置,当初始工作仰角改变时,两者的后缘距地面高度会变得不一致。所以,在调整初始工作仰角之后,要使用同步调整机构,调整左右伸长熨平板的高度,使其后缘与基本熨平板后缘处于相同高度。

一些大型摊铺机,针对熨平板的拱度设计有两幅调拱机构,其前拱的调节略大于后拱,以利于保证摊铺层表面质量。通常对于液压伸缩式熨平板,前后拱差值为2~3mm;对于机械加长式熨平板,前后拱差值为3~5mm。如果前拱过大,摊铺层两侧疏松中间紧密,中部表面容易被刮出亮痕和纵向条纹。

(4)螺旋布料器调整

螺旋布料器的离地高度调整范围通常在0~300mm之间,可以根据需要调整以适应不同的摊铺厚度要求。较大的离地高度,用于厚层摊铺;较小的离地高度,用于薄层摊铺。

摊铺过程中,刮板输料器的供料量应与螺旋布料器的分料量相匹配,调节料位传感器使螺旋布料器中的混合料处于合适位置,且高度不宜低于螺旋布料器直径的2/3,料位应均衡稳定。摊铺机中间位置混合料,可通过螺旋布料器内侧端部的反向叶片进行调整。

螺旋布料器到熨平板前缘的距离应合适,在保证顺利供料的前提下不宜过大,以免两者之间形成"死料"(即下移缓慢的混合料)。随着温度降低"死料"逐渐变硬,一旦有团块进入摊铺层,既影响摊铺均匀性,又影响压实均匀性和平整度。

(5)导料板离地高度调整

摊铺机的导料板有两种,一种是机械拼装熨平板螺旋前面的导料板,目的是与熨平板振捣器前面的护板一起形成料槽,便于螺旋输料。若导料板下沿的离地间隙偏大,容易产生竖向离析;若过小,会影响摊铺机通过性能。因此,在摊铺作业状态时该间隙应调整到100mm左右为宜。

另一种是伸缩式熨平板前面的导料板,目的是与螺旋前面的导料板一起形成料槽,便于螺旋向两边输料,其下沿的离地间隙决定着向伸缩式熨平板的供料量。如果离地间隙小于熨平板吞料高度,供料会不足;如果离地间隙过大,供料过多,会在导料板与伸缩式熨平板前面的护板之间形成的料槽中堆积。因此,该导料板下沿离地间隙以大于熨平板吞料高度 60~100mm 为宜。

(6)熨平板加热

熨平板加热是保证摊铺质量和延长振捣系统使用寿命的重要措施之一,分为摊铺前的预热与摊铺过程中的保温。预热在摊铺前进行,保温在摊铺作业中根据需要进行。加热温度应与混合料温度接近,不能过热。若过热,熨平板本身会变形,加速磨损,使铺层表面沥青焦化,从而影响平整度和耐久性。

熨平板预热的主要目的:

①减小熨平板与沥青混合料之间的温差,以防止沥青混合料黏附在熨平板底面,随着熨平板的移动拉裂铺层表面,形成沟槽和裂纹影响摊铺质量;同时,加热后的熨平板对铺层起到熨烫作用,使铺层表面平整无痕。

②加热振捣头,软化其与熨平板护板之间黏结的沥青,减小振捣装置的启动负荷。

③消除熨平板由于温度低而产生的变形;熨平板未加热前,在宽度方向上略呈拱形,加热后拱形变形消除。

(7)熨平板振动频率

熨平板振动频率通常可在 0~55Hz 范围内无级调节,以适应不同类型沥青混合料摊铺作业对振动频率的需要。根据实践,在摊铺沥青混合料时,熨平板的振动频率宜在 30~50Hz 范围内选用。

(8)振捣器行程和频率

振捣器的作用:①将混合料初步捣实;②将振捣器前方多余的混合料刮走。

影响振捣器捣实效果的主要因素是幅值、频率和摊铺速度。

幅值:通常在 3~12mm 范围内分级可调。可根据需要选取;水泥稳定材料摊铺选择较大幅值,沥青混合料摊铺选择小幅值。对于沥青面层而言,摊铺厚度小、温度高、矿料粒径小时,采用小幅值;摊铺厚度大、密实度要求高、温度低、矿料粒径大时,采用较大的幅值;摊铺沥青面层时,振捣器幅值不应过大,以免影响级配。

频率:通常在 0~25Hz 范围内无级调节,选择时应考虑摊铺速度。当摊铺速度较大时,应采用较高的振捣频率。

(9)摊铺机供料

摊铺机供料量主要由刮板输料器输送速度、螺旋布料器转速决定,有比例式和开关式两种控制形式,通常为比例式控制。比例式控制刮板速度是根据摊铺速度、摊铺厚度和摊铺宽度所需混合料多少进行比例控制,也就是采用"电控变量泵+料位器"根据螺旋布料器需料量大小对刮板输料器的供料量进行比例调节。

摊铺室内混合料高度对摊铺质量会产生影响,对于沥青混合料的摊铺,料位高度以大于螺旋直径的 2/3 为宜;摊铺过程中料位调整好后由超声波传感器检测料位高度,控制系统进行自动控制。

(10)摊铺机作业速度

摊铺机作业速度主要与摊铺混合料种类、摊铺厚度、摊铺宽度,摊铺机型号和性能,配套机械型号、性能和数量,施工工期以及施工技术规范要求等因素有关。

选择摊铺机作业速度的原则是在保证施工质量的前提下,摊铺机连续稳定作业。首先要考虑供料能力,包括沥青混合料拌和设备的生产能力和运输车辆的运输能力;合理的摊铺机作业速度可根据混合料供给能力、摊铺宽度和摊铺厚度按下式估算:

$$v = \frac{1.7Q}{bh\rho} \tag{5-36}$$

式中:v——摊铺机的作业速度,m/min;

Q——混合料供给能力,t/h;

h——压实后的摊铺厚度,cm;

b——摊铺宽度,m;

ρ——沥青混合料压实后的密度,根据试验数据确定,缺乏试验数据时可取 2.35~2.45t/m^3。

摊铺速度除了与上述因素有关外,还因铺筑的层次不同而有所区别。一般下面层的摊铺速度较快,上面层的摊铺速度较慢,目的是使上面层能获得足够的平整度。一般摊铺速度控制在 2~6m/min 范围内,SMA 不宜大于 3m/min;速度过快,铺层密实度会下降;速度过慢,施工效率降低,经济性差。

(11)摊铺机自动调平基准

摊铺机进行高程控制摊铺作业时,应首选挂线、3D 等绝对基准;在进行铺层厚度控制时,应首选平衡梁、滑靴等相对基准。通常沥青混合料路面的下面层宜采用绝对基准进行高程控制,中面层和上面层宜采用相对基准进行厚度控制。

3)沥青混合料压实

(1)压实的作用与压实机械选择

沥青面层通常由几种规格的混合料分层铺筑而成,为使各层混合料形成坚实的结构,在自然条件和运输荷载作用下保持稳定,需采用压实设备对沥青混合料铺层进行压实。

热拌沥青混合料压实主要有静力压实、振动压实、搓揉压实和振荡压实等几种方式。静力压实是利用压路机的自重使材料产生剪应力,克服颗粒之间的摩擦力和沥青的黏聚力,使颗粒移动到较稳定的位置,以减小混合料的空隙率,提高稳定性。振动压实是利用振动轮的振动将力传给被压材料,减小颗粒间的移动阻力,使颗粒更容易填充密实,达到稳定状态。搓揉压实是采用搓揉设备对材料施加水平方向的交变作用力,使被压材料产生相互移动,小颗粒进入大颗粒空隙之中达到密实状态。振荡压实是利用交变剪切力,将振动与搓揉相结合,使颗粒重新排列变密实;振荡压实的能量主要沿水平方向传播,它在压实深度方面显然不如振动压实,但是在路面表层的一定深度范围内,交变剪切力对混合料产生的剪切和搓揉作用,能对沥青混合料产生高效压实的效果。

选择压路机种类、大小和数量时,需结合工程实际进行,并考虑混合料的压实特性,摊铺机的生产率、摊铺厚度、施工现场的具体条件等因素。混合料的压实特性和压实厚度为选择压路机的种类、大小、振动频率与振幅等提供依据。摊铺机的生产率决定了压实工作能力，从而影响压路机大小和数量的选用。

通常沥青面层碾压作业，主要选用钢轮静作用压路机、轮胎压路机、振动压路机、振荡压路机；由于振荡压路机影响深度小，较适合桥面沥青混合料铺装或薄层压实。SMA 和 OGFC 由于沥青含量高，采用轮胎压路机进行碾压容易将沥青胶浆挤出上浮，除经试验证明轮胎压路机碾压有良好效果外，不宜采用轮胎压路机碾压。

（2）碾压作业的程序

沥青混合料分初压、复压和终压三个阶段进行碾压。

①初压。

初压是压路机在刚摊铺的铺层上进行的第一阶段碾压，其目的是对混合料进行稳压，使混合料具有足够的承载力，以保证能够承载吨位较大的振动压路机的碾压作业，即为复压做准备；另外，通过初压也可减缓摊铺层的温度下降速度。

初压应紧跟摊铺机进行，采用双钢轮压路机静压，并保持较小的初压段长度；相邻碾压带重叠宽度宜为轮宽的 1/3～1/2，压路机的驱动轮应面向摊铺机，宜静压 2～4 遍。初压也可采用轮胎压路机进行，但胎压不能过大。

对于骨架嵌挤良好或摊铺密实度较高的混合料，若振动碾压无明显推移，也可直接进入复压阶段。

②复压。

复压是在初压之后，为使混合料达到规定密实度而进行的第二阶段碾压，其目的是使混合料密实、稳定、成型，以使沥青路面获得优良的路用性能，具有较长使用寿命。

复压应在初压之后进行，碾压段长度根据混合料的温度下降速度和压路机的作业效率共同确定，通常宜在 30～50m 之间，不宜超过 60m。对于粗集料含量较高的混合料，宜优先采用振动压路机复压；铺层较厚或难以压实的混合料，振动压路机宜采用大振幅；铺层较薄或容易压实的混合料，振动压路机宜采用小振幅；厚度小于 30mm 的薄层不宜采用振动压路机碾压。复压阶段宜采用振动压路机与轮胎压路机进行组合碾压，轮胎压路机的胎压宜为 0.48～0.55MPa（常温条件下），对于稳定性差的混合料可适当降低胎压。

碾压遍数应根据混合料压实难易程度、摊铺机初压密实度、压实设备类型、碾压速度及振动参数等因素确定，通常宜为 4～6 遍，以达到规定压实度要求为原则，避免欠压和过压现象发生。采用不同型号的压路机碾压时，每一台压路机都应进行全幅碾压，避免压实度不均匀。

振动压路机进行振动碾压时，相邻碾压带重叠宽度宜为 200mm 左右；轮胎压路机进行碾压时，相邻碾压带宜重叠 1/2 碾压宽度。对于大型压路机难以碾压的部位，宜采用小型振动压路机进行补充压实。

③终压。

终压是在复压之后，为了进一步提高表面质量而进行的第三阶段碾压，其目的是消除振动压路机碾压产生的轮迹，以形成平整、密实的表面。

终压应在复压完成之后进行，采用双钢轮振动压路机或轮胎压路机进行静压，碾压遍数不宜少于2遍,直至轮迹消除。

(3)影响沥青混合料压实质量的因素

①碾压温度。

碾压温度对沥青混合料的压实质量有重要影响。混合料的碾压温度较高时,可用较少的碾压遍数,获得较高的密实度和较好的压实效果;混合料的碾压温度较低时,碾压工作变得困难,压实度低、轮迹难以消除,且会降低路面平整度。因此,在实际施工中,摊铺完毕后应及时碾压。

普通沥青混合料的碾压温度宜通过沥青结合料在135℃和175℃条件下的黏度-温度曲线确定。无黏度-温度曲线时,可参照表5-17选择,并结合实际情况确定使用高值或低值。

普通热拌沥青混合料碾压温度参考范围(℃) 表5-17

施工工序	施工方式	沥青标号			
		50号	70号	90号	110号
开始碾压混合料内部温度,不低于	正常施工	135	130	125	120
	低温施工	150	145	135	130
碾压终了的表面温度,不低于	钢轮压路机	80	70	70	70
	轮胎压路机	85	80	75	70

聚合物改性沥青混合料的碾压温度应根据同类工程的实践经验,并参照表5-18选择。通常较普通沥青混合料的碾压温度提高10~20℃。

聚合物改性沥青混合料的正常碾压温度参考范围(℃) 表5-18

施工工序	聚合物改性沥青品种		
	热塑性橡胶类(SBS)	橡胶类(SBR)	热塑性树脂类(EVA、PE)
摊铺温度,不低于	160	160	160
初压温度,不低于	150	150	150
碾压终了表面温度,不低于	90	90	90
开放交通路表温度,不高于	50	50	50

碾压时若混合料温度过高,会引起压路机钢轮两侧混合料隆起,或碾压过程中铺层出现裂纹,或碾压轮粘料及碾压推移等问题。而碾压温度过低时,混合料的黏性增大,导致压实效率低、压实效果差,甚至压裂或压碎材料。

沥青混合料摊铺后温度不断变化,有效压实时间与混合料的降温速度、压实厚度等因素有密切关系。影响混合料铺层降温速度的因素主要有气温、湿度、风力和下承层温度等。薄沥青层压实要比厚沥青层压实困难些,这主要是因为薄层沥青混合料温度降低速度比厚层快得多,从而使其有效压实时间大大缩短。

②振动频率和振幅。

压路机的振动频率对沥青面层的压实效率和压实质量有重要影响,试验表明,压路机的振动频率多在35~60Hz范围内选择。

振幅主要影响沥青面层的压实厚度。当碾压层较薄时,宜选用高振动频率、低振幅;而碾压层较厚时,则可在较高振动频率下,选取较大的振幅。对于沥青面层,通常压路机的振幅在0.3~0.8mm范围内选择。

③碾压速度。

压实是通过压路机碾压增加材料单位体积内固体颗粒数量,减小空隙的过程。压实设备参数不同,会对材料产生不同的作用效果。因此,每种类型的压路机都有其合理的碾压速度,这对保证施工质量,提高作业效率,减少碾压时间十分重要。压路机的合理碾压速度由设备参数、被压材料密实度及其特性共同决定,需通过试验确定。碾压速度过低,容易产生推移、开裂等现象,影响压实质量;碾压速度高,需要增加碾压遍数,过高时会影响压实度。当缺乏试验数据时,通常碾压速度可参考表5-19选取。振动压路机的振动频率较低时,碾压速度宜取小值;振动频率较高时,碾压速度可取大值。

碾压速度参考值(km/h)　　　　　　　　　　　表5-19

压路机类型	初压		复压		终压	
	适宜	最大	适宜	最大	适宜	最大
双钢轮静作用压路机	2~3	4	3~4	5	3~5	6
轮胎压路机	2~3	4	3~5	6	4~6	8
振动压路机	2~3(静压)	4(静压)	3~4.5(振动)	5(振动)	3~5(静压)	6(静压)

④碾压遍数。

碾压过程中被压材料存在着塑性变形和弹性变形,每一个碾压循环压路机的能量传递分为三个部分:一部分传递给了被压材料,表现为压实度增加;一部分未被被压材料吸收,反作用于压路机钢轮;还有一部分则转换为热能和其他能量耗散掉。碾压初期由于被压材料刚度较小,吸收能量较多,压实度增长较快。随着碾压遍数增多,被压材料刚度逐渐增大,吸收的能量减少,压实度增长较慢;当达到一定的碾压遍数时,被压材料刚度趋于稳定,这时压实度基本保持不变。由于被压材料达到一定的压实度需要吸收相应的压实能量,因此,碾压遍数对压实的最终结果有重要影响。确定碾压遍数的基本原则是保证沥青混合料的压实度,在这个前提下,提高工作效率,减少碾压遍数。通常初压2~4遍,复压4~6遍,终压2~4遍。

⑤压实厚度。

碾压层的最大厚度由压实设备的压实能力和混合料压实难易程度共同决定。一般情况下,沥青混合料的压实厚度不大于100mm;沥青稳定碎石混合料的压实厚度不宜大于120mm,经试验证明能达到压实度要求时,其最大压实厚度可增加到150mm。

⑥混合料特性。

沥青混合料的特性对压实质量有较大影响,其原因、结果及对策见表5-20,在碾压作业中可供参考。

沥青混合料特性对压实作业的影响　　　　表5-20

原因			结果	对策
矿料	集料表面光滑		颗粒间摩擦力较小	使用轻型压路机
	集料表面粗糙		颗粒间摩擦力较大	使用重型压路机
	集料强度不够		颗粒易被钢轮压碎	使用强度高的材料，或用轮胎压路机碾压
沥青	沥青黏度	高	颗粒相对运动困难	使用重型压路机，或提高混合料温度
		低	颗粒相对运动容易	使用轻型压路机
	沥青用量	高	颗粒相对运动容易，碾压易失稳	减少沥青用量，或使用轻型压路机
		低	颗粒相对运动困难，碾压阻力较大	增加沥青用量，或使用重型压路机
混合料	粗集料过多		压实阻力大	减少粗集料，或使用重型压路机
	砂子过多		承载力小	减少砂用量，或使用轻型压路机
	矿粉过多		压实阻力大	减少矿粉用量，或使用重型压路机
	矿粉不足		颗粒相对运动容易	增加矿粉用量，或使用轻型压路机

(4) 特殊路段碾压

① 坡道碾压。

坡道较陡时，压路机的一部分作用力指向下坡方向，增加了混合料顺坡下滑的趋势。为了避免碾压时混合料向下推移，下承层表面应清洁干燥，喷洒黏层油。无论是上坡碾压还是下坡碾压，压路机的从动轮应朝着摊铺方向，即从动轮在前，驱动轮在后。上坡时，从动轮起到初步压实的作用，使沥青混合料能够承受驱动轮所产生的剪切力，以提供足够的驱动力；下坡时，混合料经前轮初步碾压，承受驱动轮制动产生的剪切力。

上坡碾压，压路机起步、停机和加速都要平稳，避免速度过高或过低。下坡碾压，应避免突然变速和制动。在坡度很陡的情况下进行下坡碾压时，应先使用轻型压路机预压，再用重型压路机或振动压路机压实。

② 弯道或交叉路口碾压。

碾压弯道或交叉路口时，钢轮大角度转向容易导致铺层混合料产生推移。为了更好地碾压弯道，应先从弯道内侧或弯道较低的一边开始碾压（以利于形成良好的支承面）。对急弯尽可能采用直线碾压（即缺角式碾压），并逐一转换碾压道，缺角处用小型机具压实。在压实中应注意转向同速度相协调，尽可能采用振动碾压，以减少剪切推移。

(5) 接缝处理

接缝包括纵向接缝和横向接缝两种类型，纵向接缝为沿路线长度方向的接缝，横向接缝为与道路中心线垂直的接缝。纵向接缝在采用一台摊铺机进行全幅摊铺时可以避免，横向接缝则不可避免。

① 纵向接缝。

纵向接缝按施工工艺不同可分为热接缝和冷接缝两种类型。

A. 纵向接缝摊铺。

纵向热接缝摊铺应注意以下几点：

a. 各台摊铺机的结构参数与运行参数应调试相同,以使摊铺厚度和密实度一致。

b. 接缝处熨平板搭接的重叠宽度应在 5~10cm 之间。

c. 两台摊铺机前后距离应在 5~10m 之间,以使沥青混合料在高温下相接。

d. 上下铺层的纵向接缝应错开 15cm 以上,且宜设在路面标线位置。

纵向冷接缝摊铺应注意以下几点:

a. 在先铺层靠接缝一侧设置挡板,挡板高度与铺层压实厚度相同,以使压路机能压实边部并形成一个垂直面;若不设挡板,应将压实度不足的边部切除,清洁切面后涂刷黏层油。

b. 后铺层摊铺时应与已铺层重叠 5cm 左右,以利于搭接,但重叠不宜过宽,以免影响平整度。

c. 开始碾压之前,铲除铺层上重叠的混合料,然后按规定碾压。

B. 纵向接缝的碾压。

根据接缝的冷热状况,纵向接缝的碾压方式有所不同。

a. 冷接缝碾压。

冷接缝碾压可采用下述两种方法进行:

(a)使用静力光轮压路机或振动压路机不开振动,将钢轮宽度的 10~20cm 压在热料层上,压路机的大部分重量支撑在已压实的铺层上进行碾压。采用这种方法碾压时,钢轮在新铺层上重叠不宜过宽,以免多余的混合料从未经压实的铺层中挤出,减少接缝处的料量,产生结合密度过小现象。

(b)使振动压路机位于热沥青混合料铺层上,钢轮宽度的 10~20cm 在已压实的铺层上进行振动碾压。这种碾压方式可将热混合料压向接缝处,从而产生较大的结合密度;但应避免损坏已碾压密实的铺层。

b. 热接缝碾压。

使用振动压路机碾压热接缝时,先压实接缝两边 20cm 以外的混合料,再压实接缝处混合料,避免混合料从两边挤出,以结合密实。

②横向接缝。

横向接缝通常为每段施工的工作缝,或由于某种原因摊铺中断的时间较长,重新开始摊铺的接缝。高速公路和一级公路的表面层应采用垂直的平接缝,如图 5-50a)所示;平接缝易于保证平整度,但接缝的连续性较差,处理不好容易开裂。中面层和下面层可采用自然斜接缝,如图 5-50b)所示;斜接缝施工难度大,不易接顺,容易产生接头跳车,但接缝的连续性较好,不易开裂。沥青层较厚时也可采用阶梯形接缝,如图 5-50c)所示;由于阶梯形接缝制作复杂,且接缝处铺层厚度变化较大,平整度和压实度较难控制。

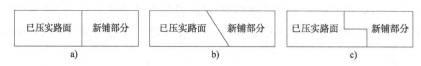

图 5-50 横向冷接缝的几种形式

A. 接缝制作。

施工即将结束时,在摊铺机距离接缝约 1m 处,抬起熨平板驶离现场,人工将端部混合料铲齐后再予碾压。然后,确定厚度不足的横断面,在混合料尚未冷透时,去除不符合要求的尾部。

也可采用垫木制作平接缝。摊铺结束后,抬起熨平板驶离现场,用一根厚度与压实层相同的木板挡在混合料铺层尾部,人工将端部混合料整平后用压路机碾压。待混合料压实后撤掉木板,即形成整齐的边沿。

B. 接缝处摊铺。

a. 清理接缝,涂刷黏层沥青,以利于接缝处粘接牢固。

b. 摊铺时,将熨平板放置于接缝处的已压实铺层上,在熨平板下方根据摊铺宽度对称摆放 2、4 或 6 块垫木,调整垫木厚度,使熨平板底面达到松铺层表面高度;螺旋布料器向料槽内输送足量的混合料,停留 5~10min,以预热接缝处的混合料,有利于新、旧混合料的接合。

c. 对于斜接缝,整平时应将铺层较薄部位的粗颗粒料剔除,补充细料,以便于整平。

C. 横向接缝碾压。

横向接缝碾压在混合料摊铺之后及时进行,以使新、旧料结合紧密。开始碾压时采用双钢轮振动压路机进行横向静压,将压路机的大部分重量支撑在已压实的路面上,小部分钢轮压在新铺混合料上(宽度 10~20cm),碾压 2~3 遍后,逐步向里横移;钢轮即将全部进入新铺层时,进行振动碾压。碾压结束后,压路机勿在接缝处大角度转向,以免损坏路面;可在路边搭接与铺层平齐的木板,便于压路机驶离。

第六章 水泥混凝土路面机械化施工

第一节 概 述

一、水泥混凝土路面的特点

水泥混凝土路面具有承载能力大、稳定性好、使用寿命长、日常养护费用少等优点,是各级公路路面的主要类型之一。

水泥混凝土路面主要包括素混凝土路面、钢筋混凝土路面、预应力混凝土路面、装配式混凝土路面、钢纤维混凝土路面。与其他类型路面相比,水泥混凝土路面具有以下特点:

(1)刚度大,强度高,板体性好,具有较高的承载能力和载荷扩散能力。

(2)稳定性好,水稳定性、温度稳定性优于沥青混凝土路面,无老化现象。

(3)耐久性好,抗磨耗能力强,耐疲劳性好。在保证施工质量的情况下,一般可使用20~40年。

(4)抗侵蚀能力强。水泥混凝土对油及大多数化学物不敏感。

(5)养护费用少。养护费用为沥青混凝土路面的1/4~1/3。

(6)抗滑性能好。表面粗糙度大,能保证车辆高速安全行驶,下雨时仍能安全行驶。

(7)有利于夜间行车。水泥混凝土路面色泽鲜明,能见度好。

(8)接缝多。接缝是水泥混凝土路面的薄弱处,一方面增加了施工和养护的复杂性;另一方面,在施工和养护不当时易出现唧泥、错台、断裂等现象;同时,接缝容易引起行车跳动,影响行车的舒适性。

(9)对超载敏感。水泥混凝土是脆性材料,一旦荷载超过其极限强度,混凝土板块便会出现断裂。

(10)修复困难。修复较沥青路面困难,修复后的强度不如原来整体性强度高。

(11)不能立即开放交通。水泥混凝土需要一定的养护期,以获得足够的强度,一般需14~20d。

(12)噪声大。水泥混凝土在使用的中、后期,由于接缝变形(缝隙增大、错台等)而使平整度降低,行车噪声较大。

二、水泥混凝土路面的结构

水泥混凝土路面结构层由路基、垫层、基层以及混凝土面层组成,各结构层都应满足相关的技术要求。

1. 路基

水泥混凝土的弹性模量为 $2.5 \times 10^4 \sim 4.0 \times 10^4 \mathrm{MPa}$,因此,水泥混凝土面板具有很大的

刚度和扩散载荷的能力,通过面板传到路基顶面的荷载压应力很小。因此,水泥混凝土路面并不要求强度大或承载能力高的路基,只要求稳定、密实、均质,对路面结构提供均匀支承的路基。

2. 垫层

垫层是指设于基层以下的结构层。其主要作用是隔水、排水、防冻以改善基层和路基的工作条件。垫层为介于基层和路基之间的结构层,在路基水稳状况不良时,用以改善路基的水稳状况,提高路面结构的水稳定性和抗冻胀能力,并可扩散载荷,以减少路基变形。

根据《公路水泥混凝土路面设计规范》(JTG D40—2011)的规定,遇到下面情况时,须在基层或底基层下设置垫层。

(1)季节性冰冻地区。路面结构厚度小于最小防冻厚度要求时,应设防冻垫层,其厚度为两者之差。

(2)水文地质条件不良的土质路堑,路床土湿度较大时,宜设置排水垫层。

3. 基层与底基层

基层和底基层应具有足够的抗冲刷能力和适当的刚度,抗变形能力强,坚实、平整、整体性好。

(1)基层的作用:减轻或防止由于唧泥而产生板底脱空和错台等病害,与垫层共同作用,可控制或减少路基不均匀冻胀或体积变形对混凝土面层产生的不利影响,减小路基顶面的压应力,并缓和路基不均匀变形对面层的影响,为混凝土面层施工提供稳定而坚实的工作面,改善接缝的传荷能力,提高路面结构的承载能力,延长路面的使用寿命。

(2)基层材料的选用原则:根据《公路水泥混凝土路面设计规范》(JTG D40—2011)的规定,依据交通载荷等级、材料供应条件和结构层组合要求,可参照表6-1选用基层和底基层的组成材料类型。

适合各交通载荷等级的基层和底基层材料类型 表6-1

交通载荷等级	基层材料类型	底基层材料类型
极重、特重	贫混凝土、碾压混凝土	级配碎石
	沥青混凝土	级配碎石,水泥稳定碎石,石灰、粉煤灰稳定碎石
重	密级配沥青稳定碎石	
	水泥稳定碎石	级配碎石
中等、轻	级配碎石	未筛分碎石、级配砾石或不设
	水泥稳定碎石,石灰、粉煤灰稳定碎石	未筛分碎石

(3)承受中等或轻交通载荷时,可不设底基层。未设垫层且路基填料为细粒土、黏土质砂或级配不良砂(承受特重或重交通载荷),或者上路床为细粒土(承受中等交通载荷)时,应设置底基层。底基层可采用级配粒料,水泥稳定粒料或石灰、粉煤灰稳定粒料等。

(4)基层的宽度应根据混凝土面层施工方式的不同,比混凝土面层每侧至少宽出300mm(小型机具施工时)或500mm(轨模摊铺机施工时)或650mm(滑模摊铺机施工时)。路肩采用混凝土面层,其厚度与行车道面层相同时,基层宜与路基同宽。

(5)各类基层和底基层结构性能、施工要求或排水要求不同,厚度也不同。其适宜厚度,按所选集料的公称最大粒径和压实效果的要求而定,可参照表6-2选用。

基层和底基层材料的结构层适宜厚度　　　　表6-2

材料种类		适宜厚度(mm)
贫混凝土、碾压混凝土		120~200
无机结合料稳定粒料		150~200
沥青混凝土	集料公称最大粒径9.5mm	25~40
	集料公称最大粒径13.2mm	35~65
	集料公称最大粒径16mm	40~70
	集料公称最大粒径19mm	50~75
沥青稳定碎石	集料公称最大粒径19mm	50~75
	集料公称最大粒径26.5mm	75~100
多孔隙水泥稳定碎石		100~150
级配碎石、未筛分碎石、级配砾石或砾石		100~200

(6)为防止下渗水影响路基,排水基层下应设置由水泥稳定粒料或密级配粒料组成的不透水底基层,底基层顶面宜铺设沥青封层或防水土工织物。

4.混凝土面层

由于水泥混凝土面层直接承受行车载荷的反复作用及环境因素的影响,因此要求水泥混凝土面层具有足够的强度、耐久性(抗冻性)、表面抗滑、耐磨、平整。

水泥混凝土路面的面层厚度,可根据交通载荷等级、公路等级和变异水平等级,参照表6-3选用。

水泥混凝土面层厚度的参考范围　　　　表6-3

交通载荷等级	极重	特重			重		
公路等级	—	高速	一级	二级	高速	一级	二级
变异水平等级	低	低	中	中	低	中	中
面层厚度(mm)	≥320	280~320	260~300	240~280	240~280	230~270	220~260

交通载荷等级	中等				轻	
公路等级	二级		三、四级		三、四级	
变异水平等级	高	中	高	中	高	中
面层厚度(mm)	220~250	210~240	210~240	200~230	190~220	180~210

三、水泥混凝土路面的类型

水泥混凝土路面包括素混凝土路面、钢筋混凝土路面、连续配筋混凝土路面、钢纤维混凝土路面、预应力混凝土路面和装配式混凝土路面等类型。

1. 素混凝土路面

在公路、城市道路及机场道面中,目前我国采用较多的是现场浇筑的普通混凝土路面,这类混凝土路面除接缝区和局部范围(边缘或角隅)外,不配置钢筋,亦称素混凝土路面。

2. 钢筋混凝土路面

在混凝土路面板内,沿纵、横向配置钢筋网,配筋率为0.1%~0.2%。钢筋直径0.8~1.2cm,纵筋间距15~35cm,横筋间距30~75cm。钢筋设在板表面下5~6cm处,以减少板面裂纹的产生和扩张。混凝土主要用来承受压力,钢筋主要用来承受拉力。

3. 连续配筋混凝土路面

在混凝土路面板内大量配筋,配筋率达0.6%~1.0%。纵筋直径1.2~1.6cm,间距7.5~20cm,可连续贯穿横缝。横筋直径0.6~0.9cm,间距40~120cm,设在板厚中央略高处,与板表面距离至少6~7cm。与素混凝土路面相比,连续配筋混凝土路面用钢多,造价高,施工较复杂。

4. 钢纤维混凝土路面

在混凝土中掺入1.5%~2.0%(体积比)的长2.5~6cm、直径0.025~0.1cm的钢纤维,可使其28d极限抗压强度和极限抗弯拉强度较素混凝土提高50%以上,而且它的抗疲劳和抗裂缝能力也较素混凝土高。

5. 预应力混凝土路面

通过对混凝土中的钢筋进行张拉施加预应力,使混凝土处于受压状态,这种混凝土叫作预应力混凝土。采用预应力混凝土可以改善混凝土的抗裂性能和变形性能。对混凝土施加预压力,当构件承受由外荷载产生的拉力时,首先抵消受拉区混凝土中的预压力,然后随着荷载增加,混凝土受拉,延缓或不使裂缝出现。

6. 装配式混凝土路面

装配式混凝土路面是在工厂中制成混凝土预制板,运至工地现场铺装而成的路面。装配式混凝土板一般做成边长1~2m的正方形或矩形,也可做成边长1.2m的六边形。板的边缘和角隅可配置钢筋,也可在全板面配设钢筋网。为提高混凝土的质量,可采用预应力、真空吸水、机械振捣和蒸汽养护等工艺。装配式混凝土路面板可以全年生产,不受气候影响,质量容易保证,而且铺装进度快,铺完即可通车,损坏后易于拆换修理。因此,较适用于停车站场及港口码头处,但其接缝多、整体性差,故在公路和城市道路干线上很少采用。

第二节 水泥混凝土搅拌设备

水泥混凝土搅拌设备包括水泥混凝土搅拌机和水泥混凝土搅拌站。本节将介绍水泥混凝土搅拌设备的分类、结构、功能、工作原理、生产率计算等内容。

一、水泥混凝土搅拌机

1. 搅拌机的用途及分类

水泥混凝土搅拌机是将一定配合比的水泥、砂、石、水和外加剂、掺合料拌制成满足一定匀质性、和易性要求的混凝土拌和物的机械设备。水泥混凝土搅拌机按工作原理可分为自落式和强制式两类;按作业方式可分为周期式和连续式搅拌机;按搅拌筒的结构可分为鼓筒形、双锥形、梨形、圆盘立轴式及圆槽卧轴式搅拌机;按出料方式可分为倾翻式和反转式搅拌机。

2. 搅拌机的工作原理

(1) 自落式搅拌机的工作原理

自落式搅拌机的工作原理如图 6-1 所示。搅拌机构为搅拌筒,沿筒内壁周围安装有若干个搅拌叶片。工作时,叶片随筒体绕其自身中心轴线旋转,利用叶片对筒内物料进行分割、提升、洒落和冲击,使集料的相互位置不断重新分布而得以拌和。其特点是搅拌强度不大、效率低,只适于搅拌塑性混凝土。

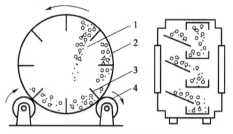

图 6-1 自落式搅拌机的工作原理图
1-混凝土拌和料;2-搅拌筒;3-搅拌叶片;4-托轮

(2) 强制式搅拌机的工作原理

强制式搅拌机可分为立轴涡桨式、立轴行星式、卧轴式三种形式。

① 立轴涡桨强制式搅拌机的工作原理如图 6-2 所示。搅拌机的圆盘中央有一根竖立转轴(1),轴上装有几组搅拌叶片(3),当转轴旋转时带动搅拌叶片旋转从而进行强制搅拌。立轴涡桨式搅拌机具有结构紧凑、体积小、密封性能好等优点。

② 立轴行星强制式搅拌机的工作原理如图 6-3 所示。搅拌机带有搅拌叶片(4)的旋转立轴不是装在搅拌筒(3)的中央,而是装在行星架(2)上。它除带动搅拌叶片绕本身轴线自转外,还随着行星架绕搅拌筒的中心轴(1)公转。相比只有自转的立轴涡桨式搅拌机可产生更加复杂的运动。立轴行星式搅拌机旋转立轴的数量按搅拌容量的不同可以是一根、两根或三根。立轴行星式搅拌机搅拌剧烈,且搅拌时间短,搅拌容量大,常用于混凝土搅拌站(楼)。

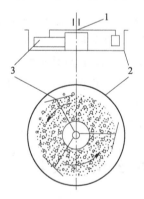 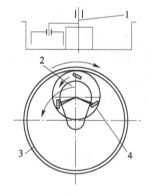

图 6-2 立轴涡桨强制式搅拌机的工作原理图
1-竖立转轴;2-搅拌筒;3-搅拌叶片

图 6-3 立轴行星强制式搅拌机的工作原理图
1-中心轴;2-行星架;3-搅拌筒;4-搅拌叶片

③ 卧轴式搅拌机是通过水平轴的旋转带动叶片进行强制搅拌混凝土的机械,分为单卧轴式和双卧轴式两种,其搅拌筒呈槽形。

单卧轴强制式搅拌机的工作原理如图6-4所示。搅拌机的一根轴上装有两个大小相同、旋向相反的螺旋叶片(3)和两个侧叶片(4),迫使拌和物做带有圆周和轴向运动的复杂对流运动。双卧轴强制式搅拌机的工作原理如图6-5所示。双卧轴式搅拌机的复杂对流运动是由两个旋向相同的螺旋叶片进行等速反向旋转来实现的。由于双卧轴式搅拌机做强烈的对流运动,因而能在较短的时间内拌制成匀质的混凝土拌和物。这种搅拌机具有很好的搅拌效果,使用范围广。

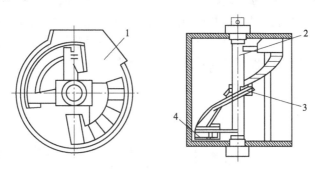

图6-4 单卧轴强制式搅拌机的工作原理图
1-搅拌筒;2-搅拌轴;3-螺旋叶片;4-侧叶片

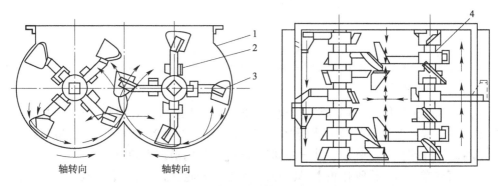

图6-5 双卧轴强制式搅拌机的工作原理图
1-搅拌筒;2-中心叶片;3-搅拌叶片;4-搅拌轴

3. 混凝土搅拌机的基本构造

混凝土搅拌机一般由以下几个部分组成:

(1)搅拌机构:搅拌机的工作装置,有搅拌筒内安装叶片和搅拌轴上安装叶片两种结构形式。

(2)上料机构:向搅拌筒内投放配合料的机构,常见的有翻转式料斗、提升式料斗、固定式料斗等形式。

(3)卸料机构:将搅拌好的混凝土卸出搅拌筒的机构,有卸槽式、倾翻式、螺旋叶片式等形式。

(4)传动机构:将动力传递到搅拌机各工作机构上的装置,主要形式有带传动、摩擦传动、齿轮传动、链传动和液压传动。

(5)配水系统:按混凝土配合比要求,定量供给搅拌用水的装置。一般有水泵-配水箱系统、水泵-水表系统以及水泵-时间继电器系统。

4. 锥形反转出料式混凝土搅拌机

锥形反转出料式混凝土搅拌机属于自落式搅拌机，以 JZC350 型混凝土搅拌机为例，其搅拌筒及传动机构如图 6-6 所示。搅拌筒由中间的圆柱体及其两端的截头圆锥组成，通常采用钢板卷焊而成。搅拌筒内有两组交叉布置的搅拌叶片，分别与搅拌筒轴线成 45°和 40°夹角，且呈相反方向。其中一组较长的主叶片直接与筒壁相连；另一组较短的副叶片则由撑脚架起。当搅拌筒转动时，叶片除使物料做提升和自由下落运动外，还迫使物料沿斜面做轴向窜动，并借助两端锥形筒体的挤压作用，使筒内物料在洒落的同时又形成沿轴向往返交叉运动，大大强化了搅拌作用，提高了搅拌效率和搅拌质量。

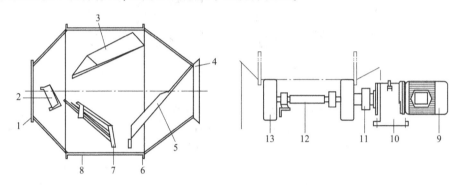

图 6-6　JZC350 型混凝土搅拌机的搅拌筒及传动机构简图

1-进料口圈；2-挡料叶片；3-主叶片；4-出料口圈；5-出料叶片；6-挡圈；7-副叶片；8-搅拌筒体；9-电动机；10-减速箱；11-弹性联轴器；12-主动托轮轴；13-橡胶托轮

在搅拌筒的进料圆锥一端，焊有两块挡料叶片，防止进料口处漏浆。在出料圆锥一端，对称布置一对螺旋形出料叶片。当搅拌筒正转时，螺旋叶片运动方向朝里，将物料推向筒内；当搅拌筒反转时，螺旋叶片运动方向朝外，将搅拌好的混凝土卸出。

搅拌筒支撑在四个橡胶托轮上，其中两个为主动托轮，另外两个为从动托轮。搅拌电动机的动力经减速箱、弹性联轴器，传递到主动托轮轴，轴上两个主动橡胶托轮依靠摩擦使搅拌筒旋转。另外两个从动托轮则随搅拌筒的旋转而转动。

5. 卧轴强制式混凝土搅拌机

卧轴强制式搅拌机兼有自落式和强制式两种机型的优点，即搅拌质量好、生产率高、能耗低，可用于搅拌干硬性、塑性混凝土等。

卧轴强制式搅拌机在结构上有单卧轴、双卧轴之分。前者多属小容量机种，后者则属于大容量机种，两者在搅拌原理、功能特点等方面十分相似。

图 6-7 是 JS500 型双卧轴强制式混凝土搅拌机结构示意图。该机主要由搅拌机构、上料机构、传动机构、卸料装置等组成。其搅拌机构的工作原理如图 6-8 所示。搅拌机构由水平放置的两个相连的圆槽形搅拌筒和两根按相反方向转动的搅拌轴等组成。在两根轴上安装了几组搅拌叶片，其前后上下都错开一定的距离，从而使拌和料在搅拌筒内交替地得到搅拌。一方面将搅拌筒底部和中间的拌和料向上翻滚，另一方面又将拌和料沿轴线分别向前后挤压，从而使拌和料得到快速而均匀的搅拌。

第六章 水泥混凝土路面机械化施工

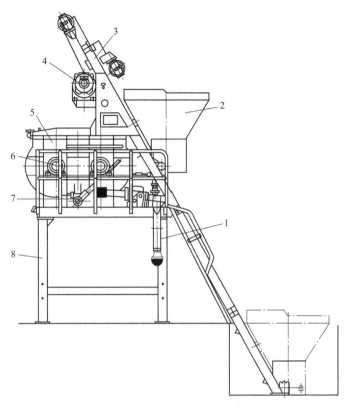

图 6-7 JS500 型双卧轴强制式混凝土搅拌机结构示意图
1-供水系统;2-上料斗;3-上料架;4-卷扬装置;5-搅拌筒;6-搅拌装置;7-卸料门;8-机架

双卧轴式搅拌机的卸料装置有单出料门和双出料门两种形式。卸料门的启闭有人工扳动摇杆、电动推杆、液压缸等方式。

图 6-9 为双出料门卸料装置。安装在两个圆槽形搅拌筒底部的两扇出料门,由气缸操纵经齿轮连杆机构而获得同步控制。出料门的长度比搅拌筒长度小,所以绝大部分的混凝土靠自重向外卸出,残留的则靠搅拌叶片强制向外排出。出料时,搅拌轴转动,即可将料卸净。

二、水泥混凝土搅拌站

水泥混凝土搅拌站(也有称搅拌楼)是用来集中搅拌混凝土的联合装置,亦称混凝土工厂。因其机械化和自动化程度高,生产率较大,故常用于混凝土工程量大、施工周期长、施工地点集中的大型工程,如大、中型水电站,公路路面施工,桥梁工程施工,建筑施工,混凝土制品厂等。

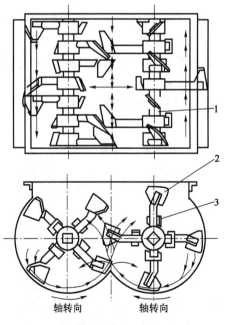

图 6-8 双卧轴强制式搅拌机搅拌原理
1-水平轴;2-搅拌叶片;3-中心叶片

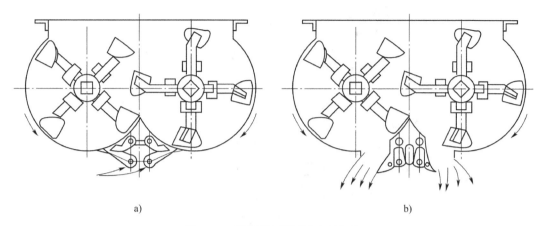

图 6-9 双卧轴强制式搅拌机卸料机构
a) 关闭；b) 开启

1. 水泥混凝土搅拌站的分类

(1) 按移动方式不同,可分为固定式和移动式混凝土搅拌站。前者适用于永久性的搅拌站,后者则适用于施工现场。

(2) 按作业方式不同,可分为周期式和连续式混凝土搅拌站。

(3) 按平面布置形式不同,可分为巢式和直线式。巢式是指数台搅拌机环绕着一个共同的装料出料装置中心布置,共用一套称量装置,一次只能搅拌一个品种的混凝土。直线式是指数台搅拌机排成一列或两列,每台搅拌机有各自的称量装置,同时能搅拌几个品种的混凝土。

(4) 按搅拌站的工艺布置形式,可分为单阶式和双阶式混凝土搅拌站。

① 单阶式水泥混凝土搅拌站。砂、石、水泥等材料一次就提升到搅拌站最高层的储料斗,然后配料称量直到搅拌成混凝土,均借助物料自重下落形成垂直生产工艺体系,其工艺流程如图6-10a)所示。其具有生产效率高、自动化程度高、动力消耗少、布置紧凑和占地面积小等优点,但其设备较复杂、基建投资大、建成周期长。单阶式布置适用于大型永久性搅拌站。

② 双阶式水泥混凝土搅拌站。双阶式搅拌站的砂、石、水泥等材料分两次提升,第一次将材料提升至储料斗,经配料后,再将材料提升并卸入搅拌机,其工艺流程如图6-10b)所示。它具有设备简单、投资少、建成周期短等优点;但其机械化和自动化程度较低、占地面积大、动力消耗多,故该布置形式适用于中小型搅拌楼(站)。

2. 单阶式水泥混凝土搅拌站的组成

单阶式水泥混凝土搅拌站一般为大型固定式搅拌设备,外形似一座楼房,高达24~35m。国产大型混凝土搅拌站现有3HIF90、3HIJ~135、4HI.F270型等多种型号,它们的构造基本相同,其金属结构作垂直分层布置,机电设备分装各层,集中控制。搅拌站自上而下分为进料、储料、配料、搅拌、出料共五层。图6-11为大型混凝土搅拌站的主要结构。

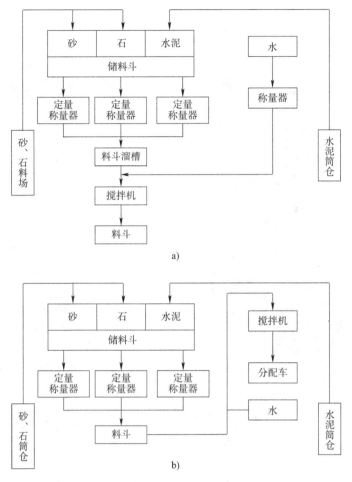

图 6-10 水泥混凝土搅拌站工艺布置形式图
a) 单阶式；b) 双阶式

(1) 进料层

进料层布置有砂、石和水泥的进料装置。它包括输送集料的皮带输送机、分料用的电动回转料斗、输送水泥或结合料用的斗式提升机，若以气力输送水泥，旋风分离器、管道、两路开关等都布置在进料层，见图 6-11 中进料层平面布置图。

(2) 储料层

储料层装有六角（或八角）形金属结构装配式储料仓，储料仓中央布置有双锥圆筒形水泥储仓，沿储仓轴线用钢板分隔成格，可同时储存两种不同标号的水泥。水泥仓周围为砂、石集料储仓，彼此以钢板隔开，可同时分别储存各种粒径集料和掺合料，整个储料仓坐落在有 6 根（或 8 根）支柱的钢排架顶部，以便随时提供原料。

(3) 配料层

配料层内设料仓给料器、供水管路和储水箱、称料斗、电子配料装置、控制室、吸尘装置和集料斗等，如图 6-11 中配料层平面布置图所示。由控制室控制的电子自动称量装置按混凝土生产配合比的要求，分批地将砂、石、水泥、水和外加剂等称量好，并将配好的砂、石料汇集到集料斗,待下料时与水和外加剂同时卸入搅拌筒。

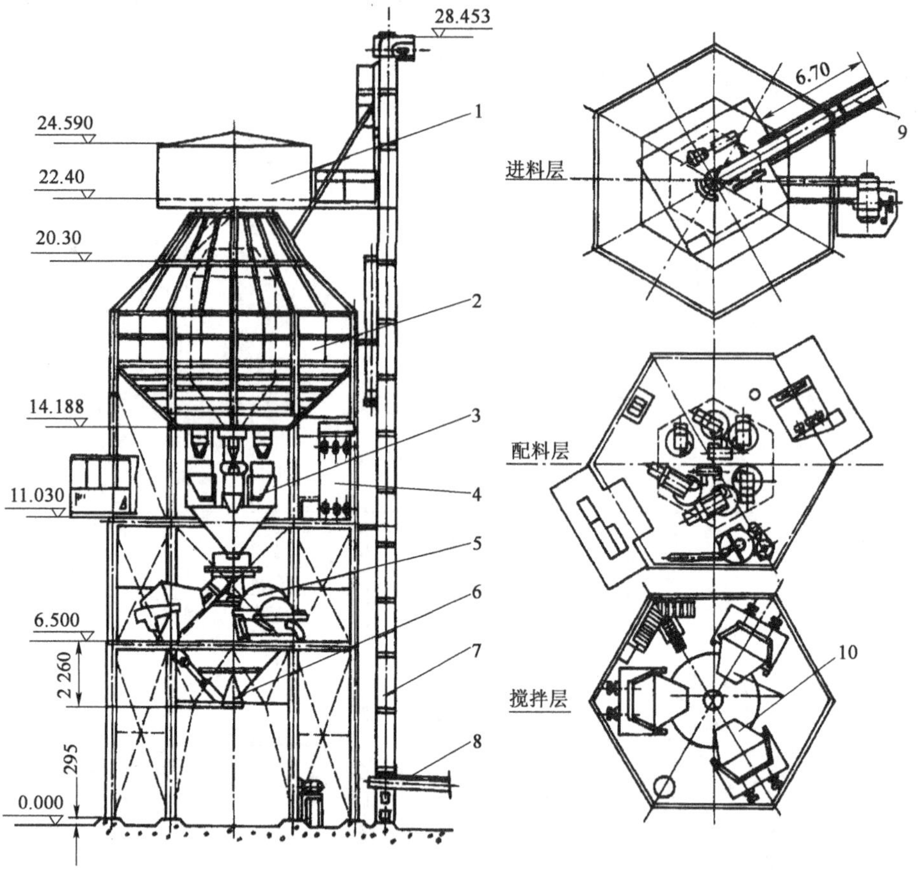

图 6-11 单阶式水泥混凝土搅拌站结构示意图(单位:cm)

1-进料层;2-储料层;3-配料层;4-吸尘器;5-搅拌层;6-出料层;7-斗式提升机;8-螺旋输送机;9-皮带输送机;10-搅拌机

(4)搅拌层

如图 6-11 中搅拌层平面布置图所示,搅拌层内设有 3 台(或 4 台)双锥形倾翻式搅拌机、回转给料器、搅拌系统的电气控制柜、压缩空气净化装置和储气罐等。称量好的混合料、水和外加剂经回转给料器卸入搅拌筒后即可开始搅拌。

(5)出料层

出料层设出料斗,出料斗中的卸料量通过气泵带动的弧形门的启闭来控制。卸出的混凝土由专用的混凝土吊罐或自卸车等运往施工现场。

(6)控制系统

国产大型水泥混凝土搅拌站多采用电控系统控制。各料斗门的气缸动作是由各个相应的电磁阀控制的。各电磁阀的主令按钮均设置在操纵箱内,当电控系统发出信号后,各电磁阀相应动作,使压缩空气进入气缸推动活塞,从而操纵各料斗闸门的启闭。

3.双阶移动式混凝土搅拌站的组成

双阶移动式混凝土搅拌站主要由混凝土搅拌机、集料堆场与集料称量装置、水泥称量装置、供水及其称量装置、水泥筒仓、运输机械、控制系统等组成,见图6-12。

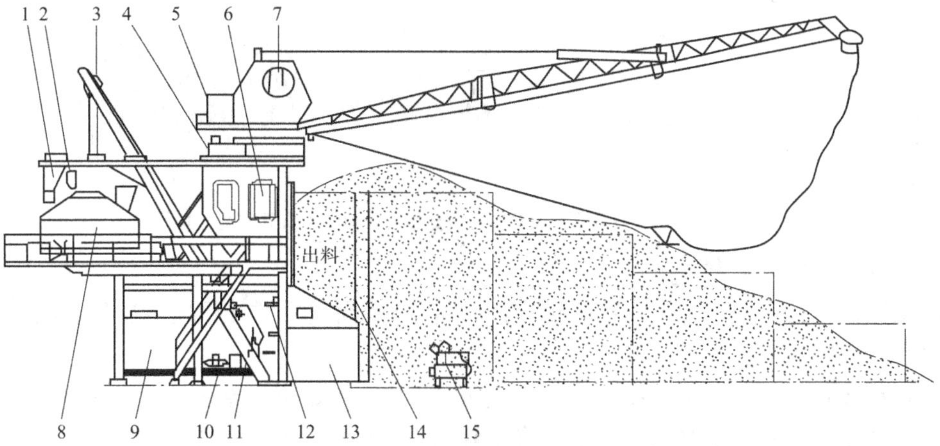

图6-12 双阶移动式混凝土搅拌站
1-水泥秤;2-示值表;3-料斗卷扬机;4-回转机构;5-拉铲绞车;6-主操作室;7-拉铲操作室;8-混凝土搅拌机;9-水箱;10-水泵;11-提升料斗;12-电磁阀;13-集料称量秤;14-分壁柱;15-空气压缩机

(1) 混凝土搅拌机

混凝土搅拌机是搅拌站的主机,它决定着搅拌站的生产效率。

(2) 集料堆场

集料堆积在搅拌站的后部,用隔墙隔成若干个独立的料仓,分别储存砂、石。采用拉铲把半圆形堆料场的材料堆积起来,并将砂及不同规格的石分别运送到出料区上部。当出料区的闸门依次打开时,流入秤斗的砂、石料由秤进行累计称量。

(3) 集料称量装置

集料称量装置即集料称量秤,它不但能进行集料的称量,还可以在称量过程中输出信号,指令下一程序开始工作,控制集料出料区三个闸门的开闭。

(4) 集料提升装置

在提升料斗完成集料称量后,由专门的卷扬机牵引料斗沿轨道向上提升。料斗升至搅拌机上方时,将料斗的底门打开,集料落入搅拌机。

(5) 水泥筒仓与水泥称量装置

水泥筒仓分别安装在搅拌站的两侧(图中未表示)。筒仓底部装有闸门和给料器,并与螺旋输送机相连接,由螺旋输送机将水泥输送至水泥秤斗进行称量。

(6) 供水及其称量装置

搅拌用水由水泵抽水经计量水表、管道送入搅拌机,用电子秤计量用水。当达到规定水量时,水泵停止供水。

(7) 控制系统

混凝土搅拌站采用电气系统进行控制。称料时料仓闸门或给料器的开、闭,搅拌机搅拌时间,搅拌机卸料闸门的开、闭等工艺过程可以按规定的程序自动运行。

在工艺过程的衔接上,搅拌机一个出料循环的时间应尽可能最短,以提高生产率。

图6-13为双阶式水泥混凝土搅拌站的三种结构布置方案。

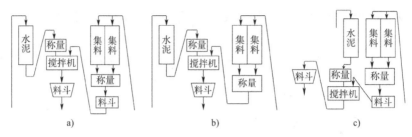

图 6-13 双阶式水泥混凝土搅拌站的三种结构布置方案

这三种方案的特点：

①水泥都是在一条单独的密闭通道中经提升、称量而进入搅拌机内,这样就从根本上改变了水泥飞扬现象。

②在图 6-13a)、b)中,集料提升斗兼作称量斗,其优点是不仅省去了一套集料称量斗,而且降低了高度。其缺点是当提升斗提升和下降时会使整个称量系统受到冲击。

③图 6-13c)所示的这一形式需要安装一种能爬升的搅拌机,这种搅拌机不仅能对混凝土进行搅拌,而且还能像提升斗一样提升上料,在提升过程中还能继续搅拌,节省了时间。

三、水泥混凝土搅拌机生产率计算

水泥混凝土搅拌机是水泥混凝土路面机械化施工的主体机械,它的生产率是确定其他设备数量的重要依据。因此,水泥混凝土搅拌机生产率的计算是十分重要的。

水泥混凝土搅拌机的生产率可用下式计算：

$$Q = 60 K_B G / t \tag{6-1}$$

式中：Q——水泥混凝土搅拌机生产率,m^3/h；

G——搅拌机每次卸下水泥混凝土的量,m^3；

K_B——时间利用系数；

t——搅拌机拌和一次所需时间,min。

$$t = t_1 + t_2 + t_3 \tag{6-2}$$

式中：t_1——搅拌机加料时间,min；

t_2——搅拌机拌和时间,min；

t_3——搅拌机卸料时间,min。

第三节　水泥混凝土搅拌输送设备

水泥混凝土搅拌输送设备是将拌制好的水泥混凝土运输到施工现场的一类设备。本节将介绍水泥混凝土搅拌输送设备的用途、结构、功能、工作原理等内容。

一、水泥混凝土搅拌运输车

1. 水泥混凝土搅拌运输车的功用和组成

(1)水泥混凝土搅拌运输车的功用

水泥混凝土搅拌运输车是水泥混凝土运输搅拌的专用车辆(图 6-14)。水泥混凝土搅拌运输车运送量大,且长距离输送能保证混凝土的质量,减少离析和防止初凝。

(2)水泥混凝土搅拌运输车的组成

如图 6-14b)所示,水泥混凝土搅拌运输车主要由底盘、传动系、液压系统、机架、搅拌筒、进出料装置、供水系统、操纵系统等部分组成。

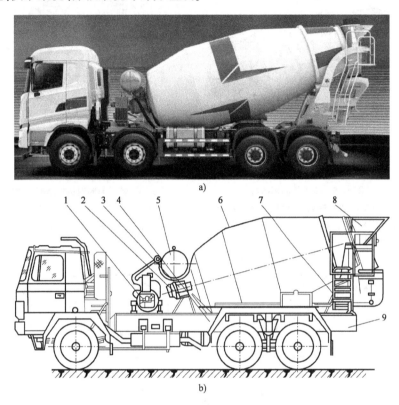

图 6-14 水泥混凝土搅拌运输车
a)实物照片;b)结构示意图
1-泵连接组件;2-减速机总成;3-液压系统;4-机架;5-供水系统;6-搅拌筒;7-操纵系统;8-进出料装置;9-底盘

底盘通常使用现有的汽车底盘。有时为了降低重心,也采用半拖挂式专用底盘。搅拌筒前端与减速机连接安装在机架前台上,后端通过滚道由安装在机架后台的两个托轮支撑。

图 6-15 为搅拌筒内部构造,可以看出桨叶为双头螺旋桨叶。图 6-16 为搅拌筒的装料和卸料机构结构示意图。

图 6-17 为搅拌筒正反转时叶片上混凝土受力图。叶片的螺旋角参数对搅拌筒的工作性能影响很大。叶片与搅拌筒轴线的夹角称为下滑角。下滑角 β 越大,混凝土由自重造成的下滑分力越大,越容易向下滑动。以往的叶片大都采用图示的阿基米德螺线,它的下滑角是一个变数,随着中段到进出料口处的直径逐渐变小,β 也逐渐变小,这样在出口处的下滑力也变小,所以出口处的混凝土经常发生堵塞。从 20 世纪 80 年代起,搅拌车的搅拌筒叶片改用对数螺线,它的特点是下滑角 β 不随搅拌筒直径变化而变化,在中段与在出口处的倾角是一致的,通常取 60°,因此使出料得到了改善。近年来还出现了一种采用变参数螺旋曲线的叶片,按搅拌筒各个区段设定螺旋角。出料口处螺旋角取 75°,而后锥部螺旋角小于 60°,

同时在后区增加了横向搅拌叶片,可加大强力搅拌的力度。

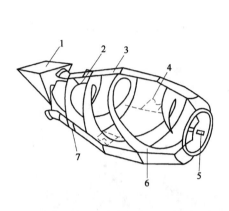

图 6-15 搅拌筒内部构造
1-加料斗;2-进料导管;3-搅拌筒壳体;4-辅助搅拌叶片;5-中心轴;6-带状螺旋叶片;7-环形滚道

图 6-16 装料与卸料机构结构示意图
1-进料斗;2-固定卸料槽;3-支架;4-调节转盘;5-调节杆;6-活动卸料槽;7-搅拌筒

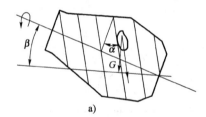
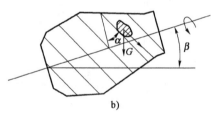

图 6-17 搅拌筒正反转时叶片上混凝土受力图
a)正转;b)反转

2.混凝土搅拌运输车工作装置的工作原理及结构

(1)工作装置的工作原理

通过取力装置将汽车底盘的动力取出,并驱动液压系统的变量泵,把机械能转化为液压能传给定量电动机,电动机再驱动减速机,由减速机驱动搅拌装置,对混凝土进行搅拌。

(2)结构

①取力装置。

混凝土搅拌运输车采用主车发动机取力方式。取力装置的作用是通过操纵取力开关将发动机动力取出,经液压系统驱动搅拌筒,搅拌筒在进料和运输过程中正向旋转,以利于进料和对混凝土进行搅拌,在出料时反向旋转,在工作终结后切断与发动机的动力连接。

②液压系统。

将经取力装置取出的发动机动力,转化为液压能(排量和压力),再经电动机输出为机械能(转速和扭矩),为搅拌筒转动提供动力。

③减速机。

将液压系统中电动机输出的转速减慢后,传给搅拌筒。

④操纵机构。

A. 控制搅拌筒旋转方向,使之在进料和运输过程中正向旋转,出料时反向旋转。

B. 控制搅拌筒的转速。

⑤搅拌装置。

搅拌装置主要由搅拌筒及其辅助支撑部件组成。搅拌筒是混凝土的装载容器,也是搅拌器。转动时混凝土受重力的作用沿叶片的螺旋方向运动,在不断地提升和翻动过程中进行拌和。在进料及运输过程中,搅拌筒正转,混凝土沿叶片向里运动;出料时,搅拌筒反转,混凝土沿着叶片向外卸出。

叶片是搅拌装置中的主要部件,损坏或严重磨损会导致混凝土搅拌不均匀。另外,叶片的角度如果设计不合理,还会使混凝土出现离析。

⑥清洗系统。

清洗系统的主要作用是清洗搅拌筒,清洗系统还对液压系统起冷却作用。

3. 搅拌运输车的输送方式

(1)成品混凝土输送

适用距离 8~12km。先将搅拌运输车开至混凝土搅拌站的搅拌机出料口下,搅拌运输车的搅拌筒以进料速度旋转进行加料,加料完毕后运输车即驶出。在输送途中,搅拌筒对混凝土不断地进行慢速搅拌,以防止混凝土初凝和离析。运输车到达施工现场后,搅拌筒反转卸出混凝土。

(2)半干料搅拌输送

对尚未加足水的混凝土加足水量,边搅拌边输送。

(3)干料搅拌输送

适用运距 12km 以上。将称量好的砂、石、水泥等干配合料装入运输车的搅拌筒内,待运送到离施工现场剩 15~20min 车程时,开动搅拌筒加水搅拌,到达现场完成搅拌,反转出料。

(4)搅拌混凝土后输送

当配料站无搅拌机时,把称量好的砂、石和水泥等物料加入运输车的搅拌筒,搅拌后再输送至施工现场[与(3)有相同之处]。

二、水泥混凝土输送设备

1. 水泥混凝土泵

水泥混凝土泵按工作原理可分为活塞式(包括机械式和液压式)、挤压式和风动式。

(1)液压活塞式混凝土泵

液压活塞式混凝土泵工作原理如图 6-18 所示。

当 2 号液压油缸右腔进油、1 号液压油缸左腔排油时,2 号混凝土活塞向左移动,将料斗中的混凝土吸入 2 号混凝土缸体;与此同时,2 号液压油缸左侧密封油升压,并进入 1 号液压油缸左侧,推动 1 号液压油缸活塞向右移动,从而把混凝土压入输送管道。当 2 号活塞继续左移,待其缸体与导管中行程开关重合时,电气接点闭合,电磁阀动作,电磁阀将液压油缸的进出油路相互切换。此时 1 号活塞左移吸入混凝土,而 2 号活塞右移压送混凝土。如此不断循环,可以连续不断地将混凝土泵出。

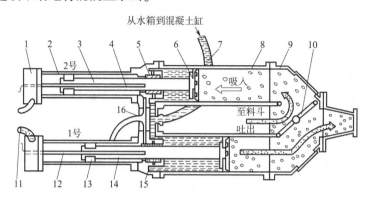

图 6-18 液压活塞式混凝土泵工作原理示意图
1-液压油缸盖;2-液压油缸;3-活塞杆;4-闭合油路;5-V 形密封圈;6-混凝土活塞;7-水管;8-混凝土缸;9-阀箱;10-板阀;
11-油管;12-铜管;13-液压油缸活塞;14-干簧管;15-缸体接头;16-双缸连接缸体

液压活塞式混凝土泵主要由下列机构组成:

①压送机构。

压送机构的主要作用是克服管道阻力和混凝土压力,将混凝土送至浇筑地点,主要由主液压油缸、混凝土缸、支承连接件及水箱等组成。

②料斗及搅拌装置。

料斗主要起储存调节作用,改善混凝土的流动性。搅拌装置向混凝土缸喂料,以提高混凝土的吸入率。

③混凝土泵分配阀。

采用旋转板阀,可以使一个混凝土缸在吸入冲程与料斗相连;同时另一个活塞杆处于推压冲程并与输出口相通。继续循环时活塞反向,分配阀亦同时反向,从而使两个混凝土缸的吸入和推压冲程实现交换。

(2)挤压式混凝土泵

图 6-19 为带有真空抽吸作用的挤压式混凝土泵的工作原理图。它由圆鼓形真空抽吸室、铺设在半边圆鼓内的橡胶抽吸管、一对压在抽吸管上可转动的滚子以及装有搅动叶片的混凝土料斗等部分组成。工作时抽吸室保持真空,使其下面一段经过滚子挤压后的抽吸管能自动张开,并不断从料斗中吸入混凝土。与此同时,上面的滚子则将吸入管中的混凝土压送至导管中,并连续排送至浇筑部位。

由于抽吸管和输送管的直径相同,压出的混凝土柱直径并未改变,因而在输送管中压力变化小,混凝土在其中可连续均匀地流动,而输送管中没有压力冲击和振动现象。

挤压式混凝土泵主要用于输送轻质混凝土,其抽吸管直径为 50 ~ 125mm,生产率为 9 ~ 70m³/h。但由于其压力小,故输送距离短。与

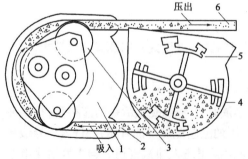

图 6-19 挤压式混凝土泵工作原理图
1-真空抽吸室;2-橡胶抽吸管;3-滚子;4-料斗;5-搅动叶片;6-输送管道

活塞式混凝土泵相比,挤压式混凝土泵没有阀门、活塞或其他与混凝土直接接触的机构,维护比较简单。它还可以与混凝土喷射机联合作业,实现连续浇灌。

(3)风动式混凝土输送设备

风动式混凝土输送设备是利用压缩空气将盛于密封容器内的混凝土压入输送管道,并沿管道压送到终端的减压器,经降低压力和速度后从减压器卸出。风动式混凝土输送设备的全套装置包括空气压缩机、储气罐、压送器、输送管、减压器等,如图6-20所示。

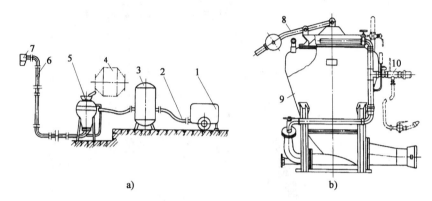

图6-20 风动式混凝土输送设备
a)组成图;b)操纵机构

1-空气压缩机;2-送风管;3-储气罐;4-搅拌机;5-混凝土泵机体;6-输送管;7-减压器;8-操纵杠杆;9-泵体;10-总进气管

风动式混凝土输送设备的优点是结构简单、购置费用低。其缺点是混凝土易发生离析现象、管道磨损剧烈、耗风量较大。

2.水泥混凝土泵车

水泥混凝土泵车是把水泥混凝土泵和布料装置安装在汽车底盘或专用车辆上,使之具有很强机动性能的混凝土输送机械。水泥混凝土泵车利用汽车发动机的动力,通过分动箱将动力传给液压泵,然后带动混凝土泵工作。混凝土通过布料装置,可被送到一定的高度与距离。它的机动性好,布料灵活,使用方便,适用于大型基础工程和零星分散工程的混凝土输送。

水泥混凝土泵车结构如图6-21所示。混凝土泵(4)装在汽车底盘(1)的尾部上,以便于混凝土搅拌运输车向混凝土泵的料斗卸料。混凝土泵的结构和工作原理与拖式混凝土泵车基本相同。车上装有布料装置(3),臂架为"回折"形三节折叠臂。

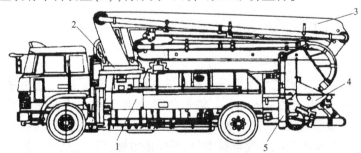

图6-21 水泥混凝土泵车结构示意图
1-汽车底盘;2-回转机构;3-布料装置;4-混凝土泵;5-支腿

水泥混凝土泵车有布料杆式和配管式两种类型。其中布料杆式泵车比配管式泵车具有更大的使用灵活性。液压折叠臂架具有变幅、曲折和回转三个动作，输送管道沿臂架铺设，在臂架活动范围内能同时完成水平输送和垂直输送，可任意改变混凝土浇筑位置。布料杆式泵车特别适合于房屋建筑及混凝土需求量大、质量要求高的工程。图6-22为一装有布料杆的混凝土泵车外形及其工作原理图。

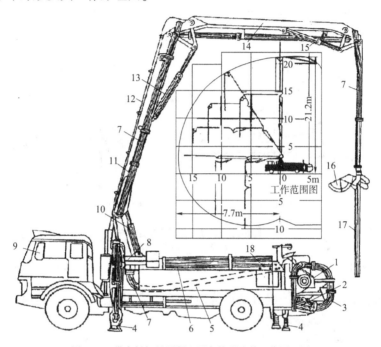

图6-22 带布料杆的混凝土泵车外形及其工作原理图

1-料斗及搅拌器；2-混凝土泵；3-Y形出料管；4-液压外伸支腿；5-水箱；6-备用管段；7-进入旋转台的导管；8-支承旋转台；9-驾驶室；10、13、15-折叠臂油缸；11、14-臂杆；12-油杆；16-橡胶软管弯曲支架；17-软管；18-操纵柜

第四节 水泥混凝土摊铺设备

水泥混凝土摊铺设备是用来铺筑水泥混凝土路面的设备，本节将介绍水泥混凝土摊铺设备的用途、分类、结构、功能、工作原理及性能等内容。

一、水泥混凝土摊铺机的用途和分类

1. 水泥混凝土摊铺机的用途

水泥混凝土摊铺机是修筑水泥混凝土路面的主要施工设备之一，也是铺筑机场跑道、停机坪、水库坝面等工程设施的关键设备。随着公路、市政和航空事业的发展，为了提高水泥混凝土路面的施工质量和施工速度，水泥混凝土摊铺设备不断得到发展和应用。其主要功能是把已经搅拌好的水泥混凝土混合料均匀、平整地摊铺，再经过振实、抹光和拉毛等工序，使之形成符合标准规范要求的混凝土路面。为此，水泥混凝土摊铺机应满足以下技术要求：

（1）摊铺必须均匀，不使集料产生离析。

(2)摊铺在基层上的混凝土,须有均等的余留高度,供振实、整平和抹光之用。

(3)对摊铺的混凝土能充分地振实。振实是混凝土铺筑过程中最重要的作业程序,它对摊铺质量影响很大。

(4)经过振实的混凝土铺层,须整平,并达到设计要求,其误差应在规定范围内。

2. 水泥混凝土摊铺机的分类

(1)按性能和施工方式,可分为轨道式和滑模式两种类型。

轨道式摊铺机是按水泥混凝土摊铺程序设计的机械。因早期的轨道式摊铺机由多台完成单一作业程序的机械(布料机、振捣机和抹光机等)组成,故被称为"摊铺列车",在铺设的两根轨道上行驶和作业。目前已有可一次完成多种作业程序的综合型轨道式摊铺机和可以大范围调整摊铺宽度的桁架型轨道式摊铺机。

滑模式摊铺机是机架两侧装有长模板,对水泥混凝土进行连续摊铺、振实、整形的机械。其能够自动铺筑出公路路拱、超高、平滑弯道和变坡,能适应面板厚度的变化,并能自动设置传力杆、拉杆乃至铺设大型钢筋网片。滑模式摊铺机能够摊铺普通水泥混凝土路面、所有缩缝均设置传力杆的混凝土路面、间断配筋和连续配筋的钢筋混凝土路面等。

这种机械集摊铺、振实、修整于一体,结构紧凑、操作方便,可实现自动控制,节省了人力、物力,加快了施工进度,提高了施工的经济效益。目前,在国内城市道路、公路路面和机场跑道等水泥混凝土路面摊铺过程中,一般以使用滑模式水泥混凝土摊铺机为主。

(2)按用途,可分为路面摊铺机、路缘石摊铺机、沟渠摊铺机等,其中沟渠摊铺机适用于河床的斜面摊铺,主要用于河道和堤坝的铺筑施工,其铺筑宽度大。

(3)按行走方式,可分为轮胎式、钢轮式和履带式,现代滑模式摊铺机一般都采用履带式行走机构,轨道式则采用钢轮式。

二、滑模式水泥混凝土摊铺机

滑模式水泥混凝土摊铺机在铺筑水泥混凝土路面时,不需另设轨道和模板,依靠机器本身的模板,就能按照要求的路面宽度、厚度和拱度将混凝土挤压成型。

1. 滑模式摊铺机的分类与特点

(1)滑模式摊铺机的分类

滑模式摊铺机可按路面滑模摊铺的工序、自动调平系统的形式、行走系统履带的数量、振动系统采用振动器的形式进行分类。

①按滑模摊铺工序的不同,滑模式摊铺机主要有两种类型:一种是以美国COMACO公司的CP系列为代表,它把内部振动器置于整机前方螺旋布料器的下方,然后通过外部振捣器振捣和成型盘成型,最后由修光机抹光。另一种是以美国CMI公司的SF系列为代表,它首先用螺旋布料器分料,由虚方控制板控制摊铺宽度上的水泥混凝土高度,然后通过内部振动器振捣,再进入成型模板,之后通过浮动抹光板。

②按自动调平系统形式的不同,滑模式摊铺机可分为两大类:一种是电液自动调平系统(以美国COMACO公司CP系列为代表);另一种是全液压自动调平系统(以美国CMI公司SF系列为代表)。电液自动调平系统的基本结构是把电路元件装在一个长方体盒子内,一

根转轴从盒子里面伸出来,在转轴上装有触杆,工作时该触杆与基准线相接触。这种自动调平系统结构简单,便于安装,对电气元件的保护可靠,但对环境的湿度反应比较敏感。而全液压自动调平系统的基本结构是在传感器转轴上装有一个偏心轮,偏心轮推动一个高精度的滑阀阀芯,工作时利用滑阀阀芯的位移直接改变系统液压油的流量和方向。这种自动调平系统的特点是由全液压传感器从基准线上得到的信号直接反馈,控制油缸支腿升降实现自动调平。它结构简单,工作可靠,成本较低,对环境的要求不高,但对系统中液压油的品质和滤清器精度要求较高。

③按行走系统履带数量的不同,滑模式摊铺机可分为两履带式(图6-23)、三履带式(图6-24)和四履带式(图6-25)。

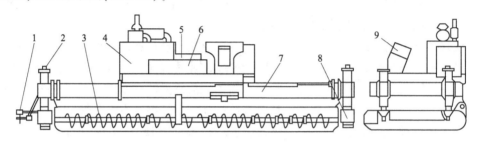

图6-23 两履带滑模式摊铺机

1-调平和转向自动控制系统;2-立柱浮动支撑系统;3-工作装置;4-动力装置;5-传动装置;6-辅助装置;7-机架;8-行走与转向装置;9-控制与操纵装置

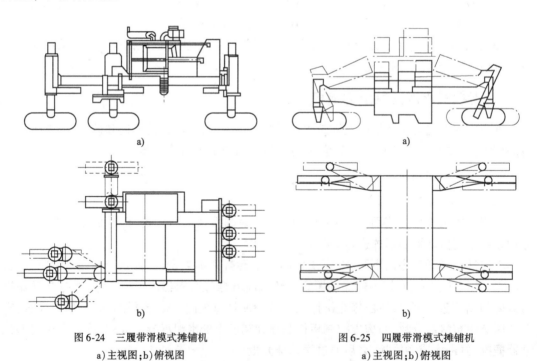

图6-24 三履带滑模式摊铺机　　　　图6-25 四履带滑模式摊铺机
　　a)主视图;b)俯视图　　　　　　　　　a)主视图;b)俯视图

早期的水泥混凝土摊铺机的行走系统是两履带式,如COMACO公司的GP1500、GP2500,CMI公司的SF250等。20世纪70年代出现了四履带滑模式摊铺机。与两履带式比较,四履带式具有调平能力强、行驶直线性能好等优点。在两履带和四履带的选择上,一般摊铺宽度在 7.5m 以下时,可以选择两履带滑模式摊铺机;摊铺宽度在 7.5m 以上时,则应选择四履带滑模式摊铺机。三履带滑模式摊铺机主要用来摊铺边沟、防撞墙、路肩等车道以外的水泥混凝土构造物。在履带变化方面,有的生产厂家采用卸下一条履带的方法,使四履带滑模式摊铺机变为三履带式,从而使一台摊铺机既能完成路面摊铺,又能完成边沟、防撞墙、路肩等车道以外的水泥混凝土构造物的摊铺作业,拓宽了滑模式摊铺机的使用范围。

④按振动系统采用的振动器形式的不同,滑模式摊铺机分为电振动式和液压振动式。电振动式采用电动振动棒,液压振动式采用液压振动棒。

(2)滑模式摊铺机的特点

①滑模式摊铺机不需另设轨道,结构紧凑,省去了大量的模板,节省大量的人力、物力及施工配套机具,施工作业效率高,施工速度快,生产率高,可大大缓解以前水泥混凝土路面施工点多线长、施工周期长等问题。

②采用了技术先进的电液控制系统,全液压传动,自动化程度高,可实现无级调速。

③自动转向系统采用传感器检测信号,电液控制或液压控制系统控制转向,保证了行驶的直线性和弯道的平滑,可大大提高摊铺施工的速度和质量。操作方便,机动灵活。

④施工质量高。用滑模式摊铺机摊铺水泥混凝土路面时,由于采用基准线引导,自动行走,机器运动的轨迹与摊铺厚度的控制通过与基准线相接触的 2~4 组高灵敏度传感器检测,机械本身的各种运动全部采用液压传动,所摊铺的水泥混凝土路面的几何尺寸精度非常高,能高标准满足路面纵横坡度及平整度等指标要求。

⑤在铺设路面时,依靠装在机器上的滑动模板就能按照路面要求宽度一次成型。用滑模式摊铺机摊铺水泥混凝土路面时,全部摊铺过程都由机械按设定的参数自动完成,对水泥混凝土的振动、捣实、提浆、抹光等工艺过程按施工要求完成。频率可调的振动棒和捣实板不仅能保证水泥混凝土路面充分密实,而且可以通过控制提浆厚度来达到理想的耐磨效果,使路面有更长的使用寿命。

⑥因施工中路面只能一次成型,不能退回补救施工,因而对施工工序、工艺参数及混凝土的原材料质量、水泥混凝土配合比、搅拌质量和水灰比等要求比较严格,这样才能确保高等级路面的施工质量。

⑦可实现一机多用,使用范围较广。

2.滑模式摊铺机的作业装置与功能

滑模式摊铺机的作业装置通常由螺旋布料器、刮平板、内振捣器、振捣梁、成型盘、定型盘和机架组成,如图 6-26 所示。

(1)螺旋布料器

螺旋布料器位于机器的最前方,其功用是将运料车卸在基层上的混凝土均匀地摊铺开。当加大摊铺机的宽度时,螺旋布料器可根据实际摊铺需要而加长,加长节有三种规格:1m、0.5m、0.25m,由螺栓连接,拆装比较方便。两个液压马达分别驱动左、右摊铺螺旋正、反转,左、右同向或异向可随意选择,因此,可以实现从中间向两边分料、从两边向中间集料,以及从一边向另一边移料。由于采用液压马达驱动,可实现无级调速,因此,可根据前方料堆的变化随意调节转速和方向,以使布料达到最佳效果。

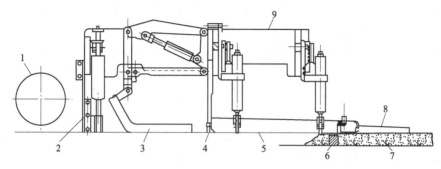

图6-26 滑模式摊铺机的工作装置
1-螺旋布料器;2-刮平板;3-内振捣器;4-振捣梁;5-成型盘;6-挡头;7-铺层;8-定型盘;9-机架

(2)刮平板

刮平板安装在螺旋布料器的后面,其功用是初步刮平混凝土,并控制虚方混凝土的厚度,将适量的混凝土料供给后部的其他工作装置,多余的料被推向前方。

(3)振捣系统

振捣系统通常由振动棒和捣实板组成。

振动棒的功用是对物料进行振实,保证一定的密实度。振动棒也称内部振动器,其作用是通过高频振动消除混凝土内部间隙,排除空气并使混合料液化。对不同性质的混凝土,使其充分液化的最佳振动频率也不同,因为材料、级配、水灰比、坍落度及设计上的要求是经常变化的。因此,要求振动棒频率可调,以达到最佳效果,使混凝土在最短时间内达到充分液化状态,使路面施工质量达到最佳。为便于使用,振动棒除了设总开关用来控制起振和停振外,每个振动棒还设有手动旋钮开关。根据现场混凝土提浆的具体情况,可随时改变一个或多个振动棒的频率,以满足施工的要求。

捣实板的功用是将振动过的混凝土捣实,通过锤打混凝土铺层,将表面的集料压入铺层内部,使表面只留下灰浆以便修整路面,再由成型模板成型。

(4)摊铺装置

摊铺装置是将捣实后的混凝土铺层挤压成所需的路面形状的装置。它由虚方控制板、成型盘、超铺板、侧模板和浮动盘、拖布等组成。

①虚方控制板亦称进料控制板,用来控制进入成型盘的振实后的混凝土的数量,进料过多或过少都将影响摊铺质量。

②成型盘是对捣实后的混凝土进行挤压,并使铺层形成要求的路面断面形状的装置。成型模板与左、右两侧模板组合,可调整成前宽后窄的喇叭口形。其作用是使更多的水泥混凝土进入,随后受到挤压,增加混凝土的密实度。也可以不调成喇叭口形。

成型模板通过路拱调节装置可按设计要求调整中央路拱。在弯道上作业时,也可调整单边坡,具体步骤是通过液压装置改变路面模板一侧的拱度,使中央路拱逐渐消失,直至成为单边坡。驶出弯道后驾驶员再通过液压控制将路拱恢复到原设定值,以满足施工要求。

成型模板可根据施工需要调整仰角,目的是让更多的水泥混凝土进入模板并被挤压。仰角与施工质量有关,应根据施工情况而定。仰角过大会影响摊铺质量,使路面表面不光滑,同时还增加行进阻力。

③超铺板的作用是防止混凝土因坍落度稍大而坍边,从而保证施工的质量。

为了减少水泥混凝土的坍边,在成型模板左、右两侧设置有一块超铺板,它与侧模板组合,可调整成前侧模上端窄下端宽,后侧模上端窄下端宽,外边缘略高,顶面中间略低,向内收,成为内八字形。摊铺机经过后,由于水泥混凝土的收缩作用,上边缘高的部分坍落,消除了内八字形,使两侧边与下轮廓线正好成直角,而表面横坡形状正好符合要求,这样可防止混凝土因坍落度稍大而坍边,从而保证了施工质量。

④侧模板的主要功用有两点:一是摊铺机作业时使边缘两侧挤压成型;二是和超铺板一起作用减少边缘坍落。左、右侧模板分别装有四个液压油缸,两个用来控制侧模板的升降(可单独控制),两个用来控制侧模板的压入或移出。

⑤定型盘用来对混凝土路面进行较小的第二次平整。它以较小的变形在混凝土表面进行修整,起抹光作用。定型盘由成型模板的后端带有一块刚性结构的弹性悬挂浮动盘与两侧的浮动模板组成。

⑥在浮动盘内侧,设有机械传力杆置放机。传力杆打进去后,随着摊铺机的前进,传力杆自动脱模。传力杆间距由施工设计决定。传力杆可以两边同时打入,也可单边打入。

⑦拖布装在浮动模板后面,主要作用是消除气泡,使路面具有一定的粗糙度。拖布块长度不宜过大。实践证明,与混凝土路面接触段在1m内效果最好。

⑧拉杆插入器。拉杆插入器分为侧置式和中置式两种形式。其中,中置式又分为前置式和后置式,采用何种形式由施工设计决定。一次摊铺宽度在8m以上时,需要在混凝土路面中间打入拉杆(螺纹钢),以加强横向联结;一次摊铺宽度大于4.5m的,视道路设计宽度而定,若需要两幅直接连接的应打侧边横拉杆,若需要三幅直接连接的,则中间那幅两侧边都要打入横拉杆。

中置式拉杆插入器是在摊铺机后部中间处设置有自动打入拉杆的机构,液压全自动控制(电脑控制)。根据施工设计要求,通过电脑计算拉杆间距和深度,给出信号,自动打入拉杆。在摊铺机前部中央处设置一个半机械式拉杆打入机构,称为前置式中间拉杆插入器。如果是进行11.75m路面半幅一次成型,则需要根据接缝所处的位置设置两个中置式拉杆插入器,一般来说,高速公路的半幅由三部分组成:超车道、行车道与硬路肩,它们的宽度分别为4.5m、3.75m、3.5m,由此即可确定拉杆插入器所需设置的位置。

侧置式拉杆插入器分为半机械式和人工打入两种,由用户选定。拉杆间距由施工设计决定。放置拉杆的信号由安装在履带上的小车轮直径决定。履带转动带动小车轮反向旋转,当车轮上的定位块与电触点接触时,自动发出喇叭声,操作人员听到响声便拨动液压手动开关或用自动控制开关使拉杆插入器在规定的距离设置拉杆,此时,液压油缸迅速把放置好的拉杆(螺纹钢)压入水泥混凝土中,自动脱模,周期循环,不断地打入拉杆,这种方式称为半机械式;人工打入则是操作人员听到响声便迅速手动打入拉杆,周期循环,不断打入拉杆。拉杆可以两边同时打入,也可单边打入,由施工设计决定。

(5)水喷射系统

水喷射系统的功能有两个:一是为机器的清洗提供一定压力的水;二是在需要时,为混凝土的拌和加水。

(6)调平系统

自动调平系统可以保证摊铺机的各种作业装置始终在同一预定高度上,从而保证铺路质量。工作原理是在4个行走机构的支腿上分别安装有传感器,其上铰接有触杆,触杆的一端靠其自重始终压在基准绳上,其压力可通过调整触杆上的平衡配重加以改变。当摊铺机施工作业时,如果基层低了,机器的行走机构将下降,此时压紧在基准绳上的触杆就相应地升高,触杆因升高而偏转使传感器动作,从油泵出来的高压油进入支腿升降油缸的上腔,使机架上升,直到机器达到基准位置为止;反之,如果基层高了,机架会相应地下降。

3.滑模式摊铺机摊铺作业

滑模式摊铺机的作业过程如图6-27所示(以美国CMI公司生产的SF系列产品为例)。

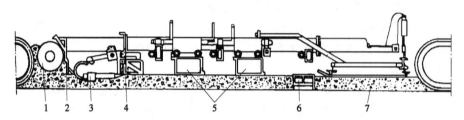

图6-27 滑模式摊铺机的作业过程
1-螺旋布料器;2-刮平板;3-内部振动器;4-外振捣器;5-进料控制板、成型盘和侧板;6-定型盘和侧板;7-水泥混合料

(1)螺旋布料器将自卸车或水泥混凝土搅拌车卸在基层上的水泥混凝土横向均匀地摊铺开;

(2)由一级进料计量装置刮平板初步刮平混凝土,将多余的混合料往前推移;

(3)用内部振动器对混合料进行初步振实;

(4)用外振捣器再次振实,并将外露大粒径集料强制压入;

(5)由二级进料计量器进料控制板(在成型盘前)再次刮平混合料,并控制进入成型盘的混凝土的数量;

(6)用成型盘将捣实后的混凝土挤压成型;

(7)利用定型盘对铺层进行平整、定形和修边。

三、水泥混凝土摊铺机生产率计算

水泥混凝土摊铺机的生产率Q以每小时摊铺的水泥混凝土体积(m^3/h)来表示,按下式计算:

$$Q = bvh \tag{6-3}$$

式中:b——摊铺带的宽度,m;
　　　h——摊铺层的厚度,m;
　　　v——摊铺机的行驶速度,m/h。

第五节 滑模式水泥混凝土路面机械化施工

高速公路、一级和二级公路水泥混凝土路面施工,因技术标准要求高、工程量大,且要保证施工进度和工程质量,宜采用机械化施工。水泥混凝土路面机械化施工主要包括施工准备、施工机群配置、混凝土搅拌与运输、混凝土摊铺、捣实与成型、防滑与养护等内容。

一、施工前的准备工作

施工前的准备工作包括材料准备及质量检验、混合料配合比检验与调整、基层检查修复、测量放样等。

1. 材料准备及质量检验

根据施工进度计划,在施工前分批备好所需要的各种材料(包括水泥、砂、石料及必要的外加剂),并在实际使用时核对调整。对已选备的砂和石料抽样检测含泥量、级配、有害物质含量、坚固性,对碎石还应抽检其强度、针片状颗粒含量和磨耗等。如含泥量超过允许值,应提前一两天冲洗或过筛至符合规定为止,若其他项目不符合规定,应另选料或采取有效的补救措施。

水泥除应查验其出厂质量报告单外,还应逐批抽验其细度、凝结时间、安定性及 3d、7d 和 28d 的抗压强度等是否符合要求。为节省时间,可采用 2h 压蒸快速测定方法。受潮结块的水泥禁止使用。另外,新出厂的水泥至少要存放一周才可使用。外加剂按其性能指标检验,并须通过试验判定是否适用。

2. 混合料配合比检验与调整

混凝土施工前必须检验其设计配合比是否合适。否则,应及时调整。

(1)工作性的检验与调整。按设计配合比取样试拌,测定其工作性,必要时还应通过试铺检验。检验与调整的方法如前所述。

(2)强度的检验。按工作性符合要求的配合比,成型混凝土抗弯拉及抗压试件,养护 28d 后测定强度,或压蒸 4h 快速测定强度后推算 28d 强度。强度较低时,可采用提高水泥标号、降低水灰比或改善集料级配等措施。

除进行上述检验外,还可以选择不同用水量、不同水灰比、不同砂率或不同集料级配等配制混合料,通过比较,从中选出技术可行、经济合理的方案。在施工现场,砂和石的含水率经常变化,必须逐班测定,并调整其实际用量。

3. 基层检查修复

面层施工前,应提供足够连续施工 7d 以上的合格基层,并严格控制表面高程和横坡。局部破损的基层应按下列规定进行修复:

(1)存在挤碎、隆起、空鼓等病害的基层,应清除病害部位,并使用相同的基层材料重新铺筑。

(2)当基层产生非扩展性温缩、干缩裂缝时,可先灌沥青做密封防水,再采用土工合成材料进行防裂处理。

(3)局部开裂、破碎的部位,应局部全厚度挖除,并采用贫混凝土修复。

4. 测量放样

首先应根据设计图纸放出路中心线及路边线,在路中心线一般每 20m 设一中心桩。同时,应设胀缩缝、曲线起讫点和纵坡转折点等中心桩,并相应地在路边各设一对边桩。放样时,基层的宽度应比混凝土板每侧大 25~35cm。主要中心桩应分别固定在路旁稳固位置。

测设临时水准点于路线两旁固定建筑物上或另设临时水准桩,每隔100m左右设置一处,间隔不宜过大,以便施工时就近对路面进行高程复核。根据放好的中心线及边线,在现场核对施工图纸的混凝土分块线,要求分块线距井盖及其他公用事业检查井盖的边线至少1m,否则应移动分块线的位置。放样时为了保证曲线地段中线内外侧车道混凝土块有较合理的划分,必须保持横向分块线与路中心线垂直。

二、施工机群配置

滑模式水泥混凝土路面机械化施工,涉及的机械见表6-4,并由这些机械组成水泥混凝土路面施工机群。

滑模式水泥混凝土路面机械化施工各工序可选用机械　　　　表6-4

工序	混凝土拌和	混凝土运输、卸料	摊铺、捣实	切缝施工	修整粗糙面
可考虑选用的机械	搅拌站、装载机	自卸汽车、搅拌车	滑模式摊铺机	切缝机	拉毛机、刻槽机

因施工中各工序采用不同类型的机械,而不同类型的机械具有不同的工艺要求和生产率,因此整个机群需要考虑机械的选型和配置。

1.主导机械选型

主导机械是指在整个机群中承担主要工序施工任务的机械。主导机械对施工方式、施工质量、施工进度起着主要作用。

由于决定水泥混凝土路面质量和使用性能的施工工序主要是混凝土的拌和与摊铺成型,因此通常把混凝土摊铺机械作为第一主导机械,把混凝土搅拌站作为第二主导机械。在机械选型时,应首先选定主导机械,然后根据主导机械的技术性能和生产率,选配配套机械。

主导机械的选择,除了要考虑满足施工质量和进度的要求外,还要考虑我国现阶段施工单位的技术人员素质、管理水平和购买能力等实际情况。而配套机械的选型和配套数量,则必须考虑保证主导机械充分发挥工作效率,并且使配套机械的类型和数量尽可能少。用机械铺筑的路面质量(密实度和平整度)及进度取决于混凝土的拌制质量。混凝土的工作性能主要与配合比有关,也与拌和方式有关。在选择拌和机型时,主要考虑拌和品质和拌和能力、机械可靠度、工作效率和经济性。

滑模式水泥混凝土路面机械化施工中,搅拌站最小生产能力应满足表6-5的规定。

搅拌站最小生产能力配置　　　　表6-5

摊铺宽度(m)	单车道3.75~4.5	双车道7.5~9.0	整幅宽不小于12.5
搅拌站最小生产能力(m^3/h)	≥150	≥300	≥400

2.配套机械

配套机械主要是指运输混凝土的车辆。选择的主要依据是混凝土的运量和运输距离。运输车数量可按式(6-4)计算,且不宜少于3辆,高速公路、一级公路不应少于5辆。

$$N = 2n\left(1 + \frac{s\rho m}{v_q g_q}\right) \quad (6-4)$$

式中:N——运输车数量,辆;

n——相同产量搅拌站台数;
s——单程运输距离,km;
ρ——混凝土拌和物密度,t/m³;
m——每座搅拌站的生产能力,m³/h;
v_q——车辆的平均运输速度,km/h;
g_q——运输车载重能力,t/辆。

其他配套机械包括养护剂喷洒器、切缝机、灌缝机、洒水车、移动发电机、装载机、水泵、移动电站等。

3.机群配置

机群配置主要指搅拌站与摊铺机、运输车之间的机械配置情况。当搅拌站选定后,可根据机械的有关参数和施工中的具体情况,计算出搅拌站的拌和能力。

在配置滑模式摊铺机与搅拌站时,滑模式摊铺机应在保证摊铺质量的前提下,使搅拌站和自身的生产率得到正常发挥,并在施工中保持均衡作业,协调一致。

当摊铺机和搅拌站的生产率确定后,车辆在整个系统内的配套实质上是车辆与搅拌站的配套。车辆的配套问题可以应用排队论,找出合理的配套方案。

三、混凝土搅拌与运输作业

1.搅拌

在搅拌站的技术性能满足混凝土拌和要求的条件下,混凝土各组成材料的技术指标和配合比计量的准确性是影响混凝土拌和质量的关键。在机械化施工中,混凝土拌和的供料系统应尽量采用配有电子秤等的自动计量设备。采用自动计量设备,在施工前,应按混凝土配合比要求,对水泥、水和各种集料的用量进行准确调试后,输入自动计量的控制存储器中,经试拌检验无误,再正式拌和生产。拌和中,如需加入外加剂,应对外加剂单独计量。混凝土各组成材料的计量精度应满足表6-6的要求。

搅拌站配料计量允许误差 表6-6

项目	水泥(%)	掺合料(%)	纤维(%)	细集料(%)	粗集料(%)	水(%)	外加剂(%)
高速公路、一级公路	±1	±1	±2	±2	±2	±1	±1
其他等级公路	±2	±2	±2	±3	±3	±2	±2

2.运输

为保证混凝土的工作性能,在运输中,应考虑混凝土蒸发失水、水化失水以及因运输的颠簸和振动使混凝土发生离析等问题。要减少这些因素的影响,关键是缩短运输时间,并采取适当措施防止水分损失和混凝土离析。

机械化施工时,可以采用自卸汽车或搅拌车运输混凝土。不加缓凝剂的混凝土拌和物从搅拌机出料到运抵现场的允许最长时间应符合表6-7的规定。不满足时,可采用通过试验调整缓凝剂的剂量等措施,保证到达现场的拌和物工作性满足要求。

混凝土拌和物从出料到运抵现场允许最长时间　　　　　表6-7

施工气温(℃)	5~9	10~19	20~29	30~35
运输时间(h)	1.5	1.25	1.0	0.75

3. 卸料

混凝土运到路面铺筑处时,应直接卸在基层上。为防止混凝土离析和便于刮板摊铺,卸料堆应尽可能均匀。

四、摊铺、捣实、成型作业

摊铺作业前,要对摊铺机械进行调试。先根据混凝土的配合比,作50m左右的试验段,以调试和熟悉、掌握摊铺机的操作规律,检查设备配置情况、施工进度安排是否合理等。

摊铺时,首先由螺旋布料器把堆积在基层上的水泥混凝土向左右横向铺开,刮平板进行初步刮平,然后振捣器进行捣实,振捣后整平、成型,形成密实而平整的表面。

五、防滑、养护与其他作业

1. 防滑处理

为了提高水泥混凝土面层的抗滑能力,在混凝土面层整形结束后,应采取防滑处理。一般采用拉毛机或人工拉毛的方法对路面做防滑处理。

2. 养护

养护应合理选择养护方式,满足混凝土强度提高的需求,防止养护过程中产生微裂纹与裂缝。

养护应符合以下规定:

(1)高速公路、一级公路混凝土面层,宜采用养护剂加覆膜养护。

(2)在现场养护用水充足的情况下,可采用节水保湿养护膜、土工毡、土工布、麻袋、草袋、草帘等进行养护,并及时洒水保湿养护。

(3)缺水条件下,宜覆盖节水保湿养护膜进行养护,并应洒透第一遍养护水。

养护剂的喷洒应符合下列规定:养护剂喷洒应均匀,喷洒后的表面不得有颜色差异。养护剂的喷洒宜在表面抗滑纹理做完后即刻进行。当刚铺筑的湿软混凝土面层遭遇刮风或暴晒天气,摊铺现场水分蒸发率接近$0.5kg/(h \cdot m^2)$,开裂风险较大时,可提前喷洒养护剂养护;喷洒高度宜控制在0.10~0.30m之间。当现场风大时,可采用全断面喷洒机贴近路面喷洒的方式。养护剂的现场平均喷洒剂量宜在试验室测试剂量基础上,一等品再增加不小于40%,合格品增加不小于60%。不得使用易被雨水冲刷掉的、阳光暴晒可融化的或引起表面开裂、卷起薄壳的养护剂。

覆盖节水保湿养护膜进行养护时,初始时间应为不压坏表面细观抗滑纹理的最短时间。养护膜材料的最窄幅宽不宜小于2m。两条膜层对接时,纵向搭接宽度不宜小于400mm,横向搭接长度不宜小于200mm。应有专人巡查养护膜覆盖完整情况。养护期间被掀起或撕破的养护膜、养护片材料应及时重新洒水,并完整覆盖。当现场瞬间风力大于4级时,宜在养护膜表面罩绳网或土工格栅,并压牢固,防止养护膜被大风吹破。

低温期或夏季夜间气温有可能低于0℃的高原、山区进行混凝土路面和桥面施工时,应采取保温保湿双重养护措施。保温养护材料可选用干燥的泡沫塑料垫、棉絮片、苇片、草帘等。养护期间遭遇降水时,应在保湿片材上、下表面采取包覆隔水膜等防水措施。

3.切缝、填缝

混凝土路面在温度变化时会产生较大的变形,如混凝土板产生胀缩和翘曲等,为消除温度变形受约束时产生的温度应力,避免混凝土路面出现不规则开裂,必须在混凝土路面的纵、横方向上设置胀缝和缩缝。同时,在混凝土路面施工过程中由于各种原因造成施工中断会形成施工缝。接缝施工质量将直接影响混凝土路面的使用性能及养护维修工作量,因此各类接缝的施工应做到位置准确、构造及质量符合设计及规范要求。

(1)纵缝

摊铺宽度较大时,会在两次施工的交接面形成纵缝(施工缝);纵缝一般采用平缝加拉杆的形式。纵缝中加拉杆的目的是在混凝土由于温度变化引起膨胀、收缩时,以及行车载荷振动和起步、制动时保证水泥板块横向相对位置的稳定。拉杆采用螺纹钢,其位置设在板厚的中央。

拉杆可采用三种方式设置,见图6-28。其中:

①根据拉杆的位置在模板上留孔,立模板后在浇筑混凝土之前将拉杆穿在孔内。采用这种方法时拆模较为费事。

②事先将拉杆弯成直角,沿模板按设计位置放置,并将其一半浇筑在板内。在浇筑邻板时,再将拉杆扳直。当拉杆较粗时采用此方式,缺点是易损坏拉杆相接处的混凝土。

③采用带螺栓的拉杆,将一半拉杆用支架固定在基层上,然后浇筑混凝土,摊铺相邻板前将另一半带螺栓接头的拉杆接上。

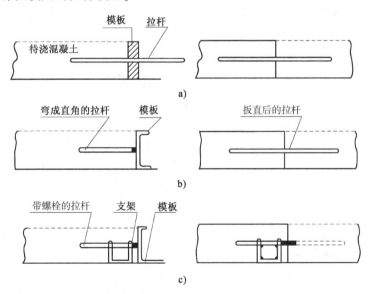

图6-28 拉杆设置方式

施工时应注意使拉杆螺纹接头端面紧靠模板侧面,且螺纹部分不能进入混凝土或砂浆(用黄油等材料封填),以免另一半拉杆无法接上。

(2)横缩缝

横缩缝一般采用假缝形式。假缝可在混凝土硬结后锯切或在混凝土浇筑过程中做成压入缝。与压入缝相比,切缝法做出的缩缝质量较好,接缝处质量均匀。因此,缩缝施工应尽量采用这种方式。为防止因切缝不及时而可能出现的早期裂缝,也可每隔几条切缝做一条压缝。

① 切缝。

混凝土硬结后,应及时用金刚石或碳化硅锯片切缝。

切缝时间一定要控制好,切得过早,混凝土强度不足(混凝土抗压强度小于10MPa),粗集料容易从砂浆中脱落,从而不能切出整齐的缝;切得过迟,不但造成切割困难,增加切割刀片的消耗,而且会因混凝土的温度下降和水分减少而产生收缩,导致收缩应力超出其抗拉强度而在非预定位置出现不规则的早期裂缝。施工时,应根据当地昼夜温差,参考表6-8选用适宜的切缝方式、时间和深度,应以切缝时不啃边为开始切缝的最佳时机,并以铺筑第二天及施工初期无断板为控制原则。

当地昼夜温差与切缝方式、时间和深度参考表　　　　表6-8

昼夜温差[a](℃)	切缝方式与时间[b]	缩缝切割深度
<10	硬切缝:切缝以不啃边为开始时机,纵缝可略晚于横缝,所有纵、横缝最晚切缝时机均不得超过24h	缝中无拉杆、传力杆时,深度为1/4～1/3板厚,最浅60mm;缝中有拉杆、传力杆时,深度为1/3～2/5板厚,最浅80mm
10～15	软硬结合切缝:每隔1～2条提前软切缝,其余用硬切缝补切	硬切缝深度同上。软切缝深度不应小于60mm;不足则应硬切补深到1/3板厚,已断开的缝不补切
>15	软切缝:抗压强度1～1.5MPa,人可行走时开始软切。软切缝时间不应超过6h	软切缝深度不应小于60mm,未断开的接缝,应硬切补深到不小于2/5板厚

注:[a] 当降雨、刮风引起路面温度骤降时,应提早软切缝或硬切缝。
　　[b] 三种切缝方式均应冲洗干净切缝泥浆,并恢复表面养护覆盖。

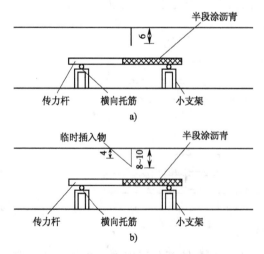

图6-29　切缝(加传力杆型)(尺寸单位:cm)
a)一次切割成型法;b)两次切割成型法

切缝可采用一次切割成型或两次切割成型的方法。一次切割成型的槽口窄而深[图6-29a)],进行填缝料施工不易填实,且当缝隙因板的伸缩稍有变化时,填缝料便会在深度上出现较大的起落,造成填缝料被挤出槽口外或槽口内填缝料不足。两次切割成型即先用薄锯片进行深锯切再用厚锯片进行浅锯切以加宽上部槽口,如图6-29b)所示。这种两次切割成型的槽口工作性能较前者好。

② 压缝。

为防止出现早期裂缝,每隔3～4条切缝做一条压缝。压缝的做法是,当混凝土拌和料做面后,立即用振动压缝刀压缝,当压至规定深度后提出压缝刀,用原浆修平缝槽,然后放入铁制或木制的嵌条,再次修平缝槽,待混凝土初凝前泌水后,取出嵌条,便形成了缝槽。

施工时应特别小心,尽量避免接缝两边的混凝土结构受到扰动,并应保证两边平整。如难以做到这一点,缩缝也可仅由切缝形成,但应保证不出现早期裂缝。

缩缝传力杆的安装一般采用支架固定法,即在缝的两边各设一钢筋支架,以保持传力杆处于正确位置,在传力杆长度一半加5cm范围内涂上沥青,保证其在混凝土中自由滑动,如图6-29所示。

(3)胀缝

胀缝应与路中心线垂直,缝壁必须垂直,缝隙宽度应一致,缝中不得连浆。缝隙下部设胀缝板,上部灌注填缝料。

传力杆型胀缝,其传力杆可动的一端应很光滑,这一段传力杆在5cm深度范围内需涂上沥青或油漆,使其与混凝土分开。为了保证传力杆位置正确(平行于混凝土板面及路面中心线,其误差不得大于5mm),可采用两种固定方法,即顶头木模固定法和支架固定法。

①顶头木模固定法,见图6-30,适用于混凝土一天施工终了时设置的胀缝。传力杆长度的一半穿过端头挡板,固定于外侧定位模板中。在混凝土拌和料浇筑前先检查传力杆位置,浇筑时,先摊铺下层拌和料并用插入式振捣器振实,在校正传力杆位置后,再浇筑上层拌和料。第二天浇筑邻板前,拆去顶头木模,并及时设置胀缝板、木制嵌条和传力杆套管等。

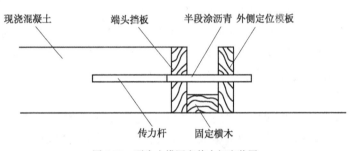

图6-30 顶头木模固定传力杆安装图

②支架固定法,见图6-31,适用于混凝土板连续浇筑过程中设置的胀缝。传力杆长度的一半应穿过胀缝板和端头挡板,并用钢筋支架固定就位。浇筑时先检查传力杆位置,再在胀缝两侧摊铺混凝土拌和料至板面,振捣密实后,抽出端头挡板,空隙部分填补混凝土拌和料,并用插入式振捣器振实,然后整平。

胀缝中嵌条的尺寸及拆除时间应把握好。嵌条尺寸应比设计接缝稍宽些、稍低些,最好做成上宽下窄的楔形,以便拔出。嵌条拆除的时间以混凝土初凝前,泌水后为宜。拆除过早,混凝土产生流动变形,使接缝变窄,而且拆时还可能破坏混凝土边缘;拆除太迟,与混凝土嵌成一体,难以拆除。嵌条取出后,再将缝槽抹平整。

(4)施工缝

施工缝宜设于胀缝或缩缝处,多车道路面及民航机场道面的施工缝应避免设在同一横断面上。施工缝要设传力杆,传力杆一半锚固于混凝土中,另一半应涂上沥青,传力杆必须平行于板面且与缝壁垂直。

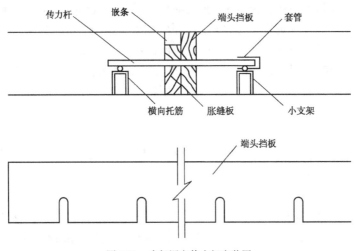

图 6-31 支架固定传力杆安装图

(5)灌注填缝料

混凝土板养护期满后,缝槽应及时填缝,在填缝前必须保持缝槽内清洁,可用空气压缩机将缝槽内清理干净,并保持混凝土干燥。

采用灌入式填缝施工时,灌注深度宜为 3~4cm,下部可填入多孔柔性衬底材料。填缝料的灌注高度,夏天宜与板面齐平,冬天宜稍低于板面。

热灌填缝料加热时,最好采取间接方式使其溶解,在不得已的情况下用简单容器直接加热时,应不断搅拌均匀,直至达到规定的控制温度。当气温较低时,应采用喷灯加热缝壁,施工完毕,应仔细检查填缝料与缝壁黏结情况,脱开处,应用喷灯小火烘烤,使其黏结紧密。

施工时应保持路面美观洁净,不使接缝的外部沾上填缝料,灌注填缝料之前,可沿缝涂石粉或铺一纸条加以防护。

填缝料是用改性沥青和脱硫橡胶经过特殊工艺加工而成的混融体。填缝料嵌入缝中后,在阳光和车辆荷载的作用下,沥青里面的橡胶自然硫化形成弹性体,低温可塑性好,黏附力强。

六、机械化施工工艺

下面以铺筑加筋混凝土路面为例,介绍滑模式摊铺机的施工工艺。

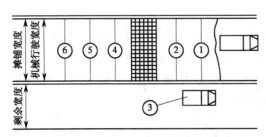

图 6-32 滑模式摊铺机施工时的施工机械组合
1-滑模式摊铺机;2-钢筋网格平板车;3-混凝土运输车;4-混凝土摊铺机;5-养护剂喷洒机;6-切缝机

采用滑模式摊铺机铺筑混凝土路面进行双层施工时,其所用机械组合如图 6-32 所示。整个施工过程由下列两个连续作业行程来完成,即第一作业行程和第二作业行程,两作业行程是连续的,完成双层施工。

1. 第一作业行程

滑模式摊铺机牵引着装载钢筋网格的大平板车,从已整平的基层处开始摊铺,此时从正面供应混凝土,随后钢筋网格大平板车按规定位置将钢筋网格自动卸下,并铺压在已摊平的混凝土层上,如此连续不断地向前铺筑。

2. 第二作业行程

紧跟在第一作业行程之后,压入钢筋网格,随后进行混凝土面层摊铺、振实、整平、成型等作业程序。

钢筋网格用压入机压入混凝土中。压入机是摊铺机的一个附属装置,它由几个液压千斤顶组成,不用时可将其卸下,使用时安在摊铺机的前面。施工开始时,摊铺机推着压入机前行,由其将第一作业行程已铺好的钢筋网格压入混凝土内,摊铺机则进行摊铺、振捣、整平、成型等工作。最后进行防滑处理、喷洒养护剂、切缝等。

3. 侧向布料

滑模式摊铺机施工时,可以配备1台反铲式挖掘机或装载机辅助布料。采用前置钢筋支架法设置伸缩缝传力杆的路面、钢筋混凝土路面,应选配下列适宜的布料机械:

(1)侧向上料的布料机。

(2)带有侧向上料机构的滑模式摊铺机。

滑模式摊铺机施工时,作业参数见表6-9。

滑模式摊铺机基本作业参数 表6-9

滑模式摊铺机类型	摊铺宽度(m)	摊铺厚度(mm)	摊铺速度(m/min)	空驶速度(m/min)	行走速度(m/min)
三车道滑模摊铺机	12.5~16.0	0~500	0~3	0~5	0~15
双车道滑模摊铺机	3.6~9.7	0~500	0~3	0~5	0~15

第七章 机械设备管理概述

第一节 机械设备管理的实质

一、机械设备管理的基本原则

机械设备管理的基本原则是紧紧围绕企业的经营方向和经营目标,为全面提高生产经营活动的经济效益,在技术进步的基础上,管好、用好机械设备,并从以下几方面得到体现:

(1)提高企业技术装备质量,不断提高施工机械化程度和水平。
(2)有重点、有步骤地对现有机械设备进行技术改造,不断促进企业技术进步。
(3)能立足于企业生产经营活动,促进经济效益的提高。
(4)能适应企业改革的深化,促进机械设备管理现代化。

二、机械设备管理的特点

1. 机械设备使用范围的局限性

机械设备大多是专用的,每一种机械设备只能完成一两项或者三四项性质相近的作业内容,不可能完成所有项目,其使用范围具有一定的局限性。例如推土机,一般称之为通用机械,其用途虽然比较广泛,但也只能完成推土、整平和牵引等移运土方的作业,其他作业项目就无能为力了。其他如压路机只能用来碾压,平地机只能平地、挖边沟、刷边坡,挖掘机只能挖土,塔式起重机只能起重,空气压缩机只能压缩空气,发电机只能供电等。因此,要完成一项大型工程任务,无论是筑路、架桥还是其他任务,都要根据工程任务的不同作业项目和规模大小组织各种各样、大大小小的机械,配套起来有计划地进行施工。

2. 机械设备管理的复杂性

机械设备管理的目的就是科学、合理地使用机械去完成施工任务。这里包含"人"和"机"两方面的管理,而"机"的管理包含管、用、养、修、供五个方面的工作内容。因此,机械设备管理工作是比较复杂的。如果在机械化施工中"重用轻管""重用轻修",削弱了机械的"管""养""修"和配件供应工作,势必造成机况下降、工效降低、成本升高、经济效益差,最终结果是影响工程任务的顺利完成。因此,在机械化施工中,必须把机械设备管理、使用、保养、修理、配件供应等五项工作有机地结合起来,全面抓紧,互相配合,互相促进,这样才能更好地完成施工任务。

3. 工程任务的多变性

机械设备的服务对象是工程任务。例如公路工程,其内容和要求变化很大,不仅要修路,而且要修桥,路基有土方、石方,路面结构、桥涵形式亦各不相同。不同的工程任务需要配备不同种类和型号的机械,不同的工程规模和工期需要不同数量的机械设备来保证完成任务。一个基层施工单位(工程处、工程队),应根据当年的任务,科学地配备所需要的机械。如果第二年任务发生变化,有些机械因数量不够就增加,有些机械由于任务变少或没有任务而闲置,这样发展下去,机械设备愈来愈多,必然形成"小而全"的现象。任务经常变化将会造成机械忙闲不均和闲置浪费。因此,需要从改革管理体制入手,变分散管理为集中管理,变小生产为大生产,进行专业化施工,从根本上解决机械设备供需之间的矛盾。

4. 机械设备的大型化、昂贵化

经济的发展,使得对公路路面的施工质量要求越来越高,路面变得越来越宽,完成工程所需的机械设备则趋于单机大型化、技术性能高级化、自动控制精密化,这就使得机械设备价格更加昂贵。无论是机械设备的投资费还是使用费都需要支付大量资金,这就迫切要求提高机械设备的经济效益。比如,进行机械设备投资时,要计算投资效益,预测机械设备投资回收期;在使用过程中,要降低能源消耗,减少机械设备故障造成的停工损失,降低维持费用,提高设备管理与维修水平;还要计算设备的经济寿命等。因此,机械设备的经济管理越来越重要。

5. 大型设备或不常用设备租赁化

这种现象始于国外。工程承包商为追求最大利润,对新增设备是很慎重的;不常用的机械设备尽可能租赁,而不是盲目花钱去添置。工程承包商租用的机械一般多于自有机械。如在20世纪60年代,美国一些工程公司本身拥有的机械设备占70%,租用机械占30%,而到70年代,他们自己拥有的机械设备仅占34%,租用的机械设备占比则上升为66%。一般通用的、中小型的机械设备归施工公司所有,而大型的和不常用的机械设备则由专门公司所有、管理和对外出租。这一趋势从20世纪90年代开始在我国出现,各种机械租赁公司纷纷成立。这有利于提高机械设备的利用率和效率,加速资金周转和降低机械使用费。

三、机械设备管理的基本任务

机械设备管理,本质上是对机械运动全过程的管理。机械运动有两种状态:一是机械的物质运动状态,包括机械设备的选购、验收、安装、调试、使用、维修、改造、更新等;二是机械的价值运动状态,包括机械设备的最初投资、使用费、维修费的支出,更新、改造资金的筹措与支付等。两种运动状态形成机械设备的两种管理,即技术管理和经济管理,它们分别受技术规律和经济规律的支配。因此,机械设备管理一方面要重视技术管理,经常保持机械处于良好的技术状态;另一方面要重视经济管理,达到最经济的寿命周期费用目标,两者是相辅相成的。

原国家经济委员会颁布的《国营工业交通设备管理试行条例》第一条明确规定了机械设备管理的基本任务:"设备管理的基本任务是正确贯彻执行党和国家的方针政策,通过采取一系列技术、经济、组织措施,逐步做到对企业主要设备的设计、制造、购置、安装、使用、维修、改造、更新直至报废的全过程进行综合管理,以获得寿命周期费用最经济、设备综合效能最高的目标。"

这个基本任务的规定,打破了把机械设备管理理解为只是对机械设备加油、清洁和修理的那种传统观点,给予其新的概念和内容。各级设备管理人员应彻底摒弃带有片面性、局限性的传统机械设备管理观念,认识到现代机械设备管理是以研究机械设备寿命周期为对象,以追求其寿命周期费用最经济为目的,动员全员参加,讲究全效率的综合管理。在机械设备管理过程中,应坚持五个结合:设计、制造、使用和维修相结合;以预防为主,日常维护保养与计划检修相结合;技术管理与经济管理相结合;专业管理与群众管理相结合;修理、改造和更新相结合。施工企业的机械设备使用部门要努力做到合理选购、正确使用、精心维护、科学检修、安全经济运行,并不断总结推广国内外机械设备管理的先进经验,逐步建立一套适合我国国情,具有中国特色的机械设备管理制度和办法。

四、机械设备管理的主要工作

(1)对机械设备从选型购置、安装调试、验收投产、使用维修、更新改造直到报废实行综合管理,建立相应的规章制度、规程、规范、定额和指标等。

(2)重视机械设备的前期管理,在认真进行技术经济论证的基础上,选购先进、适用的机械设备,保持合理的装备结构。

(3)科学地组织机械化施工,合理配置和调整机械设备结构,充分发挥其效能,提高机械设备在时间和能力上的利用率。

(4)对机械设备有计划地进行定期维护和检查修理,使其经常处于良好的技术状态,以提高机械设备的完好程度。

(5)采用先进的修理方法和技术组织措施,提高修理质量,缩短工期,降低费用,及时消除机械设备的缺陷和隐患,防止损坏事故的发生。

(6)有计划地对现有机械设备进行技术改造和更新,实现扩大再生产,以提高企业施工能力和装备水平。

(7)组织对机械设备使用状况的检查和分析,并反馈于机械设备管理全过程,不断提高机械设备的利用率和效率。

(8)实行机械设备的租赁和经济承包,用经济手段管理机械,提高其经济效益。

五、机械设备管理的内容及分类

对于施工企业的机械设备使用部门来说,机械设备管理主要是指机械设备投入使用后的管理,其内容包括:装备规划管理、更新改造管理、选购与验收管理、固定资产管理、使用管理、保养管理、维修管理、配件和油料与仓库管理、安全管理、定额管理、统计与信息管理。机械设备的经济管理作为管理的重要内容,应有机地融入以上各个管理环节。如果把安全管理归结为使用管理的一部分,把使用管理、保养管理、维修管理、配件与油料供应管理独立出来,其余合并为行政管理,则机械设备使用部门的管理基本内容,可用以下五个字来概括:管(行政管理)、用(使用管理)、养(保养管理)、修(维修管理)、供(配件、油料与替换设备供应管理)。

管、用、养、修、供五个方面是一个有机的整体,而经济分析与核算贯穿始终。必须用系统的观点处理好它们之间的关系,这样才能全面做好机械设备的综合管理工作。在处理五个方面之间的关系时,应该做到:

1.使用是核心

机械设备使用体现了购置机械的目的,是完成施工生产任务、创造产值的过程,也是机械磨损的过程。所以"用"是核心,"管"是手段,"养、修、供"是保证。"管、养、修、供"都是为"用"服务的。

2. 养、修并重

保养和修理都是为了保持机械设备良好的技术状况。保养和修理的性质、作用、作业内容是不同的,不能彼此混淆和互相代替。保养是预防性的,必须强制进行。而修理是恢复性的,必须视情况及时进行。保养是保持机械设备技术状况的主要手段,是机械设备技术管理的关键。修理是恢复机械设备技术状况的唯一手段,是机械设备技术管理的支柱。

3. 保障供应

配件、油料和替换设备的供应是机械设备使用、保养、修理的物质保障。如果不能及时保障供应或供应的质量、型号和规格不符合要求,必将给机械设备的用、养、修带来影响,甚至造成事故。

4. 经济效益是纲

机械设备管理的基本任务是以获得寿命周期费用最经济、设备综合效能最高为目标的。"管、养、修、供"都是为"用"服务的,而"用"的目的则是获得经济效益,所以经济核算工作是贯穿五个方面工作的纲。

5. "管"字当头

"管"所含内容较多,其中的投资决策和规划关系到整个管理工作。况且机械设备的"用、养、修、供"本身也都是管理的过程,因此必须"管"字当头才能推动这五个方面的工作。

6. 统筹安排

应避免只重视用机械设备去完成任务,而不重视机械设备的正确使用,只重视修理而不重视保养等诸如此类的问题。当然,机械设备坏了必须修理,但是,忽视使用和保养,则不能从根本上摆脱机械设备管理的被动局面。机械设备的正确使用和及时保养是比事后维修更为积极的方式。特别是正确合理的使用和保养可以延长大修理间隔期和机械寿命,减少修理量和配件消耗。机械设备管理的五个方面工作是一个整体,因此必须用系统管理的观点来全面考虑、统筹安排。

机械设备管理的具体内容划分如表 7-1 所示。

机械设备管理具体内容划分 表 7-1

管理基本内容	技术管理	经济管理
管	装备规划管理	可行性分析
	技术改造和更新管理	经济分析
	选购与验收管理	招标投标
	固定资产管理	经济核算
	定额管理	经济核算
	统计与信息管理	经济分析

续上表

管理基本内容	技术管理	经济管理
用	使用管理	效益分析
	安全管理	损失分析
养	保养管理	经济核算
修	维修管理	经济分析与核算
供	供应与仓库管理	经济核算

六、做好机械设备管理工作的要点

做好机械设备管理工作十分必要,其要点如下:

(1)坚持推行综合管理。对主要机械设备的设计、制造、购置、安装、使用、维修、改造、更新直至报废的全过程实行综合管理,重点应放在前期管理上。

(2)要实行五个结合。即设计、制造、使用和维修相结合,修理、改造和更新相结合,技术管理与经济管理相结合,专业管理和群众管理相结合,日常维护保养和计划检修相结合。

(3)推行全员管理。运用行为科学的理论,重视人的工作,调动全体员工管好、用好机械设备的积极性和责任感,使机械设备管理工作建立在广泛的群众基础上。

(4)建立和健全科学、合理的规章制度和严格的技术、经济责任制,使机械设备管理正常化,讲究经济效益,做到按劳分配、奖惩分明。

(5)努力提高机械设备管理人员的业务、技术素质,培养一支具有现代机械设备管理能力和技术水平的干部队伍。这是管好、用好机械设备的根本保证。

第二节 机械设备管理机构与体制

一、机构设置一般应遵循的原则

为了保证机械设备管理基本任务和主要工作的实施,施工企业应根据规模和装备能力,相应建立和健全各级机械设备管理机构,配备相应的专业技术人员和管理人员,形成一个层层负责、专群结合的机械设备管理网络。施工企业的任何一种组织机构的设置原则,都以能高效地开展工作为主要目的。所以,机械设备管理机构的设置也要遵循这一总原则。

按照《全民所有制工业企业转换经营机制条例》的规定,施工企业虽然享有自主设置内部管理机构的权力,但根据我国的情况,机械设备管理机构的设置,应该与国家经济管理体制相适应,也就是要综合考虑国家的有关规定,干部配备制度,企业的规模、经营方式和机械化施工程度等因素后,确定机械设备管理机构的设置,使之趋于合理化。

1.要以《全民所有制工业交通企业设备管理条例》中第三条规定作为原则依据

为了充分发挥机械设备管理的组织作用,积极正常地开展机械设备管理工作,必须坚持《全民所有制工业交通企业设备管理条例》中第三条规定的"五个结合"原则。

2. 应体现统一领导、分级管理的原则

所谓统一领导,是指关于机械设备管理的重大问题,如企业的发展规划、装备素质、装备水平、设备引进与技术改造等问题,都应由公司一级的管理机构集中进行领导决策,下属机构不应无序进行。所谓分级管理,是指属于日常机械设备的管、用、养、修,应由基层单位(如项目经理部)具体执行。所以,在设置机械设备管理机构时,应因地制宜地予以考虑。

在体现统一领导、分级管理的原则时,还应根据企业规模、机械设备的多少来确定集权与分权。企业规模小,管理层次少,可以集中较多的权力;反之,企业规模大,下属企业专业性强,则应适当放权,以利生产。

3. 力求精简、高效、节约

在设置机械设备管理机构时,应力求精简、高效、节约。要做到这些,关键是提高各级机械设备管理人员的业务水平和管理能力,实行机械设备管理技术、经济责任制。并要根据任务的大小、繁简和难易程度,从有利于提高机构的办事效率入手,设置机械设备管理机构。

4. 既要有合理分工,又要注意相互协作和配合

设置机械设备管理机构,既要有合理的分工,又要注意相互协作和配合。应根据具体的情况,在各级机械设备管理机构之间和内部进行合理的分工,划清职责范围,提高管理专业化程度。但是,在分工的基础上,必须加强协作和相互配合。

5. 应体现职、责、权、利的统一

在机械设备管理机构设置方案确定之后,安排机构人员时,要坚持以能授职,尽可能做到能力与职务的统一。既要防止不称职的一面,又要做到人尽其才,才尽其用。更为重要的是责和权要适应。什么职务就应该负什么责任,责任到人就是权力到人,不能有职无权、有权无职,或有责无权,要把职、责、权结合起来。除了有职、有责、有权之外,还应享有相应的利益,做到职、责、权、利的统一。

二、机械设备管理机构的形式

1. 公路施工机械设备管理机构

目前,全国公路系统的机械设备管理体制,随着我国政企体制改革的不断深化,也处在大幅度的改革之中。各级机械设备管理机构,大致有表7-2所列的几种形式。

机械设备管理机构的形式　　表7-2

单位	级别		
	一级	二级	三级
公路局	省局机械设备处(科)	地、市公路分局或总段机械设备科	县公路段机械设备股
高等级公路管理局或高速公路公司	省局(公司)机械设备处(科)	地、市分局或线路管理处机械设备科	县公路所机械设备股

续上表

单位	级别		
	一级	二级	三级
公路工程施工企业	省公路工程局或公司机械设备处(科)	工程处或分公司机械设备科	工程项目经理部或工程队、机械设备股
机械修理、制造企业	主管、机械设备管理部门单位	修理、制造厂或公司机械动力科	车间或分厂机械股

机械设备管理机构是做好机械设备管理工作的职能部门,只有在健全的机械设备管理机构的基础上,配备精干的管理人员和技术人员,才能把机械设备管理工作做好。但是目前有些施工企业领导对这个问题认识不够,认为机械设备管理部门可有可无,于是将机械设备管理部门撤销或合并到其他部门。这种情况虽然为数不多,但对加强机械设备管理是十分不利的,应该引起重视。

2. 机械设备维修机构

做好机械设备的使用,必须有与企业机械设备拥有量相适应的维修机构,才能保证机械设备技术状况完好地投入正常施工生产。

机械设备维修机构的组织形式,一般有表 7-3 所列的几种。

机械设备维修机构的组织形式　　　　表 7-3

维修方式	级别		
	一级	二级	三级
集中维修	省级,机械制造厂	地、市级,工程公司或处机械修理厂	县公路所或项目经理部机械维修站或班组
分散维修	—	—	维修力量均放到基层
混合维修	省级,机械修理厂负责大型机械大修	地、市级,工程处、分公司机械修理厂,负责中型、小型机械大修	基层维修站或班组负责日常小修、保养

总之,施工企业应因地制宜地选用一种适合自己特点的机械设备维修机构组织形式。

三、机械设备管理体制概述

随着科学技术和市场经济的发展,现代化企业由于生产技术发展的需要,对机械设备的依赖程度日益增加。在一个企业内,自动化和成套设备越来越多,使从事设备管理和维修的人员逐渐增多。也就是说,随着企业现代化的发展,机械设备越来越先进,高速、高效、自动化的机械设备取代了陈旧落后的机械设备后,生产操作工人将大大减少,而机械设备的管理和维修人员会相应增加。如何把为数众多的机械设备管理和维修人员组织起来,高效地开展工作,是一个非常值得重视和研究的课题。

机械设备管理体制必须根据施工生产的特点、企业的专业性质、综合施工能力以及施工力量集中和分散的程度来确定。根据公路施工多工种结构的特点,需要装备品种繁多的机械。而由于施工对象、施工工艺和工序多变,机械设备的品种、规格和数量也应随之变化。

机械设备管理体制是指机械设备管理权限和职责的设置,其设置原则如下:

(1)机械设备管理体制必须有利于施工,有利于管理,有利于提高机械设备的完好率和利用率,有利于改善机械设备的技术状况,有利于提高机械化施工水平,有利于充分发挥机械设备的作用,有利于提高经济效益。

(2)机械设备管理体制必须适应施工工程项目多变的特点,具有一定的应变能力。任务对象比较固定的,可根据任务大小,核定机械设备常年需要量,直接装备使用单位,实行管用统一;任务对象变化较大的单位,机械设备需要的数量和类型变化很大,不常用的机械应由上一级单位集中管理,统一调度。

(3)机械设备管理体制要符合集中与分散相结合的原则。大型机械集中,中小型机械分散;不常用的机械集中,常用的机械分散;管理集中,使用分散;大中修集中,小修保养分散;配件采购供应集中,储备分散。

(4)机械设备管理体制应逐渐向专业化发展。只有专业化才更有利于管理,有利于提高业务水平和经济效益及施工质量,所以要逐步将综合性的工程队改变为专业性的施工队(如路基、路面、桥涵等专业施工队)。按专业配备常规设备,按流水作业方法组织机械化施工,从而加强机械设备管理,提高机械设备的完好率、利用率和经济效益。

四、公路施工企业现行机械设备管理体制

由于公路工程点多、线长、工种多样,往往需要装备品种繁多的机械设备。因此,机械设备管理体制并不完全一致。而机械设备的管、用、养、修、供五个方面,既具有相对独立性,又相互关联,相互影响,具有一定的科学性、技术性和系统性,因此管理工作不宜过于分散。就目前情况而言,机械设备管理体制不外乎以下两种形式。

1. 集中管理,管用统一

这种管理体制是机械设备不论大小,都集中使用管理。如果一个施工企业(项目经理部或工程队)掌握较多的自有机械设备,专业机械化程度高,对外依赖程度低,那么对它来说,由于机械设备较全,有利于独立作战,便于指挥调度,使用起来很方便。但其弊端在于:每个施工企业生产任务不可能十分均衡,随着任务或工艺的变化,使用机械设备的品种、数量也发生变化,倘若样样自给自足,必然在机械设备使用上造成忙闲不均,无法调剂,形成备者不用,需者又缺的情况。当机械设备利用率低,长期停置不用时,会因自然锈蚀而损坏,同时,还会在经济上造成很大的损失。

2. 大型集中,中小型分散

大型、进口机械一般结构较复杂,管理、操作技术要求较高,保修难度大,价格贵,管理如有不周将直接影响机械的技术状况、使用寿命和经济效益,因此,大型机械设备应尽可能集中管理。机械设备集中管理,对于施工企业来说,虽然有时用起来不方便,施工急需的机械设备,往往不能及时到位,从而影响工程进度。但从整体而言,这样可以提高大型机械的使用率,可以加强管理和集中维修。中、小型机械分散管理,实行自管自用,极大地方便了现场调度和使用。这种机械设备管理体制,目前采用者较多。

第三节　机械设备管理机构的基本任务及对机务管理人员的要求

企业机械设备管理机构的基本任务,可以从两个方面来谈,其一是主要任务,也就是《全民所有制工业交通企业设备管理条例》中规定的:"企业设备管理的主要任务是对设备进行综合管理,保持设备完好,不断改善和提高企业技术装备素质,充分发挥设备效能,取得良好的投资效益";其二是具体任务,也就是在日常的机务管理中要做的具体工作。

一、主要任务

根据《全民所有制工业交通企业设备管理条例》规定的内容,可以分为以下四项主要任务:

1. 保持机械设备完好

要通过正确使用、精心维护、适时检修,使机械设备保持完好状态,随时可以适应企业施工的需要,投入正常运行,完成生产任务。

2. 提高技术装备素质

技术装备素质是指在技术进步的条件下,技术装备适合企业生产和技术发展的内在品质。通常可用以下几项标准来衡量:①工艺适用性;②质量稳定性;③运行可靠性;④技术先进性(包括生产效率、物料与能源消耗、环境保护等);⑤机械化、自动化程度。

3. 充分发挥机械设备效能

机械设备效能是指机械设备的生产效率和功能。机械设备效能的含义不仅包含单位时间内生产能力的大小,也包含适应多品种生产的能力。充分发挥机械设备效能的主要途径有以下几点:

(1)合理选用技术装备和工艺规范,在保证施工质量的前提下,缩短生产时间,提高生产效率。

(2)通过技术改造,提高机械设备的可靠性与维修性,减少故障停机,提高时间利用率。

(3)注重生产计划、维修计划的均衡,合理安排生产与维修,提高机械设备的完好率和利用率。

4. 取得良好的投资效益

机械设备投资效益是指机械设备寿命周期内的产出与投入之比。取得良好的机械设备投资效益,是以经济效益为中心的方针在机械设备管理工作中的体现,也是机械设备管理的出发点和落脚点。

提高机械设备投资效益的根本途径在于推行机械设备的综合管理。首先,要有正确的投资决策,采用优化的机械设备购置方案。其次,在寿命周期的各个阶段,一方面加强技术管理,保证机械设备在使用阶段充分发挥效能,创造最佳的产出;另一方面加强经济管理,实现最经济的寿命周期费用支出。

二、具体任务

以下是机械设备管理部门的基本任务,具体到每个企业,可根据本企业的情况,制订各级机械设备管理部门的工作内容。

(1)贯彻执行国家和上级颁发的有关规章制度、规程规定、技术标准、定额指标等,结合本企业具体情况,制定实施细则或补充规定。

(2)努力完成上级规定和本企业制订的机械设备管理各项考核指标。

(3)参与技术装备规划和更新改造规划等的制订。

(4)参与施工组织设计的编制、审查和实施。

(5)负责机械设备的选型、购置、验收、安装、调试、改造、更新、处理、报废等项工作。并办理新购机械的索赔工作。

(6)办理机械设备的调拨和日常调度,以及对外机械租赁。

(7)建立机械设备台账及技术档案,掌握技术情况,以及对机械设备固定资产实现计算机管理。做好机械设备原始记录和统计资料的积累与分析。

(8)组织机械设备的维修,保持机械设备的良好状态,延长机械设备使用寿命,降低维修成本。做好节能工作。

(9)组织机械设备的合理使用,保障安全生产,组织或参与机械事故的分析处理。

(10)开展群众性的爱机竞赛活动,定期组织检查评比,不断总结推广先进经验。

(11)组织开展单机核算,组织制订机械技术经济定额。

(12)组织机务人员的技术培训和考核工作,以及"机械操作证"的核发和管理。

三、对机务管理人员的要求

1. 机务管理人员

机械设备管理人员应该包括哪些人员,尚无明确的界定,但习惯上将下列人员称为机务管理人员:

(1)主管机械设备的副经理;

(2)机械总工程师或总机械师;

(3)机械设备管理处(科)长;

(4)机械队(站)长;

(5)机械设备经营管理员;

(6)机械设备资产管理员;

(7)机械设备动态管理员;

(8)机械设备统计核算员;

(9)机械设备维修管理员;

(10)固定资产计算机操作员;

(11)配件技术管理员。

以上这种归类法是否恰当,尚待研究。但有两点应明确:一是机械设备管理和机械技术工作是相互关联的,即管理中有技术,技术中有管理,二者相辅相成,不能截然分开;二是非技术人员的机务人员,也要具备一定的机械专业知识。否则,是不可能做好机械设备管理工作的。

2. 机务管理人员应具备的知识

1) 公路工程知识

(1) 公路工程概论;

(2) 公路工程机械化施工。

2) 企业管理知识

(1) 懂得企业管理的性质、特点、任务、职能、原则、制度和组织机构等基本知识;

(2) 懂得企业计划管理、生产管理、质量管理、安全技术管理、劳动人事管理、物资管理、工具管理、能源管理、营销管理、成本管理、财务管理等基本内容及其与机务管理工作的关系;

(3) 了解管理心理学、行为科学的基本知识;

(4) 懂得技术经济分析的基本原理和方法以及现代管理方法;

(5) 懂得有关会计、统计方面的基本知识。

3) 专业知识

(1) 掌握机械设备的名称、型号、性能、结构和使用范围;

(2) 懂得与机械有关的标准与法规的基本知识;

(3) 懂得安全生产知识;

(4) 熟悉本企业机务管理工作的基本制度、业务范围、岗位职责内容;

(5) 熟知本企业机务管理组织情况和各生产部门机械配备状况;

(6) 熟知本企业机务管理工作中各类技术经济指标的含义、应用范围及其考核方法;

(7) 熟知计划检修与预防维修制度的原理及特点;

(8) 熟知全员生产维修(TPM)的含义、特点及其内容;

(9) 熟悉设备综合工程学的基本理论及其内容与方法;

(10) 懂得摩擦学与润滑管理的基本知识;

(11) 懂得计算机基本原理,掌握一种以上计算机语言及编程方法;

(12) 掌握一门外语的基本知识;

(13) 了解机械设备构造;

(14) 了解机械设备液压原理;

(15) 了解机械设备电气原理;

(16) 熟悉机械设备使用性能;

(17) 了解机械设备维修;

(18) 熟悉公路机械设备管理。

3. 机务管理人员应具备的能力

机务管理人员应具备的能力包括组织协调能力、实际动手能力、综合分析能力和创新改革能力。

(1) 具有组织、协调机械设备管理(资产管理、状态管理)和本岗位业务有关人员及机械设备分配、变动、报废的能力。

（2）能制订本岗位机械设备管理的工作程序、统计报表；填写资产凭证、登记台账、设备类别、设备检查标准；编制资产管理计算机程序和操作计算机；会使用一般诊断和检测工具仪器；处理分析各种数据，判断机械设备故障和劣化状态；组织和参与机械设备安装、调试、验收的工作。

（3）能调查研究、综合分析机械设备在使用维护和安装调试中存在的问题，总结事故发生的根源，掌握机械设备运行的动态情况等，并能提出对策。

（4）善于发现机械设备资产管理和状态管理中的问题，不断创新改革，采用新的技术，应用现代化管理方法。

（5）能调查研究、综合分析机械设备选型、采购、市场等机械设备前期经营方面的问题，并能提出对策。

第八章 技术经济分析基础

第一节 概 述

人们利用科学的成果改造自然并从事经济活动的手段和知识的总和称为技术,所以技术就是科学的应用。达到同一个经济活动的目的,往往同时存在着采用多种技术方案的可能性。在这些可行的技术方案中,其优劣归根到底取决于能否取得较好的经济效果。所以,经济效果是任何一种技术最根本也是最重要的衡量标志。凡是先进的技术(或称新技术),一般来说总具有较好的经济效果。只有在经济效果基本相同的前提下,或者在某些不以经济效果为主要追求目标的特殊场合(如选择军用武器、飞机等),才有可能用其他性质的指标(如命中率、安全可靠性等)来决定优劣取舍,而这些指标最终还是与经济效果有联系。所以,技术与经济是紧密联系的,离开了经济效果的标准,一项技术的先进与落后便无从判断。

但是,技术的先进性与经济合理之间又存在一定的矛盾。这是因为经济性往往与各种具体因素联系在一起,一种为社会所公认的先进技术,在某种特定的条件下不一定在经济上是合理的。例如在建筑施工中,水泥的垂直运输,既可采用风送技术,也可采用链斗提升技术。前者被公认是比较先进的,但是结合具体场合,如果工期较短,本企业又有链斗提升设备,那么用较为陈旧的技术反而能获得更大的经济效果。所以,为了保证技术与经济的辩证统一,必须结合具体条件分析比较,这样才能为决策提供必要的经济性信息依据,这就是技术经济分析的任务。

在技术经济分析中最常用的传统方法是方案比较法。所谓方案比较法,就是首先将参与分析的各种方案定量化(一般来说就是设法用货币单位来表示),然后运用数学手段进行综合运算、分析对比,从中选出最优的方案。在方案比较中首要的环节是要使各方案的条件等同化,否则分析得出的结果毫无意义,或者导致错误的结论,这就是所谓的"可比性问题"。由于各个方案涉及的因素是极其复杂且多样的,所以不可能绝对的等同化,何况其中还包括一些目前不能加以定量表达的所谓不可转化因素。因此,实际工作中我们只能做到在几个对经济效果有较大影响的主要方面达到可比性的要求。在机械设备管理技术经济分析中,一般要求在各方案之间达到以下四个可比性要求。

1. 使用价值可比性

使用价值的主要内容有数量、质量、品种等。两个方案,如果使用价值不同,是不能相比的。例如有两个混凝土吊罐,一个容积为 $6m^3$,另一个容积为 $3m^3$,我们就不能直接比较两者的优劣,也不能用 $6m^3$ 吊罐一半的价格来与 $3m^3$ 吊罐相比。$3m^3$ 吊罐可能灵活一些,循环周转的时间较短,在这种情况下,最好是把它们折算为单位时间内每吊运 $1m^3$ 混凝土所对应的投资额或成本费后再比较。

2. 相关费用可比性

所谓相关费用,就是如何确定合理计算方案费用的范围。两个方案,如果计算费用的范围不合理,也没有可比性。例如在隧洞开挖选择凿岩设备时,有两个备选方案:风动凿岩机方案和电动凿岩机方案。如果我们只以两种不同凿岩机本身的购置费做比较,那就将分析比较引入歧途。因为要使这两种凿岩机实际发挥生产效益,都需要一系列配套装置,所以必须同时计入所需添置的空气压缩机、风管及电源设施等的费用。合理地确定计算费用范围是十分必要的,但实际上却很容易被忽视。例如在计算某个新技术、新设备的方案费用时,往往很容易把必要的培训费、厂房设施重建费等项目遗漏,应引起充分的重视。

3. 时间因素可比性

资金与时间有着密切的关系。将一笔资金存入银行或投入某一项事业,都能取得利息或利润,对于资金拥有者来说,利息或利润在经济效果上是一样的,所以今天发生的一笔费用(支出或收入)与若干年后预计要发生的一笔费用是不能直接相比的。目前的方法是通过复利(年利)计算使不同时间、不同支付方式的资金等值。

4. 计费价格可比性

几乎绝大部分费用都是在某种单价基础上计算出来的,不同方案所涉及的各种物质(设备、原材料、燃料、动力等)及劳动力不一定相同,它们的价格是否相对合理对于分析计算的结果有直接的影响。在审定计费价格是否具备可比性时,主要看所使用的各种单价数据在比较期内是否有稳定性。如果事先能发现某些暂时的不合理因素,应设法予以调整纠正。例如有两个方案:一个用煤,一个用电。如果预计年内铁路可以修通,煤价将大幅度下跌(运费下跌),那么,在计算用煤方案的总费用时要考虑这一降价因素,从而大大加强了用煤方案的竞争力。

可比性涉及的问题远不止上述四种,还有定额标准、安全系数等。总之,满足可比性条件是方案能互相比较的前提,必须遵守。最后,着重谈一下在进行技术经济分析时的两个问题。

1. 关于沉没成本问题

沉没成本(Sunk Cost),又被称作过去费用或既耗费用,是指企业过去已耗用的资金。在技术经济分析中,分析人员的目的是选择一个将来可以给企业带来最佳经济效果的方案。只有未来的行动才会受到所选择方案的影响。所以在进行技术经济分析时的一个重要原则是不考虑沉没成本的影响。已耗用的资金是既成事实,错也好,对也好,是未来的行动所不能改变的,因而与经济分析无关。

例如,某企业在若干年前用10万元买了一台设备。由于当时决策不当,使用效果不好,企业收益甚微,甚至赔本,如果现在处理出去只能回收3万元。用这笔钱作为投资的一部分再买进一台更好的设备,就可使上述局面改观。这时正确的决策应是立即卖掉旧设备,购进新设备。可是这台设备在固定资产账上还有7万元的净值,如果现在以3万元处理掉,等于白白损失4万元。这便是所谓沉没成本问题。要知道只有旧设备现时的售价,才能对现在的技术经济分析起作用,而且这笔资金实质上早已损失了,与现在处理或不处理也没有什么关系。可是人的思想感情往往偏向于不愿意承认错误或自我安慰,总觉得如果不削价卖掉,这笔资金就以固定资产的形式还存在着,并总想把这4万元的损失加到新方案上,并以此为理由拒绝采取新措施,于是就违背了不考虑沉没成本的原则,得出了错误的结论。

我国不少企业都呆滞相当数量的长年积压设备,既不愿处理掉,又舍不得报废,保留着巨额的固定资产账面价值,却毫无经济效益可言,这正是对沉没成本缺乏正确认识的缘故。

2. 对技术经济分析成果应持的态度

对于通过技术经济分析得出的结论,一方面我们要相信它的科学性,只要数据正确、方法对,它的结果就是可信的,能为决策者提供明确又具有说服力的论据;另一方面,我们又不能过于迷信它,这是因为技术经济分析活动往往都是在事物发生之前对其进行的分析与估价,带有明显的预测性。并且为了使运算成为可能,不可避免地要对某些复杂的因素进行必要的简化。既然如此,在技术经济分析中必须包含一定的假设性与近似性。分析研究的对象所跨越的时间,少则十几年甚至几十年。在这样的时间里,各种因素能否保持稳定不变,是不能人为加以控制的。所以不能指望它百分之百准确,特别是当分析的结果十分接近时,更不能拘泥于数学上的不等式概念,以微弱的优势去决定取舍。

总之,决策者要通观全局,才能做出正确的判断。在众多的决策因素中,技术经济分析的成果虽是一个十分重要的因素,但并不是全部。决策者只有正确地认识它、合理地分析它,才能使这种科学的方法发挥应有的作用。

技术经济分析的具体方法很多,应用范围也很广泛。随着管理科学的发展和运筹学、概率论、计算机技术等的应用,技术经济分析已从早期的采用统计、分析、对比的方案优选方法发展到近期的利用随机过程、数学规划、最优化等方法。

第二节　复利等值换算

在进行方案比较时,各个方案所涉及的各项费用的发生时间及发生方式各不相同。为了满足时间因素可比性的要求,必须进行等值换算。等值与相等是有区别的。等值是在一定的条件下实现的。如果假设的条件(例如在复利等值换算中假设的年利率)有变动,那么原来认为是等值的就可能变为不等值。

一、费用分类

目前公认的通用方法是通过复利换算以消除时间上的差异而满足等值化的要求。在理论上,可以任意的等长时段(年、月、周等)为计息期单位,但实际上都是按年复利来计算的。通常根据费用发生的方式与时间将其划分为以下三种类型:

1. 现值(Present-worth)

现值是指现时一次性发生的费用,也就是分析期初始时支出或收入的费用,一般用 P 表示。属于这种性质的费用有设备购置费用、大修费用、技术改造费用以及初始时的贷款等。

2. 年金(Annual-cost)

年金是指在整个分析期内每年都发生的费用,如工资费用、能源消耗费用、经常性维修费等。实际上这种性质的费用在一年里往往是分散发生的,既不定时,又零星,有时甚至是无规律的，分析计算极为不便。因此，为简化起见，公认的习惯方法就是把这类费用的全年总和看成每年年末（或计息期期末）发生的，并且有一个专用的术语，称为期末惯例法。期末惯例法虽然与实际情况有出入，但由于对比双方或在分子分母上都采用此法，所以其影响互相抵消。在绝大部分情况下，这种简化假设能够满足实际工作的需要，不会导致分析结果发生差错。

这类逐年发生的费用又可分为以下两种情况：

（1）等额年金

等额年金是指每年发生的费用的总和是相等的，一般用 A 表示。属于这类费用的有租金、人工工资、管理费用等。在实际工作中，如果逐年的费用相差不大，一般取其平均值视为等额年金，以方便计算。

（2）梯度年金

有一类费用虽不逐年相等，但却以某一个恒定的数值均匀地增减，形成一梯度系列，称为梯度年金。例如设备的年维修费用，往往随设备的陈旧而逐年增加。这类逐年上升的费用，虽然并不严格地按线性规律变化，但一般都依据多年的资料整理成梯度化的办法予以简化，作为这类费用系列的近似，比取其平均值视为等额年金更接近实际。分析这类费用时应按两部分看待：第一部分是由第一年的费用组成的等额年金系列，仍用 A 表示；第二部分是从第二年起逐年以等额增加（或减少）的梯度系列部分，这部分中的每年等额增减值用 G 表示，并用 G 梯度系列（Gradient-series fund）代表整个增减部分。

3. 终值或未来值（Future-worth）

经过若干年后预期要发生的费用（如设备的转售价款、报废残值、存款的本利和赊购价款等）称为终值或未来值，用 F 表示，F 也被认为是在若干年后的年末发生的。

这里所谓的"年"不一定指日历年度，一般是以 P 发生的时间为起点计算的。所以 P、A、G、F 中，只有 P 是在第一年的年初发生的。为了与期末惯例法保持一致，在把资金的流动情况列成现金流量表或绘制现金流量图时，都把 P 看作是在上一年的年末（即第零年末）发生的，这便是现金流量表或现金流量图中第零年的由来。

二、复利等值换算系数

在分析比较时，只能在发生的方式相同、时间相同的费用之间进行。在每个方案中，如果包含不止一种方式，或各方案的费用发生方式不同，那么就要选定某一方式进行换算。在 P、F、A 中，经常需要进行两两换算，一共有 6 种换算公式或称系数；但对于 G，只要把它换算成等值 A 就可以了；所以一共有 7 种换算系数。

在换算过程中，设 n 为年数（或计息期数），i 为年复利率（暂时可理解为银行利率）。并假设以分析人员为准，凡是收入的资金均取正值，凡是付出的资金均取负值，这 7 种换算系数如下：

1. 一次支付复利系数（Single-payment compound-amount factor）

若有一项资金 P，按年复利率 i 计算，n 年后本利和应为多少？即由 P 求 F，根据复利计算，有：

$$F = P(1+i)^n \tag{8-1}$$

为了计算方便,可以按不同的利率及年数算出$(1+i)^n$的值列成一系数表,在计算时直接查表即可,这个系数叫作支付复利系数。式中$(1+i)^n$称为数学表示法,除此以外,还可采用符号表示法:

$$F = P[F/P, i, n] \tag{8-2}$$

本书将采用较为通用的第一种符号,但有时为了便于推导公式或计算,也可能临时采用数学表示法。以后将不再重复列出其他符号。

在符号$[F/P, i, n]$中,斜线左侧的符号F表示所求的未知数,斜线右侧的符号P表示已知数。符号$[F/P, i, n]$表示在已确定的i和n下,由P求F值。

2. 一次支付现值系数(Single-payment present-worth factor)

因为
$$F = P(1+i)^n$$

所以
$$P = F\left[\frac{1}{(1+i)^n}\right] \tag{8-3}$$

式中:$1/(1+i)^n$——一次支付现值系数,也称贴现系数,用符号$[P/F, i, n]$表示。

3. 等额支付系列复利系数(Equal-payment-series compound-amount factor)

设某人每年等额的将资金A存入银行,n年后可共得本利和为多少?

按期末惯例法,第一年存入的A元到第二年年末只能计算一年的利息,即计息期数要比年份少一年,到了第n年年末应按$(n-1)$年来计算本利和,即增值为$A(1+i)^{n-1}$元。同理,第二年再存入A元,在时间上已与F相重,不能再计算利息,仍保持原值A元,这样,n年来陆续存入等额款项至第n年年末,可得本利和为

$$\begin{aligned} F &= A(1+i)^{n-1} + A(1+i)^{n-2} + \cdots + A(1+i)^{[n-(n-1)]} + A \\ &= A[1 + (1+i) + (1+i)^2 + \cdots + (1+i)^{n-1}] \\ &= A\frac{(1+i)^n - 1}{i} \end{aligned} \tag{8-4}$$

式中:$[(1+i)^n - 1]/i$——等额支付系列复利系数,用$[F/A, i, n]$表示。

4. 等额支付偿债系数(Equal-payment-series sinking-fund factor)

由式(8-4)得:

$$A = F \times \frac{i}{(1+i)^n - 1} \tag{8-5}$$

式中:$i/[(1+i)^n - 1]$——等额支付偿债系数,用$[A/F, i, n]$表示。

从这一系数的名称可推知,这是指日后要偿还一笔已知的债务,从现在起每年要存储多少钱才能届期清偿。

5. 等额支付系列资金恢复系数(Equal-payment-series capital-recovery factor)

设某人以资金P投资制造一台机器,制成后出租给用户,每年预计收取等额租金A元,至n年后机器报废也不计残值。他决定年租金值的原则是至少应与资金存入银行的收益相同。问:年租金应为多少?

这个问题可分为两步来分析:

若干资金存入银行,则 n 年后可得:
$$F_1 = P(1+i)^n$$

今以年租金 A 作为收益来源,年租金收入后,应将其逐年陆续存入银行,否则就没有可比性,利用等额支付系列复利系数至 n 年后可得:
$$F_2 = A\frac{(1+i)^n - 1}{i}$$

令 $F_1 = F_2$,则有:
$$A = P\left[\frac{(1+i)^n \cdot i}{(1+i)^n - 1}\right] \tag{8-6}$$

式中:$\frac{(1+i)^n \cdot i}{(1+i)^n - 1}$——等额支付系列资金恢复系数,用符号 $[A/P, i, n]$ 表示。

6. 等额支付系列现值系数(Equal-payment-series present-worth factor)

将式(8-6)倒过来,得:
$$P = A\left[\frac{(1+i)^n - 1}{i(1+i)^n}\right] \tag{8-7}$$

式中:$\frac{(1+i)^n - 1}{i(1+i)^n}$——等额支付系列现值系数,用符号 $[P/A, i, n]$ 表示。它主要用来计算每年等额支付的资金系列于 n 年后总值的现值。

7. 均匀梯度系列系数(Uniform-gradient-series factor)

在前述梯度系列年费用中,我们把其中逐年增加(或减少)的部分用 G 来表示。所谓增加是相对于第一年而言的。所以增加是从第二年开始,其值为 $(2-1)G = G$,第三年则为 $(3-1)G = 2G$。依次类推,至第 n 年的增加总值为 $(n-1)G$,把它们按年份列成表8-1。

梯度系列表 表8-1

年末	梯度系列	梯度系列分解								
		a	b	c	d	e	f	…	i	m
0	0	0								
1	0	0								
2	$(2-1)G = G$	G								
3	$(3-1)G = 2G$	G	G							
4	$(4-1)G = 3G$	G	G	G						
5	$(5-1)G = 4G$	G	G	G	G					
6	$(6-1)G = 5G$	G	G	G	G	G				
…	…	…	…	…	…	…	…			
$n-1$	$[(n-1)-1]G = (n-2)G$	G	G	G	G	G	G	…	G	
n	$(n-1)G$	G	G	G	G	G	G	…	G	G

在表8-1的梯度系列分解栏里,我们可以把分析期内的全部 G 费用看成由 a 列 G 费用 + b

列 G 费用 + c 列 G 费用 + ⋯ + m 列 G 费用组成。其中每一列都是一个等额年金系列,它们的开始时间虽不相同,但都在第 n 年结束。这样,我们就可以利用前述等额支付系列复利系数把每一列换算成第 n 年的终值 $F_a, F_b, F_c, \cdots, F_m$。这些终值由于时间相同,所以能直接相加而得到全部 G 系列费用下的值。即

$$F = F_a + F_b + F_c + \cdots + F_m$$

$$F = G\frac{(1+i)^{n-1}-1}{i} + G\frac{(1+i)^{n-2}-1}{i} + \cdots + G\frac{(1+i)^2-1}{i} + G\frac{(1+i)-1}{i}$$

$$= \frac{G}{i}[(1+i)^{n-1} + (1+i)^{n-2} + \cdots + (1+i)^2 + (1+i) - (n-1)]$$

$$= \frac{G}{i}\left[\frac{(1+i)^n-1}{i}\right] - n\frac{G}{i} \tag{8-8}$$

再将此 F 乘等额支付偿债系数 $\dfrac{i}{(1+i)^n-1}$,将 F 换算成 A,即可算出等额年金 A 为

$$A = G\left[\frac{1}{i} - \frac{n}{(1+i)^n-1}\right] \tag{8-9}$$

式(8-9)是一个适用于 n 年为任何值的通用公式。系数 $\left[\dfrac{1}{i} - \dfrac{n}{(1+i)^n-1}\right]$ 称为均匀梯度系列系数,用 $[A/G, i, n]$ 表示。此系数也可用来计算均匀递减的系列。在实际工作中,逐年均匀递减的费用系列不多见。

利用以上 7 种系数,不仅可以在不同方式的资金之间进行等值换算,还可以利用系数表求 i 或 n 的近似值,作为投资人决策的依据。

在单项资金之间进行等值换算,利用上述系数已经足够。如在方案之间进行等值换算,由于每个方案都可能包含不同的费用发生方式,所以最好先把各个方案的费用发生情况列成现金流量表(若用图形表示则称为现金流量图),然后进行综合的等值换算。

第三节 机械设备投资方案的经济比较法

用于各种投资方案经济比较的计算法有多种,但适用于机械设备投资方案的经济比较计算法主要有三类:(1)投资回收期法;(2)最小费用法;(3)收益率比较法。

在进行投资方案的经济比较时,已不再是将资金存入银行或放债,而是将其投入某项事业以获取利润。前述中最初引入 i 时,我们曾把它作为银行的存款利率,当将资金投放到某项事业时,i 则作为投资活动的收益率。银行利率代表着金融商情,与投资人的决策无关。而预期的投资收益率则可以由投资人决定。i 值的决定是一个至关重要的问题,这是因为:

(1)在经济分析中 i 值起着决定性的作用。采用不同的 i 值可以使方案比较的结果完全不同。

(2)投资是有风险的。如果 i 值定得过低,加上可能的风险损失,不如将资金存入银行更为稳妥。如果定得太高,则可能错失投资的良机。因此,一个企业确定最低的可以接受的收益率是个具有方针性的问题。它通常由企业的上层管理部门在全面分析各方面的因素后

才能确定。通常要考虑以下几个因素：

①资金的来源，例如是自有资金还是信贷借款等；

②可供选择的投资机会；

③可供选择的各种投资机会所包含的风险程度；

④货币的现时价值，简单地说，就是有保证的银行利率。

企业确定采用的 i 值称为最小诱人收益率（Minimum Attractive Rate of Return, MARR）。在本节的分析计算中，所有的 i 如无特殊说明，一律指 MARR，而不再是银行利率，一般来说，MARR 要比银行利率高 50% 以上。

一、投资回收期法

投资回收期法，就是因投资而获利且多少年能将资金回收的一种比较方法，分为考虑时间因素与不考虑时间因素两种。由于对比双方都采用同一种方法，所以结果差别不大，但前者较为合理。

在考虑时间因素的投资回收期法中，设 N 为回收期（年），R 为折旧前平均年利润。若在已定的 i 条件下，资金能在几年内回收，则有：

$$P = \frac{R}{(1+i)} + \frac{R}{(1+i)^2} + \cdots + \frac{R}{(1+i)^n} = R\frac{(1+i)^n - 1}{i(1+i)^n}$$

为了求解 n，将上式变形，得：

$$P \cdot i(1+i)^n = R[(1+i)^n - 1]$$

$$(1+i)^n = \frac{R}{R - P \cdot i}$$

两边取对数，并用 N 代替 n，得：

$$N = \frac{\lg[R/(R - P \cdot i)]}{\lg(1+i)} \tag{8-10}$$

此 N 值可用于单方案决策，也可用于多方案的评比，以 N 值小者为佳。在用于多方案决策中，N 值要与标准回收期 N_H 相比，若 $N < N_H$，投资方案成立。

关于标准回收期，我国尚无统一规定，以下列举国外的部分标准回收期数据。一般来说，在某个领域里，风险越大，社会竞争越激烈，标准回收期就越短，意味着预期的投资收益率越高，否则是不敢轻易投资的。

(1) 交通运输业 10 年；

(2) 动力业 7～10 年；

(3) 建筑与材料业 6 年；

(4) 冶金业 7 年；

(5) 石油、天然气 5 年；

(6) 煤炭业 5 年；

(7) 森林、木材加工业 5 年；

(8) 化工业 3～5 年；

(9) 机械制造业 3～5 年；

(10) 轻工业 3～5 年。

投资回收期法是一种从短期经济效益出发而提出的评价方法。回收期到期后机械设备不一定报废或退役,而以后使用期的经济效益未考虑,这是该方法的主要缺点。

二、最小费用法

最小费用法是以各方案总费用的现值或年金的多少来对比方案的一种方法。因以费用较小者为佳,故称为最小费用法。

1. 总费用现值比较法

把机械设备的投资额及整个使用期内的其他费用的现值的总和作为评价的依据,一般可用于机械设备使用费不相等而又差别较大的情况。

设 $C_1,C_2,\cdots,C_n$ 为机械设备逐年的年使用费,L_n 为至几年后预期可以回收的机械设备残值。则

$$\text{机械设备总费用现值} = P - L_n[P/F,i,n] + C_1[P/F,i,1] + C_2[P/F,i,2] + \cdots + C_n[P/F,i,n] \tag{8-11}$$

若在机械设备的有效寿命期内有追加投资发生(例如大修理费用等),则应将这类费用按其发生的次数与时间分别换算成现值一并计入。但机械设备在使用期内的技术改造费或升级改造费等不得视为原机械设备的追加投资,这类费用构成独立的投资项目,可单独分析计算。

2. 等额年费用比较法

当机械设备的年使用费逐年相等或呈线性梯度系列变化时(包括允许简化为等额或梯度系列在内),则采用等额年费用比较法较为合适。

设 C 为等额年使用费或年使用费的平均值,则有:

$$\text{等值等额年费用} = P[A/P,i,n] - L_n[A/F,i,n] + C$$

或将上式转化为:

$$\text{等值等额年费用} = (P - L_n)[A/P,i,n] + L_n i + C \tag{8-12}$$

若 C 值逐年呈近似于梯度变化,则按具有梯度系列来处理 C 值,可得到更精确的结果。

令 $G = (C_n - C_1)/(n-1)$,则有:

$$\text{等值等额年费用} = P[A/P,i,n] - L_n[A/F,i,n] + C_1 + G[A/G,i,n]$$
$$= (P - L_n)[A/P,i,n] + L_n i + C_1 + G[A/G,i,n] \tag{8-13}$$

由于现值与年金之间的方案评比,实际上是在满足可比性条件的前提下,假设各个方案收益是相同的情况下进行的,所以不再需要各个方案的年收益数据,这对机械设备的方案分析特别方便。因此,这也是进行机械设备方案分析时最常用的方法。

三、收益率比较法

此方法是计算各个方案的实际收益率,并以收益率最高为最佳方案。

设 $R_1,R_2,\cdots,R_n$ 为由投资所获得的逐年利润,X 为欲求的实际收益率,则有:

$$P = \frac{R_1}{1+X} + \frac{R_2}{(1+X)^2} + \cdots + \frac{R_n}{(1+X)^n} + \frac{L_n}{(1+X)^n} \tag{8-14}$$

若用式(8-14)来求 X 值,只能使用迭代法求解。若取 $R_1,R_2,\cdots,R_n$ 的平均值为 R,并设 $L_n=0$,则式(8-14)可简化为:

$$P = R\left[\frac{1}{1+X} + \frac{1}{(1+X)^2} + \cdots + \frac{1}{(1+X)^n}\right] = R\frac{(1+X)^n - 1}{X(1+X)^n}$$

或

$$\frac{R}{P} = \frac{X(1+X)^n}{(1+X)^n - 1} \tag{8-15}$$

式中:$\dfrac{X(1+X)^n}{(1+X)^n - 1}$——等额支付系列资金恢复系数$[A/P,X,n]$。

第九章　机械设备新增、更新、改造与租赁管理

第一节　机械设备的磨损与寿命

机械设备在使用(或闲置)过程中均会发生磨损,其中零部件的磨损将直接影响机械设备的精度、性能和生产效率。由于磨损及其他原因,无论何种机械设备都有一定的寿命。了解机械设备的磨损现象及其产生的原因,掌握磨损的规律并采取一定的措施适时地补偿磨损造成的经济后果,就可以尽量减少机械设备的磨损,延长机械设备的使用寿命,提高企业的经济效益。

根据磨损的形态和产生的原因,将其可以分为四种,见图9-1。这里所指的"磨损",带有广义性质,通常指随时间而慢慢减少的现象。从不同的角度出发,机械设备共有四种不同意义的寿命,见图9-1。

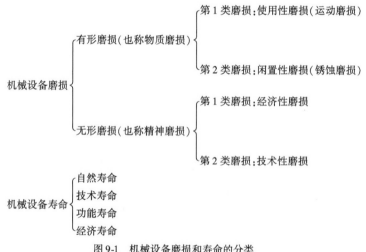

图9-1　机械设备磨损和寿命的分类

一、机械设备的有形磨损及其度量

1. 有形磨损的概念及其产生的原因

(1) 第1类有形磨损——使用性磨损

①产生的原因:在生产过程中,运转中的机械设备的零部件相对运动,会发生摩擦、振动和疲劳等现象,导致设备中零部件的物理性能和几何形状缓慢地改变,机械设备的实体产生磨损。

②通常的表现:A.机械设备零部件的原始尺寸改变,甚至形状也发生变化;B.公差配合性质改变,精度降低;C.零部件损坏。

③使用性磨损(运动磨损)的规律:大致可分为三个阶段,如图9-2所示。第Ⅰ阶段称为初期磨损阶段。这个阶段是新机器或大修理后机器的"磨合"阶段,各零部件处于相互适应的阶段。在这个阶段,零件的表面粗糙度会发生明显的变化,磨损速度比较快。第Ⅱ阶段称为正常磨损阶段。在这个阶段,若设备使用正确、合理,零件的

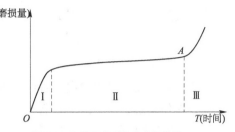

图9-2 机械设备零部件磨损曲线

磨损速度就能稳定,磨损也较缓慢,零件磨损速度与负荷强度有关,也与机械设备的牢固程度有关。这段时间就是零件的使用寿命。第Ⅲ阶段称为急剧磨损阶段。当磨损达到一定程度时,机器会产生质的变化,磨损量急剧增加。这时,机器正常的工作条件被破坏,机械设备的精度、性能和生产效率会显著降低,其使用费剧增。如继续使用,将导致零件甚至机械设备严重损坏。

在正常磨损阶段和急剧磨损阶段之间,有一个临界点A,常称为合理磨损极限点。它既是正常磨损阶段的终点,又是急剧磨损阶段的起点,一般情况下,要在合理磨损极限点之前,对机械设备进行修理。

机械设备磨损有一定的规律性,但不同的机械设备各个磨损阶段的时间不同,即使是同一型号、同一规格的机械设备,由于使用和维护不同,其损坏的时间也不尽相同。因此,掌握机械设备磨损规律,在不同的磨损阶段给予不同的维修,就能使机械设备经常保持良好的技术状态。

(2)第2类有形磨损——闲置性磨损

①产生的原因:设备在闲置过程中,保管不善,养护不勤,由于自然力的作用而造成磨损。它与生产过程的作用无关。

②通常的表现:机器生锈、金属腐蚀、橡胶和塑料老化,时间长了会自然丧失精度和工作能力。机械设备有形磨损的形式见图9-3。

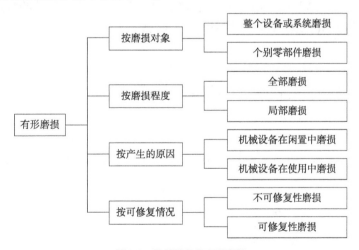

图9-3 机械设备的有形磨损

2.有形磨损的技术经济后果

有形磨损的技术后果是机械设备的使用价值降低,磨损达到一定程度可使机械设备完

全丧失使用价值。有形磨损的经济后果是机械设备原始价值降低,甚至完全贬值。为了补偿有形磨损,需要支出修理费或更换费。

3. 有形磨损的不均匀性

机械设备使用过程中由于各组成要素的磨损程度不同,故替换的情况也不同。有些组成要素在使用过程中不能局部替换,只好等平均使用寿命完结后进行全部替换。如灯泡灯丝一断,即使其他部分未坏也不能继续使用。但多数机械设备由于组成部分的材料和使用条件不同,故其耐用时间也不同,例如机器有形磨损之后,其零部件按磨损程度大致可分成三组:一是完全磨损不能继续使用的零件;二是可修复的零件;三是未损坏完全可以继续使用的零件。这三组零件应在不同时间进行修理或更换。这构成了修理的技术可能性和修理经济性的前提。

4. 有形磨损与技术进步

科学技术进步对机械设备的有形磨损是有影响的,如更耐用材料的出现、零部件加工精度提高以及结构可靠性增大等,都可推迟设备有形磨损的期限。同时,正确的预防维修制度和先进的维护技术,又可减少有形磨损的发生。但是,技术进步又有加速有形磨损的一面。例如,高效率生产技术使生产强化、自动化,从而提高设备的利用程度,自动化管理系统大大减少设备停歇时间,数控技术大大减少设备的辅助时间,从而使机器开动时间大增。专用设备、自动化设备常常在连续强化、重载条件下工作,必然会加快设备的有形磨损。此外,技术进步常与提高速度、压力、载荷和高温相联系,因而也会增加设备的有形磨损。

5. 机械设备有形磨损的度量

正确地度量有形磨损的程度是合理评价机械设备使用经济性的基础之一。机械设备磨损后是修理好,还是技术改造好,还是更新好,取决于机械设备的磨损程度。如果有形磨损可用技术方法来测量,这时机械设备有形磨损的程度直接取决于其零件的磨损量。

若零件的磨损是由摩擦造成的,可用下式来计算:

$$a_i = \frac{\delta_i}{\delta_{mi}} \tag{9-1}$$

式中:a_i——机械设备中 i 零件的实际磨损程度;

δ_i——i 零件的实际磨损量;

δ_{mi}——i 零件最大允许磨损量。

若机械设备的磨损是由零件的疲劳而造成的,其有形磨损程度则用下式计算:

$$a_i = \frac{T_i}{T_{mi}} \tag{9-2}$$

式中:T_i——i 零件的实际服务期;

T_{mi}——i 零件的疲劳损坏周期。

利用所有磨损零件的物理磨损百分数的算术平均值来表示整机有形磨损的程度是没有意义的,因为这种方法不能反映零件磨损程度与价值大小的关系。所以,这里借用经济指标的度量方法,在计算个别零件磨损程度的基础上确定出整机平均磨损程度 a_p:

$$a_\mathrm{p} = \frac{\sum_{i=1}^{n} a_i k_i}{\sum_{i=1}^{n} k_i} \tag{9-3}$$

式中：a_p——设备整机有形磨损程度；

n——磨损零件的总数；

k_i——i 零件的价值。

机械设备有形磨损程度还可以利用设备已使用年限(年份)与按有形磨损规定的服务期之比来表示：

$$a_\mathrm{p} = \frac{T_\mathrm{u}}{T_\mathrm{s}} \tag{9-4}$$

式中：T_u——机械设备已使用的年限；

T_s——按有形磨损规定的服务期。

若机械设备刚大修过或即将进行大修,则可利用经济指标估计设备的有形磨损。其公式如下：

$$a_\mathrm{p} = \frac{R}{K_1} \tag{9-5}$$

式中：R——采用修理办法修复全部磨损时该种设备再生产的价值(即修复费用)；

K_1——在确定机械设备磨损程度时该种新设备再生产的价值。

式(9-5)中分母用机械设备再生产价值,而不用其原始价值,是因为修理费用与设备自身价值必须用同一时期的价值进行比较才有意义。

从经济角度分析,机械设备有形磨损程度指标不能超过 $a_\mathrm{p}=100\%$ 的极限。

二、机械设备的无形磨损及其度量

1. 无形磨损的概念及其产生原因

机械设备在使用或闲置过程中,除有形磨损外还遭受无形磨损,后者亦称精神磨损。这是由非使用和非自然力作用引起的机械设备价值的损失,在实物形态上看不出来。

(1)第 1 类无形磨损——经济性磨损

科学技术的进步,促使劳动生产率逐渐提高,生产工艺改进,原材料成本下降,生产同样机械设备所需的社会必要劳动耗费减少,因而原机械设备相应贬值。这种因相同结构再生产价值(重置价值)的降低而带来的原有机械设备的贬值,叫作第 1 类无形磨损,也称为经济性磨损。

(2)第 2 类无形磨损——技术性磨损

伴随新技术的发明和应用,出现了性能更加优越和完善、生产效率更高的机械设备,使原机械设备的价值相对降低。这种由于不断出现结构更先进、性能更优越、生产效率更高,耗费原材料和能源更少的新型设备而使原机械设备显得陈旧落后,因而产生的无形磨损,叫作第 2 类无形磨损,又称为技术性磨损。

可以看出,这两类无形磨损使原机械设备的价值已不完全取决于其最初的生产耗费,而是取决于其再生产的耗费。其中,由于新技术的发明和应用所造成的技术性磨损,对原机械设备的影响更为显著,会加快原机械设备的淘汰和更新。

2. 无形磨损的技术经济后果

在第 1 类无形磨损情况下,机械设备的技术结构和经济性能并未改变。例如,某机床厂生产的万能升降台铣床,在劳动生产率不断提高的基础上,出厂价格不断降低,如表 9-1 所示。

万能升降台铣床出厂价变动率　　　　表 9-1

年份	1982	1983	1988	1995	1997
出厂价格为 1982 年原价的百分比(%)	100	68.2	60.7	53.7	35.7

这种无形磨损虽然使生产领域中的现有机械设备部分贬值,但是其本身的技术特性和功能不受影响,设备尚可继续使用,即使用价值并未因此而变化。因此一般不需要更新。但如果机械设备贬值速度比较快,以致修理费用高于其贬值后价格时就要考虑更新。

在第 2 类无形磨损情况下,由于出现了具有更高生产率和经济性更好的机械设备,不仅原设备的价格会相对降低,而且如果继续使用旧设备还会相对地降低生产的经济效益(即原设备所生产产品的品种、质量不及新设备,以及生产中耗用的燃料、动力和费用等比新设备多)。这种经济效益的降低,实际上反映了原设备使用价值的局部和全部丧失,这就有可能产生用新设备代替现有旧设备的必要性。不过这种更换的经济合理性取决于现有机械设备贬值程度,以及在生产中继续使用旧设备的经济效果下降的幅度。在这种情况下,有可能旧设备还可使用甚至还很"年轻",但用新设备代替过时的旧设备在经济上却是合算的。

3. 机械设备无形磨损的度量

衡量机械设备的无形磨损常采用价值指标。下面介绍在技术进步影响下如何利用机械设备价值降低系数来表示其无形磨损程度。

$$a_1 = \frac{K_0 - K_1}{K_0} = 1 - \frac{K_1}{K_0} \tag{9-6}$$

式中:a_1——机械设备无形磨损程度;

K_0——机械设备的原始价值;

K_1——考虑第 1、2 类无形磨损时机械设备的再生产价值。

在计算无形磨损程度 a_1 时,K_1 必须反映技术进步的两个方面对现有机械设备贬值的影响:一是相同机械设备再生产价值的降低;二是具有较好功能和更高效率的新设备的出现。这时 K_1 用下述公式表示:

$$K_1 = K_n \left(\frac{g_0}{g_n}\right)^\alpha \left(\frac{c_n}{c_0}\right)^\beta \tag{9-7}$$

式中:K_n——新设备的价值;

g_0、g_n——相应的旧设备、新设备的年生产率;

c_0、c_n——使用相应的旧设备、新设备的单位产量耗费;

α、β——劳动生产率提高指数、成本降低指数。

指数取值范围,$0<\alpha<1,0<\beta<1$,其大小可以通过研究相似设备的实际资料获得。

在式(9-7)中,当 $g_0=g_n,c_0=c_n$,即新、旧设备劳动生产率及使用成本均相同时,$K_1=K_n$ 表示发生第1类无形磨损。

若出现下述三种情况之一,即表示发生第2类无形磨损:

(1) $g_n>g_0,c_n=c_0$,此时 $K_1=K_n\left(\dfrac{g_0}{g_n}\right)^{\alpha}$。

(2) $g_n=g_0,c_n<c_0$,此时 $K_1=K_n\left(\dfrac{c_n}{c_0}\right)^{\beta}$。

(3) $g_n>g_0,c_n<c_0$,此时 $K_1=K_n\left(\dfrac{g_0}{g_n}\right)^{\alpha}\left(\dfrac{c_n}{c_0}\right)^{\beta}$。

在比较时,采用的是单位产量耗费,也就是机械设备的单位产量使用成本。因为一种结构完善、效率更高的新设备,其价值不一定比旧设备再生产的价值低,所以直接比较两者的价值并不一定能得出正确结论,只有通过比较单位产量使用成本才能反映新设备的优越性。

三、机械设备综合磨损的度量

有了机械设备的有形磨损指标和无形磨损指标,就可以计算同时发生两种磨损的综合指标。

机械设备有形磨损后的残余价值(用原始价值的比率表示)为 $(1-a_p)$。

机械设备无形磨损后的残余价值(用原始价值的比率表示)为 $(1-a_1)$。

两种磨损同时发生后的机械设备残余价值(用原始价值的比率表示)为 $(1-a_p)$ 与 $(1-a_1)$ 之积。

因此,机械设备综合磨损程度的计算公式为

$$a=1-(1-a_p)(1-a_1) \tag{9-8}$$

式中: a ——机械设备综合磨损程度(用原始价值的比率表示);

a_p ——机械设备的有形磨损程度;

a_1 ——机械设备的无形磨损程度。

任何时候机械设备在两种磨损作用下的残余价值 K,可用下式计算:

$$K=(1-a)K_0 \tag{9-9}$$

将 α 值代入式(9-9)可得: $K=K_1-R$。从计算结果看,K 值等于机械设备再生产的价值减去修理费用。

四、机械设备磨损的经济后果及其补偿

通过上述分析可以看出,两种磨损都引起原始价值的降低,这一点二者是相同的。不同之处是发生有形磨损的机械设备,特别是有形磨损严重的机械设备,在进行(大)修理前,常常不能正常使用,而任何无形磨损却不影响它的继续使用。

假如机械设备已遭到严重的有形磨损,而它的无形磨损期还没有到来,这时只需对遭到有形磨损的机械设备进行修理或更换就可以了。

假如机械设备的无形磨损期早于有形磨损期到来，这时，企业面临的抉择是继续使用原有设备，还是选用先进的新设备来更换尚未折旧完的旧设备。在技术发展迅速的情况下，有些机械设备更新换代的周期缩短，就会发生这种现象。一般来说，这类机械设备可以不必进行大修理，在企业经济条件许可时，采取逐步更新的办法。

很明显，最好的方案是有形磨损期与无形磨损期十分接近，这是一种理想的"无维修设计"，也就是说，当机械设备需要进行大修理时，恰好到了更新的时刻。但这在多数情况下是较难做到的。

此外，还应看到，第2类无形磨损虽使机械设备贬值，但它是社会生产力发展的反映，这种磨损愈大，表示社会的技术进步愈快。因此，应该充分重视对机械设备磨损规律性的研究，加快技术进步的步伐。

机械设备磨损形式不同，补偿磨损的方式也不一样。补偿分为局部补偿和完全补偿。机械设备有形磨损的局部补偿是修理；机械设备无形磨损的局部补偿是现代化改造。有形磨损和无形磨损的完全补偿则是更新机械设备。机械设备各种磨损形式及其补偿方式之间的相互关系，如图9-4所示。

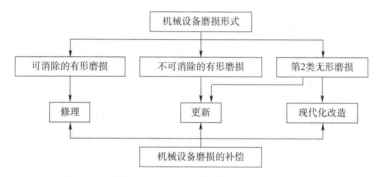

图9-4　机械设备磨损形式及其补偿方式之间的相互关系

综上所述，机械设备的更新和改造是消除有形磨损和无形磨损的重要手段，也是提高整个国民经济的技术装备水平的重要措施。

五、机械设备的四种寿命

从不同的角度出发，机械设备共有四种不同意义的寿命，即自然寿命、技术寿命、功能寿命和经济寿命。

1. 自然寿命

自然寿命是指机械设备的物质寿命，它是由机械设备的设计者，根据机械的结构、材质、受力情况、使用环境及磨损理论等确定的，指机械损坏至丧失使用价值及用常规修理方法不能恢复时所经历的时间。也就是说，自然寿命是由有形磨损决定的，当有形损耗发展到完全磨损时，即认为自然寿命终止。一般来说，由于机械设备的主体部分不作为更新件看待，也无备件可资供应，所以机械的自然寿命都是根据机械的主体部分确定的。当机械的主体部分因使用磨损、老化变质、腐蚀等损坏而不能修理恢复时即认为整机的自然寿命终止。例如锅炉的自然寿命就是由炉体的磨损程度确定的。

具体计算一台机械设备的自然寿命是一个复杂而专业性强的问题。除了理论计算以外,还要借助某些经验公式或经验资料。不少国家对主要机械的寿命都有规定的指标,一般来说都以第一次大修期作为基数指标。例如美国规定履带式液压挖掘机的第一次大修期,在恶劣情况下为4年,8000h;一般情况下为5年,10000h;良好情况下为6年,12000h。日本规定铲斗容量在 $1.2m^3$ 以下挖掘机的大修期为9100h,$2.3m^3$ 以上者的大修期为10500h。苏联规定铲斗容量为 $1～1.25m^3$ 挖掘机的大修期为15000h。有了这个基数,再乘适当的倍数,就可能得出整机的自然寿命。对于某些大型的机械设备,甚至对其中的一些关键性零部件的寿命,国家都有规定。例如苏联规定大型挖掘机的环形轨道的寿命为7～8年,推压齿轮的寿命为4～5年,推压齿条的寿命为6～7年,履带板的寿命为4年等。这些数据对确定机械设备的自然寿命有很大的参考价值。一般来说,机械设备的自然寿命是四种寿命中最长的一种。

自然寿命一般应以机械设备的投产时间作为起算点。如果新设备不投入使用,并加以妥善保管,那么虽然并不能使闲置性磨损完全停下来,但由于其进程已降低到最缓慢程度,所以其自然寿命实际上可无限期延长,已不包括在通常所说的寿命概念范围以内了。由于在自然寿命中包含了一部分闲置性磨损的因素,所以特作如上说明,以免混淆。

2. 技术寿命

技术寿命是机械设备的技术有效时间,它是技术性磨损的结果。机械设备在自然寿命结束前,由于技术上的进步,原机因技术性能太低而被淘汰掉,机械设备从制成起到被淘汰掉所经历的时间称为技术寿命。请注意技术寿命与自然寿命的起算点是不同的。

机械设备的技术寿命的长短主要取决于该领域技术更新速度的快慢,例如电子设备的技术寿命就非常短。据统计,每隔5～8年,电子计算机的计算速度就提高10倍,而体积则缩小1/10,成本也降低1/10。军事装备及航空机械的技术寿命也比较短。一种新型飞机从方案规划开始到研制完成往往要几年的时间,以致发生过飞机刚研制成功而技术寿命已告终结的例子。相对来说,机械设备的技术寿命比较长,比较稳定。但也能找到一些比较典型的例子来说明技术寿命对机械设备有效使用期的影响。例如,用于大型隧洞全断面开挖的有轨架钻台车,我国在20世纪60年代末期才研制出来并试用于生产,但很快就被高臂强力钻车所淘汰。因为前者庞大笨重、效率低、价格昂贵,对施工干扰大,而后者机动灵活、效率高,对施工几乎没有干扰,在技术性能上占全面的压倒性优势。所以这种架钻台车的自然寿命虽然可达数十年之久,但技术寿命却只有短短的几年。

技术寿命又可分为预期的与现实的两种。预期的技术寿命是指对某种产品技术有效时间的预测值,它很难通过某种公式精确地计算,只能依靠某些洞悉该领域技术更新动向及发展速度的专业人员,根据掌握的大量数据资料及丰富的经验预测判断。现实的技术寿命是指机械设备正在使用寿命的中期,由于社会上出现了更经济、更有效的新型设备,使企业认为有必要将旧设备淘汰掉时旧设备实际达到的寿命值,现实的技术寿命的确定也就是机械设备更新的决策问题。所谓技术寿命,归根到底,还是由经济上的得失决定的,因此在某种程度上也可以把技术寿命理解为某种类型的经济寿命，不过这种经济寿命是单纯由技术性磨损而引起的罢了。在有的书刊资料上，只提经济寿命而不提技术寿命，其原因就在于此。

机械设备的技术寿命，还可以通过对旧设备的局部技术改造而加以延长。这也是企业内部设备改造工作的主要内容。不管机械设备出厂时间的早晚，同类产品的技术寿命终止期是一样的，这也是技术寿命与众不同的特征。

3. 功能寿命

由于施工生产对象的特殊性、作业条件的多变性，有些机械设备仅是为了一个特定的施工目的而专门制造的。在机械设备完成了预定的功能任务以后，再无使用可能或者很少再有可以预见的使用可能。那么机械设备从制成、投产到完成其全部预定的任务所经历的时间，就是机械设备的功能寿命。这种寿命最易确定，原来施工计划中预定使用的时间便是该机械设备的功能寿命。

施工企业自制（包括专项订货）的非标准机械设备中，有相当一部分就属于这种类型，而且其中不乏价值非常昂贵、结构非常复杂的机械设备，例如原上海市隧道公司在原江南造船厂定制的特定断面的隧道掘进机，价值400万元，就是一种很典型的具有功能寿命的机械设备。凡是只具有功能寿命的机械设备，不论其价值多么昂贵，都不能转为固定资产，一旦其功能寿命终止，最好还是及时处理。

4. 经济寿命

经济寿命是指纯粹从成本或利润角度出发而确定的机械设备最佳寿命周期。所以经济寿命也就是机械设备平均年度成本费用最低，或年度净收益最大的使用期。企业新置一台机械设备，如果能精确地预测未来费用发生情况，那么在购买机械设备时，就能精确地计算出它的经济寿命。

在常用的经济寿命计算方法中，确定寿命只考虑一个因素——只限于本机械设备的单位使用时间的成本因素或者利润因素。如果超出本机械设备自身范围而在不同厂牌型号的机械设备之间作使用经济性的综合比较，那么就会与技术寿命相混淆，这一点要特别注意。

一般来说，机械设备在使用初期，运行维持费用总是比较低的。以后逐渐老旧，费用就越来越高。机械设备使用到某个时期后，如果再继续使用，由于运行维持费用(人员工资、维修费用、能源消耗等)逐步提高而使年均设备成本及使用费由下降转为上升趋势，形成一个U形曲线。因此，如果把年均设备费(包括成本和使用费)最低的那个时间作为其使用寿命的终点，那么由此而确定的折旧率正好届期可以把机械设备的原值(严格讲应该再减去残值)全部回收。用这笔折旧基金再购进一台新设备，开始下一个营运周期。如此循环，它的年均设备费(包括购置费和维持使用费)始终是最低的，从成本经济角度来说也是最合理的。所以也称之为机械设备役龄更新最佳周期。

在一般情况下，凡是制造工厂向用户提供的产品使用寿命数据，大都是经济寿命。机械设备的四种寿命都是针对正常情况(按照规定的要求使用、维修、保养等)而言的。假如对机械设备既不精心操作，也不注意维修保养，任意超载，带病运行，甚至发生重大机械事故，以致在很短的时间内使机械彻底损毁,这纯属"夭折",而根本不是以上所介绍的寿命的含义了。

四种不同含义的寿命中,以自然寿命为最长,功能寿命为最短。至于经济寿命与技术寿命要看具体情况而言。在具体确定某一种或某一类机械设备的使用寿命时,往往要通盘考虑各种情况。一般来说,由于经营企业总是以追求经济效益为目的,所以经济寿命的影响较大。大致来说,所确定的机械设备的使用寿命,往往介于经济寿命与自然寿命之间,适当地考虑技术寿命的影响,并且以大修周期为基数,一般在3~5个大修周期范围内。

第二节 机械设备寿命周期费用

一、研究机械设备寿命周期费用的意义

机械设备在寿命周期所消耗的总费用,称为机械设备寿命周期费用。

研究机械设备现代管理的主要目的是使机械设备的寿命周期费用达到最经济,也就是达到寿命周期费用的最佳化。瑞典设备维修协会乌尔曼教授对机械设备寿命周期内各阶段费用的变化情况,作了如图9-5所示的表述,这就是机械设备寿命周期费用曲线。乌尔曼认为,在一般情况下,机械设备的规划—设计—制造过程所花费的费用是递增的,到安装阶段开始下降,其后的使用阶段基本保持一定的费用水平,而此阶段的持续时间要比设计、制造阶段长得多。最后,当费用再度上升时,就是机械设备需要更新的时期,机械设备的寿命周期到此结束。这样,机械设备总费用,即寿命周期费用,为图9-5中曲线所包括的总面积。

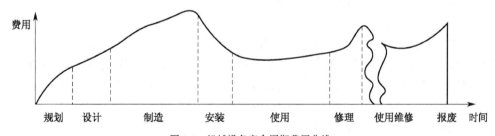

图9-5 机械设备寿命周期费用曲线

研究寿命周期费用最佳化的想法,早在1950年美国开始对可靠性进行研究的过程中就有了萌芽。当时,根据美国国防部的调查,使用和维修所耗的费用总和,在5年中竟达到该机械设备购置费用的10倍以上。故可认为研究寿命周期内维护费用的最佳化是进行机械设备研究的基本出发点。自1966年起,美国国防部着手研究寿命周期费用的分析程序。现在,美国国防部向各厂商招标订购军需品时,未经寿命周期费用分析计算者,概不接收。因此,厂商只宣传机械设备的销售价格如何低廉,并不能就此吸引买主,还必须提供有关维修费用明确的估算依据,朝着降低用户使用费用的目标进行。据我国原地质矿产部所属某地质队11年的统计,该队一台600型油压式钻机,平均每年使用费约3万元,该机购置费仅为1.8万元。钻机寿命按10年计算,则10年的使用

费为30万元,相当于购置费的16倍。使用费中油料费及修理费10年为9万元,相当于购置费的5倍。

以往衡量机械设备的投资效益仅着眼在添置机械设备时的一次投资(设置费)而忽视机械设备在长期使用中所交付的维持费,故往往造成虽节省了设置费,但因机械设备在长期使用中可靠性差、能耗高、维修费多等因素,造成该机械设备维护费开支很大,出现了所谓"买得起,用不起"的现象,用机械设备寿命周期费用的观点来评价,这是不经济的。

为此,在机械设备的前期管理中,应将寻求寿命周期费用最经济的机械设备作为重要的工作内容。因此应做到:

(1)选购机械设备以寿命周期费用为基础,而不是以出厂价格为基础。

(2)从规划和设计阶段起就应考虑寿命周期费用,特别是使用维护费用的最佳化。必要时,应该重新审查原始设计,以及其他与寿命周期费用有关的参数。通过对这些参数的比较和选择以降低总的费用。

总之,基于寿命周期费用概念,以往人们一直强调机械设备的出厂价格低廉的认识必须纠正。机械设备设计人员长期以来被迫以低廉的出厂价格为特点进行设计的概念,也应逐步改正。特别是对于长寿命的机械设备,必须从寿命周期费用的角度来考虑。

二、机械设备寿命周期费用的构成

从构成内容来看,寿命周期费用是由设置费和维持费组成的。

1. 设置费(或原始费)

设置费也称机械设备的原值,为机械设备在投入使用前的全部费用,是一次性支出的费用。

设置费的特点是一次性支出或集中在短时期内支出。由于机械设备的情况不同,机械设备设置费所包括的具体费用内容也不完全一样。对于自制设备来说,设置费主要包括研究费、设计费、制造费等;对于外购的通用设备来说,设置费主要是指机械设备的价格、运输费、安装调试费等。即相当于我国企业财会部门固定资产账上,构成设备原值的那一部分设备投资。因此,机械设备设置费有时也叫机械设备投资费。

2. 维持费(或使用费)

维持费为机械设备投入使用后的全部费用,它是在长时间内逐年支出的费用,因此必须考虑费用发生的时间及原材料、能源、劳务费的波动情况、资金的时间价值等。

维持费的特点是定期支付,即为了保证机械设备的正常运行,在机械设备的整个寿命周期内(几年、十几年或几十年)定期支付的费用。维持费主要包括运行费(操作人员工资、奖金,能源动力费)、检查费用、维修费等。对寿命周期费用进行计算时,首先要明确寿命周期费用所包括的具体费用项目,众多的费用项目组成了寿命周期费用的构成体系。计算寿命周期费用时,不要遗漏重要的费用项目,也不要出现重复的费用项目。工业发达国家大公司规定的寿命周期费用构成体系,如表9-2所示。

寿命周期费用的构成体系 表9-2

寿命周期费用	设置费	研究开发费	开发规划费、市场调研费、试验费、试制费、试验设备器材费、试验用消耗品费、试验用动力费	·技术资料费 ·电子数据处理费 ·办公费 ·工业管理、质量管理、经济管理等所需人员的费用 ·图书费 ·与合同有关的费用
		设计费	设计费、专利使用费	
		制造或构筑费	制造费、包装费、运输费、库存费、安装费、操作指导书的编印费、操作人员的培训费、培训设施费、备品购置费	
		试运转费	试运转费	
	维持费	运行费	操作人员费、辅助人员费、动力费(电、气、燃料、油、蒸汽、空气等)、消费品费、水费、操作人员培训费、专利使用费、空调费	·搬运费 ·调查费 ·办公经费 ·电子数据处理费 ·工业管理、质量管理、经济管理等所需人员的费用 ·图书费 ·设备停机损失
		维修费	维修材料费、备件费、企业内的维修劳务费、外委劳务费、改造费、维修人员培训费	
		其他费用	库存器材费,备用设备费,维修用的器材用具费,试验设备费,租赁费,仓库保管费,图纸、说明书和指导书的编制费,维修合同的费用,安全措施费,保险费,固定资产税,汽车税,同销售人员有关的费用,销售经费,用户服务费,质量保证费	
		报废费用	拆卸费	

我国施工企业的管理水平参差不齐,在计算机械设备的寿命周期费用时,要从企业实际情况出发,根据资料和数据的齐全情况,以及各项费用的重要性,先抓住大的费用项目,然后考虑较小的费用项目;开始做的时候粗略一些,以后逐步细致、精确一些。

三、机械设备寿命周期费用的评价

1. 维持使用费所占比重

计算寿命周期费用,主要是为了在机械设备的整个寿命周期内,使所花的费用最少。对于使用者来说,在选购机械设备时,不能只考虑机械设备的价格,还要考虑使用期间各种费用的支出,即应从机械设备寿命周期费用的角度来评价。对于生产者来说,应尽量降低产品的生产成本、价格,而且使用维护费用也要较低,这样产品才有销路,才能获得更多的利润。

在实际工作中,不少企业不考虑机械设备的寿命周期费用,而把机械设备的购置阶段和购买以后的使用维修阶段割裂开来,购买机械设备的部门往往只考虑价格,不考虑购入以后所发生的一系列复杂因素。事实上,购置价格便宜不一定寿命周期费用就最低。设有甲、乙、丙三种设备,其性能与效率及寿命周期完全相同,但原始费用与使用费用各不相同,若设备甲的原始费用为10000元,使用费用为12000元,设备乙的原始费用为12000元,使用费用为5000元,设备丙的原始费用为15000元,使用费用为8000元,如图9-6a)所示。从图中可见,若仅考虑原始费用,则以设备甲为最可取,设备乙次之,设备丙最差;但若考虑寿命周期费用,则以设备乙为最可取,设备甲次之,设备丙最差。再从使用费用占寿命周期费用的比重看:

设备甲:$\frac{10000}{10000+12000}=45.45\%$

设备乙:$\frac{5000}{12000+5000}=29.41\%$

设备丙:$\frac{8000}{15000+8000}=34.78\%$

也以设备乙为最低,应选设备乙。若机械设备寿命周期费用相等,则应按使用费用最小者为最可取,如图9-6b)所示。

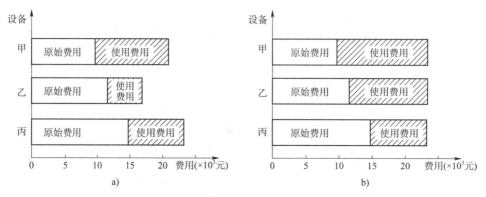

图9-6 机械设备原始费用和使用费用的比重示意图

随着机械设备现代化水平的提高,以及能源价格上涨,使用费用所占的比重大大超过原始费用。因此,寿命周期费用的观点很重要,在进行机械设备选择时,要求从长远的、全面的、系统的观点考虑机械设备的经济性。

必须指出,机械设备寿命周期费用只是评价机械设备经济性的一个方面,还要看机械设备的效率如何,同样的寿命周期费用,要选择效率高的机械设备。因此,还要计算费用效率或综合效率。

2. 费用效率

机械设备综合管理运用系统的观点,对机械设备整个寿命周期实行系统管理。费用效率法就是通过机械设备投资的系统效率与其寿命周期费用的对比评价机械设备的一种技术经济分析方法。费用效率的表达式如下:

$$费用效率 = \frac{系统效率}{设备寿命周期费用} \quad (9\text{-}10)$$

由式(9-10)可知,费用效率的含义是单位寿命周期费用支出所取得的效果。按照式(9-10)选择机械设备时,就应选择寿命周期费用最小而系统效率最大的机械设备,此时费用效率最佳。也就是说,机械设备现代管理的目的是追求寿命周期费用最低,即寿命周期费用最低的机械设备,不一定是经济性最好的机械设备,还要考虑机械设备的系统效率。

系统效率可以采用年平均产量、技术成果、可靠性、维修性、维修作业效率等来表示。

例:现有三种可供选择的设备A、B、C,其寿命周期费用分别为120万元、110万元和100

万元;生产率分别为 1620t/d、1510t/d 和 1410t/d。试求这三种设备的费用效率。

解:计算结果如表9-3所示。可以看出,同是1万元的支出费用,但得到的效率却是不同的,设备 C 的效率最高,B 次之,A 最低。

计算结果　　　　　　　　　　　　　表9-3

设备	寿命周期费用(万元)	生产率(t/d)	费用效率[t/(d·万元)]
A	120	1620	13.5
B	110	1510	13.7
C	100	1410	14.1

同理,运用上述方法,可以分别计算不同机械设备的能源消耗量,得出单位费用的能源耗用量,从而可以选择能源消耗最少的机械设备。凡是可以用数量表示的因素,都可以分别进行定量计算;凡是不能用数量表示的因素,如维修性、灵活性等,可以按每个因素的情况,给不同机械设备评分,最后以单位费用积分最多的机械设备作为最优机械设备。

第三节　机械设备新增决策与管理

新增机械是指原有装备结构中没有的机械设备。由于机械设备的购置需要占用大量的资金,而它的使用寿命相对于工程项目的工期来说往往长得多,特别是在我国当前实行统一的长折旧年限的情况下,机械设备的投资很少能在一个工程项目中全部回收,于是施工企业面临的第一问题是如何有效使用设备资金,确保设备投资的顺利回收。这个问题如果处理不好,会使企业在经济上蒙受很大损失,陷入被动局面。

由于是新增机械,一般来讲,施工企业对这种机械设备缺乏使用管理经验,对它的全面技术性能,往往缺乏周密、细致的了解,对于这种机械设备能否与具体的施工要求完美配合没有十分的把握,因此,在购置决策时容易发生失误,造成损失。我国各施工企业因对新增机械的技术性能不太了解而造成决策失误的现象不胜枚举。要想使新增机械的购置决策正确,就必须严格按新增机械的装备管理程序与论证方法办事。

新增机械的管理程序是首先进行必要性审查,然后进行适用性审查,再进行法规性审查,最后进行技术经济综合论证。对自制机械(通常属新增机械),还要附加一些审查条件。

一、必要性审查(长期利用率审查)

必要性审查也可称为常用性审查或长期利用率审查,它主要是审查或论证有无必要自己购买某种机械设备。

在进行必要性审查时,必须了解自购机械与租用机械的优劣,懂得自购机械长期利用率的预测方法。这样才能进行正确的综合分析,确保通过必要性审查。

1. 自购机械与租用机械优劣对比分析

(1)自购机械的优势(与租用机械对比)

①自购自用,特别方便。租用机械则必须临时联系租赁来源,因而包含一定程度的不可靠性。

②拥有者对自购的机械使用维护更精心一些,在延长机械使用寿命及节约开支方面都有一定的潜力。

(2)自购机械的劣势(与租用机械对比)

①自购机械需要一次投入巨额的资金,而租用机械只需陆续支付少量的资金。很明显,前者较难筹集资金。

②租用机械可使承租者随时选择更先进的机械,而自购机械则往往迫使自购者继续使用陈旧机械,这不仅会增加维修费用,还可能阻碍新技术的应用。

③可能限制自购者(尤其是施工企业)承接各种不同的工程任务,因此失去获得较高施工收益的机会。

2. 长期利用率审查的步骤

(1)预测该机械设备的长期利用率 R。

(2)计算或查表求出自购该机械设备的经济利用率下限 R_2。

(3)若 $R = R_2$,则自购与租用在经济上是一样的,但考虑到自购设备使用较方便时,仍以自购为宜;若 $R > R_2$,则应自购;若 $R < R_2$,则租用在经济上较为合理。

3. 机械设备长期利用率 R 的预测

必要性审查的基本依据是"预测的长期利用率"。企业可根据在技术装备规划中所确定的未来施工工程的形式、种类、规模以及施工工艺等资料数据,对所需要的机械设备的长期利用率 R 进行预测。若本企业对这种机械设备在既定的施工工艺条件下的利用情况缺乏经验,也可参照同类企业的经验资料对比推算确定。

4. 自购机械设备的经济利用率下限 R_2 的确定

自购机械设备的经济利用率下限 R_2 的确定方法有两种,即计算法和查表法,下面分别介绍。

(1)计算法

计算法的原理是以机械设备的有效使用期为分析期,计算自购与租用两者总费用现值相等时的机械设备实际台班利用率,以此作为自购该机械设备的经济利用率下限。因为机械设备的实际台班利用率较低时,自购机械的总费用(其中购置费占大头)相对机械设备租用费来说很高。当机械设备的实际台班利用率提高时,自购机械的总费用相对机械租用费来说增加较慢(因运行维持费较低),因此,当机械设备的实际台班利用率高到一定程度的时候,自购机械的总费用将低于机械租用费总和,这个界限就是自购该机械设备的经济利用率下限。

设:D——年制度台日数(按现行规定为306天),并假设台日数即台班数。

R_1——额定台班利用率,它是出租企业与承租企业用以计算台班成本的依据,据 R_1 和 D 可计算出额定年工作台班数。

R_2——机械设备的实际台班利用率(假定每年相等),即要计算的自购机械的经济利用率下限值。

C_g——机械设备年运行维持费中与利用率无关的固定费用,它由常规保养年人工费、机械设备年保管费、年安装拆卸及辅助设施费、年场外运输费、年替换设备及工具费和附具费等组成,如有征收固定资产占用费等也应计入。C_g 不包括年折旧费,所以 C_g 可根据 R_1、D 和扣除折旧费后的定额台班费计算。

C_b——机械设备年运行维持费中与利用率有关的可变费用的标准值,C_b 可根据 R_1、D 和定额台班费中的可变费用计算。C_b 由年平均大修理费用、年经常修理费、年动力燃料费、年润滑及擦拭材料费等组成。可以假设此类费用与利用率成正比。

E_p——自购机械在有效使用期内总费用的现值。

E'_p——租用机械在有效使用期内总费用的现值。

f——台班费。

P——机械设备原值(除了机械设备购置费外,还应包括运输费、安装调试费等一次性支出)。

n——机械设备的有效使用期。

L_n——机械设备的残值,可根据该机械设备规定的残值率计算。

i——年复利率。

若施工企业欲自购该机械,则在有效使用期 n 年内,总费用现值为:

$$E_p = P - L_n[P/F,i,n] + C_g[P/A,i,n] + C_b \frac{R_2}{R_1}[P/A,i,n] \tag{9-11}$$

若租用该机械,则租用 n 年共需付租用费总和的现值为:

$$E'_p = f \cdot D \cdot R_2[P/A,i,n] \tag{9-12}$$

令 $E_p = E'_p$,经过计算得:

$$R_2 = \frac{P - L_n[P/F,i,n] + C_g[P/A,i,n]}{\left(f \cdot D - \frac{C_b}{R_1}\right)[P/A,i,n]} \tag{9-13}$$

公式中的 f、C_g、C_b 可根据有关台班费的定额规定确定,例如《公路工程机械台班费用定额》(JTG/T 3833—2018)。但台班费 f 在确定时应加以修正,现说明如下:

①在推导 R_2 的计算式时利用了复利系数,但我国现行的折旧费的计取不考虑时间因素,所以应利用复利换算系数计算出考虑时间因素的合理的台班折旧费。

②现行的定额是用来计算机械设备使用成本费用的,并不包括利润。出租企业在出租机械时,实际收取的台班费要大于定额规定的数值。一般地,附加的费率在7%~15%之间;为便于计算,此处假设出租企业附加的费率与经济分析所用的 i 值相一致。

③基于上述两点,对定额中的台班费数值进行如下修正:首先根据机械设备原值 P 及残值 L_n,利用复利换算系数计算出考虑时间因素的合理的台班折旧费;再从台班费用定额 f_1 中减去原来的折旧费部分(用 d 代表),其差值乘 $(1+i)$;然后与合理的台班折旧费相加,其和即为修正后可用于经济分析的台班费。用公式表示为:

$$f = \frac{1}{D \cdot R_1}(P[A/P,i,n] - L_n[A/F,i,n]) + (f_1 - d)(1+i) \tag{9-14}$$

式中:f_1——现行定额文件中所规定的台班费;

d——原来的折旧费,即现行定额文件中规定的台班费中所计入的折旧费。

④式(9-11)中,$C_b \dfrac{R_2}{R_1}$为运行维持费中可变费用的实际值。

⑤额定年工作台班数 $= R_1 \cdot D$。

⑥C_g 和 C_b 分别等于额定年工作台班数乘现行定额文件规定的台班费中的固定费用(折旧费除外)和可变费用。

⑦残值 L_n 等于机械设备的原值 P 乘残值率。

(2)查表法

计算法虽可提供肯定的计算结果,但一方面它需要正确可靠的一系列数据;另一方面数学方法往往把实际情况作了某些必要的简化,使得通过数学模型反映的情况与实际情况有一定的差距。所以我们一方面应相信数学方法的科学性,另一方面又不能把它视为唯一的方法。在确定机械设备的经济利用率下限时,参考由长期的统计资料整理分析出来的不同机种的经济利用率下限数值也是可行的,如表9-4所示。

机械设备经济利用率下限值参考表 表9-4

序号	预测长期经济利用率下限	适用机种示例
1	50%	履带式挖掘机、平板拖车组、打桩机、锻压设备
2	55%	推土机、拖拉机、履带式起重机
3	60%	轮胎起重机、轮胎装载机、电动卷扬机
4	65%	塔式起重机、汽车起重机、机动翻斗车、自卸汽车、混凝土搅拌机、金属切削机床
5	70%	载货汽车

由以上计算法或查表法可知,施工企业自购机械设备经济利用率的下限值,在60%左右。美国建筑界则控制在60%~65%,而日本建筑界则以50%为最低界限。

5. 必要性审查的综合确定

应该清楚,必要性审查过程中的某些因素很难用定量的方式表述、运算。决策人员应在全面综合考虑各种因素后,做出决定。

(1)若使用企业用以计算 R_2 值的参数取值与出租企业的基本一致,那么,使用企业一般可以在低于 R_2 值的情况下就能使自购机械达到经济上合理的要求。但若双方使用的参数很不一致,例如相同规格的同类机械设备,进口产品与国产产品的原值、维修费用、油耗等方面费用差别很大,那么计算所得的 R_2 将会有一定幅度的差值。但在这种情况下,是自购还是租用,R_2 值的计算与分析仍具有指导意义。

(2)计算所得的 R_2 值是一个侧重于理论意义的数值。实际上,使用企业自购机械的年运行维持费(大修理费、经常维修费等)有很大的潜力可挖。所以,即使自购机械的实际利用率略低于 R_2 的计算值,在一定程度上仍不妨自购这种机械。

(3)对一些机动性、适应性较差的机械设备,经济利用率下限可适当降低一些。

(4)一些辅助性机械设备是为了更好地发挥主要机械设备的利用率或效率而服务的。对这类机械设备,只要看它是否能完成"辅助"主机的任务就可以了,而不必强调其利用率的高低。

(5)在预测长期利用率接近、达到或超过自购机械经济利用率下限值,而社会上又无其他更经济的办法可以利用时,可以认为必要性审查合格,允许施工企业自购该种机械设备。

6. 必要性审查不合格时的处理方法

必要性审查不合格时的处理方法有如下几种:

(1)租用该机械设备。

(2)将需使用该机械设备的工程分包出去。

(3)与建设单位(指招标者)协商,提高机械设备折旧率,增加工程成本,使得机械设备折旧基金(机械设备原值减去工程结束后转让处理价格或可能回收的残值)在该项工程中得以回收。

(4)就主要机械设备与建设单位协商,由建设单位投资购置该机械,出租给施工企业使用。

(5)对一些量少价廉的次要机械,所用资金占整个工程盈利比重较小,为不丧失承接该工程的机会,可将利润的一部分冲抵折旧,工程结束后以优惠价格处理出去。这样做在经济上还是合算的。

(6)上述办法均不能实现时,应考虑放弃或拒绝承揽该项工程项目,千万不可因贪图小利而盲目购置利用率很低,特别是价值很高的机械设备。

上述利用率考查通过,并不等于必要性审查已全部过关。还要进一步考查企业外部有没有其他方法可以在更经济的条件下满足同样的施工生产需要,而不需企业直接添置设备,这方面情况较为复杂,也无法完全运用分析计算方法来解决。

二、适用性审查

适用性审查用来论证新增的机械设备能否满足施工作业需要。适用性的审查,不是一个单纯凭数字计算或指标对比就能解决的问题。它需要由通晓土木及机械两方面知识的专业人员在综合分析诸多因素的基础上给出结论。一般情况下,应由这两方面的专业人员协商解决。适用性审查的内容,主要有以下几方面:

(1)机械设备的技术性能与施工工艺间的匹配关系。

(2)机械设备的技术性能与作业环境间的匹配关系。

(3)机械设备的技术性能与机组或机群系统中各机械设备间的配套关系。

(4)其他方面的匹配关系。

在自购不熟悉的新机械时,不能只凭说明书或产品样本上的几个大指标决定取舍,一定要做全面的调查研究工作。必要时应到正在使用该机械的企业或使用过该机械的用户中进行实地考察、了解。对一些不太了解的新机械,还可采取先租后买的方式,以避免在适用性审查方面(当然也包含对产品质量的考查)出现失误。

三、法规性审查

法规性审查主要是审查欲新增的机械是否违反了国家法规中的有关规定。因为在国家法规中,往往有一些限制某类机械设备(在某类场合)使用的具体规定。如果违反了这些规定,机械设备即使在利用率、适用性审查等方面都符合要求,也不能投入使用。所以,法规性审查也是一个必要的步骤,应予以注意。

四、技术经济综合论证

经过前述审查后,如果只剩下一种机械设备可供选用,或主要优点都明显地集中到一种机械设备上,一般就可根据直观判断做出决定,不必再进行论证评选。而有时情况并非如此,因为即使是同一类型、同一规格型号的机械设备,也会由于厂牌、结构等不同而各有优缺点。这时就需要通过科学方法进行综合论证之后,再决定取舍。

传统选择方法有两种倾向:一是偏向于选择价格低的机械设备,认为最便宜的机械设备就是最经济的机械设备,这种认识是不全面的。有些机械设备价格虽很低,但维持费用却很高,特别是维修和油耗两项费用往往很高,若以寿命周期费用来比较,价格低的不一定便宜。二是认为技术最先进的机械就是最好的机械,这种看法也是片面的。如果使用技术水平低,购置企业维护条件差,倒不如选用技术先进性稍差,但能与使用管理水平相适应的机械设备。

1. 技术论证

技术论证的内容有性能(功能)参数、可靠性与寿命、运行性能、人机关系、结构性与工艺性、服务性、成套性、社会性等。这些指标以定性分析为主。其含义如下:

(1)性能(功能)参数:指反映机械设备使用性能、效率及使用范围的指标。如:功率、转速、载重量、撒布宽度、额定生产率、激振力、最大牵引力、斗容量、摊铺厚度等。这类参数是很重要的,关系到机械设备施工时能否满足工程的要求,能否保证工程的质量和进度,论证时一定要慎重考虑。

(2)可靠性与寿命:指反映机械设备在具体使用条件下可靠性和寿命的指标。如:平均无故障工作时间、故障率、平均寿命等。

(3)运行性能:指反映对工作过程的适应能力的指标。如:操作方便性、自动化程度、兼容性、环境适应性等。

(4)人机关系:指考虑卫生学、生理学、心理学因素对人的作用的指标及反映产品美学特性的指标。如安全性、舒适性、造型、色泽等。

(5)结构性与工艺性:结构性是指结构的合理性和先进性;工艺性是指机械设备对施工过程的适应性,以保证制造和修理时有较高的劳动生产率。如:结构合理性、结构先进性、标准化程度、加工方便性、安装合理性、零部件加工质量、零部件通用化程度等。

(6)服务性:指反映保证机械设备正常运行的服务性工作好坏的指标。如保修期、售前售后服务、维修点分布、用户培训、说明书详细程度、配件供应等。

(7)成套性:指保证机械设备按规定条件运行所需辅助设备(包括软件、资料)的完备程度的指标。如:附件齐全性、易损件齐全性、软件完备程度等。

(8)社会性:指反映机械设备对社会、环境影响程度的指标。如:噪声、振动、污水排放、废气排放、电磁辐射等。

2. 经济论证

当新增机械间的技术性能指标没有明显差别,或虽有差别但在特定的使用条件下不会产生明显的影响时,单凭经济论证,就可以决定取舍。对机械设备的经济论证较常用的是费用(成本)比较法。下面介绍两种比较方法:

(1)单台机械设备经济效益系数 K_s 比较法

$$K_s = \frac{R_E}{C_p + C_u} \tag{9-15}$$

式中: R_E——该机械设备的年经济效益,包括该机械设备一年完成的工作量,按产量计算,如果可以计算提高质量的收益以及原材料节约额等,则一并计算在内;

C_p——该机械设备的年平均投资费,即机械设备的原值除以机械设备的有效使用年限;

C_u——该机械设备的年平均使用费,包括能源耗用费和设备维修费等。

如果机械设备的经济效益系数 $K_s > 1$,说明该设备有利可图。在比较时,以 K_s 大者为佳。

(2)小时投资分析法

小时投资分析法是根据机械设备运转一个小时所需要的投资额作为评价和选择机械设备的依据。这是常用的简单方法之一,尤其对连续运转的机械设备更是如此。其计算公式如下:

$$小时投资 = \frac{机械设备投资(元)}{机械设备使用寿命(h)} \tag{9-16}$$

3.技术经济综合论证

如参与比较的各机械设备,除经济指标外,技术方面的性能差异很大,且其重要性不亚于经济指标,这时,单凭经济论证就不足以决定取舍,应从技术、经济等诸方面综合评定。下面提供一些方法以供参考:

(1)加权评分法:应用此法时,要将机械设备的各种要素量化并按其地位(比重)分别给予权衡轻重的加权系数,重要的要素加权系数大,反之则小。

(2)排队法:若方案中许多要素不能用统一尺度量化表示,则可通过定性表示评定优劣。排队法就是其中一种方法,如有 4 种方案对 5 项要素(其中有 2 项为主要的)进行比较时,可将各方案的要素优劣按 1、2、3、4 等级排列,如表 9-5 所示。

要素排列表　　　　　　　　　　表9-5

方案	要素					总计	顺序
	①*	②	③*	④	⑤		
A	1	2	2	1	3	9	1
B	2	3	1	3	1	10	2
C	3	2	3	2	4	14	3
D	3	4	3	4	2	16	4

注:①标 * 的要素为主要要素。
　　②总计的数值愈小则愈佳。

决策结果:方案 A 最优,总计数值最小,主要要素状态好。

(3)水平法：若各要素排等级区分优劣还有困难，可采用好"+"、一般"0"、差"-"3种水平表示，总计水平并排出顺序，如表9-6所示。

要素水平表　　　　　　　表9-6

方案	要素					总计	顺序
	①	②	③	④	⑤		
A	0	+	+	-	-	0	3
B	+	0	+	+	+	+ + + +	1
C	-	+	-	-	-	- - -	4
D	0	+	-	+	+	+ +	2

注：总计时，"+""-"抵销后计余下水平。

决策结果：方案 B 最优，排列第 1，被评为好的要素最多。

以上便是施工企业对新增机械设备的管理全过程。简单来说，这四个步骤的中心内容是：

(1)必要性审查是解决该不该购买(包括调进在内)的问题。

(2)适用性审查是解决买来以后能否适用的问题。

(3)法规性审查是解决投产运行时是否会触犯国家有关法规的问题。

(4)技术经济论证是解决在所有可供选择的机械设备中哪种效果最佳，以利购买的问题。

施工企业如能对新增机械设备按照上述程序周密、细致地逐项审查比较，一般能避免重大投资失误。即使有时数据资料不够充分，或者受到不同观点的影响，其审查结果也基本上能够达到预期的目的。

第四节　机械设备更新决策与管理

一、机械设备更新的含义及必要性

1. 机械设备更新的含义

更新就是以新代旧。更新机械设备就是以新机械代替淘汰的旧机械，以达到改善装备结构，提高生产效率和经济效益的目的。

在使用更新机械设备这一术语时，要注意它与报废机械、新增机械的区别和联系。首先，机械设备的更新与报废是互相对应的。因为更新总是有对象的，没有报废，就不能说更新。某台机械设备可以只报废而不更新，但是不能有更新而无报废。其次，机械设备的更新与新增也是不一样的。表面看来更新与新增都是购入新机械，但更新是在报废基础上的购入，而新增却是没有报废替换对象前提下的购入。更新机械与新增机械的装备管理程序和论证方法也就因此而不同。

根据更新机械设备内容的不同，可将其分为役龄更新与技术更新。役龄更新也称同型更新，它是指用新出厂的完全相同的机械去填补因机械报废(退役)而留下的空缺，它并不包含或不要求任何在技术性能上的提高。技术更新是指用在技术性能上完全新型的新机械去替换或淘汰已经陈旧落后的旧机械。技术更新实际上就是通常所讲的换代或换代更新,即同时消除有形和无形磨损。由于役龄更新对调整和改善装备结构的作用远不及技术更新大,所以,应尽可能多地采用技术更新的方式。

更新机械设备一般不需要对利用率及适用性详加审查,因为施工企业对这一类机械也拥有较丰富的使用管理经验。进行更新机械设备的管理与论证,首先要了解更新机械设备的有关规定(标准),其次要进行技术经济审查论证。此外,还需考虑其他方面的一些因素。

2. 机械设备更新的必要性

随着机械设备役龄(指机械设备在生产中的使用年限)的延长,机械设备的有形磨损和无形磨损日益加剧,故障率提高,可靠性相对降低,导致使用费上升。表现为以下几条规律:

(1)机械设备大修理间隔期逐渐缩短。一方面,由于机械设备大修理不能消除机械设备零件的全部物质磨损,零件的剩余磨损使其使用寿命缩短,且部分零件存在的剩余磨损会引起其他零件磨损加剧。另一方面,修复工艺与新设备的制造工艺不同,一般不可能恢复机械设备出厂时的可靠性、耐用性和其他技术性能的全部指标,于是零件寿命缩短。结果,机械设备大修理间隔期一次比一次缩短。

(2)使用费不断增加。每次修理后剩余物质磨损不断积累,而且大型复杂的零件随着使用期的延长,将陆续进入更换期,因其使用期的故障修理次数增多,维护工作量加大,其每次大修理的更换件和劳动量也随之递增。此外,机械设备的故障停机损失、能源消耗、原材料消耗也将升高。总之,使用费与日俱增。

(3)机械设备性能和生产率降低。机械设备役龄越长,操作使用越不灵活方便,精度、效率越低,一般还影响其安全环保性能。修理次数越多,其平均生产率所受的影响越大,到后期可能成为企业生产发展的阻碍。

综上所述,机械设备使用一定时间以后,继续进行大量大修理亦无法补偿其有形磨损和全部无形磨损,虽然经过修理仍能维持运行,但很不经济,解决这个问题的办法是进行机械设备的更新、改造。从经济角度来说,使用机械设备不能不修,不修不能消除有形磨损,但也不能多修。机械设备多修虽可延长使用寿命,但它又是产生无形磨损的客观基础。随着科学技术的发展,机械设备更新换代速度越来越快,在这种情况下,为了减少无形磨损的损失,必须适时地更新机械设备。机械设备更新改造是提高劳动生产率,获得最佳经济效益的有效途径。

二、更新机械设备的条件

属下列情况之一的机械设备,一般应予以报废更新:
(1)经过预测若大修理后技术性能仍不能满足工艺要求和保证产品质量的;
(2)因事故造成机械严重损坏,无法修复使用的;
(3)经大修理后虽能恢复技术性能,但不如更新的;
(4)已超过规定使用年限的,其技术性能已达不到国家规范和规程要求,危及安全的;
(5)技术性能差、能耗高、效率低、经济效益差的;
(6)危害人身健康、严重污染环境,进行修理改造又不经济的;

(7) 自制的非标准设备,经生产验证不能使用且无法改造的;

(8) 国家或有关部门规定淘汰的设备。

施工企业可参照上述条件,制订出更为具体或更严格的更新条件。对符合报废更新条件的机械设备按轻重缓急进行排列,然后,按顺序进一步论证。

三、更新机械设备技术经济审查论证

由于更新是指用技术性能先进的机械设备替换或淘汰陈旧落后的机械设备,所以被更新的对象往往有不少正处于"自然寿命的壮年阶段"。因此,若无充分的论证及明显的优势,是不容易下定决心将使用寿命尚未终结的旧设备予以淘汰的,这就是更新必要性审查所要解决的问题。

以下着重从经济方面论证。论证时可以就更新机械设备在没有比较方案的情况下进行单方案论证,但实际工作中更多的是与其他方案进行比较论证。下面介绍几种可供选用的论证方法。

1. 机械设备最佳更新期法

机械设备的最佳更新期可根据机械设备的经济寿命来确定。机械设备最佳更新期的论证方法一般用于单方案论证。

2. 投资回收期法

投资回收期法比较适用于机械设备更新的经济分析,一般用于多方案的比较论证。

3. 最小年费用法

因为旧设备尚可使用的年限 n_0 一般总是比新设备的全部使用年限 n_N 要短,也就是说,两个对比方案的服务年限相同的情况是极少见的;同时,新设备的技术一般来说正处于"生命力旺盛时期",所以应用最小年费用法研究更新问题比较合适。

4. 差额投资收益率比较法

用收益率比较法来研究机械设备更新问题,由于要有相同的分析研究期(使用年限),所以在一般情况下不太适用。当现有机械设备尚可使用的年限还相当长,由于出现了性能特别优越的新型设备或者原有设备在当初选型时有失误,致使启用后发现使用情况很不理想时,新旧设备的服务年限相差无几。这时可以用旧设备的尚可使用年限作为分析研究期,用收益率比较法研究更新问题,其结果还是可以信赖的。最小诱人收益率 MARR 一般比银行利率至少高 50%,当收益率 $i \geq$ MARR 时,更新较为合理。

在更新机械设备时,若能够用来置换旧设备的新型设备不止一种,那么就产生一个更新机型的选择问题。解决的办法是直接对旧设备与各个新设备分别作更新分析,并对其结果进行比较。或在各个新型设备之间作多方案的分析对比,所使用的方法与新增设备的管理相同。

四、其他方面的因素

在进行更新决策时,除进行上述审查论证外,还应考虑其他方面的因素,包括:

(1) 要考虑当前施工能力情况。如果施工能力本来就不足,为了充分发挥旧机械的作用,即使在经济上比不上新机械,也不一定立即淘汰,即使购入了新机械,旧机械也仍可使用。

(2) 重视信息作用。如果预见到近年内将有性能优越的机械设备问世(例如在展览会上已看到样机),那么推迟更新,反而更有利。

(3) 旧机械设备的主要缺陷不在经济方面,则不受经济论证约束。

(4) 大规模机械设备更新,要考虑社会的供应能力。

第五节　机械设备技术改造决策与管理

一、机械设备技术改造的意义

随着科学技术的发展,机械设备技术更新的步伐越来越快,更新换代周期越来越短。按理讲,既然已经出现了性能更优越的新机械,就应将陈旧落后的旧机械淘汰掉。但由于一般企业的旧机械拥有量较大,而资金又有限,所以实际上不可能把旧机械全部淘汰。为了解决这一矛盾,便出现了局部技术更新的办法,这是一条既快又省的有效途径。

机械设备技术改造(改装),实质上就是机械的局部技术更新,是指应用新的技术成果和先进经验,为适应生产的需要而改变原有的机械设备的结构,给旧设备添加新部件、新装置、新附件,以改善原有设备的技术性能,使之达到或局部达到新设备的水平。机械设备的技术改造(改装)是改变现有设备的技术陈旧状态,消除无形磨损,更新设备的方法之一,也是扩大设备的生产能力,创造性发展新技术的重要途径。

不能把技术改造看作消极的被迫采用的办法。机械设备技术改造具有如下意义:

1. 以较少的投资获得较高的经济效益

这是因为机械设备的更新换代,一般并非彻底性的技术突破,通常只是在某方面做了改进。我们在实行技术改造时,也并非改变整机,而只需进行局部的结构改变或增加某些装置等。与整机更新相比,技术改造能节约大量资金。

2. 技术上针对性强、生产上适应性好

技术改造的内容、程度与规模,完全可由施工企业根据需要来决定。因此,它不仅在技术上针对性强,在生产紧密结合程度上甚至可超过新机械,从而使资金得到更有效的利用。

3. 加快装备结构现代化进程

技术改造能充分利用施工企业原有的物质基础,发挥有关人员对原机技术熟练的有利因素,充分挖掘潜力。这是及时采用新技术,改变原有机械技术陈旧状态,加快装备结构现代化进程既现实又合理的途径。通过技术改造,不仅可使旧机械局部或全部达到新机械的水平,甚至某些技术性能还可能超过现有新机械的指标。

4. 可获得多方面的综合效益

技术改造可使施工企业获得包括技术效益、经济效益、社会效益等多方面的综合效益。

机械设备技术改造可细分为机械改造、机械改装。两者既有相同之处,也有不同之处。相同的是都在现有机械基础上进行,不同的是改造不改变原机机种和功能,而改装则要发生功能或机种的改变。其装备管理程序比较简单,主要是经济可行性审查和技术可行性审查。

二、经济可行性审查

机械设备技术改造可按新增机械论证方法与购入新机械进行比较,决定取舍。论证时应注意两个问题:一是改造使用的机械设备应按实际可处理的残值计入新机造价进行论证,不能使用账面净值;二是如改造与购置的机械设备技术性能不完全相同,应按技术经济综合论证法进行比较论证。

前面所述的各种经济论证方法,原则上都可用于机械设备技术改造(改装)项目的经济分析,这里再介绍两种方法。

1. 机械设备改造效果系数法

效果系数法是通过计算现代化改造效果系数,对机械设备现代化改造与更新的经济合理性进行比较,选择出最佳方案的一种方法。在只考虑折旧,不考虑利息的情况下,机械设备现代化改造在经济上的合理条件为:

$$P_{ri} + P_m + S_e < \alpha P \beta + S_m \qquad (9\text{-}17)$$

整理得:

$$E_m = 1 - \frac{P_{ri} + P_m + S_e}{\alpha P \beta + S_m} \qquad (9\text{-}18)$$

式中:E_m——现代化改造效果系数;

P_{ri}——与改造同时进行的第 i 期大修理费用;

P_m——改造费用;

P——新设备的价值;

α——生产率系数,反映现代化改造之后机械设备生产率与新设备在第一次大修理之前的生产率之间的比例关系;

β——修理间隔系数,反映现代化改造之后的修理周期长度与新设备从出厂到第一次大修理之间使用周期长度的比例关系;

S_m——提前更新设备未折旧完的费用损失;

S_e——使用成本损失,其数值等于现代化改造设备及新设备完成的单位工程量成本之差乘设备至下次大修理间完成的工程量。

当 $E_m > 0$ 时,表示现代化改造在经济上是合理的;当 $E_m < 0$ 时,表示现代化改造在经济上并不优越于更新方案;当 $E_m = 0$ 时,表示两个方案是相当的。

2. 差额投资收益率比较法

因机械设备技术改造项目不是"除旧增新"而是"变旧为新",通过将改造旧机械与新技术融为一体,旧机械的使用寿命得到延长,所以不存在旧机械的剩余使用寿命及转售处理价值等不确定因素。此时使用差额投资收益率比较法既简单又准确。其方法详见本章第四节。

三、技术可行性审查论证

由于技术改造项目不是直接购买在技术上已经成熟的定型产品,所以,即使经济论证成立,在技术上也不一定能达预期的目的。因此,对于技术改造项目还必须进行技术可行性分

析,其内容主要为:

(1)所引用的新技术本身是否成熟,该项新技术的全面情况及细节是否已彻底了解。

(2)施工企业是否具备自行加工、改造的技术水平和条件。即使委托外厂加工,也应对接受加工的企业在技术上加以考察。

总之,技术可行性审查论证在技术改造机械设备管理中是一项重要的工作。实践证明,凡是盲目用不成熟技术或对自身加工能力和管理水平估计过高,其技术改造项目大多以失败告终。施工企业必须对自身情况有正确的认识,一般不提倡施工企业自行加工、改造技术复杂的机械设备。对十分必要的机械设备技术改造项目,以委托有能力的企业进行为宜。

第六节 机械设备的租赁管理

一、机械设备租赁的发展历程

租赁业在我国是既古老又新鲜的行业。我国的租赁历史悠久,起源可追溯到原始社会(约4000多年前)。当时产品的剩余产生了产品的交换,而在很多场合下人们需要频繁交换闲置物品,用后再归还,而不必让渡该物品与对方。这种仅仅涉及物品使用权的交换,是最原始形态的租赁。在我国历史上,文献记载的租赁可追溯到西周时期。

"租"是指以物件供给他人而获得报酬;"赁"是指借他人物件而付出费用。租赁是指出租人按照协议将物件交付给承租人临时占有或使用,并在租期内向承租人收取租金的一种商业行为。这是租赁的广义概念。

租赁是一方当事人将自己的财物提供给对方使用,获得收益,对方当事人为此支付租金的业务。把自己的财产交给他人使用的一方为出租人,使用他人财产并支付报酬的一方为承租人,支付的报酬为租金。双方就这一法律关系达成的协议就是租赁合同。

现代租赁起源于"二战"后美国,目的是提高企业的销售能力。其特点是以承租人按照交纳租金的形式,使其以类似分期付款的方式最终获得租赁物的所有权。现代租赁业在工业发达国家和一些发展中国家已成为企业进行投、融资的重要渠道和进行设备促销的主要营销方式之一。

20世纪60年代以后现代租赁业以其独有的融资与融物相结合、金融与贸易相结合的功能,成为企业吸收外资、进行技术改造、促进投资及推动销售和出口的重要手段,在世界经济发展中发挥着越来越重要的作用。据介绍,经济发达国家的现代租赁业正处在高速发展时期,全世界租赁营业额在20世纪90年代末,年均增幅超过20%,租赁业的市场份额占GDP的比例达20%~30%。特别是美国,其租赁的年渗透率(在机械设备采购方式中,融资性租赁所占的比例)为30%左右。而我国租赁市场的年渗透率仅在1%左右。另据介绍,国外发达国家施工企业自有机械仅占总机械数的15%~30%,其余的70%~85%均靠租赁来解决。

与国外相比,我国现代租赁业起步于改革开放初期,强调货币而忽略货物,使得这一新兴产业在我国始终未能得到较快发展。同时现代租赁业在优化资源配置和加速企业技术改造方面的投、融资功能以及在生产流通环节中开拓市场、促进销售的功能也没有得到充分发挥。由于我国传统上采用粗放式经营模式,机械设备中长期利用率的总体水平偏低,机械设备租赁业还处在起步阶段。这预示着我国机械设备租赁市场存在巨大的发展空间和潜力。它可以为企业在合理配置机械装备,以及进行闲置机械设备的市场化经营上提供更多的选择机会。因此,对机械设备的经营者来说,了解机械设备租赁方面的知识,有利于在市场经济条件下,树立起新的机械设备租赁观念,并建立起相应的机械设备租赁制度。企业可以采取商品经营的办法,通过机械设备租赁、转让闲置机械设备、机械设备有偿占有等途径来增加经济效益。

二、机械设备租赁的优越性

1. 可以最大限度地提高机械设备的利用率

对机械设备实行集中管理,积极开展企业内、外部租赁,建立管理规范、运转灵活的租赁市场,能够有效地减少机械设备的闲置,提高机械设备的利用率。在建设任务较重的时期,良好的租赁市场可使机械设备的利用率提高30%~50%,有效地改变了许多施工企业长期以来装备无偿占用形成的固定化配置模式,改变了其在生产急需时难以调度机械设备的困难局面。

2. 提高了机械设备的完好率

在机械设备租赁制中,将大型、专用施工机械及重要设备,实行专人管理,并进行成本考核,即每台机械设备要求定人、定机、定岗,甚至还要求每个操作手按操作机械原值的一定比例"带资上岗",进行单机核算。各企业可以每年制定出每台机械设备的利费指标,使工资与产值、利润挂钩,年终进行奖惩兑现,这一措施已在汽车运输行业有效使用,工程机械行业也可以借鉴。实行大型机械设备专人管理,还可以增强操作人员的责任心,使其重视机械设备维护保养工作,克服了操作手的短期行为,从而提高机械设备的完好率,更保证了机械设备的回收率。

3. 有利于盘活企业资产,提高资金周转效益

实行机械设备租赁后,承租企业在租赁机械设备时,一般只需支付相当于机械设备原值10%~20%的租金,即可拥有投入工程所必需的机械设备,大幅度减少了企业在购置机械设备上的资金投入,以及由此带来的管理、维修及操作人员等其他投入,使其余资金仍然有效流动,促进资金周转,防止资金呆滞。对出租企业来讲,加速了机械设备的周转,使有限的资产创造了更多的效益,也就是提高了资金的周转效益,促进企业快速发展。

4. 有利于实现专业化管理

机械设备租赁中的大、中型机械设备,因技术含量较高,需要有一支高水平专业化的队伍进行管理和维修。机械租赁公司使机械设备拥有量形成规模,使专业技术人员集中在一起,促进了机械设备维修的专业化和社会化,能够保证维修质量,降低机械设备的材料消耗和修理费用。

5. 可以降低技术落后的风险

当前,科学技术发展迅速,机械设备更新换代的周期大大缩短。企业可根据生产需要短期(一般为1~2年或按月计算)租用机械设备,需用则租,不用则退,与购置机械设备长期使用相比,可以减少因技术落后、机械设备无形磨损严重带来的风险和经济损失。

6. 有利于资产的保值、增值

广泛开展租赁经营,实行企业内部及外部的机械设备租赁,加速了机械设备和资金的周

转。租赁收入确保了折旧费和大维修费的足额上缴,有利于国有企业资产的保值、增值,以及股份制企业股东们获得良好收益。

7. 可以促进企业加强经济核算,改善机械设备管理

在施工过程中,各工序和施工工艺的要求,决定了所使用的机械设备在种类、时间、数量方面的随机性和复杂性,而每个项目需要的机械设备也不同。租赁机械设备必须按约按时支付租金,这就促使企业在租赁之前仔细论证,慎重决策。租赁之后,施工企业会充分利用租赁机械设备开足班次,减少闲置,用完即退,缩短机械设备租赁时间。这样会促使施工企业强化施工组织管理,充分发挥机械设备效能,降低生产成本,减少损失。

三、机械设备租赁的形式

以企业组织为界限,租赁划分为外部租赁和内部租赁两种形式。外部租赁也称社会租赁,一般又分为经营性租赁和融资性租赁两种类型。内部租赁是经济责任制和经济核算制在企业内部的一种表现形式,其作用是明确机械单位与工程单位之间、部门与企业之间的责权利关系。

1. 外部租赁

(1) 经营性租赁

经营性租赁是指机械设备出租人与机械设备承租人之间就机械设备租赁业务订立租赁合同,由出租人向承租人出让机械设备的使用权,并按合同收取一定的租金,租赁期满后,由出租人收回机械设备的租赁形式。

经营性租赁适用于技术更新快、技术性强或利用率不高的机械设备。经营性租赁对于只在相对短期内需要一种机械设备的承租人是有相当吸引力的。这种租赁机械设备的形式适合于公路工程施工企业采用,可减少企业固定资金占用,提高机械设备利用率。

经营性租赁的主要特点包括:

①承租人承租的目的在于获得机械设备的使用权,机械设备的保修、技术指导等专门性技术服务由出租人负责,出租人保留机械设备的所有权。

②经营性租赁的租金单价相对于融资性租赁要高。因为经营性租赁的租期较短,一般不超过一年,有的甚至几天或几小时,出租人承担机械设备陈旧过时的风险责任较大。

③经营性租赁的出租人可以利用专业化、规模化和品牌化经营的优势,提高机械设备的利用率。出租人在购买机械设备时,因为数量多,也可以获得购买折扣,节省保养和修理费用,从而使租金降低的空间更大,价格定位上更具竞争力。

(2) 融资性租赁

融资性租赁亦称作金融租赁,是指出租人购买承租人选定的机械设备或其他物资,将之作为租赁物出租给承租人,承租人按约定条件取得租赁物的长期使用权,支付租金,租赁期届满后,承租人按约定留购、续租或退租的一种租赁方式。

融资性租赁是一种以融物代替融资、融物与融资密切相联的信用形式。它由出租人出资购买机械设备,而承租人只需交付约定租金即可享有机械设备使用权,如同出租人向承租人提供了购买所需机械设备的全部信贷。因此,融资性租赁具有浓厚的金融色彩,是一种具

有分期付款销售商品性质的借贷活动。

融资性租赁,一方面,可以减少企业的资金占用,对于缺乏资金的企业来说,融资性租赁可以从租赁机械设备所获得的收益中逐年分期偿付租赁费用,不失为一项灵活的筹措长期资金的办法;另一方面,融资租入机械设备必须较长时期支付租金,增加了承租人的经济责任,促使企业提高租入机械设备的使用效益。在我国,融资性租赁业务是由国家批准的租赁公司及其他金融机构办理的,其他企业不能从事此项业务。

融资性租赁具有以下特点:

①涉及三方当事人——出租人、承租人和供货商。出租人与承租人之间签订租赁合同,出租人与供货商之间签订买卖合同,但选定机械设备则需要承租人与供货商洽谈。如果出租人资金不足,还需要与金融机构签订贷款合同。

②由于拟租赁的机械设备是由出租人完全按照承租人的要求和选择去融资购买的,所以出租人对机械设备的性能、机械设备的缺陷、延迟交货以及机械设备的维修保养等均不负责任,承租人不能以上述理由拖欠或拒付租金。

③出租人可在一次租期内完全收回投资并盈利。基本上出租的机械设备只租给一个特定的用户使用。租期一般为3~5年,有的可达10年以上。

④为了保障出租人与承租人双方的利益,在租赁合同期内,双方均不得中途解约,只有当机械设备毁坏或被证明已经丧失使用效力的情况下才有可能终止合同。由于出租人已为机械设备垫付了资金,合同的终止以出租人的利益不受损失为前提。

⑤租赁机械设备的所有权与使用权相分离,在法律上所有权属出租人,在经济上使用权属承租人,承租人应当在使用期间定期维修并妥善保护其所租赁的机械设备。

⑥在租赁期满时,承租人一般对机械设备有留购、续租和退租三种选择,并有选择优先权。但一般对承租人的身份资格要求较高,表9-7为承租人需要提交的材料。

承租人需要提交的材料 表9-7

序号	目录	备注
一	承租人需提供或填写的资料	
1	营业执照复印件,代码证复印件	
2	法人代表、总经理及其他高级管理人员简历	
3	法人代表证明书、法人授权委托书、法人及被授权人身份证复印件	证明书及委托书应附相关身份证复印件
4	企业半年内与上一年的财务报表	
5	项目立项批文	
6	董事会决议及董事会成员认定书、签字字样	原件
7	项目可行性报告	
8	验资报告,公司章程	
9	贷款证	附中国人民银行打印贷款记录
10	抵/质押物权属证明,抵/质押物评估材料	不超过1年有效期

续上表

序号	目录	备注
11	税务证	
二	担保方名称及情况介绍	
1		
2		
3		
4		

注：所有复印件必须加盖公章，经办人员注明"已核原件无误"并署名、写上日期。

融资性租赁是在现代化大生产、信用制度和投资预算技术高度发达的条件下，产生的一种最为复杂的融资和贸易方式、一种新型的信用方式和投资方式。它已成为企业进行机械设备更新、技术改造的重要手段。

融资性租赁的基本模式如图 9-7 所示，其基本操作流程如下：

①承租方自行寻找机械设备制造商或委托租赁公司寻求机械设备租赁。

②租赁公司与机械设备制造商联系。

③承租方与租赁公司签订融资租赁合同，租赁公司与制造商签订购买合同，制造商按承租方要求供货；租赁公司与用户当地银行签订银企合作协议。

④用户当地银行为承租方做出租金偿还担保，向租赁公司出具银行担保函。

⑤执行租赁公司与其开户银行签订的长期银企合作协议。

⑥制造商将机械设备交与承租方。

⑦承租方每年通过用户当地银行将租金支付至租赁公司的开户银行，开户银行扣除贷款利息后将其余租金转交给租赁公司。

⑧租金支付完后，租赁公司以名义价格将产权转让给承租方，合同结束。

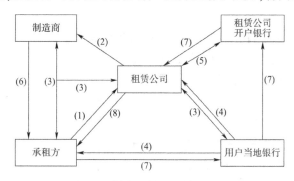

图 9-7 融资性租赁的基本模式框图

2. 内部租赁

企业内部租赁制与社会租赁制虽然都是以收取台班租赁费作为提供机械设备服务的前提，但它们在责、权关系方面有着本质的不同。

社会租赁制中出租方与承租方分属于两个独立的企业系统，除了等价交换的经济关系以外，不存在其他任何额外的义务，双方属于一般意义上的甲乙方关系。

而内部租赁制则不然,作为出租方的机械单位和作为承租方的施工单位,均属于一个企业系统。首先,机械单位的职责是为本企业的施工生产服务,它承担着按批准的施工生产计划,向施工单位供应施工所需机械设备的义务。按台班收取费用不过是双方用经济约束的方法提高机械设备使用效益的一种手段,与承担的义务相比处于从属地位。其次,机械单位又是本企业的一个组成部分,各级机械单位都要对上一级机构负有完成各项技术经济指标的义务,包括国家现行的完好率、利用率、机械效率指标以及流动资金占用额、降低成本指标等。机械单位是在上述两个原则的基础上以内部租赁为手段实行独立核算的。

此外,社会租赁一般只需根据单项需要签订临时或长期的机械设备供需协议,协议执行完毕后,双方之间的一切责权利关系也就随之终止了。而内部租赁则不然,双方需根据企业施工生产的年、季和月度计划建立长期的经济关系,把机械单位和施工单位必须面向生产,并为企业施工服务的宗旨用经济合同的形式固定下来,这是内部租赁的最基本特点。

四、机械设备租赁中的经济核算

1. 台班规定

(1)常规情况下,机械设备每天工作 8h 为一个台班;每天工作超过 4h,不足 8h 为一个台班;不足 4h 的按半个台班计算。如果当天工作时间超过 8h,超出时间可按上述办法累加计算台班。

(2)不允许隔日累计工作时间计算台班。

(3)停机台班可按工作台班的 30% ~50% 计算,停机一天算一个停机台班。

2. 台班费的确定

台班费可按机械设备的不同,分别计算。一般按下述方法计算:

台班费 =(年折旧费 + 大修费 + 经常性修理费 + 油料费 + 管理费 + 资金占用费)/
       年平均台班数

3. 租金的计算方法

(1)按机械设备台班费:以实用台班 + 停机台班计算租金。

(2)按机械设备台班费:以日历天数计算租金。

(3)按月租赁费用包干计算租金。

(4)按完成的实物工程量计算租金。

4. 租赁合同及合同内容

(1)租赁机械设备的名称、型号、数量、技术状况及用途。

(2)租赁期限(进场、出场的时间)确定。

(3)租金结算及交纳期限,其中要明确工作台班及停机台班的规定,确定台班费、租金结算期限等。

(4)往返运输调迁费用的确定。

(5)安全防范及现场管理责任明确。

(6)违约责任及处罚规定。

(7)争议的解决方式。

(8)其他事项,如人员食宿、油料、材料供应等。

第十章 机械设备选购、安装、调试与技术验收管理

第一节 机械设备购置选型原则

公路施工机械的购置,首先要做好机械设备的选型工作。选型是企业经营中的一项重要工作,正确地选择机械设备,可使有限的投资发挥最大的技术经济效益。购置机械设备必须遵循技术先进、经济合理和生产适用的原则。大型、关键成套机械设备的引进,必须通过二级以上机务管理部门的经济技术论证,对机械设备的适用性、技术先进性、经济性、可靠性、环保性及维修性等方面进行综合考虑。

一、适用性

根据施工特点、生产需要及本企业的具体情况选择适当的机械设备。选型既要符合企业装备结构合理化的要求,又要满足施工需要,以使设备充分发挥投资效果。选择适用的生产设备首先考虑的是机械设备的生产能力,即单位时间内完成的工作量,它直接决定了其生产效率。同时,机械设备应能适应不同的工作条件和环境,操作灵活,使用方便,能适应多种作业性能,通用性强。

二、技术先进性

机械设备技术上的先进性应以生产适用为前提,以获得最大的经济效益为目的。既不可脱离我国的国情和本企业的实际需要而一味追求技术上的先进,也要防止选择技术上即将落后的机械设备。参与机械设备选型的人员应掌握世界各国以及国内新技术革新成果的情况,掌握相关的技术发展信息,以对技术先进性作出认定。技术先进性不仅指机械设备广泛引用新技术、新工艺、新材料,还应体现在机械设备具有优良的技术性能,结构紧凑,体积小,重量轻,机动性好等。

三、经济性

机械设备的经济性评价分析可采用现值法、投资回收期法和年费用法等方法进行。其中,机械设备寿命周期费用由设置费和维持费这两项构成。

四、可靠性

机械设备的可靠性是指其在规定时间内和规定的条件下,无故障地完成规定功能的能力。规定的时间一般是指经济寿命期,即考虑机械设备陈旧或经济磨损的条件下,产品正常发挥功能的总时间。规定的条件一般是指使用条件和环境条件。使用条件包括使用方法、

使用频率(连续使用、间歇使用)、使用者的操作技术水平与维修保养方法等,也包括运输、保管条件等。规定的功能是指机械设备的预期功能,即机械设备所应实现的使用目的本身。

可靠性体现在机械设备精度和准确度的保持性、零件的耐用性、安全可靠性等几方面,包含了设计、制造、安装的可靠度。可通过平均故障间隔期和故障频率、维修度与可利用率等特征指标来反映机械设备可靠性,并进行大量细致的调查分析,从中找出可靠性最佳的机械设备。

五、环保性

《中共中央关于制定国民经济和社会发展十年规划和"八五"计划的建议》明确提出:"环境保护是一项基本国策,也是提高人民生活质量的一个重要方面"。机械设备的环保性能对保护环境和防止职业病等有着重要的影响。在机械设备选型中,要注意所选机械设备的噪声、气体排放、粉尘污染等监测数据是否符合环保标准的要求;机械设备在使用中排放的废气、粉尘、废渣、污水以及有毒、有害物质应配有相应的治理装置,还应考虑为了达到法令所规定的要求而附加费用的高低。

六、维修性

机械设备的维修性是指在规定的条件下和规定的时间内,对机械设备的可修复系统及零部件等完成维修的能力。亦指机械设备保养与维修的难易程度,维修性好的机械设备可以延长修理周期,减少维修时间及修理劳动量,降低维修成本。维修性好的机械设备应具备以下条件:机械设备的系统设计合理,结构简单;零部件组合装配合理,维修时易拆、易装、易检查;零部件的通用性、标准性、互换性好,易选购和维修;润滑性、密封性好,润滑油品易于替代,密封元件易置换。对大型、稀少或精密的机械设备,还要考虑供方提供维修资料、备品配件和其他技术服务的可能性及持续时间。

除以上六项选型原则外,还应考虑机械产品的"三化"(标准化、通用化和系列化)程度;对操作技术的要求;从人机工程学的角度考虑操作舒适性;劳动保护、技术安全等亦应符合要求;交货期、制造厂商的信誉和售后服务水平。

第二节 机械设备选型步骤

选择机型以及确定制造厂商一定要注意市场调查研究。一般采取的步骤如图10-1所示。

图10-1 机械设备选型步骤

一、预选

预选是在广泛收集机械设备市场货源资料的基础上进行的。货源资料的来源包括:

(1) 产品样本、产品目录、机械性能手册、电视广告、报刊广告。
(2) 从各种展览会上收集到的资料。
(3) 用户、厂商提供的资料。
(4) 制造厂销售人员上门推销提供的资料。
(5) 代理商或有关专业人员提供的资料。

把以上资料信息进行分类收存、汇集。从掌握的几家、几十家甚至上百家的数十种甚至百余种型号机械产品的线索中，挑选一些可供选择的机型和制造厂商。

二、筛选

筛选是在预选的基础上进行的。为了判别收集到的资料的真实性以及准确程度，须做一些调查研究和考察工作。

(1) 对预选出的机型和制造厂商做进一步调查、联系和询问，详细了解产品的各种技术参数、效率、精度、性能等。
(2) 通过使用企业对其产品的反映和评价，了解其服务质量和信誉，以及预选机型的运行性能、可靠性与寿命、人机关系、经济性和服务性。
(3) 货源、供货时间，能否代办运输。
(4) 订货渠道、价格、到货周期及随机附件、易损件等情况。
(5) 做好调查记录，填写"机械货源调查表"。

经过上述分析比较之后，从中优选出比较好的机型和制造厂商。

三、洽商

在筛选的基础上应与选出机型的厂商进一步联系、接洽，必要时进行实地调查和了解。对需要进一步落实的价格昂贵的关键机械设备，要到制造厂商或使用这种产品的施工现场进行深入、细致的考察和了解。针对有关问题（如附件与易损件的供应、保修期、售前售后服务、价格及优惠问题、付款方式、交货期，甚至结构和精度、性能改善的可能性等）同制造厂商商谈，并做好详细记录。也可与制造厂或代理商草签会谈备忘录或协议等。然后由机务、计划、财务、施工等部门共同评价，选出最理想机型和制造厂商作为第一方案，同时，也要准备第二、三方案，以便订货过程中出现新情况时有备用。

第三节 机械设备订货管理

根据选型确定的机型和制造厂商，按质量、数量、交货期的要求，由机械设备采购部门向供方询价、协商、签订合同和按合同收货。机械设备的订货一般由机务部门进行，也可委托供应部门进行，但必须按照机务部门提出的机型去订货。如有改变，须经机务部门同意，必要时重新进行技术经济综合评价，绝不可盲目订货。

一、国内订货

进行机械设备订货，必须签订订货合同。订货合同在供需双方签字盖章后，就具有法律

效力。当然,合同条款应符合有关规定。国内机械设备订货比较简单。但在签订订货合同时应注意以下各点:

(1)订购人应持有企业法人代表的授权委托书,并查看对方的授权委托书,注意其委托书授权范围、权限和有效期。

(2)订购机械设备名称(购置什么机械),必须明确、具体。如欲购置机械的全名、规格、型号等必须写清楚,并符合规范。

(3)数量和质量。

①数量。没有数量,就无法确定供需双方权利与义务的大小。因此,合同中要明确规定订购机械设备的数量。同时,还要分别注明主机、附件、技术资料和维修工具等配套要求。对成套供应的机械设备,应注明成套供应的范围。

②质量。质量是机械设备内在素质和外观形态的综合标志。合同中的质量条款必须符合国家有关机械产品的技术条件规定和标准化要求。我国使用的产品质量标准有国家标准、部颁标准(专业标准)、企业标准。如果某种机械设备不符合上述三级标准,可由双方当事人协商确定,并在合同中注明质量要求。质量条款中还要注明质量的保证期限、检验地点和方法等内容。

(4)价款。价款的确定要符合国家的物价政策。除法律另有规定的以外,一律用人民币计算支付。价款的结算也要遵照法律规定,除国家规定允许使用现金者外,一律通过银行办理转账结算。为此,必须弄清供需双方的通信地址、企业全称、电话号码、结算银行全称和账号等。

(5)履行合同期限、地点和方式。

①履行合同期限也就是具体的交货日期。履行合同期限要明确具体,不能签订没有履行期限的机械设备订货合同。

②履行合同地点即交货地点。它根据双方约定的交货方式而定。

(6)履行合同方式:指交货方式是供方送货或代办托运,还是需方自提等。

(7)违约责任:承担违约责任的形式主要是支付违约金和赔偿金。

(8)其他条款:如供方要求需方付定金条款等。

国内机械设备订货合同必须以往来函电、洽谈结果等文件为依据。这些文件必须文字准确无误,并应考虑可能发生的各种变动因素,提出防止和解决的办法。合同最后应写明签订日期,由双方加盖企业公章或合同专用章方能生效。

二、国外订货

向国外订购机械设备之前,需选定进口经贸公司。订购企业此阶段的工作是履行规定报批手续,拿出有关详细文字材料,送达经贸公司,与经贸公司建立文书公约。进入实质谈判阶段后,订购单位要参与商务技术谈判。订购单位应向外商提出己方的具体技术要求,同时索取有关技术文件。己方为了在价格等方面争取主动,在策略上可多向几个供应商或国内有关企业、部门等咨询,从机械设备的性能、价格、售后服务、卖方商务信誉等多方面进行广泛对比,以期满足己方全部要求。

1. 报价

所谓报价,即由买方向供应商发出拟订购设备的询价或订购函,请卖方正式提出报价单。报价通常有以下几种类型：

(1) 稳固报价，亦称确定报价(Firm offer)。即报价人在一定时间内不可变更或撤回的报价。

(2) 不受约束的报价。即报价人对询价人所报价格毫无责任，也不受任何约束，可以随时任意调整具体价格。因此，这种报价，实际上是一种"价格通知"，仅作为参考。

(3) 卖方确认后有效的报价。即卖方报出的价格经卖方再次确认后方有效。此种报价方法，卖方本身无风险，而又能对买方表示交易的诚意，所以目前采用这种报价方式较普遍。

(4) 有权先售的报价。即卖方可以同时向两个以上买方报价，如其中有一方先接受，则对后到的接受者不再生效。这种报价方式对卖方较为有利。

(5) 还报价(Counter offer)。即进口商对于外国出口商的报价，认为各种交易条件合适但报价过高，因此要求对方减价，这就是所谓"还价"或"出价"。还报价是一种新的"要约"(Offer)，应在确定的有效期内进行。

2. 国外订货合同的签订

商务技术谈判结束后，应草签合同。其内容主要包括：

(1) 机械设备名称、基本技术结构及参数。

(2) 质量、数量及随机附带的技术文件。

(3) 价格及支付。

(4) 包装、装运及交货期。

(5) 安装调试具体要求。

(6) 保险及不可抗拒力。

(7) 仲裁。

合同草签之后，应对其中条款逐条审查。只有经审查核对无误后，才可正式签订合同。

3. 签订合同的注意事项

(1) 机械设备的名称、结构、参数等

机械设备的名称应采用国际上通用的标准名称(用中文和英文对照的全名称)。同时应将订购机械设备的用途、基本结构与技术参数等写清。

(2) 质量、数量等

机械设备的质量要求一定要具体，尽可能定量化，以便调试阶段的验收鉴定，不能有含糊不清的质量条款。应写明所订购机械设备等的数量和计量单位。一些货物，如机械零配件、易损备件因其本身特性或受包装和运输工具的限制，外商实际交货的数量往往难以符合合同规定的数量，为避免纠纷，通常对数量规定一个机动的幅度，允许外商多交或少交一定数量的货物，这称为溢短装条件；又如机械(包括主机、配套动力)使用说明书、维修保养手册、配件目录、施工安装基础图纸、卖方提供的由买方自行加工的附属件设计图纸及上述技术文件的份数，也应在合同中写清。

(3) 价格

国外订货的价格比国内复杂得多。因为从国外订购的机械设备不仅要经长距离运输，还涉及外币的使用,所以其中的责任、风险等要通过相应的价格予以反映。使用何种价格,一般由订购企业(买方)提出。这时,了解各种价格的含义就显得很重要。

①离岸价(FOB),又称船上交货或运输工具上交货的价格。采用离岸价订购的机械设备,自机械设备越过船舷时起,风险即由卖方(制造厂商)转移给买方。此阶段卖方的责任是船上交货,办理出口许可证,支出出口关税及许可证费用,向买方提供有关装运单据。

②到岸价(CIF),即成本加保险费加运费。采用到岸价订购的机械设备,卖方(制造厂商)须负担运费,租船并将货物装上船,且支付保险费将货物投运输保险,还须办理出口许可证,向买方提供清晰的装运单据、货物发票及保险单据。

③离岸价加运费(C&F),离岸价加运费与到岸价的区别在于卖方(制造厂商)须负担货物运输到指定目的地港口的运费,但不负担机械设备运输保险费用。其他方面的权利和义务与到岸价完全相同。

(4)支付

支付包括支付工具、付款方式、支付计划等。

①支付工具。支付工具可以是货币和票据。一般所选择的货币应是有信誉的,且货币发行国对当事人所在国的态度是友好的。票据有三种,即汇票、期票和支票。

②付款方式。付款方式主要有三种:汇付、托付、信用证。汇付即买方主动把货款汇给卖方。托付即由卖方通过银行向买方索取货款。信用证即由银行用自身信誉保证付款,由银行根据买方申请给予卖方一份书面文件,银行向卖方保证只要卖方交出符合信用证的单据,银行保证付款。

③支付计划。支付计划是指一次付款还是分期付款。表10-1列举了几种支付计划,供参考。

支付计划(参考方案) 表10-1

项目	计划1	计划2	计划3
首次支付	0	0	10%
分期支付	0	0	50%
收到装运单时	100%	90%	20%
机械设备到港时	—	10%	—
机械设备安装时	—	—	15%
担保终止时	—	—	5%
全部	100%	100%	100%

(5)包装、装运及交货期

①包装。包装要说明要求,如要求用集装箱、木箱、货柜等。对于特殊或精密的设备、仪器,还要讲明特殊包装要求。

②装运。装运条款要清楚合理。装运条款包括装运期、装运港、目的港、装卸时间、装运通知等内容。

③交货期。对施工企业来讲,机械设备交货期的要求极为重要。因为这些机械设备往往是在建或已中标工程中急需的设备,如延期交货,将会对施工进度、工程质量等产生极为不良的影响。为督促按期交货,在写明交货期的同时,须在该条款中写入逾期罚款的内容。罚款额可按机械设备费用比例计算或按延误工期造成的损失确定。罚款的具体条款必须是合理并经双方认可的。

(6) 安装调试要求

机械设备质量是否满足合同规定,只有通过实际到货后的安装调试才能检验、确认。为便于调试,一般应按机械设备复杂程度,确定调试时间为 7～10 天,如因我方组织不力,超过规定安装调试天数,则应由我方付额外费用。为此,需注明对配合安装调试机械设备的要求。另外,还应写上对操作人员的培训要求。

(7) 保险及不可抗拒力

①保险。为预防机械设备在长距离运输中因各种各样的风险带来的损失,买方或卖方应向保险公司投运输保险。因此,合同中订立这一条款时须根据所选的价格确定由何方负责投保,并规定双方同意保险的级别、投保金额以及由何保险公司按何种保险承保。

②不可抗拒力。包括不可抗拒力事故的范围和不可抗拒力事故的法律后果及双方通知的义务。

(8) 仲裁

在机械设备买卖双方发生争议时,需有仲裁的机构。因此,合同中应说明如何调解双方的争议及仲裁机构、地点等。

对于国外机械设备订货合同,按照国际经贸惯例,合同正式签订后 100% 不可撤。否则,毁约方要赔偿合同金额 10% 的经济损失。

三、机械设备订货合同管理

施工企业应制定机械设备订货合同管理办法,并设专人管理,负责编号登记、保管,监督合同履行,参与合同纠纷的处理。对合同的签订、履行和管理中的失职、渎职、玩忽职守及以工作之便谋私利的行为,视情节轻重追究经济、行政责任,构成犯罪的,由司法机关追究刑事责任。

第四节 机械设备的运输安装

在公路工程机械化施工中,大部分独立流动作业的机械设备不需要在施工现场安装。但是一些大型、固定的或半固定的机械设备,如混凝土搅拌站、沥青混合料厂拌设备、稳定土搅拌设备、联合碎石机以及桥梁工程中所用的打桩机、架桥设备等,则需在运输到施工现场后进行安装。

一、机械设备的运输方式

机械设备运输方式可分为陆运、水运、空运。根据公路施工机械的特点,陆运是其中最常用的运输方式。

陆运根据运输道路不同,可分为公路运输和铁路运输。公路运输又可按机械设备自身底盘形式的不同,分为自行式机械和用牵引车拖运或用大平板车装运等方式。自行式机械是最方便且经济的,但必须是轮胎式的。例如:自行式平地机、装载机等轮胎式机械,一般可以进行长途自行运输,但行驶速度不宜太快。

履带式或钢轮式低速行驶的机械设备不宜长途行走,并禁止在良好公路上行驶,只能在土路和临时便道上行驶,且行驶距离不要超过 20～30km,行驶速度在 4～5km/h 以下。当运距超出 30km 时,可考虑用大平板车运输。当运距超出 200km 时,可考虑用铁路运输。当施工地点离铁路线和火车站很远,转运工作要占用很多时间时,从时间和经济上比较,还是采用公路运输合算。

二、机械设备安装地点、场地的选择

一般大型公路施工机械处在整个作业区域的中间位置,安装以后即保持相对固定,搬迁较少。因此,对它的安装地点和场地要作比较详细、全面的考察,以求使其获得最大的服务效果和经济效益。

(1)安装地点应以离开城镇但又靠近城镇为宜。主要考虑公路施工机械在生产过程中,在目前的技术条件下,很难避免粉尘固态物和有毒气体的排放以及噪声的产生,因此一般应离开城镇,选择人口相对稀少的地点;但公路施工机械在生产中,又离不开城镇作为其生产、生活保障,因此离城镇不宜过远。

(2)安装地点应交通方便。首先机械设备本身应能方便地运达安装地点,其次机械设备投产后的原料、产品应能方便地出场或入场运输。特别是公路施工及养护工程所用材料大多数量庞大,但自身价值较低,如集料、粉煤灰、石灰、水泥等。这些大宗材料应选择最廉价的运输方式,所以机械设备的安装地点应优先考虑是否方便这些材料的运输。因此,安装地点应尽量选择公路养护区域或公路工程的中心位置。

(3)安装地点应尽量选在原材料的供应地或产品的使用地,以减少往返运输。例如沥青(水泥)混凝土搅拌站,其消耗质量比例最大的原材料是集料。因此,安装地点应考虑尽量减少这些材料的运输成本。

(4)大型公路施工机械一般以电为动力,因此在选择安装地点时,应考虑以工业用电和民用电为主,避免使用自发电。同时水源的远近,也应在考虑之列。

(5)具体安装场地的选择,应考虑地势的高低,以便于排水,利用自然地形,减少安装工作中的土方量,还要考虑采光、通风等因素。

(6)必须调查地下管线情况,诸如通信光缆、电缆、各种地下管道等。并且避开空中线路,诸如高低输电缆、通信线路等,以免对安装工作造成麻烦。

混凝土搅拌站有时要堆储十几万立方米的砂料、石粉等易扬尘材料,拌和场本身又是噪声源,尤其沥青混合料拌和场产生的有毒烟雾,对空气质量影响较大。因此,混凝土搅拌站应选择在靠近人口密集区常年盛行风的下风向,且使居民区包括施工企业自身的生活区处在"声影区",如图10-2所示。当地盛行风向可在设计前从气象部门获得。

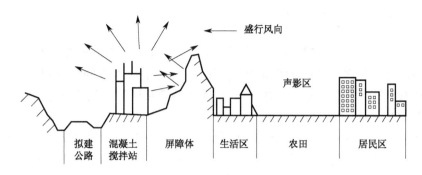

图 10-2　混凝土搅拌站的选址

三、引进机械设备的开箱检查

在引进的机械设备来到目的港前,订购企业要详细查询国家关于机电设备进口的具体政策规定,从速办理有关减免税批文,及时报送到机械设备到达港口的海关。引进机械设备到达港口后,订购企业应会同港口的商检部门按订货合同规定对卸下船的机械设备进行岸检,并会签岸检记录。

将引进的机械设备运至工地后,订购企业先不拆箱,而应提交合同、货运发票、船单、机械设备质量保证书等证副本给所在地商检部门,对到货机械设备的品种、数量、质量等提出检验申请。订购企业在工地对引进机械设备开箱检查时,需请商检部门人员参与。发现问题时应通过商检部门索赔。

开箱检查的主要内容如下:

(1)检查外包装情况,看机械设备在运输装卸过程中有无受损的现象,若发现包装箱已受损开裂或严重变形,则应打开包装进行机械设备的外观检查,以便了解受撞击、挤压或损坏情况。

(2)按照装箱清单清点主机、附机、附件、易损件、专用工具、使用说明书及其他技术文件是否齐全,是否符合订货合同规定的内容,有无缺损。

(3)检查机械设备各部有无锈蚀,如有锈蚀,应及时进行防锈处理。

(4)凡属未清洗过的滑动面严禁移动,以防磨损。清除防锈油时最好使用非金属刮具,以防损伤设备。

(5)不需要安装的易损件、附件、工具等,应注意妥善保管。

(6)核对安装图、电气线路图、液压系统图与机械设备实际情况是否相符,接口位置及有关参数是否与说明书相符。

(7)检查后做出详细检查记录,对严重锈蚀、破损等,最好拍照或图示说明,作为与运输部门或供应厂商进行交涉、索赔的依据。

开箱及检查中获取的货运发票、船单、质量保证书、商检证明、有关图纸、说明书、引进机械设备的批文、订货卡片、合同等,应由订货企业机务部门的专人进行清理,归入机械设备技术档案。其中有关常用图纸、说明书还须及时组织专业技术人员翻译整理,装印分发,以便机上人员随时使用和基层使用部门技术人员备查。

四、机械设备的安装

解体装运的引进机械,在对各总成、部件、附件等配套机件进行外观检查后,应尽快组装并进行必要的调试。因为这样的机械在出厂时所做的抽样检查的比例很少,一般不超过3%,其余97%只做部件及总成的分项检验,而不进行总装试验。所以,对整机进行安装调试就显得非常重要,必须认真对待。

由于解体装运机械体积庞大,配套机组和附属设备比较多,同时还需要一定面积的安装场地,有些机械还应为安装准备基础,因此,了解安装的要求以及调试的方法、程序就很有必要。在进行安装调试工作之前,应让供应厂商方面的安装调试工程师对操作人员等进行现场技术培训。培训的目的是让操作人员了解该机械的基本结构、技术性能、安装调试的具体方法、操作安全注意事项等,从而做到心中有数,避免盲目上机,以防患于未然。

1. 安装的组织与管理

解体装运的大型机械的安装调试工作一般由订购单位同供应厂商配合进行。对于大型的进口机械,订购单位应在供应厂商安装调试工程师到来之前,进行尽可能周密的安排。如选配操作人员,成立安装调试组(由有关业务领导、机械技术人员和操作人员、工程测试人员等组成),准备安装调试用的吊装及配套作业机具等。在选配操作人员时,应注意选择业务熟练、懂机械常识、反应灵活、责任心强的操作者。对于大型进口机械,须选配具有中专以上学历的技术人员担任机长,作为主操作者。这样方能用好管好造价昂贵、性能先进的引进设备。

2. 安装调试费用的预算

为保证安装调试工作顺利实施和完成,必须先做好安装调试费用的预算工作。也就是根据安装调试计划程序,进行运输费、安装费、调试费、拆卸费及其他费用的预算。

(1)运输费的预算。在安装计划中,机务部门应根据解体装运的机械各部的体积和质量,安排不同运输能力的车辆,并根据解体装运对象的数量,确定各种运输车辆的运输车次。据此,负责安装调试费用预算的人员,可按相应运输的吨公里运费、搬运里程计算运输费用,也可据台班费用定额和台日数计费。在进行运输费用的预算时,要注意估算装卸、捆绑及运输台班费或空车行驶费等费用。因为这些也是运输过程中必然发生的。

(2)安装费的预算。要根据安装计划,做出安装所需吊装设备、技术工人以及安装材料的费用预算。

(3)调试费的预算。调试过程中,需要燃油或电力等。对于一些大型机械,尤其是进口机械,必须经过一定小时数的空载、重载、连续、间断的生产考核,因此常需要大量的工程材料,如碎石、沥青或水泥、砂砾、石灰或粉煤灰等。为了保证大型机械按调试计划运行,必须配备足够数量的各类配套机械与消耗材料。从以上分析可以看出,调试费一般由燃油或电力费、工程材料费、配套机械费、人工费、管理费等组成。各组成费用的预算应按各自相应的规定计取。

(4)拆卸费预算。拆卸过程和安装相反。所以,所需的机械与安装相同。但是,所需人员除技工外还有普工。一般拆卸费少于安装费。

(5)其他费用的预算:如看管费等。此项费用应根据实际情况测算。

3.安装

解体装运机械安装一般包括安装基础施工(自行式机械无此项)、安装前的准备、安装等几个过程。

(1)安装基础施工

解体装运的大型机械往往需要安装在规定的基础上,并需进行找平、稳固,才能保证其工作质量、精度和稳定性符合要求。安装基础的施工,首先要求按安装平面布局图确定安装位置,放好机械的安装中心线,然后根据安装基础施工图的规定预制安装基础。另外,配套机械的运输通道、堆料场必须合理布局,同时予以修整;根据需要,可搭盖库房、栅栏等。

(2)安装前的准备

在安装之前,应再一次进行外观质量检查:如各种螺栓、螺母有无松动;焊接件焊接处有无裂纹、严重的气孔等缺陷;燃润油及水、气的储量及管道接头是否牢固,有无泄漏;电路布线是否整齐,绝缘性能如何;所有旋转、往复运动部位的安全保障机件的有效齐全程度怎样。此外,要进一步察看安装过程所需其他物资准备情况等。

(3)安装

安装过程须严格按制造厂安装指南或规定的安装程序进行。具体安装方法一般在该机械说明书中均有详述。

第五节　机械设备调试与技术验收管理

一、调试试运转

不仅是解体装运的大型机械设备在安装后需要进行调试,实际上所有新增、更新、自制、改造、大中修机械设备,以及那些整机装运的机械设备,在投入使用前都必须进行调试。

调试过程中,现场机械技术人员和随机操作人员须及时到位,主动了解机械的性能、工况、调试程序、有关装置的操作控制等。在现场必须有机械技术人员笔录调试过程。调试过程的笔录属原始性记录,它是日后操作机械、撰写技术报告、解决遗留问题的重要依据。

1.调试前的检查

在调试前,先按照有关技术文件和图纸复核各零部件、动力装置、传动机构、工作装置、行走部分以及各种电气设备、安全装置、金属结构等部分是否符合规定要求,润滑调整状况如何,是否有漏油、漏水、漏电、漏气等现象存在。另外,应按操作规程(说明书)做好一切准备工作,例如装好所有附件以及加满水、润滑油和燃料等。

在机械设备试运转前,必须事先进行人工调和,可先用手力对各部分进行试运转,注意观察其有无卡阻现象,安装配合是否有问题,在一切检查正常后方可进行空负荷运转。

2.无负荷试运转

按操作规程(说明书)要求,进行平稳起动,柴油机在前两小时内应低速运转,而后转入高速运转。在平稳操作试验中,每种动作至少重复进行三次;应反复观察动力装置和传动机构的工作状况,保证起动性能良好,运转均匀、平稳、声音正常,温升在允许范围内,无漏油、气、水、电现象;各种仪表显示准确;操作制动系统动作灵活、可靠。一旦出现问题,应立即停车检查和调整。

3. 有负荷试运转

无负荷试运转合格后,机械设备才能进行有负荷试运转,负荷应由小到大直到满载,其目的是确定机械设备的动力性能、起动性能、经济性能、操纵性能、制动性能、负荷性能、自动控制性能、安全性能和工作装置的工作质量,考核其是否达到正常使用和安全生产的要求。

有负荷试运转必须备有测定生产率、转矩、转速、振动、温度以及油耗等所必需的试验仪器设备,这些仪器设备制造商或修理厂都具备。

4. 试运转后的检查及要求

机械设备经过无负荷、轻负荷或重负荷试运转后,各部件受到强度和稳定性等的考验,故必须对各部件可能产生的变形、松动以及密封性等情况彻底检查。

公路施工机械试运转时,运转情况一般应符合下列要求:

(1)柴油机运转正常,无异常声响。

(2)离合器分离和接合正常,不发抖、不打滑、无异常声响。

(3)变速箱、分动箱以及各部件,不跳挡、不漏油、不过热,换挡轻便顺滑,无异常声响。

(4)制动器的制动鼓与摩擦片磨损均匀,制动效果符合要求。

(5)行走机构行驶平稳、不跑偏,转向灵活、准确、轻便,无剧烈振动和晃动,轮式机械车轮不偏拖,履带式机械不啃轨、不脱轨。

(6)操纵机构及安全装置动作灵敏可靠。

(7)工作装备效率不降低,运转正常,不发生破裂,无严重磨损和不正常的运转声响。

(8)机架、机身不松动和变形。

二、撰写安装调试技术报告

撰写安装调试技术报告是解体装运大型机械初次安装调试后,进行技术资产、财务验收的主要依据之一。所以,它是一项必须做细、做好的工作。以下主要介绍安装调试技术报告的写法。

安装调试技术报告一般由摘要、前言、正文、结束语、参考文献、谢词等几部分组成。

1. 摘要

对摘要的要求是简短、精练、完整。所谓简短,是指摘要最短的只十几个字,长的为300~500字。精练是指摘要中要包含报告内容的精华。而完整则指它可以独立成篇。

2. 前言

前言(又称引言、绪言、绪论、引子等)的作用是引出所论问题的来龙去脉;回答为什么要写该文,以引起注意。为此,前言中应包括有关背景、目的、范围、方法和取得的成果的意义。前言一般比较短,1万字的安装调试技术报告只需300字前言即可。

3. 正文

正文是安装调试技术报告的主体。其写法因安装调试的机械设备不同而异,没有固定的形式。一般正文应记述以下内容：

(1) 安装、调试所用的工程材料及其来源、成分、性能等。

(2) 安装、调试所用配套机械、辅助设备、仪器、装置及其作用，如果是常用机械设备，只需注明规格型号即可。

(3) 说明安装、调试的全过程，并指出操作上应注意的关键之处。

以上三点详略程度，应以读者能再现安装、调试过程，并得出与文中相符的结果为准。技术报告内容比较专深、具体。它作为科技文件，既有学术介绍性的一面，又涉及某种程度上保密的一面。所以，若涉及保密内容，应使用代号或轮廓图表示，也可只提供外观图片。

(4) 结果与分析。结果是指安装、调试测得的数据及观察到的现象。调试结果需进行整理，以从中选出最能反映事物本质的数据或现象，制成图表或拍成照片。分析是指从理论上剖析和解释。结果和分析可以合起来写，内容较多时，也可分开写。

4. 结束语

结束语是指正文之后的结论、结语、结言或总结等。它是整个安装、调试过程的结晶，是全篇报告的精髓，是读者最关心的部分。写结束语时应注意，不要重复前面的结果与分析，不要使用"大概""可能""大约""差不多"之类模棱两可的词。得不出明确的结论时，要指明有待进一步探讨。结束语一般都很简短。1 万字的技术报告，其结束语通常只有 300～500 字，甚至更少，而且多数采用条款的形式呈现。

5. 参考文献

参考文献是技术报告的重要组成部分。它具有以下三个作用：

(1) 分清成果的归属。

(2) 为读者提供查找原著的线索。

(3) 提供科学依据，使读者确信技术报告的内容。

参考文献的书写要符合规定的书写格式。

6. 谢词

谢词的作用是向在安装、调试和撰写技术报告过程中曾给予帮助、支持、指导的人及部门致以谢意。同时，也是载明安装、调试过程中有关部门及人员的工作内容、成绩的一种方式。

要注意安装调试技术报告与论文的区别。安装调试技术报告应详略得当，主次分明。不要像流水账一样，把某年某月做了些什么调试统统写入报告，使人不得要领。

三、机械设备技术验收管理

这里主要介绍进口机械设备的验收和自制机械设备的验收。

1. 进口机械设备的验收

进口机械设备必须报请商检部门检验，保证在索赔期内处理完所发生的问题，避免经济上受到不应有的损失。进口机械设备的验收手续繁多，不同于国内设备的验收，它牵涉到一系列的外贸和外运等事务，是有关国家权益的大事，必须做好各方面的准备工作。

(1)验收准备

进口机械设备多数由海运运到我国港口。对于海运运来的机械设备,在接到国外发货通知单前,即应根据签订的合同与有关企业联系,这些企业有:

外运公司:负责代运发货。

远洋公司:负责国内船只调度,掌握船舶靠岸时间等业务。

理货公司:负责船货的清点、理货、保管等业务。

口岸:负责轮船靠岸后,卸船、装车、起重设备的使用等业务。

铁路:负责发运,车皮计划,调度车皮等业务。

海关:负责海关检查事务。

当货物到达合同规定的港口时,立即组织人员前往到货港口接货。接货人员应事先掌握到货情况,如批货件数、箱号、包装、重量等情况。

(2)口岸查验

口岸查验由各有关企业进行,接货单位应配合做好查验工作。必须紧抓数量与外观的检验。理货公司对到货要进行清点,做到数字准确,批次清楚,严格分清原残和港残。原残是到达国内港口以前损坏的;港残是在轮船靠岸后卸装时损坏的。对机械设备残缺情况及原因要详细记录,或照相备查,并及时取得船方和港务部门的签证。商品检验局要做好登轮查勘和口岸验残工作。在口岸验残确有困难的,及时办理易地检验。外运公司应及时向有关部门提出装卸、转运要求,做好接货和转运工作。对残损机械设备查明致损原因,及时向商品检验局和中国人民保险公司申请办理索赔,并采取必要措施,修复包装,避免扩大损失。

(3)现场检验

现场检验工作由使用企业进行,包括开箱检查、安装及试运转。

(4)注意事项

进口机械设备如有合同规定不能拆检的项目或部位及卖方铅封的技术专利,拆检后不能恢复原有精度或易导致零件损坏的项目或部位,不得进行拆检。

在机械设备保证期内,不宜对其进行技术改造,以免卖方借口推卸保证责任。但在保证期满以前,必须对机械设备进行一次全面检查,以鉴定是否还有遗漏问题。

2.自制机械设备的验收

自制机械设备管理最重要的环节是质量鉴定和验收,其主要内容有:

(1)根据设计任务书、设计图纸要求和有关的技术标准、规范,召开验收会议,鉴定设备的功能、技术参数是否达到设计要求,并进行技术评价。鉴定合格后,由质量检验部门发给合格证。

(2)设计部门应将经过修改的设计图纸、技术文件资料、使用说明等全部交设备管理部门归口建档管理。

(3)制造企业应将全部质量检验(包括精度检查、性能试验)合格证书及产品加工记录、制造过程中的技术文件修改凭证、工艺试验资料以及制造费用结算资料等移交设备动力部门签收。

(4)安装调试并试运转合格后,由设计制造部门向机械设备使用及管理部门办理移交手续,机械设备管理部门办理固定资产建账手续,建立机械设备档案,并按规定通知财务部门开始提取折旧费。财务部门对制造费和材料费要进行成本核算,其结算资料由财务和设备部门共同审核。

(5)安装、调试和技术验收后要进行总结。只有经过对安装调试技术报告、文件资料的审查,现场的考察,才可决定能否通过技术验收。通过技术验收后,才准予办理资产、财务手续,才准交付使用。未经技术验收,不得入账和投入使用,否则会造成责任不清。对于安装、调试中出现的失误,要认真总结;对存在的问题,要分清责任,及时处理。有关索赔事宜,必须在有效期内妥善解决。

机械设备验收单见表10-2。

机械设备验收单　　　　　　　　　　　　　　　表10-2

机械名称				规格型号		生产厂商	
出厂日期				出厂编号		验收日期	
设备组成	动力	主	名称	厂牌	规格型号	功率	编号	出厂日期
		副	名称	厂牌	规格型号	功率	编号	出厂日期
	配属机组		名称	厂牌	规格型号	功率	编号	出厂日期
			名称	厂牌	规格型号	功率	编号	出厂日期
随机文件资料		使用说明书		产品合格证		图纸	零件目录

随机工具及附件				验收情况	1. 质量是否合格	
名称	规格	单位	数量		2. 构件是否完整齐全	
					3. 外部是否完好无损	
					4. 需要处理的问题或其他事项:	

机务负责人签字:　　　　　　　　　　　　　　　验收人签字:

说明:本表逐栏填写清楚,签字后和随机文件资料一起交机务部门存档。

第六节　机械设备的索赔

索赔是产品交易活动中经常发生的现象,是一方当事人违反合同后,另一方当事人采取的法律补救措施。因为涉及直接经济利益,更牵涉到一家企业的信誉,所以不经过一番艰难的说理和力争,对方一般不会轻易答应索赔方的索赔要求。要取得索赔的成功,必须做到有理、有利、有节。

这里主要介绍进口机械设备的索赔。对从国外购置的机械设备进行开箱检查、安装调试后,发现因机械设备有缺损、质量低劣或延期运转等而造成损失时,需请商检部门进行检验和技术鉴定,办理公证手续、填写有关资料和证明文件,订购企业可按照机械设备订货合同中确认的索赔与仲裁条件,通过外贸部门向外商或运输部门索赔,并按下列情况追究经济责任。

1. 缺损索赔

按所购机械设备的装箱单查出短缺或不配套时,卖方或出口厂商应予以赔偿。为了防止此类情况发生,签订机械设备订货合同时应规定装运前须经适当的检验和公证手续。

2. 运输部门责任赔偿

有关运输部门的责任范围,在签发的提货单上多有明文规定。运输部门的责任时间应自提货时起至货物卸完为止。关于货物状况,如提货单载明货物收到情况良好,则收货人凭此单提货时,运输方应负责交给情况良好的货物,因此,货物在运输途中如有缺损,除非属运输事故,不然运输部门都应负责。货物到站或抵港卸货时,如发现包装破损,应另行堆放。一方面委托公证检验,另一方面由运输部门及收货人会同检验。若责任属于运输部门,收货人可依据公证人的检验报告,同时填写运输部门规定的"缺损证明单",凭此向运输部门索赔。

向运输部门索赔时,除提出书面要求外,还要附以下文件供审查:公证人的检验报告或运输部门签发的"缺损证明单";提货单副本;出口厂商的原始发票;出口厂商原包装清单;应付赔款清单。

3. 保险公司责任索赔

在目的地仓库码头提货以前,如发现损失属于保险公司的承保范围,则可向保险公司索赔。保险公司所负责任的大小随保险的种类而异。

4. 质量低劣与损坏索赔

如发现质量与合同规定的不符,其原因如属产品原设计制造上的问题或产品未经严格检验,其责任全在卖方时,买方可向卖方索赔;如因受自然条件等不可抗拒力的影响而发生损坏,其责任须视具体情况及买卖双方合同的规定确定。

无论质量不合要求的原因如何,货物运到时都应委托公证人详加检验,并取得检验报告,然后按不同情况向有关方面索赔。办理质量问题的索赔必须迅速,除非合同中另有规定,外贸部门或买方必须于货物抵达目的地港口后两周内提出索赔,否则外商常借故不予受理。

由于质量的优劣不易断定,如合同无明文规定而责任又不易确定,应由买卖双方协商解决,或采取仲裁方式处理。

5. 交货期拖延造成损失的索赔

因交货时间延迟导致的损失大致有价格上的损失、资金利息上的损失、货物发生变化所受的损失、影响施工生产造成的损失。上述各种损失的责任在卖方、出口厂商或运输部门,但除非合同有明文规定,通常此类损失的索赔多有争议。因此,国际贸易习惯上采用预先防范的方式。其方法大致有:在信用证上规定卖方最迟装运日期,并限定必须提交装运提货单;规定必需的装运班期等。

6. 商品检验部门的责任

商品检验部门对使用企业的检验工作,要实行监督管理,把好对外出证索赔关。例如,凡有下列情况之一者,由商品检验部门凭买方或卖方申请,经过审核复验,出具商品检验证书：①卖方代表不在场，由使用企业检验发现问题的；②使用企业与卖方代表对设备存在质量缺陷意见不一致，需商品检验部门出面组织复验的；③卖方代表已签字认赔，但仍需商品检验部门的证书向分包厂商索赔的；④卖方委托我方修理的设备，需商品检验部门出具证明的。

7. 索赔金额

索赔金额包括设备和材料的损失，以及由此而产生的直接经济损失和检验费等项。对外索赔工作，一定要实事求是，对发现的问题要全面分析研究，掌握索赔的证据和时机，提出合理的、切实可行的索赔要求，争取索赔成功。同时，应注意索赔的时效性，以免本应得到的法律保护，因为超过时效而得不到赔偿。

第十一章 机械设备固定资产管理

第一节 固定资产的概念及管理概述

一、固定资产

固定资产是固定资金的实物状态,它能够在施工生产过程中长期使用而很少改变固有形态。随着它自身在施工生产过程中的磨损,其价值逐渐地、部分地以折旧的形式转移到所施工的工程成本中。因为在实现价值转移时,其实物状态一般不发生明显的变化,所以称为固定资产。

施工企业为了进行施工生产,必须有足够的生产力。而生产力由劳动力、劳动对象和劳动手段等要素组成,劳动手段中最主要的是机械设备。机械设备用货币资金来表现则称为机械设备固定资产。机械设备固定资产主要包括施工机械、运输机械、维修加工机械、动力机械、焊接热处理设备和混凝土、钢筋、木工机械等,这部分资产一般占施工企业全部固定资产的绝大部分。

1. 固定资产与流动资产

(1)固定资产是企业进行生产的物质基础,它的作用是把劳动力生产活动传导到劳动对象(原材料等)上去,或者是给生产活动提供物质条件(如运输设备、房屋等)。

(2)固定资产的特点。固定资产能够在生产过程中较长期使用,而不改变它的原有实物形态。它的价值,随它本身在生产过程中的磨损程度,以折旧形式逐步地转移到产品(或工程)成本中去。

(3)流动资产也是企业生产过程中的重要物质条件,但它是起劳动对象的作用。

(4)流动资产的特点。流动资产参加一次生产过程,就会全部消失或改变它的原有实物形态。它的价值是一次全部转移到产品(或工程)成本中去的。

2. 固定资产的特征

一般固定资产具有使用年限和单项价值两个特征。

(1)使用年限在一年以上。

(2)单项价值在规定的数额以上。

凡不同时具备这两个条件的,一般均作为低值易耗品,归流动资金处理。但为了有利于管理、有利于生产,有的物品的单项价值虽低于固定资产标准,但它是企业生产的主要机械设备,也可作为固定资产处理;有的物品,虽然符合固定资产条件,但使用年限较短,容易损坏,更换频繁,也可作为低值易耗品处理。

3. 固定资产的补偿形式

机械设备固定资产始终全部参加生产过程,并在较长时间内反复执行相同的功能,而其价值则逐渐地、分期地转移到工程成本中去,以折旧形式计入工程成本,并从工程收入中得到补偿,形成折旧基金。当原有固定资产报废时,可利用折旧基金(转为更新改造基金)购进新的固定资产。

二、机械设备固定资产管理的基本任务和要求

1. 基本任务

机械设备固定资产管理的基本任务如下:

(1)正确掌握机械设备的调入、拨出、内部转移、拆拼以及报废、清理等情况,进行定期和不定期的清查、核对,做到账、物、卡三相符,保障机械的完整、齐全。

(2)检查分析机械设备的利用情况,加强维护、检修、保管和调剂平衡工作,尽量减少未使用、不需用机械的长期积压,以充分发挥机械设备这种固定资产的效能。

(3)按规定提存使用折旧基金和大修理基金,保证机械设备更新改造和大修理的实施。

(4)检查和纠正固定资产管理中的违章乱纪情况。

2. 管理要求

对机械设备固定资产管理的要求:新增有交接;调拨有凭据;盈亏有原因;报废有鉴定;租借有合同;不准盲目购置;不准不按规定办理验收、交接、调拨、盘盈、盘亏和报废;不准擅自外借、赠送、变卖和换置;不准任意拆拼;不准多提或少提折旧、大修理基金;不准自行扩大折旧、大修理基金使用范围,不准挪用。如不遵守规定,而使国家财产遭受损失,对直接责任人将酌情给予行政、经济处罚,甚至追究刑事责任。

3. 管理责任制

要做好机械设备固定资产管理工作,机务部门、使用部门和财务部门必须同心协力,互相配合。

(1)机务部门负责机械设备实物验收、编号、发证、建账、填卡、建档、启用、调拨、封存、改造、报废处理等事项,并掌握使用机械的折旧和大修理基金。同时还参与机械设备的前期管理及使用管理。

(2)使用部门协助机务部门负责机械设备的正确使用、妥善保管和精心维护,并对其保持完好和有效利用负直接责任。

(3)财务部门会同机务部门研究改进机械设备固定资产管理工作;会同机务部门办理机械设备的验收、交接、调拨、租借、清查盘点、报废的审批、上报等财务手续;按照规定及时提存折旧、大修理基金;组织固定资产核算,建立账、卡,正确、及时、全面地反映、监督固定资产的增、减变动和使用情况。

机械设备固定资产管理工作,不仅政策性强、手续严格,而且业务性、技术性也很强,如固定资产的验收、技术档案的建立等工作。只有重视机械设备固定资产管理,才可为加强其经济核算、健全经济责任制、改善机械设备管理奠定良好基础。

第二节 固定资产的验收

进入施工企业的机械设备,无非是新增、更新或改造的机械设备。它们只有通过固定资

产验收手续,才能正式成为施工企业的财产——固定资产。

机械设备固定资产验收主要由机务部门来完成,使用部门进行必要的协作。机务部门负责对机械设备的实物形态进行验收,而财务部门则根据机务部门的实物验收意见,办理固定资产的增、减变动等财务手续。

1. 验收人员

对于整机装运的或自行式的更新机械(包括技术更新、役龄更新),由于曾经使用过,对其性能较熟悉,所以仅由机务部门技术熟练、经验丰富的固定资产管理人员负责,操作人员协助,结合产品合格证和其他技术文件即可验收。

对于新增或改造机械(包括整机装运的或自行式的机械),由于过去没有接触过或接触较少,对其性能较陌生,验收组织一般除了要有机务部门的固定资产管理人员外,还需本企业及上级单位的有关机械技术人员共同参与。如果是进口机械设备,必要时还需邀请商检部门参加验收。

2. 验收

对整机装运的机械设备或自行式机械进行固定资产验收时,首先要注意以下基本技术文件是否齐全:

(1)汽车或机械:①产品合格证;②产品使用说明书;③主要配套装置使用说明书;④原基本车型(或底盘)使用说明书;⑤易损零件明细表;⑥随车工具、附件清单。

(2)其他机械设备:①产品合格证;②机械设备使用维护说明书;③易损零件图册;④产品配件目录;⑤随机专用工具、附件清单。

如果上述技术文件齐全,并与实物相符,那么就可以结合对机械设备外观质量和内在性能技术验收的结果,填写"机械设备固定资产验收单",以便完成固定资产验收工作。

对于解体装运机械设备的固定资产验收,须先进行组装、调试,然后根据调试成功的技术报告,结合其他技术文件办理验收手续。

第三节 机械设备固定资产的分类与编号

对机械设备进行编号,是为了方便管理,避免混淆。一台(辆)机械对应一个编号,这是最基本的管理办法,如同机动车辆的牌照号码的功用一样。在实际工作中对机械设备进行编号时,会想要赋予编号更多的功用,即不仅使其具有一一对应的功用,而且从编号中还能看出是哪个企业单位使用、为何种类型机械以及购入的顺序等。另外,由于机械是整个施工企业固定资产的一部分,所以在进行机械编号时,还要满足整个固定资产目录的分类规定。可见,对机械设备进行统一编号,是一项复杂、细致的工作。

一、机械设备固定资产的分类

一般施工企业为了方便固定资产管理,把生产设备(机床、锻压设备、热处理设备、维修设备)以及计量、测试、分析仪器等,连同机械一起划入机务部门机械设备管理范围。原交通部《公路养护会计制度》将公路机务部门管理的机械分为施工机械、运输设备、生产设备以及计量、测试、分析仪器四大类。为方便固定资产管理,可把这四大类统称为机械设备固定资产。在进行机械设备的固定资产分类时,还要考虑方便其他管理。为此,根据大类中各机械设备用途不同,可将大类分成若干小类。如施工机械大类,按照机械设备在公路工程中的实际使用情况,划分为压实机械、路面机械等若干小类,每一小类又可按机型不同划分为若干形式的机械。划分时,要注意尽可能与国家有关部门颁布的标准中的类组划分相一致,同时还要体现机械装备现状与发展趋势。分类一经确定,即应保持一定时期内的稳定不变。

二、机械设备的编号

1. 编号方法

为了统一机械编号方法,考虑国家有关规定对会计和统计方面的分类编号要求,拟采用三段式编号方法。第一段用两位阿拉伯数字,代表二级或三级机械设备管理单位(或核算单位);第二段是四位阿拉伯数字,代表机械设备固定资产分类中的大类、小类和名称。第一、二段由一级(或二级)机械设备管理单位统一编号(实际上是固定编号)。第三段用三位阿拉伯数字,代表机械的顺序号。顺序号即购入的先后次序(凡是作为固定资产的机械设备,均按一个顺序往后编排)。第三段编号由二级(或三级)机械设备管理单位编排,各节中间用一横线连接,如图11-1所示。

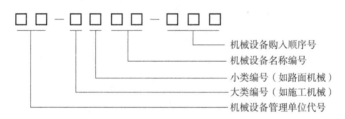

图 11-1 三段式编号图

上面介绍了编号办法。从中可以看到:第一段,即二级(或三级)机械设备管理单位代号较少,很容易记住。第三段,即机械设备购入的先后顺序号,根据实际发生次序而定。唯有第二段,即代表固定资产大类、小类和机械名称的编号,不易记住。为此,需事先将第二段编印成册,供有关人员编号时使用。

2. 编号注意事项

(1)小型设备、仪器及有固定停放场所的机械,最好统一制作金属标牌,钉(或粘)在合适位置。大、中型流动性机械,可采用油漆喷涂或钉标牌的方法。

(2)成套设备的主机、辅机等应采用同一编号。

(3)如果统一编号目录中查不到所要编的机械,不要随意自编,应及时同制订目录的管理机构商定统一编号。

(4)除建账、填卡、建档必须使用规定的三段式九位数字的编号外,日常填写配件领料单、领油单、机械设备使用情况报表以及进行统计分析、核算时,为方便起见,可以只使用规定编号中的第三段(即顺序号)。如某企业轮胎式沥青混合料摊铺机的编号为 03 - 2323 - 062,日常使用时可以只用第三段 062 表示。

(5)当机械设备在使用后出现报废与增添,数量上发生了增减时,最好采用优先填补缺号后增编新号的办法。

第四节　机械设备台账、卡片及技术档案管理

一、台账、卡片的建立与管理

台账、卡片是用来简要反映机械设备主要情况的原始性记录。正确地建立与管理台账、卡片是机械设备管理的重要环节。所以,各级机务部门都要建立机械设备台账和卡片,指定专人管理,认真填写。做到账、卡、物相符。机务部门和财务部门的账、卡均应相符。

1. 机械设备台账

机械设备台账按固定资产分类列账,以机械设备的编号为顺序,在机械设备增减时填写。它能反映各类机械设备的数量、增减变化、分布情况以及每台机械的主要技术数据、来源、原值和现在单位等,是机务部门掌握机械设备基本情况的依据。机械设备台账见表 11-1。

机械设备台账　　　　　　　　表 11-1

序号	机械设备管理编号	厂牌	规格型号	来源	原值/净值	使用、调动登记				备注
						日期	单位	日期	单位	

2. 机械设备登记卡

机械设备登记卡,为一机一卡。除记录本机的技术性能、价值、来源及附属装置外,还包括机械设备试运转、维修、改装、事故处理等主要记录。机械设备登记卡片应按机械设备编号顺序存放在卡片箱内。卡片可连续使用,不需要更换,机械设备外调时,卡片应随机转移。机械设备报废时,卡片应附在报废申请表后送审。机械设备的台账、卡片不得任意涂改、撕换或填写无关内容。在管理机构变动或产权变动时,应将账、卡随物移交。在移交中发现账、卡、物不符时,应查明原因。机械设备登记卡见表 11-2。

机械设备登记卡　　　　　　　　表11-2

设备编号		制造厂		原值(元)	
设备名称		出厂编号		复杂系数	
型号规格		出厂年月		电动机	
设备重量		耐用年限		安装地点	
外形尺寸(mm)		安装年月		类别	
附件及配套设备				附属电动机					
编号	名称	型号规格	数量	型号	功率(kW)	转速(r/min)	电压(V)	作用	备注

二、技术档案的内容与管理

机械设备的技术档案属科技档案。它是自机械设备购入开始直到报废为止整个过程中的历史性技术资料，是机械设备管理不可缺少的基础工作。一套独立、完整的机械设备技术档案，可以满足许多机械设备管理人员的日常查阅需要，其作用是很大的，也是其他技术书籍无法取代的。

1. 技术档案的内容

并不是所有有关机械设备的使用、管理、维修等文字性记录、资料都要归入技术档案。只有那些具有较为重要参考或阅读价值的技术性、技术运用性的使用记录资料才需归档。需归档的资料包括原始性资料和积累性资料。

(1) 原始性资料

①新增机械必要性审查计算书及购置、报废申请单。

②自制自改机械方案论证、技术设计(主要是计算书及图纸)资料。

③随机原始技术文件。如产品合格证、产品使用说明书、主要附属装置使用说明书、安装调试指南及安装地基图等，易损零件明细表或图册、配件目录，随机工具或专用工具、附件清单等。如果是旧机调拨，也应从调出单位接收上述原始资料。

④有条件收集到的部分或全套加工装配图纸等。

⑤其他具有长期参考价值的静态技术性能数据资料以及图片资料。

原始性资料需要统一登记并分单机装入技术档案盒内。

(2) 积累性资料

①走合记录或安装调试过程记录、安装调试技术报告、固定资产验收单、交接清单及有关手续签署文件。

②运转台时(公里)及运行消耗记录。
③二、三级保养记录。
④历次大(中)修理记录、修竣验收单、大(中)修费用结算清单等检修资料。
⑤机械设备改造、改装记录。
⑥技术状况定期普查(鉴定)记录及红旗设备检查评比记录。
⑦润滑油料更换记录。
⑧事故报告及分析、处理结论。
⑨机械设备调动记录。
⑩操作(驾驶)人员情况及更换记录。
⑪历年折旧费、大修费提取记录。
⑫其他有保存参考价值的使用、维修过程记录。

积累性资料要求按规定填入特别印刷好的技术档案本中,然后与原始性资料一起存于技术档案盒中。

2．技术档案的管理

(1)技术档案管理人员的职责

①认真贯彻国家和本系统在技术档案管理方面的有关法律、工作制度,努力学习机械技术和业务管理知识,做好档案管理的各项工作。

②按上述归档范围及时收集、整理、保管本企业的机械技术档案及有关技术资料。

③建立技术档案的目的就是使用它,所以要力争提高建档质量,以便向查阅者提供正确、完整的参考。

④建立必要的工作制度,如复制、翻阅、保管与销毁制度。

(2)技术档案管理的注意事项

①技术档案的建立与管理是一项专门业务。机务部门应主动与当地档案主管部门(档案局)取得联系,以接受其业务指导。

②技术档案能否发挥应有的作用,负责填写人员本身的工作态度、工作质量是关键。为此,机务部门应注意选择技术水平较高、工作认真负责的人员从事此项工作,也可以实行双重管理,即除了专门填写、保管技术档案的人员外,还要有一位主管技术员(或工程师)分管归档资料的鉴定、补充和更新,并定期检查技术档案的填写质量。

③应适当缩小建档机械设备范围,这样可使建档人员集中精力,保证主要机械技术档案的质量。具体哪些机械设备可以不建档,应由主管部门慎重决定。

④机务部门应适时组织技术档案的检查与分析工作会,以使档案内容更加充实、可靠,并分析机械设备使用、维修技术状况的变化情况,为改进工作和检查有关技术责任等提供依据。

⑤各种机械设备的所有随机技术文件或资料,均由机械设备所在企业机务部门归档保管,不得留存在个人手中或其他地方。凡是拥有多台同规格机械的,不必将每台机械设备的说明书、维修手册等共性资料,每档保存一份。

⑥技术档案一般不外借。如确因工作需要,应报请有关领导批准并办理借阅手续,限期归还。借阅人员不得在档案上圈点、画线、涂改和做任何标志,更不准抽换或撕毁。因工作

需要摘录档案内容时,需经管理人员同意后方可摘录。

⑦机械设备大(中)修时,一般不要将该机的技术档案随机入厂,因为这样做最容易污损和丢失档案。

⑧机械设备调出本企业时,全部技术档案应随机移交。

⑨报废的机械设备,其技术档案何时销毁,应严格履行审批手续,以免将有保存价值的重要资料损毁。

第五节 机械设备的封存与报废

在正常情况下,按照机械设备的科学管理要求,构成施工企业自有技术装备总体的机械设备都应该是一些常用机械。对施工生产所必需而又仅仅短期使用的非常用机械,只能通过租赁或将部分工程量分包的办法来解决。所以,不应该也不允许发生机械设备大量长期闲置的现象。可是,由于现行管理体制、物资分配体制及施工生产形势发生大幅度变化,事实上各个施工企业都有相当数量的机械设备长期闲置。这一大批不能发挥效益的机械设备给企业管理带来了沉重的压力。有时,它们的保管质量也往往是低水平的,使企业财产蒙受不应有的损失。因此,原国家建委制定了机械设备的封存办法来解决这一现实问题。从整个国家的角度来看,封存并不能解决实质性问题,但可以起到以下两个方面作用:

(1)由于采取了正式的、集中的封存保管措施,企业财产遭受自然损耗的程度降至最低限度,有效地保护了企业财产。

(2)减轻了企业的压力。机械设备在封存期内,不考核各项指标,不提取折旧与大修理基金。

封存是机械设备管理一种临时性的权宜措施。随着管理体制的改革和管理水平的不断提高,封存的机械设备将逐渐减少,以致最后停止实行封存措施。

一、机械设备封存的条件及要求

(1)凡已停用6个月以上而又预计不为企业所需要的机械设备,由机械建制单位(公司一级)机务部门负责填写"机械设备封存申请单",报上级主管部门批准后才能进行封存。

(2)凡申请封存的机械设备,必须做到技术状况良好,附件齐全。已损坏的机械设备应予以修复并经验收合格后,才能封存。也就是说,不能把封存看成一个卸包袱的机会,而把大量残缺欠修的老旧设备一下子排除在折旧提取及指标考核之外。更具体地说,应该做到"封好不封坏(指技术状况),封短不封长(指运转台时)"。

(3)凡已批准封存的机械设备又需使用时,应首先由机械建制单位机务部门填报"机械设备启封申请单",经上级主管部门批准后才能启封使用。严禁未经批准擅自使用封存的机械设备。

(4)对于已经封存的机械设备,上级有权随时调给其他单位使用,拥有单位不得找借口拒绝外调。

对于新购入尚待分配的机械设备,因"清产核资"清出一些积压等待处理的机械设备,因停修待料或某些技术问题短时修不起来的机械设备,等待调拨、改造、更新、报废的机械设备,应参照关于封存机械的保养要求妥善保管,原机零部件不得拆卸、丢失,待批准后办理有关手续。

二、机械设备的报废管理

1. 报废的种类

机械设备的报废是固定资产管理的最后一个环节。机械设备一经报废,就终止其作为固定资产的全部历程,在设备账、卡上也予以注销。机械设备的报废应是"设备退役,销账除名"的意思。根据不同的原因,报废可以分为事故报废、损蚀报废、技术报废和经济报废。

(1)事故报废

机械设备由于重大设备事故或自然灾害等原因,损坏至无法修复或不值得修理而造成的报废。

(2)损蚀报废

机械设备由于长期使用以及自然力的作用使其主体部位遭受磨损、腐蚀、变质、变形,劣化至不能保证安全生产或基本丧失使用价值而造成的报废。一般情况下也无法采用修理方法来解决。这种类型的报废基本上就是自然寿命终了的象征。

(3)技术报废

机械设备由于技术寿命终了而报废。这种类型的报废也是机械设备更新的前提。

(4)经济报废

机械设备由于经济寿命终了而退役。如果当时社会已有更先进的同类机械设备可供选用,那么这种类型的报废也应成为实现机械设备更新的一种机会。

2. 报废的规定及程序

机械设备的报废,应由施工企业的机务部门主持,组织报废鉴定小组进行技术鉴定和经济分析评价。对需报废的机械设备,应由机务部门会同财务部门、报废鉴定小组填制"机械设备报废申请单"一式五份。一份随申请报废文件底稿存查,其余四份随申请报废文件上报。

报废审查单位的有关主管部门(通常是机务部门、财务部门)对报废申请进行审核并签署意见后,一份存固定资产主管部门,一份随审批文件底稿存查,其余两份随审批文件下达申请报废单位。申请报废单位应分送机务部门和财务部门各一份,据以执行报废清理工作和注销固定资产。批准报废的权限一律在上级管理单位,一般规定只在某一固定的上级管理单位。也可按单机原值来划分各上级管理单位的审批权限。报废程序如图11-2所示。

3. 关于报废机械设备的技术鉴定

对于报废机械设备的技术鉴定要注意以下几点:

(1)对未达使用年限且折旧没提完的机械设备,应从严掌握,特别是近年产品,一般不应提出报废申请。如确属质量低劣,又不能继续使用的,方可考虑报废。

(2)不仅要对申请报废的机械设备进行技术鉴定,而且要查明报废原因,分清是正常磨损,还是使用不当、维护不力,或保管不善的结果。特别是对未达到使用年限、过早报废的机械设备,更要总结经验教训,妥善处理。

(3)机械设备报废申请表经机务部门复核后,应由企业技术负责人审核。

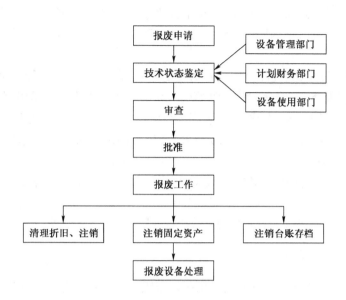

图 11-2 机械设备报废程序框图

4. 关于报废机械设备的折旧

机械设备应在提足折旧后才能报废。但由盲目购置、设备失修或自然灾害、意外事故造成的报废,其未提足的折旧不再补提。如果由使用不当、保管不善或由事故造成的机械设备早期损坏报废,应酌情由责任人员负责赔偿,必要时给予其一定的纪律处分,甚至追究法律责任。

5. 关于报废机械设备的处理

(1) 已批准报废的机械设备,除尚可能使用的辅机、附件外,不准转售给他人继续使用,以免使被淘汰的、落后的、效率低的、能耗大的机械设备再次投入社会使用,将来再次申请报废更新。

(2) 不能原机原形置原处。尚可利用的零部件应予以估价利用,不能利用的送缴金属回收企业。所得收入,作为机械设备报废残值必须用于设备的改造和更新。

(3) 机械设备解体拆卸清理费可以从机械设备残值中支出。

(4) 机械设备报废应做到账销物清、物尽其用。

第六节 机械设备的固定资产折旧

一、折旧和折旧基金的作用

机械与材料不同,材料在每个生产周期中都要消失或改变它的原有实物形态,它的价值是一次地、全部地转入产品成本。而机械则是较长时期内多次参加产品生产过程,它的价值不断地、部分地转到产品成本中去,这是因为机械在使用过程中会逐渐磨损,它的价值随着磨损程度逐渐降低。也就是说,它的原值是按照每月、每年或每台班磨损的程度,一部分一部分地转移到机械使用的成本中去的。这部分因磨损而转移到成本中的机械价值(原值的一部分)称为折旧。把机械因磨损以致报废而转移到成本中的价值,不断提取出来并加以积累,便形成折旧基金。

机械在使用过程中,其性能是要随着磨损变差的,为了保证正常运转,延长使用寿命,必须进行大修理(即大修)。修理的费用都要转入机械使用成本中。但是根据机械大修理的特点(范围大、费用高、周期长、次数少),为了避免因一次交付较多的修理费用造成机械使用成本不合理的波动,保证大修理的资金来源,国家规定必须仿照固定资产提取折旧基金的办法,不断从成本中提存机械的大修理基金,作为实际发生的机械设备大修理费用的开支来源。

折旧基金是施工企业进行机械更新改造的重要资金来源,大修理基金是对机械进行大修理以恢复其性能、延长其使用寿命的重要资金保证,必须认真提取。不提或少提折旧、大修理基金,将使企业机械设备因得不到相应的更新改造等专用资金而逐渐萎缩,直至丧失原有装备。

二、固定资产的折旧

施工企业计提固定资产折旧一般采用平均年限法和工作量法。技术进步较快或使用寿命受工作环境影响较大的施工机械和运输设备,经财政部批准,可采用双倍余额递减法或年数总和法计提折旧。企业机械设备年限可见表11-3。实行工作量法的,其总行驶里程、总工作小时可按同类固定资产折旧年限换算确定。

机械设备年限　　　　　　　　　表11-3

类别	折旧年限(年)	类别	折旧年限(年)
一、施工机械		三、生产设备	
1.起重机械	10~14	1.木工加工机械	8~10
其中:单转电动起重机	5~7	2.金属切削机床	10~14
2.挖掘机械	10~14	3.锻压设备	10~14
3.土方铲运机械	10~14	4.焊接及切割设备	7~10
4.凿岩机械	10~14	其中:等离子切割机	4~5
其中:内燃凿岩机	4~5	磁力氧气切割机	4~5
风动凿岩机	4~5	5.锻造及热处理设备	10~14
电动凿岩机	4~5	6.动力设备	11~18
5.基础及凿井机械	10~14	其中:电动空压机	8~10
6.钢筋及混凝土机械	8~10	柴油空压机	8~10
其中:混凝土输送泵	4~5	柴油制氧机组	8~10
7.皮带螺旋运输机	8~10	液化气循环压缩机	8~10
8.泵类	8~10	高压空压机	8~10
二、运输设备		轴流风机	8~10
1.汽车及拖挂	6~12	7.维修专用设备	8~10
2.小型车辆	6~12	8.其他加工设备	8~10

施工企业按照上述规定,有权选择具体折旧方法和折旧年限,在开始实行年度前报主管财政机关备案。

1. 平均年限法

采用平均年限法计算固定资产折旧率和折旧额的公式为:

$$年折旧率 = \frac{1 - 预计净残值率}{折旧年限} \times 100\% \tag{11-1}$$

$$月折旧率 = 年折旧率 \div 12 \tag{11-2}$$

$$月折旧额 = 固定资产原值 \times 月折旧率 \tag{11-3}$$

净残值率按照固定资产原值的3%~5%确定,净残值率低于3%或者高于5%的,由施工企业自主确定,报主管财政机关备案。

2. 工作量法

采用工作量法计算固定资产折旧额的公式为:

(1)按照行驶里程计算折旧额的公式:

$$单位里程折旧额 = \frac{原值 \times (1 - 预计净残值率)}{总行驶里程} \tag{11-4}$$

(2)按照工作小时计算折旧额的公式:

$$每工作小时折旧额 = \frac{原值 \times (1 - 预计净残值率)}{总工作小时} \tag{11-5}$$

3. 双倍余额递减法

采用双倍余额递减法计算固定资产折旧率和折旧额的公式为:

$$年折旧率 = \frac{2}{折旧年限} \times 100\% \tag{11-6}$$

$$月折旧额 = 固定资产账面净值 \times 月折旧率 \tag{11-7}$$

实行双倍余额递减法折旧的固定资产,应当在其折旧年限到期前两年内,将固定资产净值扣除预计净残值后的净额平均摊销。

4. 年数总和法

采用年数总和法计算固定资产折旧率和折旧额的公式为:

$$年折旧率 = \frac{折旧年限 - 已使用年数}{折旧年限 \times (折旧年限 + 1) \div 2} \times 100\% \tag{11-8}$$

$$月折旧额 = (固定资产原值 - 预计净残值) \times 月折旧率 \tag{11-9}$$

折旧年限和折旧方法一经确定,不得随意变更。需要变更的,由施工企业提出申请,并在变更年度前报主管财政机关批准。

计提折旧的固定资产,包括房屋及建筑物、在用施工机械、运输设备、生产设备、仪器及试验设备、其他固定资产,季节性停用、修理停用的固定资产,融资租赁方式租入和经营租赁方式租出的固定资产。

不计提折旧的固定资产,包括除房屋及建筑物以外的未使用、不需用固定资产,经营租赁方式租入的固定资产,已提足折旧继续使用的固定资产,破产、关停企业的固定资产等。

提前报废的固定资产,不补提折旧,其净损失计入营业外支出。

施工企业固定资产折旧,从固定资产投入使用月份的次月起,按月计提。停止使用的固定资产,从停用月份的次月起,停止计提折旧。

施工企业按规定提取的固定资产折旧,计入成本、费用,不得冲减资本金。

固定资产有偿转让或清理报废的变价收入扣除清理费用后的净收益与其账面净值(固定资产原值减累计折旧)的差额,计入营业外收入或营业外支出。

施工企业对固定资产应每年盘点一次。盘盈的固定资产,按照原价减去估计累计折旧的净收益,计入营业外收入。盘亏、毁损、报废的固定资产,按其原值扣除累计折旧、变价收入、过失人或保险公司赔偿以及残值后的净损失,计入营业外支出。

施工企业在筹建期间发生的固定资产盘盈、盘亏和清理净损益,以及由非常原因造成的固定资产清理净损失,计入开办费。

施工企业发生的固定资产修理支出,计入有关费用。修理费用发生不均衡的、数额较大的,可以采用待摊或者预提的方法。采取预提方法的,实际发生的修理支出应先冲减预提费用,实际支出数大于预提费用的差额,计入有关费用;小于预提费用的差额冲减有关费用。

第十二章 机械设备使用管理

第一节 机械设备的合理使用

一、机械设备合理使用的意义

机械设备在工人的操作下负荷运转、发挥规定功能的过程,称为使用过程。

机械设备从列入施工企业固定资产产权范围起,到批准报废为止,一直处于使用过程中。机械设备使用过程是体现购置目的、完成施工生产任务、创造产值和效益的过程,同时也是反映机械寿命的过程。机械实物形态运动过程中的主要部分,就是使用过程。因此,机械设备使用管理也是机械设备管理的重要部分。

机械使用是产生有形磨损的主要过程。机械使用不当,不仅直接缩短机械寿命,增加机械运行成本、修理次数和费用,还会造成修理工作及配件供应紧张,并影响施工任务的完成。特别是进口的关键机械,如果使用管理工作做得不细致,一旦发生事故,不仅难以修复,还会严重影响施工生产,其带来的损失是巨大的。

任何机械设备都有它的使用要求,严格按规定使用,就是尊重科学。反之就会造成机械设备早期损坏,缩短使用寿命,造成浪费。这个简单的道理,不是所有从事机械设备管理的人都能认识到的。因为机械设备受到的损伤,往往不是立即显现出的。如汽车的超载,往往使车辆受到潜在的内部损伤,这种损伤将随着车辆的故障率增加和修理周期的缩短而显现出来。例如 T180 推土机大修间隔期为 4800h,使用合理能延长上千小时,甚至更长时间;使用不合理还达不到 4800h,这种例子是不少的。

机械寿命周期内的各项工作,只有使用才能最终体现购置机械的目的,其余各项工作,诸如技术装备管理、选购、安装调试、保养、修理等,都是为了确保机械的正常、有效使用。因此,应重视机械的使用管理。如果机械使用管理不好,其他各项工作管理再好,也发挥不了机械效益。

机械使用不但工程部门要管,机务部门也要管,而且主管领导要亲自抓,做到管用结合。

当前在实际工作中存在着"重使用、轻管理""管机不管人""管机不管用"三种倾向。有些施工企业只要求用机械完成生产任务,而忽视机械设备管理工作,这必然会带来严重后果。同时,那种只抓机械设备管理,不抓操作人员管理的工作方法也是不可取的。如果机务部门对上机人员的技术资格无否决权,操作人员频繁变动,无培训考核,无"三定"制度,必然会造成操作人员技术素质低,管理无章可循或有章难循的混乱局面,从而使机械早期损坏,或发生事故,影响施工生产。因此,使用管理的重点之一应是对操作人员的管理。机务管理要能做到"人机并重",这样才可取得理想的管理效果。至于那种认为机械使用是工程施工部门的事,机务部门只是"要机械时买机械,不用时保管机械,损坏时修理机械"的观点,更是对机械综合管理工作没有足够认识的表现。机械使用过程的管理,即正确使用机械也是机务部门的职责范围,而且是重要的职责。因此,机务部门必须参与机械化施工的组织管理,着重管好用好机械,以发挥其应有效益。

二、机械设备合理使用的标志、原则和评价指标

衡量机械设备使用合理的主要标志:按照施工的实际需要配备适量的机械设备,并使之成龙配套、互相协调、合理调度;机械设备的性能和生产能力与工程的性质和任务一致,能取得较好的经济效果;制订并切实贯彻执行了一整套操作、安全、保养、维修等规章制度;建立了能充分发挥机械效能的环境条件等。

为了达到上述标准,在实际使用机械时,应该遵循以下原则:

1. 合理组合

施工机械通常多由多台机械组合成生产线,"一条龙"作业。要把符合使用要求的机种,在数量、性能和容量上按比例合理配套,组成高效的组合机群。

2. 强化调度

施工现场情况多变,要使机械设备配套完全合理是极困难的,也是暂时的。只有采用科学方法和先进手段,加强现场调度,才能使机械设备经常调整到合理使用状态。

3. 科学使用

应根据性能使用机械,既要防止"大马拉小车",也要防止未经核算的超负荷使用;应按规章操作、保养和维修机械;应配备合格的操作人员操作机械。

4. 文明使用

应为机械设备创造良好的工作环境和条件,如修建符合标准的道路;装设充足的灯光照明设施;合理安排工序,避免发生干扰;建立标准的停车场;经常保持机械的清洁等。

5. 正确使用能源和油料

按照机械使用说明书的规定使用能源,电动机械要在规定的电压和负荷下工作,内燃机要用规定的燃油,润滑系统要加足规定牌号的润滑油料,并保证油质。

表12-1为机械设备合理使用的三项指标及其相应措施。由表12-1可见,机械设备的合理使用是各阶段、各方面一系列工作的最后综合成果。

机械设备合理使用的三项指标及其相应措施 表12-1

合理使用的三项指标		主要措施
经济	施工设计因素	(1)在可能的条件下(指立足于企业现有设备及通过租赁能获得经济适用的机械设备)经过技术论证,应采用最经济的施工方案,使单位工程量的机械使用费成本最低; (2)在既定的施工方案内,应使机械配套组合为充分发挥机械效率提供先天的条件

续上表

合理使用的三项指标		主要措施
高效	人的因素	(1)精神因素:树立主人翁责任感,操作精心,维护细致等; (2)组织因素:合理的劳动组织形式,人机固定,设备检查; (3)技术因素:实行全员培训,提高机械人员合理使用机械的能力与水平,严格执行技术考核及操作制度等
机械不正常损耗防护	运行管理因素	(1)合理运行工况之一:避免低载、低负荷使用("大马拉小车"),避免降低性能范围使用; (2)合理运行工况之二:避免超载、超负荷使用("小马拉大车"),避免超性能范围使用; (3)合理运行工况之三:避免长时间运行而不停机检查和调整; (4)正确使用油料,注意润滑油与液压油的正确使用,要符合一般用油规定及原厂的规定要求; (5)应按规定的维修制度要求,及时保养与检修,严防失修; (6)禁止违章作业,避免机械事故; (7)其他技术服务措施,走合保养、换季保养等应符合规定

三、确保机械设备合理使用的措施

机械设备在使用过程中,由于受到各种力的作用和环境条件、使用方法、工作规范、工作持续时间等的影响,其技术状况发生变化而逐渐降低工作能力。要控制这一时期的技术状态变化,延缓机械工作能力下降的进程,最重要的措施就是正确合理地使用机械。

1. 合理安排施工任务

任何一种机械由于自身的性能、结构等特性,都有一定的使用技术要求。如能严格地按规定合理使用机械,就能够充分发挥机械效率,减少机械磨损,延长使用寿命,降低使用成本。因此,在安排施工生产任务时,就要使工程项目与机械设备的使用规范相适应。切勿大机小用,这不仅浪费能源,还难以达到施工工艺的要求。同时还要防止"精机粗作",影响机械的寿命。另外,更要反对"小马拉大车",超载使用。否则,不但会损坏机械,甚至会造成机械事故。因此,根据施工任务合理使用机械的问题,应予以重视。

2. 建立机械使用责任制

(1)贯彻人机固定的原则,各种机械设备都要严格实行定人、定机,实施操作规程等管理制度,做到台台机械有人管。

(2)大型机械设备和多班作业的机械,必须建立机长责任制,认真执行交接班制度。

(3)机械操作人员必须持有权威机构核发的"机械操作证",严格按照准驾机种操作机械。无"机械操作证"人员,不准操作。

(4)驾驶机动车辆、专业机械以及其他国家规定持证上岗工种的人员,必须办理国家相关管理部门核发的驾驶证和操作证,方可操作准驾机械和从事相应的工种工作。

3. 严格执行机械操作规程

机械驾驶、操作人员在机械使用过程中,必须严格遵守机械操作规程。对违反操作规程的指挥调度和要求,驾驶、操作人员有权拒绝执行。

4. 凡投入使用的机械设备,均应符合下列主要技术条件

(1) 机械设备外观整洁、装置齐全,各部连接、紧固件完整可靠。

(2) 发动机动力性能良好,运转正常,无漏油、漏水、漏电、漏气等现象,油料消耗正常。

(3) 运转机构及工作装置等应符合技术要求,性能良好,无异响,各润滑部位不缺油。

(4) 液压分配器及安全阀等应灵敏可靠;调整元件齐全有效;液压油泵、液压马达应工作正常,无异响、过热及渗漏现象。

(5) 安全部件可靠、灵敏,性能良好,制动效能符合有关规定;安全装置,消烟、除尘设施和电气设备齐全可靠。

第二节 技术培训及操作证制度

一、技术培训的意义

在公路施工企业中,机械操作人员是机械的直接使用者,他们的素质已成为影响机械生产效率、施工作业质量的重要原因。近年来,机械操作人员中年轻人较多,他们往往既未受过以师带徒的技术传授,又未经过系统的技术培训。因此,他们操作和使用机械,不但生产效率低,而且责任事故频发,严重的甚至出现翻车、撞机、烧瓦、冻裂缸体等机械事故,以及一些责任较大的交通事故。发生这些事故的主要原因是操作人员技术水平低、责任心不强,不具备预防事故和排除故障的能力。

随着公路机械化施工和科学技术的发展,采用新技术、新结构的机械设备不断涌现,对原有的机械操作人员的技术水平提出更高要求。不仅要求他们知道事故是什么原因造成的,出现故障后应采取什么技术措施补救,而且要他们能够正确操作,合理施工,提高生产率,节省油料及维修费用开支等。

因此,大力开展技术培训,提高机械操作人员的技术素质,并规范其行为,已成为机械设备管理中具有战略意义的紧迫任务。

二、机械操作人员必须具备的条件和对其基本要求

1. 机械操作人员必须具备的条件

(1) 掌握机械设备的性能、结构、适用范围以及基本参数。

(2) 掌握机械设备的维护、保养等工作。

(3) 能按机械设备的使用规程进行操作。

(4) 掌握安全技术知识,当发生一般性故障时能及时处理。

2. 对机械操作人员的基本要求

参照我国机械工业企业多年使用和维护机械设备的经验,要求机械操作人员做到"三

好""四会",达到"四项要求",遵守"五项纪律"。

(1) 使用机械的"三好"守则

①管好机械:机械操作人员应对其使用的机械设备负保管责任,不经领导同意,不准别人乱动机械。操作者应保证机械设备的附件、仪器、仪表及安全防护装置完整无损。机械开动后,不得擅离工作岗位,有事离开时必须停机、关闭电源。机械设备发生事故后要立即停机,保持现场,不隐瞒事故情节,及时报告机务管理人员及生产组长。

②用好机械:严格执行操作规程,禁止超负荷使用机械设备。严禁不文明的操作,如脚踏床面、乱敲乱打、用脚踢操纵把和电器开关等,操作台面上不准乱放工具、工件等。

③修好机械:操作工人要配合维修工人进行机械设备的维修工作,及时修理好机械设备,使其经常处于完好状态,以满足施工进度和作业质量的要求。

(2) 使用维护机械的"四会"要求

①会使用:机械操作人员要熟悉机械设备的性能、结构、传动原理和工作范围,熟知机械设备的操作规程,并能正确地按工艺规程选择运行速度、工作行程、传动和操纵等各项参数。

②会保养:机械操作人员应经常保持机械设备内外清洁,做到上班加油,下班清扫,周末大清扫;保持机械设备各滑动面无油垢、无锈蚀;各传动装置运转正常;按润滑图表规定加油、换油,保持油路畅通、油标醒目,油毡、油路清洁完整,无铁屑、油污;冷却液使用合理。

③会检查:机械操作人员懂得机械设备日常检查的标准(日常点检、定期检查和周末维护检查等标准)和项目,掌握检查的方法和基本知识,并能按照日常点检规定的项目进行日常检查作业。

④会排除故障:机械操作人员能听出和鉴别机械设备正常及异常现象,判定出现异常状态的部位和原因。当发现机械设备出现异常时能及时采取措施,排除故障。不能解决的故障要及时报告维修人员处理。要参与检查分析机械设备事故,查明原因,吸取教训,提出预防措施。

(3) 维护机械的"四项要求"

①整齐:工具、工件、附件放置整齐;安全防护装置齐全;线路管道完整。

②清洁:机械设备内外清洁;各滑动面、齿轮、齿条等无油污、无碰伤;各部位不漏油、不漏水、不漏气、不漏电。

③润滑:按时加油换油,油质符合要求;油壶、油枪、油杯、油毡清洁齐全,油标明亮、油路畅通。

④安全:实行定人定机和交接班制度,熟悉机械设备结构和遵守操作规程,合理使用机械设备,精心维护,防止发生事故。

(4) 操作机械的"五项纪律"

①实行定人定机,凭操作证操作机械设备。

②经常保持机械设备整洁,按规定加油换油,合理润滑,按规定要求维护好机械设备。

③遵守安全操作规程和交接班制度。

④管好工具、附件,不得丢失。

⑤发现故障立即停机检查,自己不能处理的应及时通知检修。

三、操作人员的技术培训

机械操作人员应具有初中以上文化程度,并经专业技术培训,取得操作证。对机械操作人员的技术培训必须扎扎实实按机械设备使用的一般规律进行教学,以提高他们的技术能力。

1. 一般要求

(1)机械操作人员必须身体健康,反应灵敏,具有良好的素质与责任心。

(2)应本着循序渐进的原则,保证学员了解机械基本原理,逐步掌握复杂机器的操作技术。

(3)在进行实际操作训练时,一般每台机械配置学员不应超过 2 人。在实际操作的最初阶段,最好每台机械配一位教练员,至少在最初 4h 内,一位教练员不应同时兼管两台以上教练机。

(4)在整个训练期间,必须反复强调机械操作和维修中的安全问题。

2. 基本训练

(1)安全教育

在培训操作人员期间,首先要强调安全,使其了解机械使用说明书规定的操作规程与使用数据、安全标志符号、安全装置以及灯光、音响报警器的作用,懂得如何保持安全装置不出故障及掌握正确的使用方法。对轮式机械、车辆,还要求操作人员学习《中华人民共和国道路交通安全法实施条例》。

(2)基本训练的主要内容

①操作手册、润滑手册和保养手册的使用。

②了解操作简图和控制用符号的意义以及有关资料的内容。

③了解基本性能参数,如质量、功率、转速、接地比压等。

④掌握机械在实际施工中的操作,了解影响机械生产率的各种因素。

⑤了解机械的结构和各种性能曲线。

⑥掌握对机械的维护保养,如发动机、变速器、离合器、润滑系统、电气系统、轮胎、履带、制动器等的保养,包括对维修工具的使用。

⑦熟知机械启动、停机及注意事项。

⑧熟悉机械上各种仪表的功用。

⑨熟悉气动、液压操作系统的原理及使用。

⑩正确、安全地操作机械。

⑪熟悉各种常规检查。

3. 特定机种的专门训练

在学员完成了基本训练学习内容后,应进行特定机种专门训练,以便学员能具备某一机种较高水平的操作技巧。在特定机种专门训练的各个阶段,应反复强调遵守各特定机种操作规程。特定机种的专门训练除分机种详细、深入地讲授前述基本训练中的内容之外,还要讲授关于特定机种的以下知识和技能。

(1)机械性能。

通过课堂讲授与实物观察介绍特定机械的用途、主要技术参数以及使用范围。

(2)操作装置。

主要讲授操作装置的用途、操作装置在驾驶座旁的布置情况、各种仪表的识别。

(3)启动、起步与停车。

讲授启动前的各项检查、操作程序和操作安全方面的内容。

①机械在启动前应进行的检查:液位和泄漏检查;零件有无松动、损坏和丢失;清除履带、轮胎与车下障碍物;轮胎气压和履带状况检查,并观察机械周围行人动向。

②启动时的操作顺序:在各种环境温度下如何起动发动机;起动时,如发生飞车,应遵循使用说明书中的有关安全措施进行处理。

③停车操作顺序:停车操作,驻车制动操作;发动机怠速时间;发动机熄火;停车后的安全措施。

(4)日常操作。

①机械操作前的日常检查:驾驶室的调整和固定,检查驾驶室及门窗,保持出入口的畅通;仪表检查,如油压表;机器预热;检查转向、制动系统。

②机械操作时的检查:仪表的观察;机械故障报警装置检查。

③操作方法:换挡;转向;工作装置的使用;操作技巧;停车与停放;工作装置的调整(如推土机刀片角度等);工作后的日常保养;紧急操作;制动或转向失灵情况下的应急措施。

(5)工作装置的安装:包括工作装置安装方法、随机工具的使用及其安全措施等内容。

(6)机械在工地之间的转移:在公路上行驶时,应遵守交通规则;若以公路和铁路转运时,注意在其他车辆上的安放和固定方法;需起吊时,应注意起吊位置和拖挂方法等。

(7)燃油、润滑油、液压油、冷却剂的使用,应结合以下内容讲授:

①所用燃油、润滑油、液压油、冷却剂的牌号规格。

②保持油路系统清洁及其重要性。

③油箱和油路的容量。

④加油及加注压力等注意事项。

(8)润滑方法与保养措施。

①计时器(或里程表)的读数与润滑周期、保养级别的对应关系。

②机械使用说明书中润滑表的使用。

③润滑机械时的安全注意事项(如机械未按要求停放时不得进行润滑以及所用防火措施等)。

④其他保养措施及注意事项:避免不同牌号的油液混用;加油时应使机械水平停放;只能在机械油温升高后换油;油嘴、油箱、视油孔等的清洗;定期清洗或更换所有的滤清器;检查密封圈是否失效,油液放净后应做上标记,不要无油启动。

(9)液压系统和气动系统的日常保养:应着重强调这些系统的特殊保养措施。

(10)日常保养:应讲述机械保修规程或使用说明书中规定的日常保养操作与保养周期。

(11)现场修理与故障排除:应讲授如何利用随机工具对机械设备进行现场修理与调整;根据保养手册,确定故障部位并排除故障。

（12）常用零件的识别：正确了解和使用零配件目录提供的有关内容。

（13）正确的施工作业操作方法：应结合实际经验，讲解如何掌握正确的施工作业操作方法，以提高劳动生产率，减少无效运转，降低企业产品成本消耗量，减轻零件磨损，安全操作。

（14）安全。

除了基本训练内容中的要求外，还应强调：

①注意机械的安全操作，如正确停放机械；

②注意作业场地的安全，如机械不能在过陡的坡道上或易塌陷的凹坑处作业等；

③工作完成后，应将铲斗、铲刀等工作装置停放在地面上；

④注意树枝和高压电线；

⑤保持所有安全装置完好无损，如应急制动系统、转向机构、倒车报警器、座椅安全带等；

⑥发动机运转时不要进行润滑保养和修理作业（测试除外）；

⑦安全信号和符号的识别。

4. 多种机型操作训练和进修训练

多种机型的操作训练是针对具有一定经验的操作人员进行的，通过训练，操作人员可掌握多种机型的操作技术。进修训练的目的是保证操作人员随着机械设备性能改进与技术发展，不断提高自身使用、操作技术和理论水平。

5. 培训记录与结业证书

（1）培训记录

培训部门应给每个参加培训的操作人员设立培训记录本，以记录其听课内容和对各种机械的实际操作经验。培训记录可由操作人员保存。培训记录应分"培训课程记录"和"实际操作经验记录"两部分。"培训课程记录"记载授课详细内容，以及教员、培训部门对学员的评语或证明。"实际操作经验记录"则记载学员在施工工地单独进行各种机械实际操作的经验体会。

（2）结业证书

当学员完成某种训练并考核合格后，应由培训部门发给结业证书。结业证书包括以下内容：①结业证书的注册号码；②学员的姓名、性别、年龄以及照片；③训练内容和机种，必要时写明机械型号；④训练时间与起止日期；⑤加盖培训部门公章。

四、操作证制度

实行操作证制度，是为了合理使用机械，有效地控制非驾驶或不熟悉机械使用性能的人员乱开机械，以减少机械设备不应有的损坏，确保人身和机械设备安全。

1. 操作证件

操作证件主要有机动车驾驶证、公路施工机械操作证。此外，还有司炉工、电工、电焊工执照等。

（1）机动车驾驶证

机动车驾驶证的申领按公安机关的规定程序进行。其考核内容包括理论考试（机械常识、交通法则）、技术课考试（桩考、路考）。此外，还应懂得现场急救知识。获取机动车驾驶证,就取得了在全国范围驾驶准驾车型机动车的技术资格。

(2)公路施工机械操作证

它是操作公路施工或养护企业产权范围内机械的技术资格证明。各公路管理局或工程局为该证的主管机关,各公路分局(总段)或工程公司为发证单位。

2.操作证件的管理

(1)机动车驾驶证和公路施工机械操作证都是机械操作人员的正式技术资格证明。公路施工或养护企业的机务部门应设专人统一管理。同时,应注意将交通安全委员会挂靠在机务部门,以避免具体工作中发生扯皮现象,不利于操作证件的管理。

(2)对持有机动车驾驶证的人员,企业机务部门应协助交通管理部门做好定期审验;对持有公路施工机械操作证的人员,公路分局或工程公司的机务部门要组织年审。年审时应根据实际情况进行理论(如机械构造、保修知识、操作规程)和实际技能(如实际操作、排除故障)的考核。

(3)提倡机械操作人员成为多面手。经技术培训考试合格允许操作的新机种,都应及时填写在操作证上。

(4)对于公用机械设备则不发操作证,但必须指定专门维护人员,落实维护责任,并将定人定机名单统一报送机务部门。

(5)锅炉工须有劳动机关发给的司炉工执照;电工、电焊工等经当地电业主管机关考核合格发证后,方可从事本工种工作。

第三节 机械操作使用责任制

机械操作使用责任制是明确机械操作人员责任范围的使用管理制度。完善与落实机械操作使用责任制,对解决操作人员职责不清、遇事互相推诿,消除机械操作使用管理的各种混乱现象均有重要意义。机械操作使用责任制可通过"三定"制度、机械委托书、交接班制来明确。

一、"三定"制度

"三定"制度即通常所讲的定人、定机、定岗位责任制。

实行了定人、定机、定岗位责任的"三定"制度,就可使机械使用与管理的各个环节、每项要求都落实到每个人身上,做到人人有岗位、事事有专责、台台有人管。

1."三定"制度的优点

(1)能加强操作人员的责任感,促使操作人员千方百计管好、用好所负责的机械,保持机械经常处于完好状态。

(2)有利于操作人员熟悉机械特性,学习业务技术,掌握机械技术性能,减少事故的发生。

(3)有利于操作人员积极总结机械作业方法,提高机械作业效率。

(4)有利于积累机械运行原始资料,获得正确、完整、连续的统计资料,便于统计分析。

(5)有利于开展红旗设备竞赛活动和单机单车(或班组)的经济核算,兑现奖惩。

(6)有利于做好机械定员工作和加强劳动管理。

"三定"制度简单易行,对机械的使用管理有着良好作用。

2."三定"制度落实的方式

根据机械使用方式的不同,"三定"制度可采用下列三种落实方式:

(1)单人操作的机械实行操作者自己负责。

(2)多班作业或由多人操作的机械实行机长负责制。任命一名操作人员为机组组长,其余为机组人员。

(3)班组共同使用的机械,以及一些不宜固定操作人员的机械,实行班组负责制,将其编为一组,任命一人为机组组长,对机组所有机械负责。

定人定机的名单,由使用部门提出,经本企业机务部门批准,抄送劳资部门并报上级主管部门备案即可。对某些大型、精密、稀有、价值昂贵的机械,本企业机务部门在确定操作人员及职责时,需征求上级主管部门的意见。除制订操作人员的使用责任制外,各级机务部门应有相应技术负责制,必须有专人负责,做到层层机务部门有人抓。这样才可避免上下扯皮、相互推卸责任的不正常管理现象。

定人定机名单确定后,应保持稳定。确需变动时,按上述报批程序申请变动。当机械在企业内调拨流动时,原则规定机上人员随机调动。

3.操作人员的岗位责任

(1)机组人员的责任

①认真执行以岗位责任制为中心的各项规章规定。

②严格执行机械操作规程,配合做好机械化施工,以保证安全生产。

③正确使用机械,发挥机械效率,完成各项生产指标,努力降低消耗。

④认真做好机械的例行保养。保证机械设备的完好、齐全、整洁及安全,争取红旗设备的称号。

⑤及时、准确地填写生产、运转、消耗等各项原始记录和报表,做好交接班工作。

⑥努力钻研业务技术,不断提高操作水平,做到"三懂四会"(即懂构造原理、技术要求、质量标准;会拆检、组装、调整和鉴定)。

(2)机组组长的责任

机组组长是不脱产的,因此机组组长本身就是操作人员之一。机组组长除了作为一名操作人员应完成上述各项任务外,还应做到:

①督促、检查全组人员做好机械的合理使用及定期保养工作;

②检查及汇总各项运行记录;

③对本机组人员的技术考核提出意见;

④搞好本机组内及与兄弟机组之间的团结协作和劳动竞赛。

二、机械委托书

机械设备是由操作人员直接使用、保管和维护的。他们的责任心、操作技能和维护技术,对机械设备的使用效益、使用寿命有直接的影响。为了增强他们的责任感和荣誉感,在操作人员初次接机时,最好举行授机仪式,发给"机械委托书",同时进行爱机方面的教育,勉励他们把委托给的机械管好、用好、养好。当操作人员工作调动时,收回委托书。如另派人接机时则另行发给,临时顶班者不发。

三、交接班制

多班作业的机械,必须认真执行交接班制度,以便操作人员互相了解情况,分清责任,防止机械损坏和附件、工具等的丢失,保证机械连续、正常运行。交接班制度是机械操作使用责任制的组成部分。交接班由交接两班的值班操作工执行,双方进行全面检查,做到交接清楚,不漏填交接记录。倘若交接班人员无法见面,应以交接班记录双方签字为凭。

交接班记录由机务部门于月末收回。收回的记录作为机务部门查考资料。使用部门的领导或班组长应经常检查交接班制度的执行情况,并作为对操作人员日常考核的依据。

交接内容如下:
(1)交接本班任务情况、技术要求及注意事项;
(2)交清机械的使用运行情况,燃油、润滑油、冷却液的消耗和储备情况;
(3)交清机械保养情况及存在问题;
(4)交清随机工具、附件;
(5)交接操作者负责做好机械的清洁工作;
(6)认真做好交接班记录,记录内容包括:①任务情况;②机械情况;③保养情况;④附件、工具情况;⑤需注意的事项;⑥开动台时记录,以及签名。

第四节 机械的使用计划

公路施工企业实行的项目管理法,是公路施工企业经营管理的一种方式。在施工中,复杂的施工过程由诸多简单的施工过程组成。所以,就需要根据工程项目和工程量编制项目机械化施工计划,将复杂的计划分解为若干份计划。

为了使施工人员清楚每年、每季、每月、每旬甚至每日应该如何开展施工,并因地制宜地贯彻计划,就必须编制作业计划。这一计划能够起到具体指导施工工作和检查督促施工任务完成情况的作用。所以,机械使用计划一般分为年、季、月度计划和旬作业计划。

一、年度机械使用计划

编制年度机械使用计划时,机械需要量的计算,不是用预算产量定额,而是用施工产量定额来计算。其计算方法是先算出全部工程总量,再计算计划期内每工作日(班)应完成的工作量。当知道每月应完成的工程量后,就可以根据工程数量来选定机械。

为提高机械利用率,缩短施工期,在编制年度机械使用计划前,先要做机械需求量的核算(表12-2)。通过核算,可更周密、细致和有根据地编好年度机械使用计划。

机械使用计划需求量的核算 表 12-2

工程项目	工作条件简述	工作地点	计量单位	工作总量	机械名称	计划需用机械数量			需要机械数量
						计划一个月内工作天数	计划一天内工作小时数	一台机械一个小时的工作定额	

机械需求量通过表 12-2 核算后,即可结合本企业现有的机械进行平衡,并根据平衡结果,制订年度机械使用计划(表 12-3)。

年度机械使用计划 表 12-3

编号	机械名称	规格	机械施工			需要数量(台)					调配(台)			备注
			作业名称	数量	计划台班	年平均需要量	一季度	二季度	三季度	四季度	现有	调入	调出	

年度机械使用计划一般由工程公司编制,下达工程项目经理执行,或由项目经理部编制,上报工程公司审核批准后执行。

二、季度机械使用计划

季度机械使用计划(表 12-4),为年度机械使用计划的调整。内容与编制方法基本上与年度机械使用计划相同,所不同的是季度机械使用计划不改变机械需要数量核算表。

季度机械使用计划 表 12-4

编号	机械名称	规格	机械施工			需要数量(台)				调配(台)			备注
			作业名称	数量	计划台班	季平均需要量	月	月	月	现有	调入	调出	

季度机械使用计划一般由项目经理部编制,上报工程公司审核备案。

三、月度机械使用计划

月度机械使用计划(表 12-5),仍由项目经理部根据季度机械使用计划,结合本月施工情况编制,下达给工段或班组执行。

月度机械使用计划　　　　　　　　　　表 12-5

编号	机械名称	规格	机械施工			需要数量(台)				调配(台)			备注
			作业名称	数量	计划台班	月平均需要量	上旬	中旬	下旬	现有	调入	调出	

月度机械使用计划要编制得切合实际,并有实施计划的具体措施,以保证计划如期执行。

四、旬作业计划

为了使机械使用计划更具体化,在保证完成月度作业计划的基础上,还应进一步为各班组制订旬(或周)、日作业计划。此后,旬(或周)、日作业计划还要落实到具体执行人——机长或施工组组长等,即把每个施工队每昼夜工程量分配给该施工班组。这种计划是从单位工程的每旬(或周)、日计划中摘录出来的,由工段或队编制下达班组执行。旬作业计划(表 12-6)一般用进度表来表示。

旬作业计划　　　　　　　　　　表 12-6

编号	机械名称	规格	旬作业进度										备注
			1	2	3	4	5	6	7	8	9	10	

第五节　机械在特殊条件下的使用

一、机械在寒冷气候条件下的使用

机械在寒冷气候条件下使用时,由于气温过低,将影响燃油的蒸发,并使发动机热量损失增加,传动机构和行走装置内的润滑油和润滑脂黏度增大,轮胎与地面的附着情况不良,以及启动蓄电池的工作能力降低等。其结果是发动机起动困难,机件磨损剧增,燃油消耗量增大,以及安全性能降低等现象发生。为了保证机械在寒冷气候条件下安全、经济地使用,必须采取相应的技术措施。

(1)采取保温防冻措施保持发动机的正常温度。

①要确保冷却系全部机件和总成(气缸体水套、水泵、节温器、散热器等)功能完好、清洁无积垢。

②散热器的百叶窗要完好。

③发动机和散热器要加保温装置。

④在进、排气管上加装铁皮保温罩,利用排气管的热量预热混合气。

(2)换用冬季润滑油与润滑脂。

进入冬季时,发动机、变速器、主传动器、最终传动与转向器等应换用冬季润滑油,轮毂换用低凝点润滑脂,并更换冬季制动液。

(3)提高发电机充电电流,调整蓄电池电解液的相对密度。

①因低温蓄电池放电较多,发电机充电量必须提高。可以调节发电机调节器,以使节压器在充电电路上的电压较夏季高 0.6V 为宜。

②蓄电池电解液的相对密度,冬季应为 1.25～1.28。

(4)加强液压系统的使用与保养。

①选择适合低温条件下使用的工作油液,同时也要对系统采取保温措施,使工作油液在寒冷季节既具有流动性,也具有适当的黏度,以保证系统的传动效率。

②冬季施工时,外界气温较低,而工作油液在工作时又具有一定的工作温度,所以要注意防止储油箱、管道内的空气冷凝水混入油中而降低工作油液的质量。应及时排放空气冷凝水。

③液压系统的各密封元件,在严寒气温下容易发脆变质,会使系统密封性能降低,发生渗漏。因此,应对液压系统加强检查和保养。

④在低温条件下,橡胶制品大都会变脆。因此,应经常检查,防止高压软管破损和断裂。

(5)冬季施工时,若机械较长时间停止运转,为防止冷却系冻坏,应对发动机冷却系及时放水(必须打开所有的放水开关)或加注防冻液。放水时应等发动机冷却水温度降至 50～60℃,以防急冷造成缸体变形。

(6)冬季应适当增加化油器浮子室油面高度与加速油泵行程,并使点火提前角较夏季适当往前调整 2°～3°。为便于低温启动,应适当增加电器触点闭合角度,调整触点间隙,以增加火花强度。

(7)发动机在起动前必须进行预热,预热可以减小曲轴转动阻力,促进燃油在冷发动机起动时的雾化和蒸发,形成良好的混合气;保持蓄电池有足够的容量与端电压,以便于启动。

(8)柴油机在冬季使用时,应使用凝固点低于季节最低温度 3～5℃ 的柴油,以保证在最低温度时,不致凝固而影响使用。在冬季,我国长城以南和长江以北使用 -10 号柴油;东北和西北地区使用 -35 号柴油。

二、机械在高温气候条件下的使用

炎热的高温季节的特点是温度高、雨量较多、空气潮湿(特别是南方地区)、太阳辐射强。这些都会给机械使用带来很多困难,如发动机因冷却系散热不良,机温容易过高,影响发动机充气系数,使功率下降;润滑油因受高温影响,其黏度会降低,润滑性能变差;机械离合器与制动装置的摩擦部分因高温而磨损加剧;液压系统因工作油液黏度变小而引起外部渗漏和内部泄漏,使传动效率降低。尤其在高温条件下运转时,发动机工作温度与周围大气温度差变小,会导致冷却系散热困难,发动机容易过热。当发动机温度过高时,燃料在燃烧过程中生成过氧化物,高温下过氧化物的活性增强,容易发生爆燃,并使发动机功率降低。机械在高温条件下使用的技术措施有:

1. 加强冷却系统的维护和保养

(1) 经常检查和调整风扇皮带的紧度,使之松紧适度。

(2) 定期更换冷却水,清洗散热器和水套内的水垢和沉积物。

(3) 检查节温器和水温表的工作情况。

2. 及时更换夏季润滑油及润滑脂

(1) 发动机换用黏度大的润滑油。

(2) 变速器、主减速器和转向器等换用黏度大的齿轮油。

(3) 轮毂轴承换用滴点较高的润滑脂。

3. 加强对发动机燃料系统的保养

柴油机在高温下工作时,气缸的充气系数下降,使实际进入气缸的新鲜空气量减少。夏季空气干燥、灰尘大,空气中的含尘量增加,必须加强对进气系统及燃料供给系统的保养(包括化油器式发动机),特别是对空气滤清器、油箱和燃油的粗滤清器、细滤清器的保养。否则,会引起油路故障并大大加速机件的磨损。

4. 加强对蓄电池的检查和保养

检查和调整蓄电池电解液相对密度和液面高度。高温会使蓄电池电解液中的水分蒸发加快,电解液相对密度应比冬季使用时小些;液面高度不够时,及时加注蒸馏水补足,并保持通气孔畅通。

5. 加强对轮胎的保养

夏季施工时,外界气温高,公路施工机械轮胎上的负荷和运行速度变化大,容易引起轮胎负荷的骤增或骤减。因此,要特别注意轮胎的气压和温度,经常检查和保持轮胎在规定的标准气压。

三、机械在高原山区的使用

高原山区的特点是地势高、空气密度低、温度变化大、坡道多。这些自然条件使机械设备的工作能力下降,发动机过热,易于产生积炭和胶化,燃料消耗增加,以及轮胎气压相对增高等,给机械化施工带来一定的困难。

为了保证高原山区机械设备有良好的性能,应结合上述特点,采取如下一些必要的措施:

(1) 为了保证发动机适当的空燃比,保持发动机的功率,克服过快的积炭结胶现象和节约燃料,在可能的条件下,应设法加装空气增压器。未安装空气增压器的发动机,要适当减少供油量。在海拔2500m以上地区作业的机械,应适当增大发动机点火(喷油)提前角。

(2) 为了使混合气成分正常,可以适当地调稀混合气。这样做虽然会使火焰传播速度有所降低,发动机功率有所下降,但燃烧比较完全,热效率提高,燃油消耗减少。调稀混合气的方法有:利用主量孔调节燃油;通过加入空气的方法减少燃油;降低浮子室油面高度。

(3) 为了调节冷却水沸点,减少冷却水的蒸发和沸腾外溢,要加强冷却水的密封性。在闭式的冷却系统中,亦可增强水口盖蒸汽阀的弹簧压力,使阀的开启压力增高,以提高水的沸点,使之不致过早沸腾而溢出,减少水耗。

(4) 由于水的沸点降低,蓄电池电解液的蒸发也显著增快,应及时补加蒸馏水。

(5) 机械传动系统和控制操作系统,要勤于检查和调整,以保证机械的安全使用。

(6) 由于高原地区大气压力较低,轮胎的充气不可太足,一般只能充到标准气压的 90%~95%。

四、机械在泥泞、沼泽地区的使用

在公路工程施工中,往往有一些机械要在泥泞、沼泽或软地基等地区行驶,该地区土壤承载力低,易使机械打滑、下陷,失去行走能力。解救措施有以下几点:

(1) 机械通过泥泞、沼泽地区的方法:当轮式机械通过泥泞、沼泽地区时,可预先在要通过的地段摊铺树枝、木杆或整束干稻草、麦秸秆等。还可采用分段铺木板的方法,使机械从板上驶过。垫在机械行驶位置下面板的长度,应能确保机械的接地比压在规定范围之内。

(2) 牵引机械和被拖机械同时陷入泥泞时的解救方法:如果牵引机械和被拖机械同时陷入泥泞,且牵引机械不能自行驶出,只有另调更大功率的牵引机械(或其他备有绞盘的机械),同样用以上方法把牵引机械和被拖机械一并从泥泞中拖出。

(3) 载货汽车或大平板拖车陷入泥泞的解救方法:一般可用上述方法。如货车或大平板拖车上装载物很重,最方便且拉力最大的办法就是利用绞盘滑车自行拖拽(拖车本身备有绞盘时)。拖拽时先找好锚桩(如路边的大树、人工构造物、制动的重型机械等)。应该注意的是:作为锚桩的重型机械自重应比被拖机械大 50%~100%。拖拽时,绞盘上钢索一端固定在锚桩上,开动绞盘将被陷机械拉出。

(4) 履带式重型机械陷入泥泞的解决方法:如推土机等陷入泥泞,也可以利用锚桩和机械自身动力自行拖拽的办法。即两钢索的一端分别固定在锚桩上,另一端又分别固定在机械左、右履带的前端(穿过履带节后用钢索夹子固定),当履带行走时,左右两钢索固定点就随履带的后移而移到后部,这便使机械前移一段距离。然后重新解开夹子,再按前法固定。重复数次后,机械就自行从泥泞中拖拽驶出了。

(5) 轮式机械上加装防滑链,以增加附着力的办法,也是普遍采用的方法。

(6) 在行走机构中增大履带板或轮胎的接地面积,以适应湿地作业,效果亦佳。

第六节 机械设备检查与技术状况评定

机械设备检查是一项对机械使用技术状况进行管理的活动,以检查机械技术状况为主要目的,同时检查机械工作能力(完成任务情况)、保养状况、"三定"制度落实和原始记录填写及安全管理情况等。它对改善施工企业机械技术状况,促进机械使用管理有着重要作用。

由于机械设备检查需要投入相当的人力与时间,所以不能太频繁,以一年一次为宜。时间可安排在冬季收工之后或春季开工之前。这样安排有三个好处:第一,机械施工完毕后,有充分的时间进行冬季维修保养工作;第二,这个时期是施工淡季,避开了施工的黄金季节,不会因机械大检查而影响保养工作;第三,机械检查合格后,能以良好的技术状况投入施工。

一、机械设备检查的分类

机械设备检查分日常检查、年度检查和定期检验。检查时需要投入一定的人力和时间,并成立检查组。

1. 日常检查

在施工季节,日常检查一般按月进行,主要把握机械设备的运行状态。通过听、看、查、问、试的形式,对操作和保修人员平时的保养和小修工作进行监督,促使操作手或驾驶员自觉地贯彻执行保养制度,合理地使用机械,保证施工不受影响。

2. 年度检查

年度检查指需要每年进行一次,自上而下逐级开展的全面性检查和评比活动,通常在年中或年末进行。它是积累机械技术状况动态数据和经营绩效资料的重要工作,通过检查不仅要发现问题,及时纠正问题,更重要的是要达到交流经验、表彰先进、提高机械设备管理水平的目的。

3. 定期检验

定期检验是一种按规定周期(一般每隔 1~4 年)在非施工期机械设备保修工作完成以后分期分批进行的机械设备检验和操作人员审验工作。其目的是使机械设备在下一个施工期开始之前,能够具有良好的技术状况,提高机械设备完好率,保持并提高机械操作人员的技术素质。定期检验一般包括机械的技术等级评定、考核评比和操作人员的定期审验等工作。

定期检验合格的机械设备,其技术状况原则上应达到二级以上(含二级)水平。定期检验合格的操作人员,应该经过培训并通过考核。对定期检验合格的机械设备和定期审验合格的操作人员,由机械设备管理部门在机械运行证和机械操作证上分别加盖定期检、审验合格章。

二、机械设备检查的主要内容

机械设备检查主要检查机械的技术状况,同时检查附件、备品、工具、资料、记录、保养、操作、消耗、产量等情况,并对机械操作人员进行考核。具体内容是:

(1)检查各企业领导对机务工作的认识,是否重视机务工作、纳入议事日程。
(2)检查体制机构和机务人员配备情况。
(3)检查规章制度建立健全和贯彻执行情况。
(4)检查技术培训情况。
(5)检查机械技术状况及"两率"(完好率、利用率)情况。
(6)检查机械设备管理、使用、保养、修理情况。
(7)检查机械设备配件、技术资料、账卡情况。
(8)检查机械设备使用、维修的经济效果。

三、机械技术状况检查评定

机械技术状况检查评定分为单机检查评定和综合检查评定两个方面。单机检查评定是安排维修和确定红旗设备、红旗驾驶(操作)员的主要依据。综合检查评定能全面衡量企业的机械技术状况,从而综合反映一个企业机械技术管理工作成效、工作水平。单机检查评定是综合检查评定的基础。

1. 单机技术状况检查评定

(1)检查范围和技术条件

进行单机技术状况检查评定,首先要有明确的检查范围和技术条件或要求。由于施工企业所用机械种类很多,其结构、性能等均存在很大差异,所以,还需参照具体机种的专业技术条件(国家标准、行业标准)来进行单机技术状况的检查评定。

①发动机部分:发动机应运转平稳、动力性能好、没有异响,容易起动和熄火关闭;排气、油耗、噪声应符合有关规定;点火系、燃料系、冷却系、润滑系性能良好,安装牢固;线路、管路不磨不碰;各部无漏电、漏油、漏气、漏水现象。

②传动系:离合器分离彻底,接合平稳、不打滑;变速器、分动器不跳挡、不乱挡;主传动器、差速器、万向节、传动轴及各种传动带、张紧轮、轮胎或履带、支重轮、引导轮、轮辋等装配正确,性能良好,螺栓齐全,润滑充足,均不缺油,不漏油,不松旷,不抖动;气压及液压传动装置工作正常,性能良好,管路不磨不碰,整个系统无异常、无异响。对全液压传动系统,应对其主液压泵性能进行状况检查。

③行驶系:车架、底盘无扭曲、开裂、锈蚀现象,各种螺栓、螺母、铆钉不得短缺、松动、锈蚀,避(减)震器、悬挂工作可靠,无下沉、无锈蚀等异常;各种钢板弹簧无断裂,紧固正常,螺母齐全;销轴、拉杆安装正确;减震胶块无松动,无开裂疲劳现象;整机姿态保持原厂标准,不得出现倾斜、弯沉、扭曲等。

④转向系:转向装置安装牢固,转向灵活、轻便,工作可靠,不抖动、阻滞、摆振;转向拉杆保险卡完整可靠;不缺油、不漏油;转动自由量、最小转弯直径、转向手柄自由度应符合技术要求。

⑤制动系:制动系必须机件齐全,安装牢固,工作可靠,不漏油,不漏气;踏板自由行程、制动力、制动距离、侧滑反应、排气量、气压安全阀、制动释放时间应符合要求,驻车制动锁止装置灵敏可靠,制动液充足,气压正常。

⑥工作装置:工作装置(如推土机铲刀、挖掘机铲斗、烘干滚筒、起重机起吊装置、平地机刮刀等)应完整、无变形,连接配合良好,工作灵敏可靠;附属装置应齐全、完整、工作可靠、性能良好。

⑦电器、仪表、照明及警示灯具部分:各种机械安装的照明灯、信号灯、报警灯、顶灯、尾灯、制动灯、仪表灯、门灯等应齐全,并要有保护装置,安装牢固,位置正确,工作可靠,开关启闭自如。喇叭工作可靠,音量符合有关规定。所有电器导线均须捆扎成束,无漏电现象,同时应布置整齐,接头无松动并装绝缘封套。各仪表、报警指示器性能可靠,指示数值准确无误。

⑧机容:机身内外无油垢、泥土、锈蚀、掉漆;车门标志、牌照号、自编号齐全清晰;随机工具、附件、备胎、灭火器等齐备。

(2)单机技术等级评定

对各机械进行技术状况检查后,应填写检查记录表(检查记录表根据需要自行设计),然后根据此表计分。单机技术等级评定结果,应存入技术档案备查。得 90 分以上者可评为一类机械;70~90 分者为二类机械;70 分以下者为三类机械;待报废者为四类机械。

在评定各单机的技术等级时,应注意与下列技术状况定性分类原则相吻合。

①一类机械:指技术状况完好的机械。

②二类机械:指技术状况较好的机械。

③三类机械:指技术状况较差,需要和正在修理的机械。

④四类机械:指待报废和不配套等无法使用的机械。

2. 综合技术等级评定

综合技术等级用来反映施工企业机械技术管理的成果。其评定分三步进行,即先计算标准技术等级,再计算参检机械实际平均技术等级,最后进行复查比较。

(1)计算评比机械的标准技术等级(D_A)

$$S = \frac{参检机械净值}{参检机械原值} \times 100\% \tag{12-1}$$

$$C = \frac{75\% - S}{75\%} \tag{12-2}$$

$$D_A = 1.5 + C \tag{12-3}$$

式中:S——本企业参检机械的新旧程度;

C——本企业参检机械新旧程度修正系数。

式(12-2)、式(12-3)中的 75% 和 1.5 为相互匹配的经验值。在机械新旧程度为 75% 时,其平均技术等级为 1.5;当 $S > 75\%$ 时,C 为负值;当 $S < 75\%$ 时,C 为正值。D_A 值越小,技术状况越好。

(2)根据检查情况计算本企业参检机械实际平均技术等级(D_B)

$$D_B = \frac{1 \times A_1 + 2 \times A_2 + 3 \times A_3 + 4 \times A_4}{A_1 + A_2 + A_3 + A_4} \tag{12-4}$$

式中:A_1、A_2、A_3、A_4——参检机械中一类、二类、三类、四类机械数。

将 D_B 与 D_A 进行比较,如果 $D_B < D_A$,则实际技术状况优于标准;如果 $D_B > D_A$,则实际技术状况劣于标准。

(3)机械评比复查比较

机械评比复查时主要复查一、二类机械,并清查各种机型的数量。根据检查评分标准,复查出每台机械单机技术等级,然后求出所有应检机械平均技术等级 D_C,并与这些机械由原报等级计算出的平均技术等级 D_D 进行比较。若 $D_C < D_D$,则给予适当加分;若 $D_C > D_D$,则适当给予减分。这样可以在一定程度上消除各企业自检评分尺度不均衡的因素。另外,还可用检查得分再进行一次平衡。

四、检查手段介绍

1. 汽车检测线

汽车检测线用于汽车类机械的技术状况检查。根据用途的不同,汽车检测线分为安全检测线和综合检测线。安全检测线由前轮侧滑试验台、车速试验台、前照灯检验仪、轴荷计、制动试验台、汽油车废气分析仪、柴油车烟度计等仪器设备组成。它主要用来进行行车安全技术检测并监控汽车排放尾气的污染情况。目前,安全检测线多用于公安机关对机动车辆的年度检验。而综合检测线不仅拥有安全检测线的全部设备,还包括安全检测线所没有的检测设备。诸如前轮定位检验设备、底盘测功试验台、发动机综合分析仪、声级计和车轮动平衡机等设备。

2. 测试车

测试车用来到施工工地或分散的单位进行巡回检查。测试车应配备适合野外检测的设备,它可对挖掘机、推土机、铲运机等机械设备进行现场检测。

3. 人工检验

对一些不具备上述检测条件的单位,可用人工检验,即由检查组(通常由技术管理人员、操作人员、维修人员组成)成员通过眼看、手摸、脚踩、耳听等凭经验的方式进行技术检验。

(1) 检验程序

在进行人工检验时,检验程序较为重要。采用合理的检验程序,可缩短检验时间,减轻检验者的劳动强度,避免重复检验或漏检。一循环检验法,就是一种比较合理的检验程序,即从车左前方(即转向盘所在的一面),向车右前方环绕一周,检验车身外表情况及各部件技术状况。

(2) 检查、鉴定的一般方法

①眼看:观察各总成、各部件的表面是否清洁,有无污垢、锈蚀或变质现象;各零部件有无变形、缺损和漏油、漏水等现象;各仪表工作情况和排出的废气颜色是否正常等。

②耳听:用听觉检查、判断发动机和工作机构的内部有无异常声响;轮胎或气制动系有无漏气声;行驶或作业中,变速器、差速器等总成运转有无异常声响等。

③手摸:用手摸试各总成部件温度和松紧度是否适宜;离合器和制动踏板的自由行程是否合适;各操纵装置和玻璃升降是否灵活等。

④鼻闻:机械在行驶和作业时,可凭嗅觉发现汽化器混合气过浓产生燃烧不完全的生油味,排气管漏气进入驾驶室的废气味,离合器或电气线路烧焦的胶木或橡胶味等。

⑤使用工具、量具、仪表和仪器:在机械检查中,仅凭耳、目、手、鼻还不能完成检查工作的全过程,要借助一些工具、量具、仪表和仪器才能把检查工作做得全面准确。如检查发动机气门的间隙就需要用厚薄规(塞尺);发电机调节器的闭合电压、限额电压、限额电流等的检查,需用电压表和电流表等。

⑥对机械使用管理工作情况、定额及有关指标的完成情况、各项管理制度的落实情况等的检查,通常采用听取汇报、查阅资料、开会座谈、个别了解和现场检查等方法进行。

(3) 检查、鉴定的步骤

①外部检查:机械在原地不发动,以目视、手摸等方法,检查各部的连接、固定和密封情况,有无缺件或损坏情况。

②发动检查:发动机温度正常后,检查各仪表指数是否符合规定要求,看排气烟色、听各部声音、查气缸压力以判断是否正常,全面检查发动机技术状况。

③行驶检查:通过行驶,检查操纵、传动、行走、制动、转向等方面的技术状况。

④作业检查:确定各部件良好后,可通过各种负荷作业,检查工作装置的工作情况,并进一步检查发动机的技术状况。

⑤分解检查:在上述各项检查过程中,如发现某些总成运转不正常,经分析判断后可实施分解检查。检查前,应先查阅机械设备的历史档案,并向操作手了解保养、修理、油料消耗、动力性能以及经常发生的故障等情况。

第十三章 机械设备保养管理

第一节 机械设备保养概述

一、工程机械施工作业特点

(1)工作装置和行走机构磨损严重

工程机械的作业对象大多为泥土、砂、石或其他工程建筑材料,施工工地尘土飞扬或泥浆遍地,这些都使得工程机械的工作装置和行走机构磨损加剧。

(2)地理条件恶劣

施工现场没有道路,地面不平导致机械行驶颠簸、振动剧烈,行驶机构严重打滑,轮胎和履带磨损严重。若地形复杂,作业时机械转向和回转频繁,会加速机械磨损和损坏。

(3)气候条件差

野外施工气候条件差,气温过高使发动机过热,工作粗暴,功率下降,磨损加剧;气温过低,不仅易冻裂某些机件,而且因冷却水难以保持正常工作温度而加剧了磨损。日晒水淋使得机械锈蚀老化加剧。

(4)润滑条件差

气温过高使润滑油黏度下降,油压下降,润滑不可靠。气温过低,润滑油黏度增加,油液不易达到润滑点,润滑同样不可靠。空气中粉尘含量大使油液杂质增多,机械颠簸使油液中杂质不能沉淀,气温过高加速油液的氧化,这些都使得润滑油品质变差。机械表面布满灰尘和泥土,增加润滑工作的难度。

(5)负荷变化剧烈且经常处于大负荷工况

土质变化的不均质性,加之地质结构复杂,使得工程机械负荷波动剧烈,对机械本身产生一种冲击载荷和交变载荷,加速了机械的传动系统、发动机和工作装置等部分技术状况恶化。

二、机械设备保养的意义

机械设备在作业中,不仅负荷变化频繁,而且常在无路或路况很差的场合工作,还要野外停放,这便使机械各部件经常受到摩擦、冲击、扭转、振动及剪切等力的作用,并遭受自然环境较严重的侵蚀。随着使用时间的增加,会产生活动部件磨损,连接部件松动,零部件疲劳破坏,表面锈蚀和非金属材料老化,润滑油品质变差,滤网、油道堵塞而润滑条件恶化。若继续使用,将发生更严重的磨损,生产效率下降,甚至出现严重机械或人身事故。常见的机械设备重大故障因素分解图显示,机械设备的重大故障有56%是由失保失养问题造成的,有38%是由于定期维修失误,6%是由机械操作失误造成的。同时,工程施工的特点是工程量大、任务重、投资高、工期紧且具有较强的季节性。因此,必须对机械设备进行有计划的保养,包括清洁、润滑、紧固、调整、防腐以及更换一些不能再用的磨损零件等工作,使机械设备经常在完好的技术状态下运转,保证使用的顺利进行。这对于提高机械设备使用的经济效益、降低成本、保障安全和延长使用寿命都有重要意义。

三、机械设备保养的目的

(1)保证机械经常处于良好技术状况,可以随时启动运转或出车,减少故障停机日,提高机械的完好率和利用率。

(2)在合理运用的条件下,不致因中途损坏机件而停歇影响工期和进度。

(3)减少机械磨损,增大两次修理之间的间隔期,延长机械使用寿命。

(4)在运行中不致因发生机械事故而影响安全。

(5)降低机械运行和维修成本,使机械的动力、燃润油料、零件及各种材料的消耗降到最低限度。

四、机械设备保养与维修

1. 保养和维修的概念

机械设备的保养和维修是两种不同的技术措施。保养是降低零件的磨损速度,预防故障发生,为延长机械设备使用寿命而采取的预防性维护措施,是保持机械设备处于完好状态的基本技术措施。维修是机械设备达到极限磨损后,修正出现的故障或失去工作能力的零件总成,为恢复机械设备良好技术状况而采取的技术措施。它们的目的不同,执行条件也就不同,前者是强制执行的预防性措施,后者是按照计划需要的恢复性措施。

2. 保养与维修的区别

机械的保养和维修,从表面上看都是维护机械技术状况的措施,在实际工作中容易产生以修代养或以养代修的现象,特别是高级保养和小修容易混淆,这对保障机械经常处于良好技术状况带来极为不利的后果。因此,必须明确保养和维修的区别,正确对待保养和维修的关系。机械保养和维修是有本质区别的,主要表现在以下四个方面。

(1)性质不同

机械保养是在机械零件没有达到极限磨损前进行的预防性作业,以保持机械经常处于正常技术状况。而机械维修是在机械零件达到极限磨损后不能正常工作时进行的恢复性作业,以使机械重新达到正常技术状况。

(2)内容不同

机械保养的作业内容是不改变零件几何尺寸和物理化学性能的清洁、紧固、润滑、调整、防腐等作业。而机械维修的主要作业内容是改变零件的几何尺寸、物理化学性能和装配间隙。定期保养是对机械进行规定的全面范围的作业,而机械维修只对规定的局部范围(如小修部位和中修项目)进行作业。

(3)工艺不同

机械保养工艺只是进行局部的解体,并不是进行零件的鉴定和修复。机械维修工艺是将机械或总成全部进行解体,对所有零件进行鉴定,按规定进行修复或更换。

(4)实施原则不同

机械保养采用定期、强制执行的原则。机械维修则是计划维修,采用按需进行的原则。

3. 正确处理保养和维修的关系

正确处理保养和维修的关系,做到养修并重,相互结合。反对养修不分,互相混淆,这是保障机械处于良好技术状况的需要。

(1)反对养修不分

在实际工作中,人们使用机械时,只用不养,用坏才修,或以修代养的做法司空见惯,必须反对。小修只对零件损伤部位进行局部维修和保养,不能代替全面范围的等级保养。以修代养的结果是使机械的一些部位甚至重要的部位得不到应有的保养,而增加机械的磨损和事故性损坏。同时,也反对在维修机械时,以养代修的做法,对应该大、中修的部位不按规定的作业内容鉴定和恢复零件的几何尺寸,只是对零件进行清洗和保养,就算修理完毕,其结果是降低了维修质量,缩短了机械大、中修后的使用寿命。

(2)做到养修结合

虽然保养和维修不能互相代替和互相混淆,但是必须做到养修结合。也就是应该根据实际情况,在保养作业中对需要维修的部件进行附加小修作业(包括必要情况下研磨气门和更换活塞环等);在小修时可以进行接近一级的保养,这样可以缩短停机时间。

第二节 机械设备保养分类及主要作业内容

一、机械设备保养分类

机械设备保养分为例行保养、定期保养和特殊保养三大类。

1. 例行保养

例行保养是机械每班出车前、工作中以及收车后所要求进行的保养工作。其重点是清洁、润滑、检查和紧固。例行保养工作主要由操作人员完成。因而操作人员的素质及技术水平就决定了保养的质量。同时,还应认真执行适应机械设备管理的"点检制度",对日常点检的部位、项目内容、标准等应有明确的要求,应能了解和掌握机械出现异常的程度和发展趋势,提出防范措施并及时加以处理,确保设备性能稳定,延长零部件使用寿命,并以最经济的维护保养费用,达到完成机械保养维修的目的。

2. 定期保养

定期保养是指机械经过一定的运转小时后,停机进行清洗、检查、调整与故障排除以及对某些零部件进行修理和更换等。

根据机械零件的磨损规律,通过大量的试验数据,应用统计方法,求得各种零件或配合件的正常使用寿命,再根据使用寿命将零件划分为几个组,使各组的寿命间隔成为简单的倍数关系,再考虑机械的作业条件、维修技术、经济等因素,这样就得出机械的各级保修间隔周期(简称保修间隔期)。保修间隔周期如图13-1所示,P_1为一级保养间隔期;P_2为二级保养间隔期;P_3为三级保养间隔期;C为中修间隔期;K为大修间隔期。

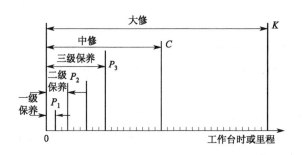

图 13-1　机械设备保修间隔周期示意图

定期保养按间隔期时间长短,又分为一级保养、二级保养和三级保养。

从我国公路施工与养护单位开展维护保养工作的实际条件与可能性出发,根据大量技术统计资料,原交通部制定颁发了《公路筑养路机械保修规程》,其中规定:对大中型机械(含进口机械),一般应采用三级定期保养制,即一级保养(间隔200工作小时),二级保养(间隔600工作小时),三级保养(间隔1800工作小时);对一些小型机械,小型水泥混凝土拌和机、振动器、夯实机、钢筋弯曲机和校直机等,可采用二级保养制,间隔为一级保养600工作小时,二级保养1200工作小时;对于某些技术密集型(机电液一体化)的大型或进口设备,还应参照厂家使用保养说明书进行保养。

各级定期保养的主要内容如下:

(1)一级保养

以润滑、紧固为中心。主要作业内容:检查、紧固机械外部螺纹件;按规定加注润滑脂,检查各总成内润滑油平面,并添加润滑油;清洗各种滤清器;排除所发生的故障。

一级保养是在例行保养的基础上进行的,这两种保养的内容既有分别又有联系,不能相互代替,并且主要都由操作人员来完成。因此,应明确这两种保养各自要达到的要求,并能用简单可行的操作方法区别开来,比如设定两种检查记录表。

一级保养主要作用是维护各作业台班能连续运转,确保两次一保间隔期内机械正常运行,同时又为二级保养打好基础,提供分析数据。

(2)二级保养

二级保养重点是检查、调整。除要进行一级保养的全部内容外,还要从外部检查发动机、离合器、变速箱、传动轴、驱动桥、转向和制动机构、液压和工作装置以及各类电气元件等的工作情况,必要时进行调整,并排除所发现的故障。二级保养主要作用在于保障机械各总成、零、部件具有良好的工作性能,确保两次二保间隔期内机械能正常运行。

二级保养一般要求由专职的保修人员负责进行,但操作人员须随机参加保养。

(3)三级保养

三级保养重点是检测、调整、排除故障隐患,平衡各部机件的磨损程度。三级保养除要进行二级保养的全部作业内容外,还要对影响使用性能的部位及有障碍征兆的部位进行诊断性检查、状态性检测以及必要的更换、调整及排除故障等工作。

三级保养按保养范围,依据检测技术要求打开有关总成或部件的孔端、箱盖等,检查调整其零部件的紧固、磨损及有关间隙位置的情况,以发现和清除隐患为目的,实行不解体检测来检查排除故障。因此,更需要技术全面的保养人员及使用先进的检测仪器、工具来完成保养任务。

进行定期保养必须做到以下几点:

(1)按时:按照规定时间进行保养,一般延后或提前的时间不应超过保养间隔期的10%。

(2)按级:按照规定的保养等级的需要,安排保养力量。

(3)按项:各级保养必须按规定的作业项目进行(亦要制定出确切的各级保养项目),保养结束前应认真检查各项保养记录,以防漏项。

(4)按质:必须按规定的技术标准与程序进行保养,目前应执行全国统一的《公路筑养路机械保修规程》《公路筑养路机械操作规程》等技术法规以及生产厂的保修技术资料。要采取先进的检测技术手段,保证保养质量,杜绝保养事故。

3. 特殊保养

(1)走合保养

走合保养是新机械或大修后的机械在走合期内进行的一种磨合性保养工作。对要求进行走合保养的机械,应按一定的要求逐级递增负载及转速,并全面检查润滑、紧固情况,视察整机各部状况,发现异常及时解决。走合保养的重点是更换各部润滑油、润滑各部位、紧固各螺栓。

新机械或大修后的机械必须经过走合保养后,才能正式投入施工使用。

(2)换季保养

换季保养是在每年入夏或入冬前对机械进行的一种适应性的保养工作。一般根据所在地区入夏(4月中旬左右)、入冬(10月上旬左右)的时间进行。换季保养的重点是燃润系统、液压和液力系统、冷却系统和启动系统等部分。如更换燃润油料、液压油,调整蓄电池电解液的相对密度,采取防寒或降温措施,清洗冷却系统等。换季保养可结合定期保养进行。

(3)转场前保养

这是流动性比较大的施工单位常进行的一种机械保养工作,通常在一项工程完工后,机械虽未到规定的保养周期(比如租赁机械),但为实现从一个施工点到另一施工点的顺利调运,并迅速投入新的施工生产,需对机械进行全面检查、紧固、调整等工作。

(4)停用保养

停用保养是指机械由于受季节性等因素的影响,要暂时停用一段时间,但又不进行封存的一种整理、维护性保养。其作业内容以清洁、整容、配套、防腐为重点,具体内容根据机型、机况和当地气候与实际需要进行。

(5)封存保养

为减轻自然气候对长期封存机械的腐蚀,保持机况完好而采取的一种防护措施,称为封存保养。通常它附有一级或二级保养工作。

上述五种特殊保养工作,在公路施工或养护单位都很常见,应重视、做好,并建立保养记录档案。

二、机械设备保养的主要作业内容

施工单位的机械设备种类繁多,结构性能差别很大,其保养项目和技术要求往往大不相同。因此,具体保养机械时,须依据原交通部颁发的《公路筑养路机械保修规程》中相应要求进行。尽管各种机械各级保养的内容、项目多而杂,但就其作业的性质来看,无非清洁、紧固、调整、润滑、防腐,简称"十字作业"。为帮助理解,以下逐项说明。

1. 清洁

机械在工作中,必然造成机械内外及各系统、各部位脏污,有些关键部位脏污将使机械不能正常工作,为此,进行清洁作业不仅是保持机容整洁卫生的需要,更是保证机械安全和正常工作的需要。清洁作业中要特别注意做好发动机"三滤"(即空气、机油、柴油滤清器)和电气部分的清洁。发动机"三滤"的清洁对发动机的工作和寿命都有很大影响,现详述如下。

1) 空气滤清器的清洁

(1) 空气滤清器的作用

空气滤清器的作用主要是滤清进入气缸的空气中的尘土。机械在不同路况和地形情况下工作时,进入气缸内的尘土含量是不同的。尘土进入发动机后会加速零件磨损,危害很大。尘土颗粒很小,能进入发动机的粒径以 $1\sim100\mu m$ 的居多,而且其中大多数是 $50\mu m$ 以下的颗粒。试验资料证明,粒径为 $20\sim30\mu m$ 的灰尘造成的磨损最大。进入气缸的部分尘土被气缸壁上的机油粘住,当活塞上下运动时,好像加了一层磨料,使气缸壁和活塞环加速磨损。如不装空气滤清器则磨损增加 100 倍,在含尘量 $3g/m^3$ 的情况下工作 20h 就达到极限磨损。尘土进入气缸不仅使气缸壁、活塞、活塞环加速磨损,而且会混入润滑油(机油),使受机油润滑部位都加速磨损。

(2) 空气滤清器的清洗

空气滤清器在工作中,随着脏污程度的增加,滤清效率不断下降(完好滤清器的滤清效率为 99.97%,不得低于 98%),滤清阻力增加(正常情况下为 $6000\sim8000Pa$,不得超过 12500Pa),造成发动机的功率下降,必须及时清洗。清洗空气滤清器时,必须注意空气滤清器以及到进气歧管之间气管路的密闭,如有孔隙将使空气不经滤清就进入气缸,加剧磨损。

2) 机油滤清器的清洁

(1) 机油滤清器的作用。

机油在使用过程中,不可避免地要被磨损产生的金属屑、自外界落入的尘土、杂质和燃烧产物污染,同时,机油本身由于受热氧化也会产生酸性物质和胶状沉积物。如不加以滤清,就会加速发动机零件的磨损,堵塞油路,甚至使活塞与活塞环、气门与气门导管等零件之间发生胶结,使发动机不能正常运转,并使机油的使用期缩短。机油中杂质的含量超过 0.3% 就需要更换。机油滤清器的作用就是及时滤清机油中的杂质和胶状物质,保证机油和发动机润滑系统正常地工作。

(2) 机油滤清器使用一定时间后,滤芯表面脏污越来越多,尽管滤清质量有所提高,但滤清阻力增大,油压下降,循环量减少,供油不足,不能保证发动机正常工作而加速磨损。甚至会有一部分机油通过旁通活门,不经滤清就进入发动机,导致磨料性磨损。为此,必须及时清洗机油滤清器,使其恢复正常工作。

3)柴油滤清器的清洁

柴油发动机供油系统主要零件的光洁度和配合间隙都是非常精密的。如高压泵的泵油柱塞及柱塞筒之间,喷油嘴的喷针和喷油嘴的间隙是 0.002～0.004mm,有的小到 0.0015mm。因此,供油系统工作是否可靠和耐用,主要取决于柴油的纯净程度,使用清洁的柴油可使精密零件的寿命延长 30%～40%。柴油中含有杂质还可能加速气缸的磨损。为此,除在加油时必须保持清洁外,还要定期放出柴油箱内沉淀的杂质,特别是要定期清洗柴油滤清器。如不及时清洗,会造成滤清效率下降或供油不足,使发动机不能正常工作。

4)冷却系的清洁

发动机水温经常过高时,应查明原因,如确系冷却系中生成水垢,就必须清洗冷却系,否则会使发动机水温过高、功率下降、磨损加剧。因水道形状复杂,无法用机械办法清除水垢,只能用化学方法清洗。清洗冷却系的工作通常结合进入夏季的保养工作进行。

(1)清洗剂的配制

由洗衣碱(即粗制碳酸钠 Na_2CO_3)1kg、水 10kg 组成,按冷却系容量配制。清洗剂千万不能用烧碱(即氢氧化钠 NaOH),因为烧碱腐蚀性很强,会破坏冷却系内防锈层,腐蚀没有水垢或水垢薄的金属部位。另外,按每 10L 水配合 0.5L 煤油的比例,冲洗冷却系。

(2)清洗方法

①将煤油加入冷却系,不要与碱水(水和碱的混合液)混合在一起,否则不起清洗作用。

②将配好的碱水加入冷却系,停放 8～10h 后,起动发动机 5～10min。

③放出清洗剂,加入清洁水,起动发动机数分钟后放出。如冷却系内还不干净就再加清水清洗,并起动发动机后放出。一定要把碱水清洗干净,以防腐蚀。

④清洗后,按规定添加冷却液。

(3)铝制部件的清洗

铝制部件,例如铝制气缸盖,其清洗剂可用水玻璃 15g、液态肥皂 2g、水 1L 的比例配制。注意不能用含酸、碱的溶液对铝制部件进行清洗,否则腐蚀严重。

5)电气设备的清洁

为保证电气设备正常工作,应经常保持电动机、发动机、蓄电池、调节器以及电气操作和电气控制部分等电气设备的清洁,定期清除整流子和炭刷上的炭粉,并按规定擦拭整流子,保持各电气触点的清洁,这对机械的安全及正常工作是十分重要的。

2. 紧固

机械上有很多用螺栓固定的部位,受机械工作时不断振动和变负荷等影响,有些螺栓可能松动,必须及时检查,予以紧固。如不及时紧固不仅可能发生漏油、漏气、漏水、漏电等现象,有些关键部位的螺栓松动,还可能改变该部位设计的受力分布情况,轻者造成零件变形,重者造成断裂。螺栓松动还可能导致操纵失灵、零件或总成移动或掉落,甚至造成机械损坏事故,如有单位就曾发生过行驶中掉落轮胎、传动轴等事故。

在以内燃机为动力的机械上,有些关键部位的螺栓必须经常检查,定期紧固。如发动机机爪固定螺栓、风扇固定螺栓、前后钢板 U 形螺栓、横直拉杆及转向臂的各接头和各连接件的螺栓、传动轴连接螺栓、轮胎钢圈固定螺栓、驾驶室和货厢固定螺栓等,以及其他需紧固的各部位都应按规定进行检查和紧固。

有些用铆钉连接的部位,也应定期进行检查,发现松动及时处理。

3. 调整

机械上有很多零件的相对位置和工作参数需要及时进行检查调整,才能保证机械正常工作。如不及时调整,轻者造成工作不经济,重者导致机械工作不安全,甚至发生事故。调整的主要内容和部位如下。

1) 间隙方面

如各齿轮间隙、气门脚间隙、制动带间隙、火花塞间隙、分电器白金间隙等。

2) 行程方面

如离合器踏板行程、制动器踏板行程等。离合器的工作是通过分离、滑磨、结合多种工况完成的,要求分离彻底、结合可靠。这一方面要靠正确的组装来实现,另一方面要通过对离合器及其操纵装置的正确调整来实现。离合器在工作中行程不断发生变化,影响离合器正常工作时,必须及时检查调整。

3) 角度方面

如提前点火角度、提前供油角度等。柴油机的提前供油角度,随着使用时间的增长而自然减小(原调整位置没变),各种发动机减小的幅度不等,如使用400h后,有的减小5°~6°曲轴转角,有的甚至减小12°~14°。

(1) 提前供油角度减小的原因

①发动机曲轴到凸轮轴之间的齿轮、花键等传动零件磨损,使啮合间隙增大,特别是联轴器衬套处于无防尘又无润滑的情况下工作,磨损更快,从而减小发动机提前供油角。

②高压泵凸轮轴的凸轮、柱塞推杆及柱塞下端磨损,推迟了柱塞开始上升的时刻,使提前供油角减小。

③各供油组柱塞与柱塞筒磨损,使配合间隙增大,工作时,柴油渗漏量增多,导致提前供油角减小。经试验,某种发动机以正常转速工作时,柱塞与柱塞筒的间隙由0.005mm增大到0.01mm,可使提前供油角减小3°;一般柴油发动机使用400~500h,柱塞间隙可达0.01mm。

(2) 提前供油角度变化对发动机工作的影响

提前供油角度减小,喷油推迟,使燃烧不及时,形成后燃。其表现为发动机负荷较大时连续排黑烟,严重时甚至排火,行驶无力,水温容易升高。其后果是发动机功率下降,燃料消耗增加,发动机容易过热。

(3) 提前供油角度的调整

在例行保养中检查提前供油角度时,只按刻度位置检查其是否变化。但在三级保养或发现发动机有提前供油角度推迟的现象时,就不能按刻度检查调整,而必须按实际供油时间检查调整。其方法是:

①将曲轴转角为0°时该缸为压缩行程上死点的高压油管拆下。如飞轮无刻度,可找出某缸压缩行程上死点,并在飞轮上做好标记。

②将高压柴油泵加油齿杆固定在最大加油位置。

③先反转曲轴数度(消除空回间隙),再顺转曲轴,看到高压出油管口油面微动,即为开始供油时间。

④检查曲轴角度,找出磨损造成的误差,并进行修正调整。
⑤调整后再按上述方法转动曲轴进行核对,无误后即可。
⑥起动发动机进行检查。

如因调整错误,造成提前供油角度大,喷油过早,对发动机也会产生危害。其现象是发动机起动后排白烟,低转速工作时振动剧烈。其后果是发动机工作粗暴,曲轴连杆受力过大,磨损加剧,发动机寿命缩短,甚至因温度过高烧坏活塞,同时,功率下降,油耗增加,起动困难。如发现上述现象,应立即检查实际提前供油角,将其调整到正确角度。

4)压力方面

如燃料喷油压力、机油压力、空压机压力、液压系统工作压力、蒸汽压力等。

5)流量方面

如供油量等。

6)松紧方面

如风扇皮带、履带松紧等。

7)其他方面

如电流、电压、发动怠速、化油器平面等都需要及时调整以及轮胎换位等。

4. 润滑

机械上凡活动的部位,包括转动和做往复运动的零件,绝大部分需要保持良好的润滑才能保证机械正常工作,减轻磨损。因此,润滑是机械保养中极为重要的一项作业内容,必须十分重视。

5. 防腐

防腐主要是指防止机械上的金属零件和橡胶制品的锈蚀、老化等。

(1)防金属零件锈蚀

机械的零、部件和总成,长期与空气接触,表面失去光泽,出现斑点或粉状氧化物,这种现象叫作锈蚀(生锈)。生锈的零件断面缩小,强度降低,使用寿命缩短,甚至完全不能使用。金属零件锈蚀是空气中的 CO_2、SO_2、O_2 等气体或酸、碱、盐的水溶液作用于金属零件的结果。防止金属零件生锈的最常用办法是涂油、喷漆,使油或漆在金属表面形成一层保护膜。

(2)防橡胶制品老化变质

轮胎、液压油管、风扇皮带、防尘套等橡胶制品,在空气中氧气的作用下产生过氧化合物,使橡胶制品性能减退,即产生老化。另外,加速橡胶制品老化的因素还有高温和阳光。一般气温每升高 7~15℃,老化速度将增快 1.5 倍。防止橡胶老化变质的方法:尽量避免阳光照射、高温和沾上油污,防止与腐蚀性气体接触以及解除停驶轮胎的负荷等。

第三节 机械设备保养计划的制订

目前保养工作是按保养间隔期(即工作小时)强制进行的,因而要首先确定出何时进行哪一级别的保养(项目),即制订出机械设备保养计划,以便明确任务,安排保修力量,协调与生产方面的工作。

一、制订保养计划的依据

机械设备保养计划分年度保养计划、季度保养计划和月度保养计划三种。其中年度保养计划主要用来平衡各季度保养项目和保养次数;季度保养计划主要用来平衡每月保养项目和一般保养次数;月度保养计划则是确定各级保养进行的日期和停机日。

另外,通过制订年度、季度和月度保养计划,有关管理人员可合理安排保修力量、保修资金,做好配件供应计划,更为重要的是管理人员可根据工程需要,重视机械设备保养管理,将使用与保养工作有机地结合起来。

制订保养计划的依据如下:
(1)机械的年度、季度、月度使用计划。
(2)机械已使用里程或工作小时数(应是实际发生的时间)。
(3)机械的实际技术状况和保养设备情况。
(4)现有保修力量(人员、检测仪器、费用等)。
(5)各种机械的保养间隔期(主要指对应制度规定的间隔期)。
(6)配件的供应情况(来源、供货时间等)。
(7)施工环境(包括工程概况等土质条件)。

只有综合考虑上述制订计划的依据,才能使保养计划更符合工程实际,才能易于实施。否则,仅把保养计划制订出来,不考虑客观实施条件和机械实际技术状况,是达不到机械技术状况好、施工成本低、生产效益好的目的的。

二、制订保养计划的方法

在施工单位的机务部门,应设专人负责制订保养计划的工作,以防失保、漏保和跨保。

1. 年度保养计划的制订

年度保养计划的制订,应根据下年度工程计划中使用的机型、台数以及计划使用的工作小时,先制出一张机械各级保养进程表;然后以每台机械已使用工作小时为起点,加上年计划使用工作小时后为终点,在进程表中查出该机械应进行的保养等级和次数,填入"年度机械设备保养计划表"即成。

例:某单位有一台国产 PY160A 平地机,年底已累计使用 1600 工作小时,第二年计划使用 1200 工作小时。请制订 PY160A 平地机年度保养计划。

解:首先,我们可以将 PY160A 平地机各级保养进程填入表 13-1。通过列表可以看出,在第二年计划使用的 1200 工作小时使用期内,PY160A 平地机需进行:一级保养 4 次;二级保养 1 次;三级保养 1 次。

国产机械各级保养进程表(0~4600 工作小时区段) 表 13-1

累计工作小时	50	200	400	600	800	1000	1200	1400	1600	1800	2000	2200
保养级别	走保	1	1	2	1	1	2	1	1	3	1	1
累计工作小时	2400	2600	2800	3000	3200	3400	3600	3800	4000	4200	4400	4600
保养级别	2	1	1	2	1	1	中修	1	1	2	1	1

在确定了年度各级保养次数后,便可将有关参数填入年度机械设备保养计划表中,见表 13-2。

年度机械设备保养计划表　　　　表 13-2

序号	机械名称	型号	统一编号	上年度已累计使用总工作小时(h)	本年度计划使用工作小时(h)	全年各级保养次数			备注
						一级	二级	三级	
1	平地机	PY160A	062	1600	1200	4	1	1	

编制单位：　　（盖章）　　审核：　　　　制表：　　　　日期：　年　月　日

2. 季度保养计划的制订

季度保养计划的制订与年度保养计划类似。但编制季度保养计划需知道上一季度机械的累计使用时间以及本季度月度机械使用计划的使用时间。因此,季度保养计划需要比年度保养计划具体一些。

3. 月度保养计划的制订

制订月度保养计划需知道上月底机械累计工作小时,明确本月机械使用计划(包括使用日期和停机日期的计划,注意考虑气候影响),注意协调使用与保养的工作安排,尽可能不因施工而拖保,也不因保养做得不好而影响施工使用。注意,一般月份的机械设备保养计划应一式四份：操作人员一份,机械班组或专业施工队一份,保修厂(保养站或班)一份,机务部门存底一份。

第四节　机械设备保养的组织实施

一、保养计划的下达

下达保养计划时,应注意以下方面：

(1)机械的保养计划应和机械使用计划同时下达。

(2)机械保养计划应同时下达给机械使用部门和保修部门。月度保养计划还应抄送或通知操作人员、机械班组,以保证保养计划的落实。

(3)机械保养计划和施工发生矛盾时,不可因施工而废掉保养工作,应本着既要坚持定期保养制度,又要满足施工需要的原则处理。为此可提前或延期进行保养,但延长时间不可超过保养间隔期的 10%。机械的技术状况确实较差,不能延期保养时,可利用机械的空闲时间,分时分段进行保养,即将规定的保养项目分几次进行,这样既完成了规定的保养内容,又不影响施工生产。

二、保养机构的设置

设置保养机构时,应注意以下方面：

(1) 各机械建制单位或保养单位必须配备必要的保养力量和设备,一般应在使用单位设置保养机构(比如保养班或组),规模较大的单位可设置独立的保养机构(如保养车间)。保养机构只承担保养、小修(故障修理),不承担中修或大修任务。大型、精密和关键机械的定期保养应在有条件的保养车间进行。

(2) 保养力量应按比例配备。各种运输、土方、起重机械及其他大型机械平均每台配备保修人员 1~1.2 人,其他各种机械平均每台配备保修人员 0.2~0.3 人,上述人员中的 60% 为保养、小修人员(包括辅助工种)。

(3) 保养机构人员要精干,装备要合理,能满足各级保养工艺要求,做到一专多能。对保养人员应经常进行技术培训和考核,要不断提高其保养作业能力,以适应各种复杂机械保养作业要求。

三、保养的组织方法

1. 就车保养法

就车保养法根据保养等级和保养部位,按拆卸、清洗检查、装配三个基本工序进行。除需更换的零件外,机械上的总成、部件和零件基本上是元件回装,所以保养时间等于拆装、清洗、检查、安装与装配时间的总和,因此,保养时间长,工效低,方法比较落后。但是,保养单位人少,保修设备少,对于机械类型复杂,台数少,配件通用、互换性差的机械设备,如分散使用的推土机、柴油发电机、混凝土拌和机等,也只能采用这种保养方法。

2. 总成分工保养法

总成分工保养法将保养机械分为若干总成,如发动机离合器总成、变速器总成、后桥总成、前桥总成、制动系统、电气系统以及轮胎、履带等,将人员变成相应保养作业工组,将参加人员变成工号,按照拆卸、安装的先后顺序和操作的繁简程度,分工、定位,同时进行,在规定的时间内完成本岗位和协同的作业内容。这种方法需要有较充足的保修设备、工具、车间、场地和人员,适合于在保养站内由专业保养分队正常进行保养作业。

3. 逐件轮流保养法

逐件轮流保养法适用于机械分散,没有备用机械,任务紧迫和保养人员少的情况下的一级或二级保养,主要依靠该机组的操作手完成。事先应将保养的项目、所需材料、润滑油脂、配件、专用工具准备好,采用工隙或停用时间保养。采用这种保养作业方法,需记录各个保养项目的实施时间,分别计算保养间隔期。

4. 机动快速保养法

机动快速保养法是在总成分工保养法的基础上,各机组采用专用工具和快速保养工具,快速作业,在较短时间内完成任务。这种方法适合于有较多的熟练保养人员,机械零、部件"三化"程度高,材料、配件齐全,场地较宽,起吊设备好和保养的机型单一等保养、维修单位采用。适合于在保养任务量大的情况下,完成机械二级以上保养。

四、保养工作的组织实施

保养工作的组织实施细则如下:

(1)流水作业、专业分工。这是提高功效、保证质量的有效形式。但必须具备机型单一、数量多的条件。这种组织形式可以实行定部位、定人员、定机具、定进度、定质量的"五定"制度,有利于提高保养人员的专业技术熟练程度和机械保养质量,使保养作业时间大大缩短。也有利于保养工艺向机械化发展,便于建立各项责任制加强管理。随着机械施工专业化程度的提高,机械集中管理和维修社会化的实现,使这种先进的组织形式将会得到发展。

(2)对口保养。这是适合机型多、牌号杂的有效方法。一种是一个保修班组对口一个单位的机械,这种对口法要求保养人员技术面广,一专多能,综合作业。另一种是一个保修班组对口一个(或几个)牌号的机械,由于机型单一,能提高功效和保证质量。

(3)现场保养。对不宜集中的机械,必须采用在施工现场组织保养的方法。由保养机构组织流动保修组,配备工程车,随带必要的机具材料,根据需要固定在一个工地或轮流到几个工地进行现场保养和小修。机械多的施工现场应配备固定的保修力量。

对于现场施工的工程机械发动机的保养维护,一定要严格进行定期检查、定期测试,争取做到故障早发现、早排除,以切实延长工程机械发动机的使用寿命;对于必须维修的发动机,在维修时不能仅凭感觉、经验,要认真地调查和询问,根据结构、工作原理及故障现象综合分析,对症下药。要询问操作人员在故障出现前发动机的使用情况、工作和保养情况,故障出现前发动机是否出现过故障,什么故障,是怎样排除的,还要询问故障出现时所产生的一些现象。只有这样,才能缩短维修时间,提高工作效率,降低维修费用并真正排除发动机的故障,达到维护保养的目的。

(4)操作人员应随机参加保养,配合保养人员做好保养工作。一般情况下,操作人员应完成一、二级保养项目。

(5)保养作业完成后,应进行检验。执行人员认真填写保养记录(保养类别、保养时间、保修内容、质检情况、保修单位、车型、编号、承保人等)。大型机械二级以上保养作业完成后,由主管部门审查保养记录,并将保养的主要技术资料纳入技术档案。

(6)为了采用先进的保养工艺,统一操作方法,不断提高保养操作水平,保养机构要根据保养规程的作业项目,结合本单位的具体情况,编制主要机械的保养工艺卡片,作为贯彻保养和改进保养工艺的技术依据。保养工艺卡片的主要内容包括:机械名称与规格、具体项目;必须配备的机具、仪表;执行作业的工种和人数;作业的技术要求和质量标准;规定的作业时间,所需配件,材料规格和数量等。

五、保养质量的检验

保养质量检验按阶段分为保前检验、过程检验、竣工检验。按性质分有综检、必检、抽检。

1. 保前检验

由专职检验员负责执行。根据送保通知单,结合驾驶员反映的情况以及查对有关技术记录,对全机进行综合性进厂检验。经过初检,应能掌握整机性能、总成质量,并确定需要解体总成。如有需进行保养作业以外的附加范围,应将具体项目详细填入进厂检验通知单,作为出厂检验依据。

2. 过程检验

由保修技术人员或检验员负责进行。

3. 竣工检验

凡进厂保养机械,保养作业结束后,班组长、主管技术人员应对保养质量进行综检或抽检。二、三级保养机械应交机务部门复检。二级以下保养竣工后应进行原地检验,必要时进行短途行驶检验;二、三级保养应进行原地检验、原地发动和短途行驶检验,必要时进行空负荷工作检验。

第五节 机械保养的基本设备

由于历史原因,我国工程机械制造业起步较晚,虽然自改革开放以来有很大的发展,但是和国外的同行制造业以及国内汽车工业相比,仍有很大的差距,因此,在保养方面还比较落后,有待今后的不断改进和完善。

工程机械保养所用的设备,一般来说分为两类:一种是工段设备,即为完成保养工艺而在工段上使用的辅助设备,如保养工作沟、总成拆装运送设备和工作台架等。另一种是工艺设备,即直接用来完成保养工艺的设备,如清洗机、拆装工具、检验仪器、试验台等。

一、保养的工段设备

在现代工程机械的保养工艺过程中,各工艺设备固然很重要,但也不可忽视工段设备。对工程机械的下部作业,特别是轮式机械,其工作量很大,若不使用举升设备,不仅操作困难,质量也难以得到保证,而且工作效率低,延长了保养时间。

保养工作沟是目前最简单且行之有效的一种举升设备。由于地沟建造费用低,安全可靠,又不需要专门维护保养,故应用颇多。由于地沟的能见度差,排油水困难,工作空间狭小,劳动条件差等,所以一般还在地沟上设置多种辅助设备,如照明设备、专用油水收集器、千斤顶等。

二、保养的工艺设备

保养工艺设备是直接用来完成保养作业的设备。主要保养机具与仪器设备见表13-3,保养检查(检测)常用工具与仪器见表13-4。

保养机具与仪器设备　　　　　　　　　　　　　　　　　　表13-3

作业内容	机具与仪器设备
清洗润滑作业	外部清洗机;零件清洗机;积炭清洗设备;滤清器清洗机;润滑油加注器;齿轮油加注器;润滑脂加注器
拆装紧固作业	轮胎螺母拆装机;各型扳手;手提式液压拉压器
检查调整作业	发动机功率测试仪;发动机机油测试仪;气门座修磨机;机油泵修试作业台;空气压缩机修试作业台;磁力探伤仪;仪表、灯具检修作业台;蓄电池修理作业台与充电机;制动阀、气室、气路检修作业台;前轮定位测试仪;方向盘转动量和转矩检测仪;制动试验台
起重运送作业	地沟举升设备;起重机;各种总成运送小车

保养检查(检测)常用工具与仪器　　　　表 13-4

类别	工具与仪器设备
常用手工工具	开口扳手、梅花扳手、内六方扳手和螺栓起子等
简易量具	游标卡尺、直钢尺、塞尺(厚薄规)和钢卷尺等
起重工具	螺旋千斤顶、液压千斤顶等
专用工具 ①内燃机工具 ②底盘(或工作机身)专用工具	量缸表、活塞环拆装钳、气门弹簧等 特大号单头开口扳手、钩形扳手、重型套筒、三爪或四爪拉力器等,一般不列入成套工具中,视情配发
随机附属品	盖布、防寒保温套、防滑链以及其他物品等

第十四章 机械设备修理管理

第一节 机械设备故障分析与管理

一、机械设备故障分析与管理的意义

机械设备故障的发生发展过程都有其客观规律。研究机械设备故障的客观规律,主要以已发生的故障实例为对象。对故障进行研究,一般从故障的外部现象入手,在掌握了故障现象的前提下,搞清故障的外因(外部条件)、内因(内部条件)及其对故障发生发展过程的影响,进而找出故障的机理。只有这样,才能有效地预防和消除故障。

为预防故障制订相应的管理对策时,不但要从微观方面掌握发生故障的机理,还需从宏观方面掌握故障发生的规律性。要对各种设备故障发生的频率、某种设备易发生的主要故障、平均故障间隔期、故障的主要(宏观)原因、故障的损失等进行分析。

及时、准确地掌握与设备故障有关的各种信息资料,是开展故障分析、管理的基础。因此,必须认真地建立健全设备使用(运行)、故障、维修等方面的原始记录,收集与设备故障有关的历史资料和数据,建立设备技术档案、设备信息库,加强对信息的收集、储存、传递、运用等方面的管理工作。近几年来,由于计算机的推广应用,故障管理的质量和效率有了新的飞跃。

故障(失效)分析也叫故障物理学,它是近年来形成的一门新兴学科,以研究故障(失效)机理为主要内容,涉及的学科领域和技术门类很广,实用性很强,与国民经济建设密切相关。对于新设备、新材料、新技术、新工艺的开发,故障分析有着不可低估的促进作用,近年来在我国已引起科技界普遍重视。实施故障管理,要求及时、准确地掌握设备故障的信息,运用故障分析理论、技术和数理统计方法,从微观和宏观两个方面掌握故障发生的客观规律,并提出有针对性的技术组织措施,预防或减少故障的发生。

二、机械设备故障

1. 故障判别的标准

机械设备中,故障是指整机、总成或零部件丧失规定的功能。确定故障时,首先,要明确"规定功能"的含义。有时规定功能是很明确的,不会引起争议,如发动机缸体损坏、高压油泵柱塞卡死等;有时规定功能却难以确定,特别是故障的形成是因为功能逐渐降低这种情况。例如,发动机气缸磨损超过一定的限度,将会引起功率降低,燃油消耗增加,出现这种情况,可以算作故障。然而磨损的程度,在使用中难以确定。如果减小负荷,增加润滑,有一定磨损的发动机,仍然可以继续使用,也就可以不算作故障。这就需要对规定功能作出具体规定,确定故障判别标准。例如,对发动机功率和耗油量作出具体规定,当达到这一数值时即

可认为发动机出现了故障。

其次,确定是否是故障,还要分析故障的后果,主要看故障是否影响机械的使用,是否影响设备或人身安全。除了以技术参数中的任一项不符合规定的允许极限作为故障判断的准则外,还要通过考虑若在这种状态下继续工作,是否会发生不允许的故障后果来判别。如液压缸渗漏,在短时间内不影响使用,但时间长了,导致液压油减少而影响使用。

因此,在判断机械故障时,不仅要考虑其"规定功能",而且要考虑故障的后果。一般情况下,机械故障判别的标准是:

(1)在规定的条件下,不能完成其规定功能。

(2)机械在规定的条件下,一个或几个性能参数不能保持在规定的上、下限值之间。

(3)机械在规定的应力范围内工作时,其零件出现各种裂纹、渗漏、磨损、锈蚀、损坏等状态。

不同的产品有不同的故障判别标准,并且研究工作的出发点不同,所认定的故障也不同,难以做到统一。但是在同一使用部门之内,则应该有统一的标准。一般情况下,故障判别标准应根据可接受的性能指标来衡量。

2. 故障模式

故障模式是指故障的表现形式。它是通过人的感官或测量仪器得到的,如发动机怠速不稳、冷却水温度过高等故障表现形式,就是人们能观察到或测量出来的。故障模式主要涉及产品有何种故障,而不涉及为什么产生这种故障,其相当于医学上的"病症",一般能被医生直接或间接观察到。

为什么要研究故障模式?因为一般研究产品的故障时,往往从产品的故障现象入手,进而通过现象找出故障的原因,同时,故障模式也是其他故障分析方法的基础。因此有必要弄清机械在各功能级上的故障模式。由于系统的故障往往是由零件的故障引起的,因此,确定零件的故障模式是研究整机故障的基础。

一般情况下,要尽量以零、部件的故障模式来描述整机或系统的故障,只有在难以用零、部件的故障模式描述或无法确认某一零、部件发生故障时,才可用总成、子系统或整机故障模式来描述。

机械设备零、部件的故障模式有:

损坏类型——断裂、开裂、烧结、点蚀、塑性变形等;

退化类型——磨损、疲劳、老化、变质、腐蚀等;

松脱类型——松动、脱落等;

振动类型——颤振、抖动、噪声等;

卡滞类型——卡死、滞后、咬合、锈死、转动不灵、分离不彻底、滑动困难等;

失调类型——间隙不当、压力不当、行程不当等;

堵漏类型——堵塞、渗漏、漏油、漏水、漏气等。

整机及总成故障模式通常有功能失效、性能不稳、工作无力、流量不当、压力不当、启动困难、油耗过大、打滑、异响、跑偏、离合器结合不稳、冒黑烟等。

一个零、部件可能同时有几种故障模式,这几种故障模式中通常总是有一种是主要的;零件的一种故障,也会在各级上表现为相应的故障模式,例如,齿轮泵侧板磨损,在侧板这一级的故障模式为磨损,在齿轮泵这一级的故障模式为性能劣化(容积效率下降)。总之,确定故障模式,要有利于故障的判断与排除。

3. 故障的分类

故障的分类方法多种多样,随研究目的的不同而异,机械故障可从以下几方面分类。

1)按故障发生的快慢分类

(1)突发性故障

突发性故障是指机件在损坏前没有可以觉察到的征兆,故障是瞬时出现的。如因润滑油中断使零件产生过热变形和裂纹;因使用不当或突然超载而引起的故障;油路堵塞等。

突发性故障产生的原因是各种不利因素以及偶然的外界影响共同作用的结果,这种作用已经超出了机件或系统所能承受的限度。

突发性故障的特征:

①具有偶然性,这类故障在什么时候发生事先是不知道的。

②无法预测,这类故障在机械使用过程中是很难通过测试或监控的方法预料和防备的。

③在机件正常使用期的某一段时间内,发生故障的概率与其使用时间无关,即不受机械使用时间的影响而随机发生。

(2)渐发性故障

渐发性故障是由于零部件的磨损、老化、疲劳、腐蚀等,使其性能参数逐渐恶化,超出其允许范围而引起的故障。如气缸的磨损导致发动机性能恶化、轴的疲劳断裂等。机械使用中绝大部分故障都属于这类故障。

渐发性故障的特点:

①出现故障的时间是在机件有效寿命的后期,即耗损故障期。

②故障不是突然发生的,可以事先通过诊断或监测仪器进行测试或监控,预防故障的发生。

③故障发生的概率与机械运转的时间有关,机械使用时间愈长,发生故障的概率就愈高。

这类故障可分为耗损故障(由老化、磨损、损耗、疲劳等引起的故障)、渐变故障(通过事前的测试或监控可以预测到的故障)和退化故障(产品性能逐渐劣化而超出规定界限,但未完全丧失原有功能)等。

2)按故障的表现形式分类

(1)功能故障

功能故障是指导致机械丧失功能或造成功能下降的故障。如油泵不供油、油缸不动作、发动机动力下降等。功能故障通常是由机械中个别零部件损坏或失调造成的,需要经过修理才能恢复机械的功能。

(2)潜在故障

潜在故障是指机械中零部件内部虽已出现损伤,但尚未形成故障。例如零部件内部出现的裂纹、润滑不良以及配合松动等。潜在故障通常是以其损伤程度临近允许极限的程度来判断的。一般应在预防维修中加以消除,以防止其进一步发展为功能故障。

3）按故障发生的原因分类

（1）自然故障

自然故障是受到机械内部或外部各种环境应力作用而引起的故障。如磨损、疲劳断裂、剥落等。

（2）人为故障

人为故障是由各种人为因素引起的机械故障。如使用不当、保养不当、修理不符合技术要求等。分析人为故障是为了制订合理的使用维修方法，提高修理质量。

4）按故障的程度分类

（1）完全故障

完全故障是指导致机械丧失主要功能，无法继续使用的故障。如发动机气门断裂、工作油缸大量泄漏等。

（2）局部故障

局部故障是指导致机械部分功能丧失的故障。如履带板局部损坏、化油器加速性能恶化等。

在实际维修工作中，根据故障分析的目的不同，可以采用不同的故障分类法，以便迅速查找和分析排除故障。

4. 故障的发现与证实

故障的发现和证实依赖于观察者必须处于可以发现故障的位置、观察者和维修人员必须掌握判别故障的标准。

（1）故障的发现

操作手是唯一处于能观察装备动态使用状况位置的人员，在发现故障方面起主要作用。机械上配置的大量仪表、指示信号或其他监控装置提高了他们察觉故障的能力，使故障在发生的瞬间就能显示出来。这些仪表装置的作用是使本来属隐蔽性的故障成为明显故障，反之，某些靠仪表装置显示的明显故障，在仪表装置缺损或发生故障时，将会变成隐蔽故障。

（2）故障的证实

操作手报告了在他们看来是不合格的状况，但按性能标准和规定来衡量，这些状况实际上可能是合格的；另外，操作手不可能总是知道某一偏离是否体现了潜在故障，因此，通常首先要求操作手报告任何可疑的情况即"异常情况"。操作手报告的"异常情况"是否属于故障，常常需要通过维修及管理人员的检查甚至严格的测试才能证实。

当装备一旦进入维修检查过程时，维修人员就处于一种较好的位置来确定故障状况是否确实存在。通常他们有较高的技术水平、配有必要的检测仪器，因而他们能对故障做出判断。

除了检查潜在故障外，维修人员还要检查发现大部分隐蔽功能项目的功能故障（隐蔽故障）。概括地讲，操作手和维修人员作为故障观察者是互为补充的。

5. 故障后果

产品的故障是与其功能相联系的，因而已经发生的故障也叫功能故障。对于功能故障，我们最关心的是它所产生的后果,在什么时机做什么维修工作不是受某一故障发生的频率所支配,而是受故障后果的性质所支配,因而在维修规程中,故障的后果决定了维修工作的先后顺序。机械设备的故障后果可分为如下几类:

(1)安全性后果

安全性后果是指故障会引起对使用安全性有直接不利影响的功能丧失或二次损伤。

这里"直接不利影响"应是立即表现出来的,该后果必须是由一个故障造成而不是由该故障与尚未发生的故障可能的某种组合造成。因此,所有危险性故障对于操作手来说都是明显的,如果一个故障无明显后果,则它不会对安全性有直接影响。此外,也并不是说每个危险性故障都将造成事故,只是说事故有可能发生,即后果不是必然的。

(2)使用性后果

对于无安全性后果的故障,使用性后果是指故障对使用能力有直接不利影响。使用性后果包括故障发生后需要中断使用、为要进行事先未预料到的修理而延误或取消使用或是在能修理之前需要有使用上的限制。在此情况下,经济性损失包括因丧失使用能力而产生的费用。

(3)非使用性后果

非使用性后果是指发生故障的部件不需要立即停机修复,但须在某个方便的时候加以修复,所产生的费用仅限于维修修复的费用。

潜在故障通常引发非使用性后果。鉴定潜在故障以防止功能故障的产生,就把故障的后果降低到了只包括更换和直接修理费用的程度。

(4)隐患性后果

隐蔽故障不会产生直接不利影响,但是如果隐蔽故障没有被发现和排除,则最终后果可能是严重的。任何隐蔽功能故障的后果是增加了出现多重故障后果的可能性。由于会形成多重故障,隐蔽功能项目就被划成一个特殊的类别,所有这一类机件,凡是未预定做其他维修工作的,都要预定做隐患检查工作,虽然这类工作的目的是要发现而不是预防隐蔽故障,但它仍可以被看成预防性维修,因为隐蔽功能故障可以看作潜在的多重故障,做隐患检查的目的之一是要减少发生多重故障的可能性。

三、故障发生的机理与规律

1. 机械设备故障发生的机理

机械设备在投入使用后,随着时间的推移,由于受内部和外界各种因素的作用,特别是受到各种能量的作用,其各个零、部件,元器件,机构,装置和整台设备的各种参数都会发生变化。这些能量来自周围的介质(包括操作人员和维修人员的作用)、设备内部(设备及其组成部分在运转中经过变换、传递所获得的能量)和潜伏应力(设备零件在铸造、锻造、加工过程中残留的内应力和装配内应力等)。能量包括机械能(设备所产生或获得的机械能除消耗于工作外,有一部分还会以内应力形式保留在零件内部而使零件发生变形)、热能(周围介质温度的变化和运转中产生的热能都会对设备及其零件、部件产生影响)、化学能(设备在含有水分和侵蚀成分的空气中或在侵蚀介质下工作,化学作用会直接破坏设备的部分零、部件)、核能(原子核裂变过程中释放出的核能不仅会对设备的材料产生作用,甚至会改变材料的性质)、电磁能(电磁振荡对电子设备的干扰会使其元器件失效)、生物能(如热带地区有一种微生物能使某些塑料和金属受到破坏)。这些能量对设备作用的结果会使设备的零件发生变形、磨损、断裂、腐蚀等,引起设备参数发生变化,技术特性逐渐劣化,工作能力逐渐下降,最后导致故障的发生。这个过程可用图 14-1 表示如下。

图 14-1　机械故障形成过程框图

2. 机械设备故障发生的规律

大量使用实践和试验可以证明,大多数机械产品的故障率是时间的函数,如图 14-2 所示,由于该曲线两头高,中间低,有点像浴盆,通常叫作浴盆曲线。从图中可以看出,机械产品的故障率随时间的变化,大致可划分为三个阶段:早期故障期、偶然故障期和耗损故障期。

(1)早期故障期

图 14-2　故障率规律曲线

早期故障期出现在机械开始工作的较早时间,它的特点是故障率较高,且故障率随时间增加而迅速下降。故障是由设计、制造的缺陷或修理工艺失当、质量不佳引起的。例如使用材料不合格、装配不当、质量检验不认真等。对于刚修理过的机械来说,装配不当是发生故障的主要原因。对新出厂或修理过的机械,可以在出厂前或投入使用初期的较短一段时间内,进行磨合或调试,以便减少或排除这类故障,使机械尽早进入偶然故障期。因此,一般不认为早期故障是使用中总故障的一个重要部分。

(2)偶然故障期

偶然故障期是指机械在早期故障期之后耗损故障期之前的这一时期。这是机械最良好的工作阶段,也叫有效寿命期。它的特点是故障率低且稳定,近似为常数。这一阶段,故障的发生带有随机性质,与机械新旧无关。发生的故障是由偶然因素引起的,如材料缺陷、操作错误以及环境因素等。偶然故障不能通过延长磨合期来消除,也不能通过定期更换故障件来预防。一般来说,再好的维修工作也不能消除偶然故障。偶然故障什么时候发生是无法预测的。但是,人们希望在有效寿命期内故障率尽可能低,并且持续的时间尽可能长。因此,应提高机械设备使用管理水平,适时维修,以减小故障率,延长使用寿命。

(3)耗损故障期

这是机械使用的后期,其特点是故障率随时间的增加而明显提高。这是由机械长期使用,产生磨损、疲劳、腐蚀、老化等造成的。防止耗损故障的唯一办法就是在机械进入耗损期前及时维修。这样可以把上升的故障率降下来。如果机械故障太多,修理费用太高,不经济,则只好报废。可见,准确掌握机械何时进入耗损故障期,对维修工作具有重要意义。

以上三个故障期是就一般情况而言的,并不是所有机械系统或零、部件都有明显的三个故障阶段,有的系统或零、部件只有其中一个或两个故障期,甚至有些质量低劣的零件在早期故障期后就进入了耗损故障期。例如,机械使用中,发动机和曲柄连杆机构的磨损基本上按照三个故障时期发展(图14-3,A曲线);前桥、减速器通常只有两个故障期(图14-3,B曲线);电路、油路一般只表现出一个故障期(图14-3,C曲线);紧固件则基本上只有前两个故障期(图14-3,D曲线)。因此,机件在不同工作条件下,其故障规律是不同的,实际维修中,要根据机件故障率的不同变化规律进行分析,采取不同的措施。

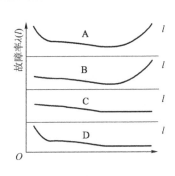

图 14-3 某些机件的故障率曲线

四、故障原因分析

故障分析的核心问题是弄清发生故障的原因和机理,其目的是制定减少或消除故障的有效对策。

产生故障的原因有硬件方面的和软件方面的。联邦德国阿兰兹技术中心对1200次电站蒸汽透平机故障原因的统计分析表明:设计和结构方面的原因占17.5%;材料方面占11.6%;安装修理方面占24.4%;操作维修方面占34.5%。这说明,由软件方面引起的故障所占比重往往相当大。

故障的发生受空间、时间、设备内部和外界等多方面因素的影响,有的是某一种因素起主要作用的结果,有的是几种因素综合作用的结果。为了厘清故障是怎样发生的,必须厘清各种直接和间接影响故障产生的因素及其所起的作用。

故障现象、故障机理、故障应力三者密切相关。但是,这种关系及其发生发展过程十分复杂,而且没有固定规律可循。例如,故障模式相同,但发生故障的原因和机理不一定相同;同一应力也可能诱发两种以上的失效机理。因此,即使全面掌握了故障现象,也不等于完全具备弄清楚故障发生原因和机理的条件。然而,弄清故障现象则总是分析故障发生原因、机理的必要前提。

1. 故障分析的基本程序

故障分析的基本程序如图14-4所示。在故障分析的初期研究阶段,要对故障实物(现场)和故障发生时的情况,进行详细的调查和鉴定,还要尽可能详细地从使用者和制造者那里收集有关故障的历史资料,通过对故障的外观检查鉴定,找出故障的特征,查出各种可能引起故障的影响因素。在判断阶段,要根据初步研究结果,提出需要进一步开展的研究工作,以缩小故障产生的可能原因的范围。在研究阶段,要用不同方法仔细地研究故障实物,测定材料参数,重新估算故障的负载。在结果分析阶段应找出故障的类型及产生的原因,提出预防的措施。

2. 分析故障常用的研究方法

分析故障包括宏观分析和微观分析两方面。

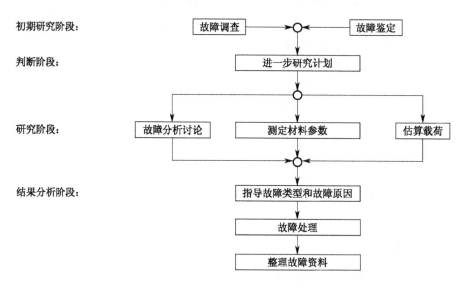

图 14-4 故障分析的基本程序

(1) 故障微观分析的内容和方法

对故障进行微观分析时,通常需要采用图 14-5 所示的一些研究方法。

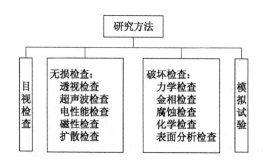

图 14-5 故障微观分析常用的研究方法

(2) 故障宏观分析的内容和方法

故障宏观分析是指对本系统、企业全部设备的故障基本状况、主要问题、发展趋势等进行宏观的全面了解,找出管理工作中的薄弱环节,并从本系统全部设备着眼,采取针对措施,预防或减少故障发生,改善设备技术状态。因此,对故障的宏观分析是故障管理工作必不可少的内容,是制订管理目标的主要依据。下面简要介绍企业设备故障管理中常进行宏观分析的内容及方法。

① 故障频率分析。

A. 故障频率数。

为了掌握设备使用过程中不同时间内的故障发展趋势,要对规定时间内的故障频率进行分析。故障与设备的负荷有直接关系。但是,每个企业设备的种类和每台设备的功能多种多样,很难以产量作为衡量设备负荷的尺度。任何设备的产量都和它的运转台时成正比。

因此,对照设备负荷分析其故障量及增减趋势时,一般以设备的单位运转台时发生的故障停机台次来评价故障频率:

$$故障频率 = \frac{同期设备故障停机台次}{设备实际运转台时} \times 100\% \qquad (14\text{-}1)$$

频率分析一般以一个工程队作为一个系统,也可以对某一台设备的故障增减情况进行分析。分析故障频率时,一般是在同类型的单位、系统之间,或对一个单位、系统前后期的故障频率进行比较,观察其故障多少和增减趋势。

B. 故障强度率。

故障频率分析只能反映故障发生的次数,不能反映故障停机时间的长短和费用损失的程度。为了能反映故障的程度,一般以单位运转台时的故障停机小时来评价,叫作故障强度率:

$$故障强度率 = \frac{同期设备故障停机小时}{设备实际运转台时} \times 100\% \qquad (14\text{-}2)$$

C. 故障停机率。

$$故障停机率 = \frac{设备故障停机台时}{设备实际开动台时 + 设备故障停机台时} \times 100\% \qquad (14\text{-}3)$$

故障停机率受设备可靠性和维修性两者的影响,它与故障频率共同使用,是反映设备技术状况和故障对生产影响程度的重要指标。

②设备故障的主要因素分析。

设备发生故障与各种因素有关,不掌握这些因素及造成的故障所占的比重,不弄清哪些是主要原因,就不能了解问题的性质和重点,从而难以采取有效对策。故障原因分析的结果是制订本企业预防故障技术组织措施的主要依据。经分析确定所占比重大的故障和主要原因类别便是故障管理的重点目标。应该强调,故障的宏观分析以每一起具体故障的分析为基础;对故障外部原因的分析以故障机理的分析为基础。不了解故障机理,就不能判定外部原因对故障的实际影响程度。

为分析各种原因及造成的故障所占比重,首先应将本企业的故障原因种类规范化。划分故障原因种类时,要结合全单位拥有设备的实际情况。通常可以从设计、制造、安装、使用条件、维护保养和润滑情况、修理质量、操作情况、自然灾害等方面考虑原因。

原因明确划分后,根据统计数,绘制排列图,例如图 14-6 为某工程队统计得到的排列图。由排列图可知,其中前 5 项:润滑不良、自然磨损、操作者保养不良、操作者马虎大意、修理质量不良等原因造成的故障频数占 80%,由此可以认为这几种原因是主要原因。通过这个分析可知,若能集中主要力量抓好这 5 项,就可以使 80% 的故障得以减少或避免,这使管理工作抓住了主要矛盾。

五、故障信息的管理

故障信息主要来源于故障设备的各种现场记录、故障设备及其零、部件的性能、材质数据和故障设备(故障件)的有关历史资料。准确而详尽的故障信息是做好故障管理工作并正确进行故障分析和处理的依据和前提。

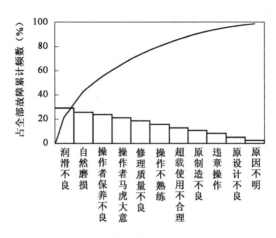

图 14-6　故障原因统计数排列图

1. 收集故障数据资料的注意事项

收集故障信息的总要求是准确、可靠、完整、及时。在收集故障的数据资料时要注意以下几点：

(1) 目的性要明确,要收集对故障管理有用的数据和资料;
(2) 要按规定的程序和方法收集数据;
(3) 对故障要有具体的判断标准;
(4) 各种时间要素的定义要准确,计算各种有关费用的方法和标准要统一;
(5) 数据必须准确、真实、可靠,要对记录人员进行教育、培训,健全责任制;
(6) 数据要完整、客观、实用,防止含糊不清;
(7) 收集信息要及时。

2. 故障信息的内容

故障管理中所要收集的数据资料一般包括以下几个方面的内容：
(1) 故障对象的识别数据:系统、设备的种类、生产厂家、使用经历、设备"病历"等。
(2) 故障识别数据:故障类型、故障现场的形状、故障时间等。
(3) 故障鉴定数据:故障现象、故障原因、寿命时间、测试数据等。

3. 故障信息的来源

故障管理中的有关信息通常从以下资料中获得：
(1) 故障的现场调查资料;
(2) 故障专题分析报告;
(3) 故障报告单;
(4) 设备使用情况报告;
(5) 定期检查记录;
(6) 设备运行日志;
(7) 状态监测和故障诊断记录;
(8) 产品说明书,出厂检验、试验数据;

（9）设备安装、调试记录；

（10）修理检验记录；

（11）故障树分析资料及其他的故障信息资料等。

4. 认真做好设备故障的记录

要认真做好设备故障的原始记录。这主要要求：

（1）做好对设备的各种检查的记录，对检查中发现的设备隐患，除按规定要求进行处理外，对隐患处理情况也要按表格要求认真填写。

（2）填好设备故障报告单。在有关技术人员会同维修人员对设备故障进行分析处理后，要把详细情况填入故障报告单。故障报告单是故障管理中的主要信息源，对报告单的内容要认真地研究确定。故障报告单的内容和格式因企业设备类型、信息管理的要求而异，其一般记录的项目及管理的内容如表14-1所示。

故障报告单记录的项目及管理的内容　　　　表14-1

项目类别	获取的信息	管理的内容
识别参数（一般特征）	故障设备的名称、型号、编号，出产厂名，出厂时间，使用单位；故障时间，修理次数，最近修理日期，总工作时间，以及各级责任人签字	识别，记入设备档案
故障详细内容	故障征候与预兆，故障部位、形态，发现故障的时机，异常状况，存在缺陷及使用、修理中存在的问题	纳入检查、维护标准，改装设备，计划检修内容，准备技术资料
故障原因及防止措施	设计、制造、装配、材质、操作使用、维护修理问题、自然老化问题等。防止故障再发生的措施	改进管理工作，制定并贯彻操作规程，落实责任制，加强业务培训
工时与费用	停工工时，停歇台时占开动台时比率，停工对生产的影响；修理工作量（各种工时消耗，维修实际工时等）。停工损失费，厂内修理费，外协修理费，备件费等	工时定额，人员配备，工人奖励。改进修理方式和方法，进行技术经济分析，减少停工损失

第二节　机械设备修理的目的、分类与标志

一、机械设备修理的目的

1. 保证机械正常工作

机械设备通过修理，恢复零件的几何尺寸、光洁度、理化性能和装配间隙等，使已经不能正常工作的零件、部件、总成恢复正常状况，使机械恢复规定的性能，保证机械继续正常工作。修理质量是机械合理使用和定期保养的基础。如果修理质量不好，机械在使用中必然会不断发生故障甚至损坏，这就失去了机械合理使用的前提和破坏了定期保养的正常秩序。

只有修理质量达到标准,才能为机械的合理使用和定期保养创造条件,从而保证机械正常地工作。

2. 延长机械使用寿命

任何机械都不能无限期地使用,都有规定的修理标志和修理间隔期,达到修理标志就必须进行修理,只有通过修理才能获得继续工作的能力,延长使用寿命。一般情况下,在机械整个寿命周期中,可进行四次大修,加上新机出厂后的间隔期,共有五个修理间隔期。除第一个修理间隔期由制造质量决定外,其余的修理间隔期都是通过大修获得的,其寿命在同样使用、保养情况下也主要是由大修质量所决定的。

3. 降低机械使用成本

一台机械如果不经过大修就报废,只能使用一个大修理间隔期,只达到规定使用寿命的1/5~1/4。但一台机械的一次大修费用只占新机原值的10%~30%,所用材料为新机的10%~20%,而每大修一次可获得相当于新机80%~90%的使用寿命。如果在全部寿命周期中大修四次,则所需费用不超过新机原值,且可获得相当于新机三倍的使用寿命。因此,修理可以降低机械使用成本,节约物资,提高机械的使用效益。

二、机械设备修理的分类

1. 定期修理

定期修理又划分为大修、中修、小修。

(1) 大修

大修是有计划进行的全面恢复性修理。机械使用到大修理间隔期后,其大部分易损零件甚至有些基础件达到使用极限,使机械各方面性能显著下降。为此,必须进行一次全面、彻底的修理,全部解体检查每个零件,修复或更换不符合要求的零件,按大修技术条件重新装配,基本上恢复原有的动力性能、经济性能和机件的可靠性及安全性能,全面恢复机况。

(2) 中修

中修是对以内燃机为动力的机械,在两次大修之间,有计划进行的平衡性修理。新机或大修后的机械,经过一定时间的使用,有的总成磨损较快,有的总成磨损较慢,这种技术状况的不平衡,使机械不能协调一致地正常工作,为此,对发动机和另外1~2个总成进行大修,对其他各总成全面进行三级保养并排除发现的一切故障(不按零件分类检验的大修理工艺进行修理,也不更换基础件,但主要零件应有一定的使用寿命和装配调整余量),以调整各总成之间不平衡状态,恢复机械正常工作状态,尽可能地延长大修间隔期。结构简单的机械,如电动机械,一般不存在中修。

(3) 小修

小修是无计划的零星维护性修理。根据机况临时确定对某一零件或某一总成进行更换或修理,以排除机械在使用中发生的临时性或局部损伤,恢复机械正常工作状况。小修一般只更换易损件,不更换基础件。小修对防止发生机械损伤事故起重要作用。小修应与保养结合进行。

定期修理除按修理的性质划分为大、中、小修外,还有按工程周期、季节周期进行的计划预防性定期修理。

2. 事后修理

对不重要的小型机械,如振捣器等可不进行计划预防性修理,采用一次使用到出现故障为止的事后修理。事后修理还包括死机复活修理和事故性修理等,其修理内容和标准根据实际情况确定。

3. 视情修理

定期修理是一种强制性的修理,其优点是有一定的计划性,便于做好修理前的准备工作,减少设备的停机时间,提高修理质量。但是如果机械达到修理时间,其技术状况仍然很好,也要停机修理,或机械未到修理期而技术状况很坏又得不到及时修理,都会造成经济损失。

视情修理(又叫状态维修),是根据机械实际技术状态,控制机械工作可靠性的一种维修,它要求在机件发生功能故障前就应采取措施。视情维修的理论根据:认为具有较缓慢发展的耗损故障,从潜在期发展为功能故障,必定有个从量变到质变的特征(如某些参数恶化)表现。据此,恰当地拟定检测时间间隔,当参数恶化到临界值时,及时进行维修,以预防故障发生。

视情修理是随着机械设备监检技术日益先进而发展起来的一种维修方法。它能够有效地预防故障,较充分地利用机械的工作寿命,减少维修工作量,从而减少了人为差错所造成的故障,提高了机械设备的利用率,但要实现视情修理必须明确机械耗损故障的初始和恶化参数,有适用的检测手段。

随着现代故障诊断以及监测、检测技术的发展,视情修理逐渐被采用。我国第一台"快诊"汽车检测车已经问世,可以在汽车零、部件不解体的情况下,对整车技术性能和状况进行快速"诊断",这种检测车采用计算机将多种国产测试仪器联机对数据进行统一处理,车仪一体,与检测站的性能一致,综合测试一台车,只需 25min 左右,比人工检测工效提高 75 倍,准确率达 95% 以上。

三、修理标志

机械的修理标志,是判定机械是否应进厂修理的依据。修理标志有总成修理标志、整机修理标志。

1. 总成大修标志

凡机械总成磨损、腐蚀、变形或损坏,不能正常运转,需进行全部解体彻底修理才能修复,或需更换主要基础零件、部分关键零件或较多的非易损耗零件者,为总成大修。

2. 整机大、中修标志

(1)以内燃机为动力的机械大、中修标志

整机大修:发动机进行大修的同时,底盘部分(习惯上对机架、传动系统、转向系统、制动系统等的总称)及工作装置有三个以上主要总成也需大修的机械。

整机中修:发动机进行大修的同时,底盘部分需保养或两个以下主要总成需大修的机械。

汽车整机大修:客车在车厢大修的同时发动机也需大修。货车在发动机大修的同时,车架总成或其他两个总成也需大修。

(2)其他机械的大、中修标志

整机大修:主要总成多数需要大修的机械。

整机中修:个别或少数总成需大修,其他部分需保养的机械。

第三节 机械设备修理的周期与计划

一、制订机械修理周期的依据

1. 机械技术状况变化规律和机械性能低劣化原理

机械设备在使用中,除少数由于偶然发生事故需要进行修理外,其绝大部分是由于机械技术状况的自然变化,包括磨损、疲劳、变形、腐蚀等原因引起机械性能逐渐低劣,使机械的动力性能、经济性能和安全可靠性能变差,而需要进行修理。新机和大修后的机械,经过磨合使性能逐渐改善。但是磨合后的机械,随着工作时间的增长,其性能又会逐渐低劣化,最终将停止工作。磨损是造成机械性能低劣化的主要原因,据修理资料分析,80%~90%的零件损坏原因是磨损。这种机械性能低劣化的原因是机械技术状况变化规律的组成部分。

机械技术状况变化规律(主要是机械磨损规律)和机械性能低劣化原理是制订计划预防性修理制度中修理类别、修理间隔期、修理作业内容等的首要依据。

2. 机械的类别和复杂程度

机械设备种类繁多,有的简单,有的复杂,不同类别的机械有不同的修理要求,机械的繁简程度影响机械修理的分类和作业内容,在制订修理制度时必须加以考虑。

3. 机械的运行条件

机械行驶的道路、作业地点、气候条件以及机械作业的对象和负荷程度等情况对机械磨损有很大影响。如多用履带起重挖掘机,作起重或挖掘使用时其负荷情况就有很大不同;又如经常在低温情况下工作,机械磨损就快,制订修理间隔期时都要有所区别。

4. 机械保养和修理质量

在定期保养能够正常进行,修理比较正规和保养质量较好的情况下,修理间隔期就长;在保养能力薄弱、修理规模小、加工能力差、配件供应不足、保养修理质量不高等情况下,修理间隔期就短。

二、机械修理的周期(间隔期)

机械修理间隔期是机械使用、修理方面一项重要的技术经济定额,是考核机械使用寿命的指标,是计划修理的重要依据。

1. 修理间隔期的内容和分类

修理间隔期是机械两次大修之间以及大修到中修、中修到大修之间的间隔周期,用工作台班或行驶里程数表示。大修与下一次大修之间为大修间隔期,在大修间隔期内划分若干中修,大修与中修之间或中修与中修之间为中修间隔期。新机械从出厂到第一次中修或到第一次大修的间隔期,分别称为第一次中修间隔期和第一次大修间隔期,它们分别比以后的大、中修间隔期增加10%~20%。从第三次大修起,大、中修间隔期逐次递减10%。对于老旧淘汰机型,还可酌情缩短。

2. 机械修理间隔期的确定

机械修理间隔期是以零件的使用期为依据,根据零件磨损规律,通过考查、统计、测定、试验和计算分析等方法来确定的。

三、机械修理计划的编制和实施

机械修理计划是贯彻计划预防性修理制度的保证,是组织机械修理的主要依据和手段。机械大中修计划分为年度计划、季度计划和月度计划三种。小修属于排除故障性质的临时安排计划。

1. 年度机械大中修理计划

年度机械大中修理计划,是预防性的计划,编制目的是掌握全年机械大中修数量,统筹安排全年修理力量、平衡全年修理任务和制订年度材料配件供应储备计划,应分季编制。其编制依据是：

(1) 上年度的大中修理计划及实际执行情况。
(2) 机械上次修理类别和已运转台时。
(3) 机械的实际技术状况。
(4) 机械修理间隔期、工时和停修天数定额。
(5) 年度施工生产计划和机械使用计划。
(6) 配件材料储备和供应情况以及周转总成的数量。

年度机械大中修理计划由使用单位提出申请,由主管机械使用和大修单位的机务部门编制,报主管机械计划和费用的上级单位审查批准,然后分送施工生产、财务、材料配件等有关部门以及机械使用单位和修理单位。修理单位根据上级下达的年度修理计划,并经内部平衡后,编制年度生产计划和技术组织措施,上报审批后下达车间或班组执行。

2. 季度机械大中修理计划

季度机械大中修理计划,是年度计划的具体化,其目的是根据机械设备使用计划和机械实际情况调整年度计划,并进一步做好季度修理所需配件材料和技术力量的准备。季度计划应分月编制,其编制依据是：

(1) 已批准的年度修理计划。
(2) 上季机械大中修理计划完成情况和本季施工生产及机械使用计划。
(3) 机械上次修理类别、已运转台时和技术状况。
(4) 机械保修周期、工时和停修天数定额。
(5) 材料配件、周转总成的实际准备情况。
(6) 机械大中修送修前技术鉴定资料。

季度计划的编制和审批单位与年度计划相同。季度计划应明确机械送修时间并于季前 15 日下达使用单位和修理单位,作为机械送修的依据。修理单位应根据上级下达的季度计划,经内部平衡后,编制季度生产计划和技术组织措施,经上级审批并下达车间班组执行。

3. 月度机械修理计划

月度机械修理计划是修理单位根据批准的季度计划和使用单位报送的机械大中修申请单,经过内部综合平衡后,编制的作业性计划。其编制依据是:

(1) 已批准的季度修理计划和上月执行情况。
(2) 本月施工生产计划和机械使用计划。
(3) 机械送修前技术鉴定资料和送修时间。
(4) 配件材料、周转总成的具体情况和修理力量。
(5) 机械修理定额。

月度计划由修理单位制订,经主管机务部门批准后,下达车间班组执行。

4. 机械修理计划的实施

机务部门在编制修理计划前,应和有关部门密切配合,认真了解机械的技术状况以及有关施工生产、配件供应和修理力量等情况,使计划建立在可靠的基础上。并经常检查计划的执行情况,发现问题及时帮助解决。

由于计划预防性修理制度允许而且必须根据机械实际情况延长使用寿命,因此,考核机械修理工作的主要指标不应是完成机械修理计划的数量,而应是修理费的使用效果、机械完好率、修理质量、在修期和修理成本。

每季最后一个月前,应对下季计划送修的机械包括未列入年度、季度计划但根据实际情况需要修理的机械进行技术鉴定,确定是否送修,并将鉴定结果报送制订计划单位,以确定下季机械大中修理计划。

送修单位应按季度计划确定的时间准时送修机械。如因特殊情况不能按时送修,应事先将不能送修的原因和可以送修的时间通知制订计划单位和修理单位,由制订计划单位进行处理。如签订有修理合同,应按合同规定办理。

每月末后 3 日、季末后 5 日、年末后 10 日内,修理单位应分别将月度、季度、年度机械大中修理计划完成情况表上报主管单位和主管机务部门。如未能完成计划应说明原因。

第四节 机械送修进厂和出厂规定

一、机械送修前的技术鉴定

机械达到大、中修间隔期后,在送修前一个月,由使用单位机务部门组织进行修理前的技术鉴定,诊断机械磨损的实际情况,防止盲目送修和盲目延长使用。机械送修前的技术鉴定应注意以下方面:

(1) 机械尚未达到大修标志,可延长使用。
(2) 机械的个别或少数总成已达到大修标志,但经过调整或小修(如研磨气门,更换气缸垫)可以恢复正常工作状态者,应确定在调整或小修后延长使用。

(3)机械主要总成已达大修标志,且无法通过调整或小修恢复者,应立即送修。

(4)可根据发动机气缸压力估计机械可延长使用的时间。一般可确定延长使用一个二保或三保期,并对机械进行三保。预计延长使用期满后,再进行技术鉴定。如未达到修理标志,仍可延长使用。

(5)延长使用的机械,应加强保养,一般情况下应缩短保养间隔期10%~20%。

二、机械送修进厂

1. 送修规定

机械送厂修理时,为了便于承修单位进行修理工作,送修单位应遵守如下送修规定:

(1)机械大中修进厂,须根据计划及双方商定的具体日期。如不能按时进厂,一般要在10天以前通知承修单位。如需提前进厂,应征得承修单位同意,否则,承修单位有权拒绝办理有关手续,也不负责机械的保管及防护。

(2)机械在送修前,必须将机上的泥土、夹石、黏附的灰浆或沥青混合料等脏污清除干净。

(3)送修的机械或总成,应保持尚可运转状态,一切零件、附件、仪表均须齐全,严禁趁送修之际拆换,如因肇事或特殊情况不能运转或短缺零件,应在送修进厂交换清单上载明,并做出相应的约定(如短缺的零部件需由承修单位配齐时,费用由送修单位承担等)。

(4)随机工具及其他用品,凡与检修无关者,均由送修单位自行保管。特殊机型检修过程中需用随机专用工具的,送修单位应临时借给承修单位。

2. 接收检查

接收检查由承修单位的检验员负责,送修单位的机务人员和本机操作者会同进行。对检查结果应做好记录,经双方签认,作为交接凭证。检查的主要内容是:

(1)机械装备状态,零件、附件、仪表等有无短缺或被拆换。

(2)从外表检查主要部件的损坏情况。

(3)可以运转的机械应进行试运转,以考察其技术状况。

(4)核对送修申请表所列修理项目是否符合实际。

对于已完成送修交接的待修、在修机械,在厂期间,承修单位对机械负一切保管、防护责任。为了明确责任、减少纠纷、便于结算,送修单位与承修单位应签订修理合同,尤其是外出在社会上修理单位送修时,必须签订修理合同。合同内容应包括机械进出厂期限、要修理的内容、质量保证、材料配件供应分工、费用结算依据以及违约责任等。签订修理合同时双方应认真对待,一旦订立,就必须严肃对待,切实履行。

三、机械出厂交接和保修期规定

1. 出厂交接

(1)交接准备

①机械修竣出厂时,不论送修时的装备状况如何,都应按规定装备齐全。

②在修理过程中，由于客观条件限制，个别零件或总成达不到质量标准，或采用某些非常规修理方法改装时，承修单位应事先征得送修单位同意。这部分情况应由承修单位按规定格式填写清楚，作为出厂交接验收文件之一，否则送修单位可以不予承认。

③有关修理的各种技术检验记录和单证，均应归口收集、积累，由承修单位负责填写或纳入技术档案，并随机移交回送修单位。

④承修单位在机械修竣之后，应及时通知送修单位前来验收接机。过期不接，承修单位可自限期后加收保管费。

（2）交接

交接验收，由承修单位的技术人员和送修单位的机务人员及本机操作者负责进行。

①送修单位的接收人员在检查有关记录、检验单，并听取承修单位技术人员的口头介绍之后，即应进行实地装备情况和试车验收。如送修单位在机械修理竣工检验阶段参加了检验工作，则不需再进行试车验收。如发现有漏修项目或达不到修理合同中约定的质量时，承修单位应立即查明，予以修理或调整。

②承修单位应在一定期限内保证所修机械的质量（详见后面的机械保修期规定）。

③出厂交接机械时，承修单位应将"机械维修出厂合格证"同时交给送修单位的机务人员。"机械维修出厂合格证"由承修单位的专职检验人员签发。"机械维修出厂合格证"由工程局等主管部门统一监制、编号并监督使用。修理单位对社会承接汽车维修工作时，须使用当地交通主管部门发放的"汽车维修出厂合格证"。出厂合格证是处理有关质量事故的依据之一。

2. 保修期规定

（1）送修单位在使用机械时应严格执行走合期的减速、减载、加强润滑、紧固、平稳操作等规定，保证机械各机构的正常走合。

（2）大修后的保修期应自出厂日开始计算，机械运转300台时，机动车辆行驶5000km，但最多不超过6个月。保证的内容如下：

①发动机总成，发动机走热时运转正常，无拉缸现象；活塞、活塞销、曲轴及连杆轴承无异常声响；气缸压力、机油压力、冷却水温度正常，无漏油、漏水；排气烟色正常。

②离合器总成，分离与接合正常，不发抖、不打滑，工作可靠无杂声。

③齿轮箱总成，运转时无异响，各部轴承无过热现象，壳盖各部油封无漏油现象；变速器无自动跳挡、脱挡或换挡困难等现象。

④操纵机构及制动系统工作可靠，无卡滞或漏油、漏气现象。

⑤传动机构，各部零件工作可靠，无不正常的振动杂声，轴承温升正常，油封不漏油。

⑥行走机构，运行平稳、转向灵活可靠，无剧烈振动或摇晃；车轮不偏拖，履带不啃轨。

⑦工作机构，效率不降低，无严重磨损或不正常声响。

⑧机架，机座及主要壳体不发生破裂或变形。

⑨电动机械的电动机空载电流及温升符合规定，机械正常负荷运转时无异常变化。

（3）在保修期内，机械发生严重故障或损坏时，应会同承修单位共同检验。分析原因，明确责任，按下列原则进行：

①因修理过失造成的损坏或故障，由承修单位无偿修复。

②因外购配件质量不良而引起的损坏或故障,由承修单位负责修复,不再收取工时费用,材料费用由送修单位承担,不做返修处理。

③因未执行走合期使用规定、操作不良或保养不善而造成的损坏或故障,由送修单位负责。

发生质量纠纷时,由当地标准质量部门负责仲裁。主管部门可接受委托负责组织技术分析和鉴定。

第五节　机械设备修理中的经济管理

一、机械修理费用的组成

机械修理费用是送修单位与承修单位都关心的问题,修理费用结算是否合理,不仅对承修单位的盈亏有着直接的影响,同时也对送修单位的送修意愿和生产成本产生重要的影响。修理费用的结算应遵守当地交通主管部门与物价部门的有关规定。

1. 修理费用的组成项目

(1)在本系统(如工程局所属各单位范围)结算时,机械的修理费用一般按如下四个组成部分计取:

①材料费:主要件费用、易损件费用、辅助材料费。

②工时费。

③企业管理费。

④车间经费。

(2)社会汽车维修费用结算,其修理费用组成,应符合承修单位所在省、自治区、直辖市交通主管部门(具体指汽车维修行业管理机构)规定。如某省汽车大修费用由下列三项组成:

①材料费:主要件费用、易损件费用、辅助材料费。

②工时费。

③利润、税金、管理费。

2. 本系统修理费用组成项目的解释

1)主要件、易损件、辅助材料用料范围

进行机械修理费用结算,必须明确主要件、易损件、辅助材料等的用料范围。本系统主管部门(如工程局机务处等)应会同修理和使用单位有关技术人员统一划定哪些材料属于主要零配件、哪些属于易损耗件等。由于施工单位机械种类繁多,结构差别较大,所以必须认真确定各类机械的主要件、易损件、辅助材料所指范围。

2)工时费及工时定额

(1)工时费

工时费是修理工人完成修理工作单位时间的工资。工时费由各省、自治区、直辖市主管部门制订,报当地物价部门审批。制订工时费时要考虑修理工的月工资、附加工资、施工补助、夜餐费、营养津贴、高温津贴等其他工资性的支出,另外还应考虑职工福利费、企业奖金等。把修理工的上述收入除以每月平均实际工作小时数,就是工时费。选择修理工工资等级时,须有代表性。

(2)工时定额

工时定额即完成某项维修对象所消耗的工作时间。一般确定工时的方法有经验估计、统计分析、类推比较和技术测定四种。实际确定时较多采用经验估计和统计分析相结合的方法,一部分机械则需运用类推比较法。技术测定是比较科学的办法,但往往由于客观条件不具备,应用得较少。

整机大修、中修、总成大、中修以及各级保养的总工时,一般应按机型制订相应的工时定额。小修由于项目不确定,所以其工时也不确定,一般把所有作业项目各自的工时全部列出,使用时根据实际小修的作业内容查出相应的小修工时。

各种修理和保养作业项目的工时定额,是进行修理或保养费用结算的重要依据,它对经济核算、推行经济责任制有着重要影响。一般汽车修理和保养工时定额由各省、自治区、直辖市交通主管部门按国家有关规定制订,报当地物价部门审批。其他机械的保修工时定额可由工程局参照有关行业、系统的定额、规定制订。

3)企业管理费

企业管理费是指管理人员的工资、管理人员工资附加费、办公费、差旅费、劳动保护费用、固定资产使用费(非生产设备)、低值易耗品摊销费、水电取暖费、检验试验费、工会经费、劳保基金及其他。一般在结算修理或保养费时,将总工时费乘60%即得企业管理费。

4)车间经费

车间经费包括工具使用费、维修设备折旧费、设备维修费、动力费、技术革新费等。一般在结算修理或保养费时,将总工时费乘140%即得车间经费。

二、修理费用的结算

1. 本系统内结算

实行独立核算的修理单位对内(本系统)承修后进行修理费用结算时,修理费用的计取按下述项目进行:

(1)材料费

①主要件费用:按实际结算(结算单位:元)。

②易损件费用:按定额结算。

③辅助材料费:按定额结算。

(2)工时费

按工时定额结算。

(3)企业管理费

可取工时费的60%。

(4)车间经费

可取工时费的140%。

某公路工程局汽车大修费用结算办法摘录如表14-2所示。

某公路工程局汽车大修费用结算办法摘录(元)　　　表 14-2

机型	单位	主要件费	易损件费定额	辅助材料费定额	工时费定额	企业管理费（工时费的60%）	车间经费（工时费的140%）
东风 EQ140	辆	按实际结算	1800	600	1800	1080	2520
黄河 JN151	辆	按实际结算	2000	650	2400	1440	3360

2. 社会汽车维修结算

持有汽车维修经营许可证等证件的修理单位,在对社会上送修车辆承修后进行费用结算时,须注意当地交通主管部门(具体指汽车维修行业管理机构)与物价部门的有关规定。如有的省将汽车大修费用的结算规定为:

$$大修费用 \begin{cases} 材料费 \begin{cases} 主要件费用(按实际结算) \\ 易损件费用(按定额结算) \\ 辅助材料费(按定额估算) \end{cases} \\ 工时费(按工时定额计算) \\ 利润、税金、管理费(按材料费与工时费之和的15\%计取) \end{cases}$$

而有的省(市)交通主管部门和物价部门则彻底放开汽车修理费的结算,由承修单位与送修单位协商确定,过去的有关收费结算定额只作为参考。这种结算办法是市场经济的产物。

3. 结算说明

(1)主要件按实际消耗量计费,易损件、辅助材料按平均消耗量定额分摊,企业管理费、车间经费依照工时费定额推算。

(2)主要件的用料价格,应按本地区配件公司价格结算,一般不得按零售商店购价结算。

(3)计取大修、中修、小修的工时费时,必须有可供结算人员查阅的《大修工时定额》《中修工时定额》《小修工时定额》,否则将给结算工作带来很大困难。即使采用协商的方式结算,上述工时费定额也有重要参考作用。

(4)工程局在制订机械设备维修工时定额及有关费用定额时,可参照本地区汽车维修行业、有关系统(如建工系统、冶金系统等)的规定进行。

三、机械大修理基金的提取和使用管理

1. 大修理基金的提取

机械设备在使用过程中,是要逐渐磨损劣化的,为了保证设备的正常运转,延长使用寿命,使设备达到合理的经济使用期限,必须进行各级保养和大修理。这些追加的耗费,也应计入产品成本,并从产品销售收入中得到补偿。从产品销售收入中收回的用于消除设备有形磨损而付出的大修理费用通常叫作大修理基金。

根据机械设备大修理的特点(修理范围大、费用高、周期长、次数少),为了避免一次

交付较高的修理费用,一次摊入当时的工程成本,造成工程成本不合理的波动,同时也为了保证大修理资金来源,国家规定必须仿照固定资产提取折旧基金的办法,按月从工程成本中提存机械设备的大修理基金,作为实际发生的机械设备大修理费用的开支来源。大修理基金提取率如规定得太低,意味着在设备使用期内允许大修理的次数少、规模小,因而设备使用期限短。如果提取率规定得高,意味着允许的大修理次数多、规模大,因而设备使用期限长。

由上述可知,合理的大修理基金提取制度、正确的提取率,对于更新政策的贯彻,促进现有设备技术水平的提高,促进技术的应用和推广有着重要的作用。

(1)时间法

$$年大修理基金提存额 = \frac{每次大修费用 \times 使用年限内大修次数}{使用年限} \tag{14-4}$$

$$年大修理基金提存率 = \frac{年大修理基金提存额}{原值} \times 100\% \tag{14-5}$$

$$月大修理基金提存率 = \frac{年大修理基金提存率}{12} \times 100\% \tag{14-6}$$

(2)台班法

$$台班大修理费提存率 = \frac{大修理一次费用 \times 使用年限内大修次数}{规定的耐用总台班} \tag{14-7}$$

(3)分类综合法

$$年大修理基金综合提存率 = \frac{分类年大修理基金提存额之和}{分类原值之和} \times 100\% \tag{14-8}$$

$$月大修理基金综合提存率 = \frac{年大修理基金综合提存率}{12} \times 100\% \tag{14-9}$$

一般情况下,年大修理基金综合提存率,按年综合折旧率的50%计算,运输设备按年综合折旧率的100%计算。

2. 大修理基金和折旧基金的使用管理

施工单位对机械的折旧和大修理基金使用与管理的分工一般是:财务部门负责提存和管理;机务部门计划使用;审计部门负责监督。机械的折旧与大修理基金,作为设备更新改造和大修理的专用基金,具有准备金的性质,因此必须坚持先提后用,量入为出的原则。使用折旧和大修理基金,应按规定的程序审批,经批准后使用。如机械的大修理申请单,必须经过机务部门和财务部门审查签注意见后,才能送修,并凭批准的申请单作为报销大修理费用的依据等。

机械的改造宜结合大修理进行。改造所需资金低于所改造机械大修理费用的30%时,可列入大修理费用开支;若超出,应将改造内容列入技改计划,所需费用从折旧基金或企业的技术改造基金中安排解决。机械改造后新增的价值,属大修理基金开支的不办理增值,属折旧基金等开支的应办理增值。在对折旧、大修理基金的使用管理上,不仅要特别注意防止扩大这两项专用基金的规定使用范围,更要防止挪用。

第六节　判断机械大修经济界限的方法

机械设备大修是设备有形磨损的一次全面性补偿。一般来说,修理作业的劳动生产率要比批量的整机生产低得多,零、部件的零售价又要比整机出售的成本价格高得多。在这两个不利因素的共同作用下,为什么大修还能够得以生存?

一般设备在有形磨损后,可以把机械的零件分为三种类型:A 类不能继续使用,必须予以更换;B 类是可以修复的零件,这类零件只要稍加修理,就可以恢复或基本上恢复其原有的使用性能;C 类是原件不动,仍可继续使用的零件。对金属切削机床修理的大量数据调查表明:在大修时,$(B+C)/(A+B+C)$的平均值为 $2/3 \sim 4/5$。同时,A 类零件往往都是价格便宜的零件,所以若按价值计算,其比值将高于前述数值。这就是在设备使用的前期,大修在经济上还得以成立的理由。

但是反复无休止地进行大修,虽可延长设备的使用寿命,却并不是一件值得提倡的事,这是因为:

(1)随着耐用周期较长的基础件、关键件的逐渐老旧,大修理费越来越高。使用一定的年限后,甚至还会出现跳跃性的增加。

(2)设备的日常维修费用、能耗费用等将日益增加,设备的性能如生产率等将日益降低,使换算后的等值年使用费越来越高。

(3)以恢复原机性能为目标的大修多次循环,将严重地阻碍技术的进步,使企业的装备日益失去先进性。

(4)将在国民经济的结构中形成一个庞大而落后的修理行业。

基于上述原因,对大修要有一个限制,这就是大修经济界限计算所要解决的问题。

设备每经过一次大修,如果不考虑技术性无形磨损的因素,一般来说应该至少再使用一个大修间隔期,这样可以使大修理费用的年分摊成本降至最低,所以经过了 n 次大修的设备,其使用寿命应为$(n+1)$个大修间隔期。

从长远观点来看,设备的使用年限以基本上只包含一次大修和两个大修周期为宜。总的来说,一台设备可以允许进行再修的次数是极为有限的,有的设备,甚至连一次大修都难以成立。所以企业在安排大修理计划时,最好逐一进行大修经济性的分析论证,至少在第二次大修前夕进行这项工作,以避免因盲目实施大修而得不偿失。

一、等值总费用现值法

大修经济界限计算,实际情况是比较复杂的,不仅大修的费用逐期发生变化,而且每次大修的间隔期,以及每次大修后设备的技术性能等都在发生变化,因此,为简化运算,这里作几点假设:

(1)按规定,新机从出厂到第一次大修的间隔期要比标准的大修间隔期延长 20% ~ 30%,自第三次起每次缩短 10% 左右。这里,我们只考虑前者的影响,而把后三次的大修间隔期看成是等同的。因为四次以上的大修实际上是很少的。

(2)按规定,第一次大修的配件费用为定额的 85%,自第三次起则每次递增 15%。

(3) 每个大修间隔期内的年运行维持费假定在同期是等额的,不同期内的运行维持费作适当增长。以第二个大修周期为准,第一个周期按80%计,自第三个周期起每次递增10%~15%。

(4) 每次的大修理费用,在按规定将配件费调整后,再乘1.13系数,作为超定额范围换件的加价因素。

以上仅仅是为了可以利用定额资料而进行的假设,如分析人员拥有本企业积累的统计整理数据,应使用企业自有数据,其结果更能符合实际情况。

今设:

P'——大修理费用总额,此处为追加投资性质。

n——旧设备的下一个大修周期,即选用的研究期。

n'——新设备的第一个大修周期。按假设为定额中标准周期的120%~130%,这里取125%。

C_0、C_n——旧设备与新设备的年运行维持费,为台班费用中的维修费、替换设备及工具费、润滑及擦拭材料费、安装拆卸及辅助设备费、保管费的总和乘年额定工作台班,这样就求出了标准值C,然后按假设$C_n = 0.8C$,C_0应根据第n个大修周期而定。

k——使用价值换算系数,为旧设备与新设备的生产率之比,且$k<1$。

E_0、E_n——研究期内旧设备与新设备的等值总费用现值。

L'——旧设备的现时处理价。

若对旧设备实施大修,则意味着旧设备将继续使用,而损失了旧设备的现时处理价款L',故其应作为大修的损失费计入旧设备总费用中。

以n为分析研究期($n<n'$)。则

$$E_0 = \frac{1}{k}(P' + L' + C_0[P/A, i, n])$$

$$E_n = P[A/P, i, n'][P/A, i, n] + C_n[P/A, i, n]$$

若$E_0 > E_n$,则大修不成立,应以同型新机置换旧机。

例:有一55.2kW推土机,已使用了一个大修周期,现拟大修,试论证与新购相比,大修是否成立。已知大修费用标准定额为6000元,其中配件费用为3221.12元,购置新机费用13650元。且已知:$n = 4$ 年,$L' = 3000$ 元,$i = 10\%$,$k = 0.95$。

解:由题意知,若推土机进行大修,则开始进入第二个大修周期即标准周期。

$$n' = 1.25n = 1.25 \times 4 = 5(年)$$

$$P' = [(6000 - 3221.12) + 3221.12 \times 0.85] \times 1.13 = 6234(元)$$

查台班费用定额知,该推土机台班运行维持费为44.053元,查年出勤台班数为150个。则

$$C_0 = C = 44.053 \times 150 = 6608(元/年)$$

$$C_n = C \times 0.80 = 6608 \times 0.80 = 5286(元/年)$$

故

$$E_0 = (6234 + 3000 + 6608[P/A, 10\%, 4]) \div 0.95$$
$$= 31769.85(元)$$

$$E_n = 13650[A/P, 10\%, 5][P/A, 10\%, 4] + 5286[P/A, 10\%, 4]$$
$$= 28171.38(元)$$

因为 $E_0 > E_n$，故大修不成立。

二、大修理允许费用界限法

根据设备大修理经济界限的两个基本条件可用费用界限法进行分析。此法是将设备大修费用与新设备的修正价值和残值回收等加以比较，其计算公式为：

$$R = K_n \cdot \alpha \cdot \beta + (L_e - L) \tag{14-10}$$

式中：R——设备大修理允许费用；

K_n——新设备价格；

α——设备大修理周期缩短系数，$\alpha = \dfrac{T_a}{T_b}$；

T_a——旧设备第 a 次大修理后的大修周期；

T_b——新设备第一次大修周期；

β——生产率修正系数，即使用新设备时成本降低系数，$\beta = \dfrac{P_a}{P_b}$；

P_a——旧设备第 a 次大修后的生产率；

P_b——新设备的生产率；

L_e——旧设备账面值(净值)；

L——设备转让或报废时回收残值，$L_e - L$ 即未折旧完的费用损失。

如果把新、旧设备的使用费的差额列入式(14-10)中，则大修理的允许费用界限为：

$$R = K_n \cdot \alpha \cdot \beta - \Delta C \cdot T + (L_e - L) \tag{14-11}$$

式中：ΔC——每年维修费用的差额(指用新设备时的差额)；

T——下一个大修周期。

总之，大修理预算费用应小于大修理允许费用界限，这样才可做到设备修理在经济上是合理的。当然，如果使用新设备或更先进的设备有其他经济收益也应计算在内。即有：

$$R_i > R_i' \tag{14-12}$$

式中：R_i——第 i 次大修的允许费用界限；

R_i'——第 i 次大修的预算费用。

例：某厂有台设备原值为 10000 元，折旧年限为 20 年，每次设备大修的费用参数如表 14-3 所示。试分析该设备第一次和第二次大修理的经济合理性。

大修理费用参数表　　　　表 14-3

大修次数	大修周期(年)	年运行维持费比上次大修周期增加(元)	大修后生产率修正系数 β	大修费预算(元)	旧设备转让可回收金额(元)
第一次	6	150	不变	5000	5000
第二次	5	200	90%	6000	3000
第三次	4				

解：(1) 第一次大修的经济性分析

依题意，设备大修理周期缩短系数 $\alpha = T_a/T_b = 5/6 = 0.83$；生产率不变，故 $\beta = 1$；使用 6

年后该设备的净值为：

$$L_e = 设备原值 - 折旧额$$
$$= 10000 - 10000 \times 0.05 \times 6$$
$$= 7000(元)$$

将计算结果代入式(14-11)得出第一次大修理允许费用界限为：

$$R_1 = K_n \cdot \alpha \cdot \beta - \Delta C \cdot T_a + (L_e - L)$$
$$= 10000 \times 0.83 \times 1 - 150 \times 5 + (7000 - 5000)$$
$$= 8300 - 750 + 2000$$
$$= 9550(元)$$

依题意 $R_1' = 5000$ 元，而 $R_1 > R_1'$，所以，该设备第一次大修理是合理的。

(2) 第二次大修理的分析

依题意，有 $\alpha = T_a/T_b = 4/6 = 0.67$，$\beta = 0.9$，使用11年后该设备的净值为：

$$L_e = 设备原值 - 折旧额$$
$$= 10000 - 10000 \times 0.05 \times 11$$
$$= 4500(元)$$

第二次大修理允许费用界限为：

$$R_2 = K_n \cdot \alpha \cdot \beta - \Delta C \cdot T_a + (L_e - L)$$
$$= 10000 \times 0.67 \times 0.9 - 200 \times 4 + (4500 - 3000)$$
$$= 6030 - 800 + 1500$$
$$= 6730(元)$$

依题意 $R_2' = 6000$ 元，而 $R_2 > R_2'$，所以该设备第二次大修理也是合理的。

按照上述分析方法，还可以进行第三次或每四次大修的经济性分析。一般来说，超过两次大修的设备，效率更低，维修费用更高，大修周期也越来越短。所以，超过两次大修的经济性一般总是不合理的。

三、零件修复方法的经济合理性

零件修理应考虑是否经济合理，修复后的零件使用时每工作小时(或公里)的修复成本应低于制造成本。即

$$\frac{零件修复成本}{修复零件的使用时间(里程)} \leq \frac{新零件的成本 - 旧零件残值}{新零件的使用时间(里程)} \quad (14-13)$$

当然，经济上合理不仅要从零件本身考虑，而且还应当从全局考虑，如：缩短停修时间(可增加收入)、提高机械完好率、满足施工任务的需要等。

第七节 机械设备维修的技术管理

一、机械设备维修技术管理的任务

有效的技术管理是提高维修技术经济效益的重要保证，技术管理的主要任务是：

(1)建立有效的技术管理组织。

(2)采用最适宜的维修技术,努力应用新技术、新工艺、新材料,提高维修水平和工作效率。

(3)制订合理可行的技术方案,确保设备维修和改造的工作质量,缩短停修时间,降低维修费用。

(4)为设备的技术改造及新设备的选型提供可行性分析资料。

(5)制定各种维修技术标准和规范,积累设备技术资料,建立设备维修技术档案。

二、机械设备维修技术基础工作

1. 技术资料管理

(1)技术资料包括设备说明书、设备图纸、设备图册、修理工艺资料、修理工艺装备图纸资料、设备改造有关资料、设备维修技术信息等。

(2)技术资料管理应统一归于设备部门的技术资料室。所有技术资料均应分类编号,建立账册卡片,以便查阅利用。

应制定技术资料的复制、修改、分发和借阅等细则,对重要资料要加注标志,严格管理。对底图、独本说明书和资料、译稿、引进项目中设备技术资料和其他重要资料,一般不予外借。

2. 修理图册的编制

设备修理图册(含表格)是设备维修专用技术资料的汇编,按设备型号分别编制,它包括:

(1)设备主要特性示意图,传动路线示意图,轴承位置图,电气、液压、润滑系统图,基础图,安装图等;

(2)整机、部件、组件装配图;

(3)备件、易损件图纸;

(4)转动零件明细表、标准件明细表、外购件明细表;

(5)有色金属、复合材料及其代用品明细表等。

3. 工艺规程和技术条件的确立

(1)修理工艺规程,包括整机、部件和组件的拆卸、装配工艺和修复工艺,零件修理工艺,工艺装置和非标准设备的明细表和图纸等。

(2)配件的制造工艺规程,包括工艺装置的明细表和图纸等。

(3)各种技术条件,包括零件分解鉴定技术条件、装配技术条件、试验技术条件等。

图 14-7 是一般机械设备的典型修理工艺流程图。为了科学地实施设备的修理,必须按具体设备的修理过程制订全新的修理工艺规程,选择与设计全部的设备、工具和工装。从工作顺序来讲,应首先对维修工作中重复性大的或制造维修费用高的设备和零件制订典型工艺,然后逐步扩展到其他设备和零件。对已制订的工艺应定期复核,吸收先进技术及时加以改进。

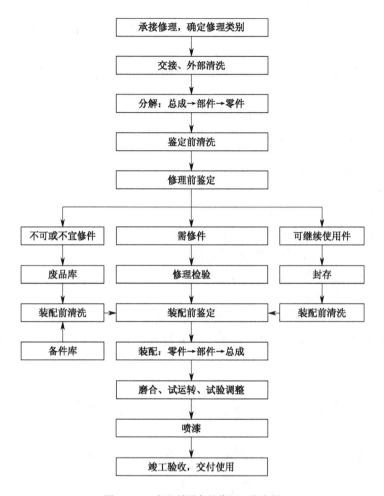

图 14-7　一般机械设备的修理工艺流程

4.新技术、新工艺的推广应用

在机械设备修理和技术改造中,努力采用新技术、新工艺、新材料,对提高修理质量和经济效益,缩短停机时间等都将起到明显作用。在采用新技术时应注意以下几点：

(1)一定要符合本企业的实际需要,重实效,不盲目追求先进。

(2)考虑经济性,有些新技术虽先进实用,但成本高,企业承受困难,则不勉强采用。

(3)普遍推广之前宜先经试点。

(4)积极采用国家重点推广的新技术项目,这些项目已经过生产实践验证,行之有效,适合我国情况,且技术较为成熟,有一定的服务咨询组织作保障。国家重点推广的新技术项目中,有不少适用于设备的维修和技术改造。比如：

①维修焊接技术,热喷涂技术,刷镀技术,铸铁冷焊技术,钢铁除锈、钝化技术,固体薄膜保护技术,粉末静电喷涂技术,工件表面激光处理技术及高效工夹具制造、使用技术等,可直接用于零件的修复和表面强化。

②在应用微电子技术改造机床方面:采用数显技术可实现加工测量一体化,减轻工人体

力劳动,提高加工质量和效率;采用计算机数控技术可实现加工过程的半自动化和自动化,提高加工精度和效率,且费用不高,见效很快;采用各种交、直流电机调速系统,改造机床的主传动和进给传动系统;采用可编程控制器改造机床控制系统等。

近年来,各种表面技术发展非常迅速,已引起世界各国的普遍重视。表面工程综合了当今多种科学技术的最新成果,内容十分广泛。我们相信,表面工程的深入研究和发展,将会给机器零件的修复和表面强化,给设备可靠性的提高带来更加广阔的前景。

第十五章　机械设备定额管理和经济核算

第一节　机械技术经济定额的作用、分类和内容

一、机械技术经济定额的作用

1. 定额是编制、检查计划和控制进度的重要依据

在各种计划的编制中,都要直接或间接地以各种定额作为计算人力、物力、财力等资源需要量的依据。在生产施工过程中,定额也是向基层下达生产施工任务和组织生产施工活动的基本依据。

2. 定额是确定工程造价、核算成本和比较设计施工方案经济合理性的依据

基本建设投资和工程造价是根据设计规定的工程规模、数量及所需要的劳动力、材料、机械设备消耗量及其他必须消耗的资金确定的。其中,劳动力、材料、机械设备的消耗量又是根据定额计算出来的。因此,定额是确定基本建设投资和工程造价的依据。同时,同一建设项目或工程项目的投资和造价的大小又反映了各种不同设计施工方案技术经济水平的高低。因此,定额又是比较和评价设计施工方案经济合理性的依据。

3. 定额是科学组织生产施工的必要手段

施工企业的各项工程是一种多行业多工种密切协作的生产活动。在这种活动中,定额起着十分重要的作用。计划部门要根据工程任务,按定额制订施工预算和施工组织计划。机务部门要按定额计划调配机械和准备配件、原材料、油料,组织保养与维修。工程部门要按定额检查统计工程量,掌握施工进度和质量。材料部门要按定额计算各种材料的需要量,保证及时供应。可见只有各部门都按统一的定额计划组织自己的活动,并密切配合,才能保质保量地完成工程任务。

4. 定额是厉行节约,提高经济效益的工具

定额是评价和衡量各项工程任务完成好坏的尺子。定额可促使工程指挥人员合理地组织施工,促进人工和机械采用科学的作业方法,力争高工效、低消耗,千方百计提高经济效益。

5. 定额是衡量机械设备管理水平和技术经济效益的重要尺度

定额规定了管理中考察机械技术状况、使用效果、消耗水平、维修水平及操作人员工作成绩的基础和标准,综合反映了机械设备管理水平和技术经济效益。

因此,在机械计划、使用和维修等环节,必须加强定额管理,严格指标控制,把机械设备管理各方面的工作落到实处。

二、机械技术经济定额的分类

机械技术经济定额主要有以下几类：
①劳动定额(如企业产品的工时定额)；
②机械设备利用定额(如机械设备的产量定额)；
③物资消耗定额(如企业产品的原材料、油料、燃料、动力、替换设备消耗定额)；
④资金利用定额(如配件、材料储备资金定额)；
⑤费用定额(如管理费用定额、各级保修费用定额)；
⑥生产组织方面的定额(如生产周期、机械设备修理间隔期、停修期定额等)。

三、机械技术经济定额的内容

机械技术经济定额的种类比较多,其含义各不相同,现介绍如下：

1. 年工作台班定额

年工作台班定额为机械在一年中必须完成的工作台班数。它根据机械的耐用总台班、折旧年限并考虑使用条件、生产班次等制订。

2. 台班产量定额

台班产量定额为机械在一个工作台班中应完成的合格产品的产量。它按机械规格型号,根据作业内容和作业条件等不同分别制订。

3. 年产量定额

年产量定额为一台机械在一年内应完成的产量。它按机械规格型号,依综合施工生产条件而确定。年产量定额由台班产量定额乘年工作台班数获得。

4. 油料消耗定额

油料消耗定额为机械在作业时,单位运转时间(一个台班)或单位产量、单位行驶公里所消耗燃油和润滑油的限额。应按施工特点、油料消耗的调查资料或计算结果分别制订。

5. 保养修理用油定额

保养修理用油定额为在保养、修理机械过程中清洗零件、试车等消耗的油料限额,一般应按保养修理的级别分别制订。

6. 轮胎消耗定额

轮胎消耗定额为新胎到翻新和经过翻新到报废所应达到的使用期。一般以耐用台班或公里计。它是考核轮胎管理、保养、翻新和操作人员对轮胎使用管理水平的定额。

7. 工具配备和消耗定额

工具配备和消耗定额是做好经常性的维修、保养必须配备的随机工具标准。如新机带有随机工具者,则按配备标准核查后再补充其不足部分。工具消耗定额可按耐用台班或公里制订。

8. 替换设备消耗定额

替换设备消耗定额为机械的替换设备如蓄电池、电缆、运转皮带、钢丝绳、胶管、履带、刀片、锯条等消耗性材料的使用消耗定额。

9. 保养修理费用定额

保养修理费用定额为机械在保养、修理过程中的全部工料费用的定额。它是考核保修工时与费用水平的依据。定额应按机型、保修类别、工作条件等不同情况分别制订。

10. 保养修理工时定额

保养修理工时定额为完成每一次保养或修理作业的时间限额。它是考核维修单位(班、组)的保修工效和开展定员工作的主要依据。它受保修广度、深度的影响,所以应分别按机型和保修类别制订,并须有各总成和单项工种的分项定额。

11. 保养修理在厂期定额

保养修理在厂期定额为机械进行保养、修理时允许占用的时间。若保修安排组织不当,待料时间过长或在厂保养、修理的时间过长,就会使机械的完好率指标受到影响。所以它也是影响机械完好率的因素。应分别按机型、规格和保修类别制订。

12. 保养修理间隔期定额

保养修理间隔期定额为机械保养与保养、大修与大修之间的间隔期定额,是编制维修计划的重要依据,同时也是评价机械使用、保修质量的综合指标。应分机型制订不同的保养、修理间隔期。具体制订时,还可针对新旧不同的机械采取相应的增减系数。

13. 配件和消耗材料消耗定额

配件和消耗材料消耗定额是指机械在使用、保养和修理过程中耗用配件和各种消耗材料的定额。总的定额可按项目折算成金额制订,但主要项目必须逐项按数量制订和考核。保养和小修的消耗易损性配件定额可列入使用定额,按工作台班或公里制订。大、中修消耗定额按修理类别制订。

14. 机械台班费用定额

机械台班费用定额是将机械的价值和使用、维修过程中所发生的各项费用,科学地转移到机械使用费中的一种表现形式。它是机械使用计费和施工企业实行单机单车(或班组)核算的依据。机械台班费用定额可参照《公路工程机械台班费用定额》(JTG/T 3833—2018)中的规定。

第二节 机械技术经济定额的制订

一、机械技术经济定额制订的原则和方法

1. 机械技术经济定额的制订原则

(1)主要技术经济定额(如机械台班费用定额、年工作台班定额等)应由施工企业主管部门制订,施工企业可以在执行上级定额的基础上,制订一些分项定额。

(2)编制技术经济定额时既要考虑定额的先进性,又要考虑定额实现的现实性。要从管

理、技术水平的主客观条件出发,并根据可能获得改善等的积极因素,将定额制订在平均先进水平上。

(3)技术经济定额一经制订颁布,必须认真执行,并使之保持一定时期的稳定性,不宜轻易变动。在执行一定时间后,可针对执行中存在的问题或新查定的结果,集中修订一次。但在生产技术条件发生重大变化,定额显然已脱离实际时,也可临时或对个别进行修订。修订权属于颁布单位。

(4)产量、油料消耗、工具配备、替换设备消耗、保养、修理间隔期定额等,应由机械使用部门考核;保养、修理工时、费用,保修在厂期等定额,应由机械维修部门考核。

(5)技术经济定额考核应作为机械经济核算、红旗设备竞赛等活动的主要内容,并须有相应的奖罚制度,以调动驾驶、操作、维修等机务人员执行定额的积极性。

(6)技术经济定额在执行和考核过程中,要加强横向联系。机务部门要和工程、财务、劳资以及材料供应等部门密切配合。这样,才能使技术经济定额管理的每个过程环环紧扣,保证定额的贯彻执行,促进管理水平的不断提高。

2. 机械技术经济定额的制订方法

制订定额不仅是一项专业性、技术性很强的工作,而且是一项政策性很强的基础工作。在制订定额时,可能会出现两种偏向:一是定额定得过低,认为定额水平低些,绝大多数工人都能超额,才能调动工人的积极性;二是定额定得过高,认为定额水平越高,只有少数工人能够达到或略有超过,才越能调动工人的积极性。无论过低还是过高的定额水平,都没有从实际出发。定额应制订在平均先进水平上,即大多数工人经过努力可以达到,部分工人可以超过,少数技术熟练程度比较差的工人,也不是可望而不可即。这样的定额水平,能做到"快手有超头、慢手有赶头",才能起到鼓励先进、激发中间、鞭策后进的作用。

制订定额应通过科学的测定,有一定的科学依据,而不能靠想象,凭主观意愿,这样制订出的定额才能更准确、更实际。具体方法有以下几种:

(1)经验估工法

经验估工法是由定额员或技术人员、工人根据生产中积累的经验,结合现实生产条件和工艺规程进行分析研究,用估计的方法来制订定额。其优点是简便易行,省时,便于及时制订和修改。但这种方法对构成定额的因素缺乏详细的分析和计算,科学性差。同时易受估工人员主观因素的影响,准确性低。

(2)统计分析法

统计分析法是在进行同一生产时,参考过去相似生产的统计资料,进行分析整理,并考虑当时生产条件的变化,来制订定额。此法简便易行,工作量小,比经验估工法有更多的资料依据,一般较准确。但必须有健全的原始记录和准确的统计资料为基础,否则无法进行统计分析。

(3)比较类推法

比较类推法也称典型定额法,它是通过对同种生产的定额进行分析比较后来制订定额的。采用这种方法,要求在同种生产中,选出几个"典型",然后对这些典型采用经验估工、统计分析或技术测定等方法来制订定额,即典型定额。以后同类生产的定额,就以典型定额类推来确定。此法比经验估工法准确性高。

(4)技术测定法

技术测定法又称技术定额法,它是对生产技术和组织进行分析研究,通过技术测定和计算,确定合理的操作程序和方法及工时消耗等,在挖掘生产潜力的基础上,结合制定技术组织措施来制订的定额。采用这种方法制订工时定额时,一般按照工时定额的各个组成部分,分别确定其定额时间。依据确定时间所用的方法不同,其可分为分析研究法和分析计算法两种。

分析研究法是用测时和工作日写实的方法来确定工时定额各个部分的时间。分析计算法是根据定额进行计算。运用技术测定法制订定额,由于有充分的技术依据,所以其准确性较高。但操作比较复杂,工作量大,需用的人力和时间较多。

二、机械台班费的制订

1. 机械台班费组成

机械台班费组成见表15-1。

机械台班费组成　　　　　　　　　　表15-1

不变费用	可变费用
折旧费 大修理费 经常修理费 安装拆卸及辅助设施费	人工费 动力燃料费 养路费及车船使用税(在工地范围内活动的机械不计此费)

机械台班费分为不变费用和可变费用两大类。不变费用又称固定费用,它与机械在台班期内的工作情况无关,不依地区条件而改变。可变费用是机械在工作过程中直接发生的费用,随工作地区不同而变化(例如工资和材料价格的地区差别)。不变费用由国家统一下达,各地区无权变更。新的台班费用定额取消了原不变费用中的机械设备管理费。机械设备管理费归口工程费用定额的间接费和台班经常修理费中。另外,原维修费、替换设备工具及附具费、润滑材料及擦拭材料费合并列入经常修理费中。

2. 折旧费的计算

折旧费是指在规定的使用期限内陆续收回其原值的费用。

计算公式为:

$$台班折旧费 = \frac{机械预算价格 \times (1 - 残值率)}{耐用总台班} \quad (15\text{-}1)$$

(1)机械预算价格。

机械预算价格由机械出厂(或到岸完税)价格和从生产厂(销售公司交货地点或口岸)运至使用企业机务部门验收入库的全部费用组成。即

① 国产机械预算价格 = 出厂(或销售)价格 + 供销部门手续费 + 一次性运杂费。

② 国产运输机械(即汽车类)预算价格 = 出厂(或销售)价格 × (1 + 购置附加费率) + 供

销部门手续费+一次性运杂费。

③进口机械预算价格=到岸完税价格+增值税+外贸部门手续费+银行财务费+国内一次性运杂费。

④进口运输机械(即汽车类)预算价格=(到岸完税价格+关税+增值税)×(1+购置附加费率)+外贸部门手续费+银行财务费+国内一次性运杂费。

计算机械预算价格时所涉及的出厂价格、税费等,一般按下述规定取定:国内机械的出厂(或销售)价格可根据国家主管部门近几年公布的产品目录和价格浮动幅度并参考部分厂商询价和施工部门的资料经分析后合理取定;少数无法取得价格依据的机械,则按施工企业近年购入机械账面价格经分析后合理取定。

国产运输机械(即汽车类)的购置附加费率按国家规定取为10%。

国产机械的供销部门手续费和一次性运杂费,取机械出厂价格的7%。

进口机械的到岸完税价格可根据机械的到岸价格,按国家公布的人民币外汇牌价折算后取定。

进口机械的关税、增值税、外贸部门手续费、银行财务费等,一般占到岸价格的21%左右。

进口机械的国内一次性运杂费,取到岸价格的3%。

进口运输机械(即汽车类)的购置附加费率按国家规定取为15%。

(2)残值率:取为2%~5%。

(3)耐用总台班:机械从开始投入使用至报废所使用的总台班数。

$$耐用总台班 = 大修理间隔台班 \times 大修理周期 \quad (15\text{-}2)$$

大修理周期,即使用周期,为机械在规定的耐用总台班内需要大修理次数+1。

3. 台班大修理费的计算

台班大修理费是指机械必须进行大修理,以恢复其正常功能所需的费用。

计算公式为:

$$台班大修理费 = \frac{大修理一次费用 \times (使用周期数 - 1)}{耐用总台班} \quad (15\text{-}3)$$

4. 经常修理费的计算

经常修理费是指机械除大修理以外的各级保养(包括一、二、三级保养)、小修(即临时故障排除)和中修替换设备、随机工具和附具摊销、润滑油脂、擦拭材料(布及棉纱等)、机械在规定年工作台班以外的维护管理费用等。

典型机械的经常修理费,按照确定的范围和内容来测算取定;其余机械则按非典型机械的经常修理费计算:

$$台班经常修理费 = 台班大修理费 \times K \quad (15\text{-}4)$$

其中,K采用典型机械测算的经常修理费与大修理费的比值来推算。

5. 安装拆卸及辅助设施费

安装拆卸及辅助设施费是指机械在施工现场进行安装、拆卸所需的人工费、材料费、机械费(打桩、钻孔、机械桩架安装及拆卸包括在工程项目内)、试运转费,以及安装所需的辅助设施费。辅助设施费包括安置机械的基础、底座及固定锚桩等项费用。至于大型机械的辅助设施(大型发电机、拌和设备、动力机的混凝土基础、散热器等)以及机械操作所需的轨道、工作台,不在此项费用内,在工程项目中另行计算。此项费用(指安装拆卸及辅助设施费)在有些机械上并不发生。

$$台班安装拆卸及辅助设施费 = \frac{机械一次安装拆卸费 \times 年平均安装拆卸次数}{年工作台班} +$$
$$台班辅助设施摊销折旧费 \tag{15-5}$$

摊销折旧费一般根据施工单位的统计资料经分析平衡后取定。

6. 人工费

人工费为随机操作人员的工作日工资,包括标准工资、附加工资和工资性津贴。不包括随机人员的辅助工资、工资附加费、劳动保护用品费用、探亲路费、施工津贴以及取暖补贴,这些费用在工程其他直接费用和间接费用中开支。

7. 动力燃料费

动力燃料费为机械在作业或行驶中所耗用的电力、固体燃料(煤、木炭)、液体燃料(汽油、柴油)和水等。

一般按施工作业特点和燃料动力消耗量的统计资料经分析平衡后取定,若无法取得统计资料,则按燃料或动力公式计算。

(1)燃油消耗计算公式

$$Q = \frac{8K_1 \cdot K_2 \cdot K_3 \cdot K_4 \cdot N \cdot G}{1000} \tag{15-6}$$

式中:Q——燃油台班(按8h计)消耗量,kg;
　　　N——发动机额定功率,kW;
　　　G——比油耗,g/(kW·h),对于汽油机,$G = 340.14$ g/(kW·h),柴油机的比油耗见表15-2;
　　　K_1——能力利用系数;
　　　K_2——时间利用系数;
　　　K_3——车速耗油系数,取 0.97~1.00;
　　　K_4——油料损耗系数,取 1.03。

柴油机的比油耗表　　　　表15-2

发动机系列	85	95	105	110	115	120	125	135	146	160
G[g/(kW·h)]	285.71	258.50	272.11	272.11	265.31	258.50	258.50	244.90	285.71	244.90

为简化计算,取 $K_3 \cdot K_4 = 1.00$,故式(15-6)可简化为:

$$Q = \frac{8K_1 \cdot K_2 \cdot N \cdot G}{1000} \tag{15-7}$$

(2)电力消耗计算公式

$$Q' = \frac{8k_1 \cdot k_2 \cdot k_3 \cdot N'}{k_4} \tag{15-8}$$

式中：Q'——电动台班(按 8h 计)消耗量，$kW \cdot h$；
N'——电动机额定功率，kW；
k_1——电动机时间利用系数；
k_2——电动机能力利用系数；
k_3——低压线路损耗系数，取为 1.05；
k_4——电动机有效利用系数，取与 k_2 相对应值(可用内插法求值)，见表 15-3。

电动机有效利用系数表   表 15-3

负荷程度	荷载					
	0	1/4	1/4～1/2	1/2	3/4	1
k_2	0.20	0.50	0.60	0.70	0.78	0.83	0.88
k_4	1	0.78	0.80	0.83	0.85	0.88	0.89

三、机械台班费的计收

机械台班费的计收应注意以下几方面：

(1)凡动用机械设备，不论是施工企业内部还是外部，均应计算或收取机械使用费，使用费一般按台班费收取。

(2)机械台班费收取应按规定执行。上级没有规定的机械台班费，可由施工企业自己补充制订台班费标准，报上级批准后执行。

(3)机械台班费的收取，均以台班为计算单位，每台班为 8h(包括检查，清洁，加注油、水等辅助工作和早出晚归的进退场时间)，超过 4h 按一个台班收费，不足 4h 按半个台班收费，不同作业班不得累计。

(4)租用机械从出租企业起运开始至返回为止计算租用时间。机械在调迁期间，能自行的机械一律计收台班费，不能自行的一律按每天一个台班的停机费计。

(5)出租企业按当地规定收取管理费和其他费用。

(6)停机费的收取。

凡租用机械并非由于出租企业原因造成停机的，应收停机费。停机费有规定时，按规定执行，若无规定，一般可按台班费的 50% 收取，同时收取管理费。属下列情况之一者收停机费(包括出租机械或承包任务)：

(1)早要迟用，多要少用，造成停置者。

(2)因使用企业管理不善、物料供应不及时造成停工者。

(3)因使用企业未按规定制度创造施工条件而造成停工者。

(4)因使用企业阻止机械合理调整而造成停置者。

属于下列情况之一者，免收停机费：

(1)由于工程任务变更，非使用企业所能避免者。

(2)由于工程任务提前完成，下一个工程尚未开工的合理停置时间。

(3)由自然因素或灾害引起的停工时间。

(4)批准的施工计划内规定的中断时间，事先征得出租企业同意者。

(5)由出租企业的责任引起的停工时间。
(6)机械本身原因(计划保养、修理或机械故障等)引起的停机;
(7)法定节假日引起的停工时间。

第三节 专业化与集中化机械施工

高等级公路机械施工方式分为集中化、专业化(或称集中经营)和分散(或称分散经营)施工。从国内外高速公路建设发展现状来看,机械施工专业化和集中化是机械化施工发展的方向。

一、集中经营的优势

1. 集中经营有利于机械效能的充分发挥

分散经营经常出现高峰机械不够用、低峰机械闲置的现象,有些机械年平均利用率不到30%,忙闲无法调剂。而集中经营可以根据各施工企业机械使用的高峰和空闲情况,统一安排,加强调动,充分利用,这样有利于发挥机械效能,提高机械设备利用率。

2. 集中经营有利于取得机械的最优经济效益

分散经营情况下,施工企业的注意力容易放在用机械完成施工任务上,而忽视机械的管理,甚至不惜通过拼机械来迁就完成施工任务,机械设备利用率虽高,但效率很低,造成经济上的严重浪费,甚至使工程成本上升,引起经营亏损。而在专业化施工、集中经营的情况下,专业化施工企业的核算对象就是机械,只有改善经营管理,才能完成各项技术经济指标。因此,企业的领导和管理部门必然把主要精力放在机械设备管理的全过程上,从而提高机械使用的经济效益。

3. 集中经营有利于机械设备管理水平的提高

在专业化施工、集中经营的情况下,专业化施工企业只装备几种机械,品种少,数量多,业务单纯,便于管理,而且专业人员力量强、精力集中,它的任务就是机械化施工。一方面可以不断提高机械化施工水平,努力保证和超额完成任务,取得最好的经济效益;另一方面,考核的技术经济指标都与机械设备管理有关,而且机械设备是它完成任务的唯一劳动手段和物质基础,必然要千方百计地使用好、管理好机械,从而不断提高机械设备管理水平。

4. 集中经营有利于技术水平的提高

集中经营几种或少数品种机械,技术力量集中,对机械性能、特点、施工中使用要求及机械技术状况的变化规律等容易了解和掌握,便于积累经验,提高技术业务水平,提高机械使用、保养、修理质量,改善机械技术状况,提高机械完好率与利用率。

二、专业化、集中化是机械化施工发展的必然趋势

实施专业化集中经营和专业化协作,各施工企业的自有机械比重应该逐步减小,租用机

械比重要相应增加。这打破了小生产经营的模式,避免了"大而全、小而全"被克服,协同配合,加强计划的科学性、管理的适应性与先进性就显得十分重要与迫切。这样做虽然会遇到不少困难,需要做很多工作,但应知道要得到更好的社会效益和经济效益,就必须付出相应的努力。

第四节 机械设备经济核算

公路施工企业按照一定的形式对机械设备的收支和盈亏情况进行核算的工作称为机械设备经济核算。机械设备经济核算是施工企业经济核算的重要组成部分,是机械经济责任制得以落实的根本保证,也是施工企业管好、用好机械设备的有效措施。通过经济核算,不仅可以反映出机械经营管理的绩效,而且可以约束和激励操作、修理人员,可以找出管理工作中的薄弱环节。特别是经济核算与统计分析结合起来运用,采取收支对比、前期和后期对比的统计分析方法,可使项目部、机械班组或单机的工作成果,以及节约或超支、增产或减产的原因充分展现出来。这有利于施工企业对各种消耗进行有效监督和控制,降低机械设备使用成本,促进机械使用效率提高,以尽可能少的消耗取得尽可能大的经济效果。

一、机械设备经济核算的分类

机械设备经济核算可分为单机(车)核算、机械班组(或队)核算、项目部机械使用费核算及维修班组核算等。

1. 单机核算和班组核算

单机核算的对象是实行"三定"制度以及执行相应经济责任制的单台机械。凡由专人操作的大中型机械、车辆,或由多人集体管理的大型设备均宜采用单机核算。

班组核算的对象是机械班组或机械队的机组,它是单机核算的一种汇总形式。

单机或班组核算一般按月进行,核算内容包括机械设备的实际收入和机械设备使用(或出租)期内的实际支出,并计算结余或超支。在单机或班组核算中应充分发动群众,贯彻专职核算和群众核算相结合的原则。因为只有劳动者广泛参与,核算工作才能取得或产生实际效果。

2. 项目部机械使用费核算

项目部机械使用费核算一般指分项工程机械使用费核算,须结合工程费用结算进行。核算时应将分项工程预算或施工预算中机械使用费预算与该项工程实际机械使用费支出相比较,在适当考虑价差因素后,考核机械使用费的结余或亏损。

3. 维修班组核算

维修班组核算内容主要是修理成本。根据工时、材料定额和实际发生的工时、材料成本核算其盈亏数,同时必须考核其质量指标。对保养、小修项目,应包括在单机或机组核算中;操作和养护维修人员作为责任方,共同参与核算,有利于提高机械的使用经济性。

二、实施机械设备经济核算的条件

(1)要有一套必要的、科学的机械技术经济定额资料。

(2)要有正确的计量保证。

正确的计量是保证一切核算资料准确性的必要条件,也是保证原始记录可靠性的前提。因此,必须予以重视。

(3)要有完整、可靠的原始记录。

机械使用、维修等经济活动的原始记录,是进行经济核算的重要依据,必须完整、可靠。原始记录的形式、内容、范围在满足核算要求的前提下,应力求简化。各个职能部门下达的原始记录表格,要求计算口径一致,以免造成核算数据短缺或项目重复、矛盾等现象。

(4)要建立经济责任制。

建立必要的经济责任制度:①明确企业与企业之间、上下级机构之间、企业与职工个人之间的经济责任。订立合同是明确双方责任、贯彻经济奖罚制度的良好形式。要彻底改变以前以行政手段管理企业时不承担或不追究经济责任的做法。不讲经济责任,将使经济核算制流于形式,最后以失败告终。②机械使用的经济效益要与职工的物质利益正确地结合起来。要在增加集体收益的基础上增加个人收入。充分调动广大群众的积极性,使大家都来参与提高机械使用经济效益的工作,从而使经济核算工作稳步、扎实地开展下去。

(5)要建立一套完整的经济核算班子,配备必要的专职、兼职核算人员。

机械的经济核算就是逐月逐台地核算机械收支盈亏情况。机械的经济核算工作一般由施工企业的机务部门统一进行。核算时一定要按规定提取专项基金,如折旧费、大修理费等,不得以少提或不提等手段"制造"利润。

三、机械设备经济核算的形式

1.选项核算

选项核算是针对机械台班费用定额组成中的一项或几项费用进行的有选择核算。例如:只核算燃料消耗一项内容作为支出项,此外再核算完成产量作为成果项。有时还要对经常修理费进行核算。这种核算方法比较简单,易于操作,适用于单机或班组核算。

2.逐项核算

逐项核算是针对机械台班费用定额全部费用组成进行的核算。它可以全面反映机械的盈亏情况,因而在实际经济活动中应用较广。一般来说,逐项核算难度较大,其原因是机械台班费用定额与施工企业机械实际消耗情况之间存在一定的差距。特别是不变费用项中的折旧费、大修理费和经常修理费,由于存在机型、机种和使用状况等复杂性因素,实际消耗的量值差异性和不平衡性较大。同时核算需要时间较长、内容较为系统的机械运行记录作支撑,计算起来存在一定的难度。

机械设备逐项核算的内容需要通过表格的形式反映,如表15-4所示。

机械设备逐项核算明细表　　　　　　表 15-4

机械设备编号及名称					
本月收入(元)					
本月支出	不变费用	折旧费			
		大修理费			
		经常修理费			
		安装拆卸及辅助设施费			
		小计(元)			
	可变费用	人工费			
		汽油/柴油/重油使用费			
		煤/电/水/木材使用费			
		车船使用税/养路费			
		小计(元)			
本月盈亏(元)					
累计盈亏(元)					

3. 经营性租赁核算

经营性租赁核算是针对机械经营性租赁收费进行的台班费用核算。通过逐项核算可以确定机械台班费用的全部成本,而经营性租赁核算则是在逐项核算的基础上进行的经济效益核算。因为要考虑机械经营管理成本、机会成本、税金和利润等因素,在确定机械经营性租赁台班费用时,通常采用的方法是根据市场供求关系,将机械台班费用定额上浮 30% ~ 100%。实践中,常采用按月包干的方式进行机械台班费用的核算。此时,应对预计停机台班数或机械台班利用率作出估计。

第十六章 机械设备统计管理

第一节 机械设备统计的作用与原则

一、机械设备统计的作用

统计是一个信息收集、加工和利用的过程,所以统计管理亦可称为信息管理。

在生产活动过程中,随时随地产生着大量反映生产活动诸要素及其成果变化、进度、比例关系等的信息。在生产规模非常小、生产方式非常简单的时代,生产活动所产生的信息,不仅数量少,而且内容单一,生产者的经营活动只要依靠直接观察到的少量信息,凭借自己的经验就能作出判断,并对生产进行相应的调节和指挥。信息虽有作用,但并不突出,而且也不需要专门收集、筛选、加工和处理。但在现代化大规模生产中,生产过程日益复杂、劳动分工日益精细、劳动协作日益严密、技术日益发达,生产活动必须尊重科学,严格按照生产、技术、经济的客观规律办事。生产者要想了解和掌握全盘情况,作出正确的决策,指挥有秩序的活动,就必须运用科学方法对大量的原始信息进行有目标、有选择的收集、加工和综合处理,以便最有效地发挥信息的作用。信息的重要作用主要有以下三点:

1. 信息是企业决策的依据

企业领导者的生产经营决策是否正确,虽然关键并不在信息本身,而在企业领导者的正确判断,但是,信息作为决策的依据,对帮助企业领导者作出正确判断具有先决性的重要作用。

2. 信息是对生产过程进行有效控制的工具

在企业的生产过程中有两种流态在运动,一种是实物流,另一种是信息流。信息流对实物流起着控制作用。实现这种控制作用的方式也有两种:一种是信息流的指挥作用。在生产过程中,实物流是按照信息所规定的路线、任务、时间以及各项标准的要求流动的,例如机械的使用、保养、进厂检修就是按照事先编制好的生产计划、保修计划和规程等运动的。另一种是信息流的反馈作用。所谓反馈,就是信息向反方向输送,这样就可以将企业的计划目标、各种标准与实际情况进行对比,如有偏差可及时调整和纠正。信息的这种控制作用可以有效地保证计划目标的实现。

3. 信息是保证企业各个方面有秩序活动的组织手段

企业是一个大系统,它可分为若干个子系统,每个子系统又可分为若干个部门或岗位。这些系统、部门、岗位之间互相联系、互相制约、互相作用,要使它们之间有机地联系起来并协调地进行活动,就要依据信息把它们组织起来,处理好它们之间的关系,使它们按照规定的要求有规律地运动,信息就是这种有秩序活动的组织手段。

施工企业的机械设备管理就是施工企业管理的一个子系统,以机械设备管理所涉及的问题为范围,进行必要的信息选择、收集、加工、分析、反馈,以便考察、研究、分析、促进机械设备管理工作。同时,机械设备在管、用、养、修各方面的情况,必须依靠统计工作,用统计数字的变化反映机械设备变化的情况。信息是机械设备管理工作中掌握情况、分析问题、制订计划、考核指标和定额等的主要依据,它对机械设备的科学管理、充分发挥机械效率和促进施工机械化都具有重要的意义。

二、制定机械设备统计指标的原则

在机械设备管理中,信息量很大,有的有用,有的并无多大用处;有的有效时间很长,有的则只在短暂的时间内具有使用价值。要使信息能有效地发挥作用,处理它的时候就必须有一定的目标与要求,即制定机械设备统计指标时需符合下列几项原则:

1. 适用性

所谓适用性,就是所要收集的信息必须符合实际需要,如果不加选择地去收集大量无关紧要的信息,不仅信息管理工作本身要浪费大量的人力、物力,而且领导干部与上级机关也要阅读大量无关紧要的资料,势必浪费精力与时间。国外将这种没有价值的信息称为"噪声"。如同耳朵里充满了噪声,不利于有用声音的获取。这个问题也可以理解为统计工作的效率问题,我们必须通过有限的统计工作量去获得具有代表性的数据,用最少的劳动获得最大的信息效果。

2. 正确性

所谓正确性,就是要求信息如实地反映情况。只有可靠的原始数据,才能加工出准确的信息。在电子计算机的应用上有句名言:"输进去的是垃圾,输出来的还是垃圾。"这说明如果原始数据不正确、不可靠,即使使用十分先进的加工处理手段也无济于事。统计工作的正确性,要求各种现场的机械设备运转记录、故障记录、维修消耗记录等都要如实地填写,不少企业的机械设备统计工作往往把精力集中在信息的处理加工上,而对原始记录的正确性不下很大功夫,这是本末倒置的,是完全错误的。

3. 及时性

及时性是指信息的传递速度要快。现代化生产的节奏很快,为了对施工生产过程进行有效的控制甚至实时控制,相应地要求反映施工生产过程的信息能够及时地传输,否则就会失去使用价值,就要贻误工作。

总之,机械设备统计工作是分析研究、改进机械设备管理工作的基础,正确、及时、适用的机械设备统计是做好机械设备管理工作的保证。在开展机械设备统计工作的过程中,我们必须遵循这些最根本的原则。

第二节 机械设备统计的基本要求、任务与分类

一、机械设备统计的基本要求

1. 开展机械设备统计工作应遵循的基本原则

(1) 实事求是原则

机械统计数字的真实性、准确性、及时性和全面性是机械统计工作的基本要求,而要做

到这一点就要对机械设备应用的实际情况进行全面的、实事求是的调查研究。绝不允许从个人私利和本企业利益出发,虚报、瞒报、伪造或篡改机械设备统计数据,欺骗国家、上级和本企业职工。

(2)统一原则

机械设备统计的任务要求统计数字必须具有统一性。这就要求有统一的机械统计指标、计算方法。不能各行其是、随心所欲。

(3)独立性原则

机械设备统计具有服务和监督的特点。这就要求机械统计人员完成统计业务时,应有相对独立的工作环境,以排除可能受到的来自各方面的干扰。

2. 机械统计人员的权限和职责

1)机械统计人员的权限

(1)要求企业及有关人员依照规定提供资料。

(2)检查机械设备统计资料的准确性,要求改正确实有误的机械统计资料。

(3)检举机械设备统计调查工作中的违反国家法律和破坏国家计划的行为。

2)机械统计人员的职责

(1)如实填报机械设备统计报表及资料。不得虚报、瞒报或伪造、篡改机械设备统计资料。

(2)准确、及时地完成机械设备统计工作任务。不得拒报、迟报。

二、机械设备统计的任务与分类

1. 机械设备统计工作的任务

机械设备统计通过机械设备管理各个环节在具体的时间和地点条件下的数量来表现,揭示机械物质或价值形态活动的本质及其发展变化规律,是机械设备管理中掌握情况、分析问题、制订计划和考核指标、指导工作的重要依据,也是对机械设备进行管理和监督的重要手段。机械设备统计的基本任务是:

(1)统计机械设备的运转、消耗情况,整理并积累使用中各项数据,为编制机械维修计划、考核各项技术经济定额、实行经济核算和奖惩制度提供依据。

(2)统计企业拥有机械设备的数量、能力及其变动情况,反映施工企业的技术装备程度,为机械设备管理提供基础资料,并为制订发展规划、编制施工计划、组织施工生产和提高机械设备配套水平提供依据。

(3)统计机械设备的完好情况,反映机械设备的技术等级,为分析和研究改善机械设备技术状况、提高完好率,并为考核机械设备管理的成效提供依据。

(4)统计机械设备的使用情况,反映机械设备利用程度,为分析和研究机械设备的潜力、充分发挥每台机械设备的效能提供依据。

(5)统计机械设备的维修情况及其效果,为考核维修计划完成情况和维修单位各项定额指标完成情况提供依据。

2. 机械设备的统计分类

机械设备的统计分类有按机械的作业性质、分布情况以及技术状况分类三种。下面介绍按分布情况和技术状况的分类。

1）按分布情况分类

按机械设备的实际分布情况划分,一般可分为四类。

(1)现场施工或养护机械:这里强调的不是作业的性质,而是作业的地点。只有在施工或养护现场直接参加施工或养护作业的各种机械才列入此类。

(2)场外运输机械:专指工地以外承担远距离运输任务的各类运输车辆。

(3)附属生产机械:指施工或养护企业的附属生产厂使用的各种机械。如附属加工厂、附属构件厂等所使用的加工机床、振动台、搅拌机等。

(4)其他机械:指不属于上述三类范围内的机械。

这种分类统计主要用于掌握、研究总的机械设备场内外的比例,主体施工能力与附属生产之间的比例关系等。

2）按技术状况分类

按机械技术状况划分,有两种方法:

(1)从维修角度来分类

①完好机械:不管机械现在是否参加施工生产,或者是否正在使用,只要它本身的技术状况完好即列入此类。包括期末在用、停闲、转移在途、出租、在库及停工修理不足一天的机械。

②在修机械:指期末正在修理的机械设备。

③待修机械:指期末由于缺料或其他原因而等待修理的机械。

④不配套机械:指期末由于缺乏副机、配套机械或存在其他不配套因素而不能投入使用的机械。

⑤待报废机械:指已达到报废标准,经技术鉴定后同意申请报废,但尚未批准报废的机械。

(2)从技术状况等级要求来分类

①一类机械:各总成及主要部件正常、坚固、技术性能良好可靠,燃料、润滑油料消耗正常,全部机件完备,主要仪表齐全,能随时出勤参加生产者(相当于第一种分类中的完好机械)。

②二类机械:机械尚能运行,但技术、经济性能下降,并有下列情况之一者(相当于基本完好的机械)。

A.由于长期运转,磨损较为严重,燃料、润滑油料开始超耗,技术、经济性能下降者。

B.部分总成、主要部件不符合技术标准,性能较差者。

C.保养、使用不当,以致故障频繁、不能参加生产者。

③三类机械:动力性能、经济性能显著下降,部分总成、主要部件损坏严重,需要进行或正在进行大、中修理,但经过整修,在规定的时间内可以修复者(相当于待修或在修的机械)。

④四类机械:主要总成、部件损坏十分严重,机械残缺不全,多种配件或主要配件供应无法解决,需长期停用待修,可以申请报废者(相当于严重损坏的机械)。

这种分类方法可反映出机械的操作使用、保养检修等方面的水平,为揭示管理工作方面的不足和采取措施改进指明方向。

第三节 机械设备的数量与能力统计

机械设备的数量与能力统计是反映施工企业拥有的机械化施工能力的最基本的指标。它们是计算机械完好率与机械利用率等主要考核性指标的基础,也是一个企业应该掌握的最基础的数据。

最常用的机械设备的计量单位是"台"。虽然"台"的适用范围很广,概括能力很强,但它仅仅是一个区别个体的计量单位。统计对象若是同一个类型、同一种规格的设备,"台"当然可以有其确定的表示量的能力。但若机械设备的种类、规格都不相同,它所能反映量的能力是非常有限的。也就是说,不能只从机械设备的台数来判断或比较施工企业之间机械化施工能力的大小。在需要精确计算的场合,只有采用其他的计量方法才能满足可比性的要求,例如采用机械设备的能力数、动力装置的功率数、设备的价值(原值或净值),有时甚至用机械设备重量来表示。采用不同的计量单位,就可以得到不同性质的数的表示,为不同的目的服务。

机械设备数量与能力的统计,可作为编制生产计划、安排施工任务、配备劳动力、规划检修系统及计算有关技术经济指标的依据。具体的计算方法有以下几种:

1. 机械设备实有台数

它是表示机械设备实物数量的主要依据,是施工企业在报告期的最后一天列为固定资产的在册机械设备台数。它可以按全部设备统计总数,也可以按规定的或要求的分类进行统计。

但是,施工企业所有的机械数量常因各种原因而有所增减。在变化幅度与频度较大的时候,这种采用某个时间拥有量的统计方法就不能真实地反映企业在某一段时间内的机械数量,所以就应该采用报告期内平均拥有的台数来表示:

$$报告期内平均拥有机械台数 = \frac{报告期内每日机械台数总和}{报告期日历日数} \tag{16-1}$$

在实际工作中,这样的计算过于烦琐,规定可以采用以下简化办法:用月初及月末的拥有量取其平均值作为月份平均拥有量,至于一月中间的增减变化就不予考虑了。

2. 机械设备实有能力

它用以反映施工企业期末所拥有的各类机械设备能力的总水平。它是指各种机械设备能够承担施工工程量的能力。它的表示方法也因机而异。一般机械设备通常由动力部分、传动操纵部分及工作部分组成。直接作用于施工对象(或介质)的工作部分的容量,代表着机械设备的工作能力。所以凡是工作装置的生产率很容易计量的机械设备,都以此作为计量的方式,如挖掘机、装载机、铲运机等均以铲斗的容量单位(m^3)作为能力计量单位。但若工作装置的大小不能与生产率构成固定比例关系,则这种方法就不适用,例如推土机的铲刀宽度或面积,虽与生产率的高低有关,但都不成固定的比例,在这种情况下,只能用发动机的功率作为能力的计量单位。

在计算机械设备的能力时,应按其设计能力计算。若其已经过改造,应该另行查定后以查定能力作为计算对象,不能以机械设备在使用过程中实际发挥的能力来计算。

机械设备实有能力的统计只能在同类机械之间进行。在计算时,除了计算单台机械的能力外,还要计算总能力与平均能力。

$$机械设备的总能力 = \sum(每种机械台数 \times 该种机械的单台设计能力) \quad (16\text{-}2)$$

机械设备总能力指标反映施工企业在一定的时间(通常指期末)内所拥有的每一类机械的能力总水平。它是编制施工计划、研究机械设备利用情况的基础资料。

机械设备的平均能力是指同类机械的设计能力或查定能力的平均值。机械设备的平均能力是根据报告期内每天的机械能力数相加,用日历日数去除而计算出来的。

不论计算平均能力的时间范围是一个月还是一年,其结果都相当于固定不变地每天拥有平均数那样大的能力。弄清这一点在以后计算机械效率时特别有用。

季平均能力是本季3个月的平均能力的算术平均数;年平均能力是四季的平均能力的算术平均数,或12个月的平均能力的算术平均数。机械设备平均能力统计为分析研究机械设备的能力利用程度提供必要的计算基础。

3. 年末机械设备的总功率

机械设备动力部分的功率具有下列两个特点:

(1)它间接地反映着机械设备工作能力的大小。在同类机械之间,功率与能力之间往往有一个变化幅度不太大的比例关系,例如国产 $0.1 \sim 0.4 m^3$ 单斗挖掘机,每 $1 m^3$ 铲斗容量功率在 $100 \sim 118 kW$ 之间。这种比例关系虽不十分严格,但当多台机械综合在一起时,它们的总功率与总能力的对应关系就更趋稳定,所以总功率的统计具有很强的可比性。

(2)它几乎是各种机械设备普遍具有的一个参数,单位统一。因此打破了能力统计只能在同类机械之间进行的范围狭窄的限制。

通过机械设备总功率的统计,可以有效地反映企业总的机械施工能力与装备程度。

机械设备总功率的统计一般用来计算施工企业的动力装备率,所以总是以年末实有总功率为计算目标。它是以设计功率或查定功率计算的。计算时不仅要计算机械设备本身的动力,还应计算为个别机械设备提供动力的单独动力设备的功率,但不能计算电焊机、变压器及非动力锅炉的功率。

4. 年末机械设备总值

从投资角度来衡量施工企业的装备程度,就需要以货币形式来表示各种机械设备的总量,这就是机械设备的总值统计。根据现行制度规定,总值计算的范围是列入施工企业固定资产目录的机械设备、运输设备、加工维修设备共三大类机械设备的价值。

机械设备价值可按原值计算,也可按净值计算。原值是指施工企业在获得全新机械设备时所实际支付的全部费用,包括出厂价格、运费、安装调试费用等。净值是指从原值中减去累计折旧费后的净余额。所以按原值计算的机械设备总值可以大体上反映出企业所拥有的全部机械设备数量。而按净值计算的机械设备总值,则能够反映企业全部机械设备的实有价值。现行制度规定采用净值来计算技术装备率,因为它考虑了使用的因素,比较符合实际情况。

机械设备的总值统计一般都是年末进行一次,不必考虑一年中的变化情况,所以又称为年末自有机械设备的总值统计。

第四节 机械设备的装备程度统计

在公路工程施工中,选用功率大、效率高、技术先进的机械设备的目的,就是节省劳动力,提高劳动生产率,加快施工生产的进度,完成人力所无法完成的工程任务。因此,随着使用的机械设备越来越多,单机的生产率越来越大,相应地所需用的劳动力会越来越少,施工生产能力应越来越大。仅进行机械设备的"量"的统计反映不出上述关系。因此还必须与同期的劳动力数量及年度完成的工作量联系起来,这便是机械设备装备程度统计的目的和任务。

1. 技术装备率

$$全员或工人技术装备率(万元/人) = \frac{报告期末自有机械设备净值}{报告期末全员或工人人数} \quad (16-3)$$

从式(16-3)可以看出,技术装备率是指每人所分摊的机械设备价值的多少,用来说明技术装备程度的高低。也可用下式计算:

$$全员或工人技术装备率(台/人) = \frac{报告期末自有机械设备总台数}{报告期末全部职工数} \quad (16-4)$$

$$全员或工人技术装备率(万元/km) = \frac{报告期末自有机械设备净值}{报告期末养护里程} \quad (16-5)$$

2. 动力装备率

$$动力装备率(kW/人) = \frac{报告期末自有机械设备动力数}{报告期末全员或工人人数} \quad (16-6)$$

从式(16-6)可以看出,动力装备率是指每人所分摊的机械设备动力数的多少,用来说明装备程度的高低。也可用下式计算:

$$动力装备率(kW/km) = \frac{报告期末自有机械设备动力数}{报告期末养护里程} \quad (16-7)$$

无论是技术装备率还是动力装备率,单独使用都说明不了什么问题,必须与本企业过去的历史指标相比,或是与其他企业相应的指标比较,才能从装备程度的变化中反映出某些问题。如果在对比的同时,再与其他有关指标的变动情况联系起来加以分析研究,那就更能说明问题。例如某个施工企业后期的装备率提高了,可是同期的劳动生产率却并没有相应的提高,那就说明虽然机械数量增加了,但实际的机械效率并没有充分发挥出来,该节省的劳动力也没有节省,这就是问题所在,应该进一步查明原因,采取措施,加以改进。

3. 装备生产率

装备生产率是指施工企业机械年度完成总工作量与机械装备的净值之比。也就是每一元(净值)的机械一年能完成多少工作量。这是反映施工企业机械投资在施工生产中创造价值大小的指标。

$$装备生产率(元/元) = \frac{机械年度完成的总工作量}{机械装备的净值} \quad (16-8)$$

4. 装备收入率(或利润率)

装备收入率是指每元机械装备每年创造的收入(或利润),能更准确地反映机械的经济效益。

$$装备收入率(或利润率,元/元) = \frac{年机械收入(或利润)}{机械装备的净值} \tag{16-9}$$

5. 施工机械化程度

施工机械化程度是反映施工企业机械化施工水平的重要指标。它反映机械所完成的工程量(或工作量)占总的工程量(或工作量)比重的大小,可按机械化程度和综合机械化程度分别统计。

$$机械化程度 = \frac{利用机械完成的实物工程量(或工作量)}{已全部完成的实物工程量(或工作量)} \times 100\% \tag{16-10}$$

$$综合机械化程度 = \frac{\sum 各项工程定额工日系数 \times 各项工程利用机械完成的实物工程量}{\sum 各项工程定额工日系数 \times 各项工程已全部完成的实物工程量} \times 100\% \tag{16-11}$$

第五节　机械设备完好率、利用率与效率统计

机械设备完好率、利用率及效率是用来考核施工企业机械设备管理水平的三个主要指标,通常把它们联系在一起,称为"三率"。努力提高"三率"是各施工企业机务部门的中心任务。

一、机械设备统计术语

1. 日历台日数

日历台日数是指报告期内列为统计对象的机械设备的台数与日历日数的乘积。不论有节假日与否,按日历有一天算一天。

2. 制度台日数

制度台日数是指报告期内全部机械设备台数与制度日数的乘积。制度日数就是日历日数减去节假日数所得之差,也就是按照国家制度规定应该出勤工作的日数。

3. 完好台日数

完好台日数是指报告期内技术状况完好的机械台日数。完好机械只根据技术状况而定,而不管该机是否参加了生产。完好台日数也包括修理不满一天的机械,但不包括在修、待修、送修在途的机械。对已列入检修计划,但实际仍在使用者,仍按完好台日数计算。

4. 节假台日数

节假台日数是指报告期内机械台数与节假日数的乘积。节假日是指由国家制度规定的节假日,如周末、劳动节、端午节、中秋节、国庆节等。

5. 停工台日数

停工台日数是指机械因保养、修理、拆迁、事故、自然灾害、待料、待命等原因而整天未参加工作的台日数。

6. 实作台日数

实作台日数是指机械出勤参加实际生产的台日数。不论该机械在一日内实际运行参加

施工生产时间的长短,均称为一个实作台日,并包括在节假日加班工作的台日数。

有些指标,也可以把台时作为计算单位,除了时间上的长短有区别外,其余含义相同。

二、机械设备完好率统计

为了确保机械设备正常运行,满足施工生产的需要,首先应该使机械设备尽可能地处于技术完好状况,随时随地可待命使用。但由于正常的检修及不正常的故障事故等原因,在同一时间内所有机械设备都百分之百地处于完好状态是不太可能的。机械完好率是反映机械设备总体完好程度的主要指标,它可以按机械台数计算,称为机械数量完好率;也可以按机械台日数计算,称为机械台日完好率。

1. 机械数量完好率

$$机械数量完好率 = \frac{报告期末完好机械台数}{报告期末实有机械台数} \times 100\% \qquad (16\text{-}12)$$

由于机械数量完好率是按期末完好情况统计的,所以它只能代表报告期最后一个时点的情况,而不能反映整个报告期内总的平均完好情况,只能作为安排下期机械使用计划的依据,不能用来判定报告期内机械维修、使用管理的水平及机械对施工生产的保证作用。特别是在某些严寒地区,施工季节性非常强,施工企业往往有意识地把大部分机械安排在冬季停工期间修理(冬修制)。如果采用年末数量完好率来统计,统计结果失真的程度就非常严重。因此,为了较全面地反映整个报告期内的完好情况,应采用完好的台日数来计算机械完好率。

2. 机械台日完好率

$$机械台日完好率 = \frac{报告期制度台日数内完好台日数 + 节假日加班台日数}{报告期制度台日数 + 节假日加班台日数} \times 100\%$$

$$(16\text{-}13)$$

现行制度规定机械完好率按台日完好率计算。由于它能反映整个报告期内机械完好情况,实际上也就综合地反映了报告期内机械的安全操作、合理运行、保养维修及技术服务等工作的水平,并可从与企业的历史资料纵向对比及同行业的横向对比中发现问题,找出差距,提供改进方向,并为安排机械使用、维修计划,保证机械正常运转提供依据。

三、机械设备利用率统计

施工企业拥有机械设备的目的,归根到底是要使用它们,要使它们在生产中发挥作用。如果仅仅使它们保持在完好状态而不加以利用,那么完好率再高也没有任何经济意义。实际上,要把完好机械尽可能地投入运行也并非一件轻而易举的事。它比保持较高的完好率要困难得多。由于种种原因(施工任务的变化、装备结构本身的不合理、施工部署的不合理、任务不饱满等),机械设备的利用程度常大受影响。高水平的利用率是一系列工作综合努力的结果。所以,为了及时掌握施工企业在这方面的工作水平,需要进行机械设备利用率的统计。

机械设备利用率的统计有下列几种不同的计算方法。

1. 机械实有台数利用率

$$机械实有台数利用率 = \frac{报告期内实际利用的机械台数}{报告期内实有机械台数} \times 100\% \quad (16\text{-}14)$$

式(16-14)中的实际利用机械台数是指报告期内参加过施工生产的机械台数,而不论其参加生产时间的长短。只要该机械在报告期内曾参加过施工生产,就被认为是实际利用的机械而统计在内。

2. 完好机械台数利用率

机械设备只有满足了完好机械的条件,才具备被用来进行施工生产的条件。因此,如能把机械的完好程度与利用程度之间的差距表示出来就能更直接地掌握实际的机械潜力。为此,有必要以完好机械台数为基数来进行机械利用率的统计,称为完好机械台数利用率。

$$完好机械台数利用率 = \frac{报告期内实际利用的机械台数}{报告期内实际完好的机械台数} \times 100\% \quad (16\text{-}15)$$

在式(16-15)中,分母与分子之差,就是有可能加以利用而实际未被利用的完好机械台数。由于机械设备必然要有一定的保养、检修时间,所以,当机械完好率处于正常的高水平状态时,上述差距也体现了施工企业最大可能的机械潜力。

四、机械设备时间利用率

不论是机械实有台数利用率,还是完好机械台数利用率,都只能概略地反映机械设备的利用程度。在任务饱满、部署恰当、配套合理的情况下,所有参与施工的机械在报告期内都有充分发挥生产效能的可能。这样,台数利用率还可以比较如实地反映机械的利用情况。否则,凡是经使用过的机械都被视为在整个报告期内的利用机械,其统计结果必然会偏差过大,从而掩盖不少管理上的问题。因此,为了更真实地反映机械的利用程度,可采用机械设备时间利用率。机械设备时间利用率可按台日计算,也可按台时计算。

1. 机械制度台日利用率

这是在时间利用率计算中比较粗略的计算方法。其计算公式如下:

$$机械制度台日利用率 = \frac{报告期制度台日数内实作台日数 + 节假日加班台日数}{报告期制度台日数 + 节假日加班台日数} \times 100\%$$

$$(16\text{-}16)$$

2. 机械制度台时利用率

$$机械制度台时利用率 = \frac{报告期制度台日数内实作台时数 + 节假日加班台时数}{报告期制度台时数 + 节假日加班台时数} \times 100\%$$

$$(16\text{-}17)$$

关于实作台时数,有两点需要加以说明:

(1)实作台时主要指从事生产作业的时间,并非机器一开动就算实作台时。因此不包括试车时间及非作业性质的机械调动等时间,但包括在生产过程中不长的空运转等不可避免的运转时间。

(2)在综合机械施工系统中,只要整个系统在运转,那么所有在系统中的配套机械设备,不管它的作业性质是连续的还是非连续的,都一律按系统的运转时间作为实作台时数。例如起重机有时处于吊重状态,有时则处于一种待配合状态,一律算作实作台时,只有整个系统已停止生产,起重机已无任务,停机关闭,才不算作实作台时。

制度台时数,是根据施工企业规定的工作制度来计算的,如规定为一班制作业,则按每天 8h 计算;若规定为二班制作业,则按每天 16h 计算。

在按台时计算利用率时,由于分母的台时数按每班 8h 满算,而分子的台时数是实际工作的台时数,所以同一台机械的台时利用率要比台日利用率低,有的时候甚至低很多。但台时利用率反映的利用程度更精确、更真实。在施工企业内,对一些大型关键设备,对它们进行更为精确的考察与分析研究时,就可以采用台时利用率。

以单台机械为对象进行的时间利用率统计称为单机时间利用率,这只对某些关键性设备才有必要这样做,而且大都采用台时为计算单位。对于一般列为统计对象的机械则可按各类机械进行统计,称为分类机械利用率。现行统计制度规定的按 20 种主要机械进行的综合台日利用率的统计,在计算时不能直接将各分类利用率相加而求算术平均数,必须以其个别的台日数相加,构成总的分子数与分母数,才能求出全部机械设备的综合利用率。

五、机械设备效率统计

上述利用率的统计,虽然从数量上或是从时间上说明了机械被利用的程度,但是我们使用机械的最终目的是完成生产量。只有生产量的大小才具有确定的经济意义。举例来说:两台完全相同的挖掘机 A 与 B,在某一段时间(报告期或考察期)内以相同的时间利用率工作,其中 A 每挖一斗的作业循环时间短,铲斗满载系数高,而 B 则正好相反,那么这两台挖掘机的经济效益大不相同。A 有可能大大高于 B。在极端的情况下,时间利用率低的机械反而有可能在生产量上超过时间利用率高的机械。所以,为了最终反映机械的生产能力的利用情况,必须进行机械设备生产能力利用率的统计,也就是机械设备效率的统计。

机械能力利用率的统计有以下两种方式:

1. 机械台班能力利用率

$$机械台班能力利用率 = \frac{报告期内某种机械的实际平均台班产量}{某种机械的台班产量定额} \times 100\% \quad (16\text{-}18)$$

机械的台班产量定额是指机械在一定的正常合理的条件下,一个台班内应该完成的生产量定额。它一般是由一级主管部门根据机械设备的工作性能,正常的作业条件,地区的差别,作业需要的准备时间、结束时间、基本与辅助生产时间、不可避免的中断时间等具体情况确定的,应具有平均先进水平。这个指标可以有效地反映出机械在出勤的工作时间内对机械能力的利用情况,但不能反映整个报告期内机械能力的利用情况。因此台班能力利用率所提供的信息是不全面的,它所传递的信息极其狭窄,只能说明该机在投入生产的短时间内的生产效能,至于总的使用经济效益,这个指标是反映不出来的。

另外,这种计算方法只适用于台班产量定额相同的同规格同类型机械,使用范围受到很大的限制,因此有必要去寻找另一种更全面的、适用范围更广的能力利用率计算方法。

2. 机械效率

以机械单位能力在报告期内所完成的生产量来表示的能力利用率,称为机械效率,亦指机械设备完成的总产量与额定能力的比值。它反映了施工企业机械设备的工作效率,是机械设备各项指标的一个主要目标。

$$机械效率 = \frac{报告期内机械实际完成的总产量}{报告期内机械平均总能力} \qquad (16\text{-}19)$$

第六节 机械设备维修统计与考核

在高等级公路机械化施工过程中,机械设备技术状况是其开展一系列工作的先决条件。在合理使用的前提下,机械设备技术状况的好坏取决于是否严格、及时地执行高质量的保修制度。现行计划预期性检修制度规定以固定的保修间隔期编制各级保修计划,施工企业在安排施工生产计划及机械设备使用计划的同时,也必须安排机械保养计划及检修计划。实践证明:只有计划而没有监督检查,往往流于形式。因此,为了监督机械保修制度的贯彻执行,检查保修计划的完成情况,反映维修工作的质量水平,必须进行必要的机械维修统计与考核。其主要包括以下内容:

一、机械设备保修台次统计

这项统计主要反映机械设备需要保修的台次数、已经送修与修竣出厂的台次数,以便掌握保修计划的执行情况、保修力量和保修任务之间的匹配程度,及时发现问题并采取措施加以解决,以免机械设备失保、失修,使施工生产受到影响。机械保修台次统计有以下几个内容:

1. 计划内需要保修的台次

计划内需要保修的台次是指报告期内,按机械设备实际运转台时计算已达到规定的各级保修周期定额,经过技术鉴定需要保修的机械台次。

2. 非正常损坏需修理台次

非正常损坏需修理台次是指报告期内机械设备虽未达到大修周期定额,但由于使用不当、维护不良等,已严重损坏而必须提前进厂大修或因发生机械事故而损坏需要进厂修理的台次。

3. 送修台次

送修台次是指报告期内已进厂的保修台次。

4. 修竣台次

修竣台次是指报告期内保养或修竣出厂的台次,包括在本报告期以前送修而在本报告期内修竣出厂的台次。

二、平均停厂车日统计

机械设备的停厂车日,是指送修机械被修理厂确认接收时起,直至修理完工、验收合格、双方签署验收合格文件时止的日历日数。这段时间反映了修理厂的检修质量、工作效率及组织管理水平。对一些主要的机械设备,根据不同的检修条件,各部门对停厂时间都有一些定额规定,不同地区之间也有差别。平均停厂车日统计不仅对检修工作起监督促进作用,而且也为定额修订积累参考数据。

在考核停厂车日时,应按机型与保修级别分别计算。

$$某机型大修平均停厂车日 = \frac{某机型机械大修竣工总停厂车日}{某机型机械大修竣工台次} \quad (16-20)$$

机械设备停厂车日统计的目的是考核在正常情况下的检修工作水平,所以如有一些影响重大的不正常情况,如自然灾害及主管部门临时安排的突击性任务等,均应予以剔除,否则就会使统计结果的真实性受到影响。

三、机械设备保修工时统计

机械设备保修工时是指在报告期内,经保修竣工出厂的某种机械设备,在整个保修过程中所花费的作业工时总和与此种机械设备某级保修总台次的比值。它反映机械设备保修所消耗的平均劳动量。按机型及保修级别分别考核,以考核三级保养工时为例,其计算公式为:

$$某机型平均三级保养工时 = \frac{某机型机械三级保养总工时}{某机型机械三级保养台次} \quad (16-21)$$

四、机械设备大修间隔期统计

这是考核报告期内进厂大修的机械设备与上次大修出厂之间的平均运转台时(里程)的指标。在确保机械设备处在技术状况完好的条件下,延长其大修间隔期,对降低施工成本,提高"三率"都有重大的意义。平均大修间隔期的计算公式如下:

$$某机型平均大修间隔期 = \frac{某机型大修机械总运转台时}{某机型大修机械台次} \quad (16-22)$$

五、保修返修率统计

机械设备保修返修率可用返修率、工时返工率两种指标表示。返修率是反映保养单位承修承保机械竣工出厂后返场回修情况的指标,其计算公式如下:

$$返修率 = \frac{返修机械车辆次数}{不包括返修次数的出场机械车辆总数} \times 100\% \quad (16-23)$$

工时返工率是反映交付验收机械车辆返工损失情况的指标,其计算公式如下:

$$工时返工率 = \frac{返工工时}{包括返工工时在内的总工时} \times 100\% \quad (16-24)$$

机械设备返修率、工时返工率这两种指标都是用于反映机械车辆保养修理质量的相对指标。至于返工、返修所用材料和工时损失所需费用,仍应列入单机保养成本费用内计算。

第七节 机械设备统计分析

机械设备统计分析的主要任务:将统计中反映出来的各项技术经济指标完成情况与计划进行比较,全面检查各项计划的执行情况,研究和分析机械设备在经营活动中的成绩和薄弱环节,摸清客观规律,揭示矛盾,找出差距,提出解决问题的办法,以指导和改进机械设备管理工作。

一、机械设备统计分析的步骤

机械设备统计分析的一般步骤如下:

1. 确定目标,拟订方案

统计分析的目标就是分析要解决的问题。确定了分析目标,分析才有方向,才能进一步拟订分析方案。分析方案的内容一般应包括所要分析的主要问题和所需资料的范围,以及调查的内容与方法等。

2. 收集资料,了解情况

统计分析所需的资料主要有:
(1)党和国家的方针、政策以及上级机关的指示和意图等。
(2)计划资料,主要是各级编制的,经过批准的计划、方案等。
(3)核算资料,主要是统计核算资料,也可以收集有关的会计核算与业务核算资料。
(4)其他资料,主要是通过调查研究掌握的各方面的资料,以及统计分析所需要的对照资料。

3. 进行分析,揭示矛盾

统计分析要坚持实事求是,一切从实际出发,要用发展的观点和科学的方法,对事物进行具体分析,深入地揭示矛盾。

4. 给出结论,提出建议

在统计分析的最终阶段,应依据分析的目标和要求,在进行周密分析的基础上给出结论,提出改进工作的建议。

二、机械设备统计分析的方法

1. 统计表分析法

统计表分析法,就是将经过整理的统计数据填在表格中并作粗略分析的一种方法。其格式是多种多样的,因调查目的的不同而不同。如装备状况调查表、装备维修统计表、故障统计表等。这种方法比较简单,可直接用表格中的数字分析问题。但是,计算分析不够精确,查找原因比较困难,也难以进行控制。因而采取的措施针对性较差,效果不好。如把统计表分析法和下面的分类分析法结合起来,就可以把原因分析得更清楚。

2. 分类分析法

分类分析法又叫分层分析法,是整理数据和分析问题的一种常用方法。所谓分类法,就是把收集到的数据按不同目的加以分类,把性质相同,在相同使用和维修条件下的数据归纳在一起,使数据反映的事实更明显、更突出,便于找出问题,查明原因,从而对症下药。分类分析法的基本类型主要有以下七种:

(1)按不同时间分。如按不同的季节、不同的日期、不同的工作时间等分类。
(2)按业务部门或操作人员分。如按不同专业、工种、职务、技术熟练程度、文化程度等分类。

(3) 按维修对象分。如按不同专业的维修对象、机械、装备、原材料等分类。

(4) 按使用条件分。如按额定负载、环境条件等分类。

(5) 按维修方式和方法分。如按预防、视情、事后等方式和定位、离位、人工作业、仪器检测等方法分类。

(6) 按装备质量状况分。如按新品、可用品、待修品、废品等分类。

(7) 按不同工厂产品、不同的使用企业、不同的使用维修条件等分类。

例如,某维修厂装配的机油齿轮箱与箱盖之间经常发生漏油,必须调查密封不好的原因,研究对策。通过现场调查知,该工序由 A、B、C 三人操作,认为漏油的原因是在涂黏结剂时三人的操作方法不同。此外,使用的密封垫是由甲、乙两厂分别制造的,这也是漏油的原因之一。因此,可用分类分析法,按操作人员分析和按密封垫的供货企业分析。

将数据的调查结果列于表 16-1 和表 16-2 中。调查数 $N=50$,漏油发生率 $19/50=0.38$。因此,要想采取措施,首先要找出漏油的主要原因。按操作人员分,从表 16-1 中可得出 B 的操作水平比 A、C 都高的初步结论。

按操作人员分类 表 16-1

操作人员	有漏油	无漏油	发生率
A	6	13	0.32
B	3	9	0.25
C	10	9	0.53
合计	19	31	($N=50$)

按密封垫的供货企业分类 表 16-2

供货企业	有漏油	无漏油	发生率
甲	9	14	0.39
乙	10	17	0.37
合计	19	31	($N=50$)

按密封垫供货企业分,从表 16-2 中可以得出乙厂生产的密封垫比甲的稍好。今后,应以采用乙厂生产的密封垫为主,操作人员 A、C 应向 B 学习。

3. 动态分析法

客观事物运动是有规律的。通过统计分析掌握事物的发展趋势,就可以推断未来形势。所谓动态,就是现象在时间上的变化和发展。如果把反映某种现象在时间上变化与发展的一系列指标数值,按时间先后顺序排列,就形成一个动态数列。分析动态数列的发展速度和增长速度,是了解事物的变化过程,掌握发展趋势的重要方法。

(1) 发展速度

发展速度是指一定时期内发展的快慢程度。依据采取的基期,即作为对比基础的时期不同,又可将其分为定基发展速度与环比发展速度。

(2) 增长速度

增长速度是指在一定时期内增长的快慢程度。它是将相应的发展速度减去 1 或 100%

求得的。

应用动态分析法可以预见事物未来的发展趋势和发展速度,为编制计划与制定规章制度提供依据,也可以反映当前中心工作的进度。

事物运动受各种因素的影响。在这些因素中,有一般性的、普遍起作用的因素,也有个别的、偶然起作用的因素。平均数,则是摆脱个别因素而对事物运动一般水平作出概括说明的数值。事物运动在各个时期所处的条件不同,因而速度也不一样。为了考察其在一个较长时期内逐年平均发展或增长的速度,需将逐个环比速度的差异抽象化,计算出平均速度。假设末期水平为 α_n,初期水平为 α_0,间隔年度为 n,则平均发展速度为:

$$\overline{X_1} = \sqrt[n]{\frac{\alpha_n}{\alpha_0}} \tag{16-25}$$

而平均增长速度为:

$$\overline{X_2} = \sqrt[n]{\frac{\alpha_n}{\alpha_0}} - 1 \tag{16-26}$$

通过分析平均速度,不但可以概括地比较与说明事物运动在各个时期的一般发展情况或增长情况,还可以为编制和分析长期计划提供依据。如根据长期的总的发展速度确定的年平均发展速度,即可作为编制年度计划的重要依据。在分析长期计划执行情况时,利用实际达到的平均速度与计划要求的平均速度的对比,可以说明计划进行得是否均衡,还可以分析提前完成或超额完成长期计划的保证程度。

4. 结构分析法

结构分析法是计算某一事物的各个部分在全体中所占比重的分析方法。它是以分组法为基础的。在分析中,常用结构相对数计算各个部分的数值对全体数值的百分比。结构分析法可以用来分析事物内部结构的差别及其变化趋势和依存关系。

(1)分析事物内部结构的差别

分析事物的内部结构,可以了解内部结构存在差别的程度,为进一步分析产生差别的原因指明方向。例如,分析某工程队某年油料节约任务的完成情况时,可以按所属企业分组,分析各单位完成节约任务的差别。假定某部有三个条件大体相同的单位,分析结果如表 16-3 所示。从表 16-3 可知,某工程队某年如数完成了计划规定的油料节约任务。但是,按单位分组后可知,乙按规定完成了任务,甲没有达到指标,丙超额完成了任务。从各单位实际节约数占计划节约总额的百分比来看,甲占的比重最大。通过分析,可以明确甲是进一步分析的重点,应找出它未完成计划的原因,究竟是管理方面的问题,还是计划指标偏离。这样,就能做到有的放矢。

结构分析法实例 表 16-3

单位	实际节约数 (t)	计划节约数 (t)	各单位完成节约任务的百分比	各单位实际节约数占计划节约总额的百分比
甲	40	44	90.9%	36.4%
乙	36	36	100.0%	32.7%

续上表

单位	实际节约数（t）	计划节约数（t）	各单位完成节约任务的百分比	各单位实际节约数占计划节约总额的百分比
丙	34	30	113.3%	30.9%
总额	110	110	100.0%	100.0%

（2）分析事物内部结构的依存关系

事物内部结构之间是互相联系、互相制约的。分析内部结构的依存关系，可以为正确评价各项指标创造条件。

5. 对比分析法

（1）对比分析法的原理

机械统计分析的基本方法是对比分析法。客观事物是具有内在联系的，是在对立统一中发展的。人们只有在事物的相互联系中，进行分析研究，才能正确地认识事物。机械统计指标也一样，单个机械统计指标数值往往说明不了什么问题，必须相互对比才能发现问题。一般来说，统计指标与统计指标之间，不同统计指标的变化规律之间都存在着某种正常的关系。这种关系虽然不能像数学函数关系那样严密，但也具有某种规律性或某种逻辑联系。如果通过对比分析，可发现不符合正常规律或正常关系的现象，即发现了矛盾或问题。正是这一点，就已经起到了统计分析的作用。例如：技术装备率提高，相应地劳动生产率也应有所提高，这就是两个指标变化规律间的正常关系。到底提高多少，虽然不可能用非常简单、固定的比例关系来描述，但通过外单位、外系统甚至国外的实践经验资料，大致可以找到一个参考性的数据。如果本单位或本系统的情况与之相比出入太大，则可以肯定这里面存在着某些不合理因素，说明尚有潜力可挖。

（2）对比分析法的具体运用形式

①统计指标本身的对比。凡是以百分比的形式表示的统计指标，如机械完好率、机械利用率等，即使不与其他指标相对比，其本身就具有对比的属性，在一定意义上已可直接反映某些问题。

②同一统计指标的前后对比。把同一统计指标在不同时期的统计结果进行对比，可以反映其发展变化的情况或趋势，并可从中得出某些结论。如后期与前期（今年与去年；当月与上月等）对比，以及现在与历史最高水平对比。这种对比往往能切中要害，更具有说服力和指导性。

③与某一客观标准对比。这也是一种常用的分析方法。这个客观标准可以是国家的规定或上级机关下达的定额指标，也可以是其他部门或国外的同类参考性指标。通过对比分析，找出差距，作为改进工作的目标。或者找出取得优势的原因，为保持并扩大优势指明方向。

④不同类统计指标之间变化规律的对比。由于有关机械的各项因素之间有着内在联系，某一个因素的变化可以引起其他因素相应地变化，通过几项不同类指标变化情况之间的对比，就能找出彼此影响的因素，以便深入全面地揭示出机械设备管理及其他有关方面存在

的问题。例如,全员或工人技术装备率的增长与劳动生产率增长之间的对比分析就属于这种形式。

三、机械设备统计分析的内容

通过机务统计,收集和整理企业有关机械设备经营活动的一切详细资料,这只是统计工作的第一步,更重要的是通过这些数字资料来说明企业机械设备经营活动的基本情况及其发展变化的规律性,作为指导机务工作的依据,为此就要进行统计分析。

机械设备统计分析的内容是:
(1)根据工作时间、完成工程量,分析利用率、效率;
(2)根据使用情况,分析机械化程度;
(3)根据机械设备的完好情况,分析不完好的因素和原因;
(4)根据装备情况,分析机械设备技术状况及其变化;
(5)根据机械设备维修完成情况,分析机修单位的维修能力、维修质量和维修费用等;
(6)根据事故情况,分析产生事故的原因;
(7)根据机械设备使用情况,分析各种油料、材料消耗情况和装备的构成;
(8)根据机械设备完成各项指标的情况,分析操作人员工作表现和技术素质。

机械设备统计分析工作又可分为综合分析和专题分析。

综合分析是对统计资料进行全面的分析研究,用以说明机械设备经营活动的基本情况、发展趋势及规律性。如全面分析机械设备完好率、利用率、效率的完成情况,研究机械设备可挖掘的潜力,这种分析的内容涉及范围宽、指标广、因素多,一般相隔一定时间进行一次。

专题分析是主要对某项专门问题进行集中而深入的分析。如可以把机务管理中存在的某个关键问题(如机械事故增多、修理质量下降等)、典型事例(先进事物、薄弱环节)或中心工作等作为分析内容。这种分析的内容涉及面较窄,指标较少,但它的特点是灵活多样、一事一议、简便易行,可根据需要经常进行。

参考文献

[1] 任征,康敬东.公路机械化施工与管理[M].北京:人民交通出版社,2011.

[2] 郭小宏.公路工程机械化施工与管理[M].3版.北京:人民交通出版社股份有限公司,2019.

[3] 中华人民共和国交通运输部.公路路基设计规范:JTG D30—2015[S].北京:人民交通出版社股份有限公司,2015.

[4] 中华人民共和国交通运输部.公路路基施工技术规范:JTG/T 3610—2019[S].北京:人民交通出版社股份有限公司,2019.

[5] 王安麟.工程机械手册——路面与压实机械[M].北京:清华大学出版社,2018.

[6] 国家市场监督管理总局,国家标准化委员会.振动压路机:GB/T 8511—2018[S].北京:中国标准出版社,2018.

[7] 中国机械工业联合会.压路机通用要求:GB/T 13328—2005[S].北京:中国标准出版社,2005.

[8] 中华人民共和国工业和信息化部.光轮压路机:JB/T 10472—2018[S].北京:机械工业出版社,2018.

[9] 中华人民共和国交通运输部.公路土工试验规程:JTG E40—2020[S].北京:人民交通出版社股份有限公司,2020.

[10] 张超,郑南翔,王建设.公路工程试验检测技术培训教材:路基路面试验检测技术[M].北京:人民交通出版社,2004.

[11] 李冰,焦生杰.振动压路机与振动压实技术[M].北京:人民交通出版社,2001.

[12] 刘洪海,贾洁,马朝鲜,等.摊铺机熨平板对混合料振实特性的影响研究[J].中国公路学报,2016,29(7):152-158.

[13] JIA J,LIU H H,WAN Y P,et al. Impact of vibration compaction on the paving density and transverse uniformity of hot paving layer[J]. International journal of pavement engineering, 2020,21(3):289-303.

[14] WAN Y P,JIA J. Nonlinear dynamics of asphalt-screed interaction during compaction:application to improving paving density[J]. Construction and building materials,2019,202:363-373.

[15] 李自光,展朝勇.公路施工机械[M].3版.北京:人民交通出版社股份有限公司,2018.

[16] 胡永彪,杨士敏,马鹏宇.工程机械导论[M].北京:机械工业出版社,2013.

[17] 程玉华.公路施工技术[M].2版.武汉:武汉理工大学出版社,2018.

[18] 王琨,赵之仲.公路工程施工优化管理与新技术[M].北京:人民交通出版社股份有限公司,2021.

[19] 中华人民共和国交通运输部.公路路面基层施工技术细则:JTJ/T F20—2015[S].北京:人民交通出版社股份有限公司,2015.

[20] 中华人民共和国交通运输部.公路工程无机结合料稳定材料试验规程:JTG E51—2009

[S].北京:人民交通出版社,2009.
[21] 安徽省市场监督管理局.公路大厚度水泥稳定碎石基层施工技术规程:DB34/T 3584—2020[S].北京:人民交通出版社股份有限公司,2020.
[22] 张宜洛.沥青路面施工工艺与质量控制[M].北京:人民交通出版社,2010.
[23] 中华人民共和国交通运输部.公路沥青路面设计规范:JTG D50—2017[S].北京:人民交通出版社股份有限公司,2017.
[24] 中华人民共和国交通部.公路沥青路面施工技术规范:JTG F40—2004[S].北京:人民交通出版社,2004.
[25] 中华人民共和国交通运输部.公路工程沥青及沥青混合料试验规程:JTG E20—2011[S].北京:人民交通出版社,2011.
[26] 中华人民共和国交通部.公路工程集料试验规程:JTG E42—2005[S].北京:人民交通出版社,2005.
[27] 中华人民共和国交通运输部.公路工程质量检验评定标准第一册 土建工程:JTG F80/1—2017[S].北京:人民交通出版社股份有限公司,2017.
[28] 中国民用航空局.民用机场沥青道面施工技术规范:MH/T 5011—2019[S].北京:中国民航出版社,2019.
[29] 内蒙古自治区市场监督管理局.公路热拌沥青混合料施工技术规范:DB15/T 1957—2020[S].呼和浩特:内蒙古自治区市场监督管理局,2020.
[30] 吕伟民,孙大权.沥青混合料设计手册[M].北京:人民交通出版社,2007.
[31] 美国陆军工程兵部队,美国联邦航空局.美国热拌沥青混合料铺面手册[M].张起森,王辉,胡旭东,译.北京:人民交通出版社,2008.
[32] 彭波,李文瑛,危拥军.沥青混合料材料组成与特性[M].北京:人民交通出版社,2007.
[33] 邵明建.沥青路面机械化施工技术与质量控制[M].北京:人民交通出版社,2001.
[34] 美国国家沥青研究中心,美国阿拉巴马州奥本大学.热拌沥青材料、混合料设计与施工[M].王嬿,胡旭东,曹志远,译.北京:人民交通出版社,2009.
[35] 美国沥青协会.高性能沥青路面(Superpave)基础参考手册[M].贾渝,曹荣吉,李本京,译.北京:人民交通出版社,2005.
[36] FHWA,NAPA,Superpave construction guideline[M].NAPA,FHWA SP 180,1998.
[37] LIU H H,XU Z X,ZHANG Z G,et al. Research and verification of transfer model for roughness conditions of pavement construction[J]. International journal of pavement research and technology,2016,9(3):222-227.
[38] 刘洪海,刘聂玚子,郝玉飞,等.矿料粒径对拌和时间的影响与梯次拌和技术[J].中国公路学报,2017,30(10):151-158.
[39] 胡永彪,杨士敏,马鹏宇.工程机械导论[M].北京:机械工业出版社,2013.
[40] 傅智.水泥混凝土路面施工技术[M].上海:同济大学出版社,2004.
[41] 中华人民共和国交通运输部.公路水泥混凝土路面施工技术细则:JTG/T F30—2014[S].北京:人民交通出版社股份有限公司,2014.

[42] 内蒙古自治区市场监督管理局.公路水泥混凝土路面施工技术规范:DB15/T 1214—2017[S].北京:人民交通出版社股份有限公司,2017.
[43] 杨士敏,罗福兰.工程机械设备现代管理[M].西安:陕西科学技术出版社,1999.
[44] 陆盈.工程机械管理[M].北京:人民交通出版社,2003.
[45] 吴国进.公路养护机械设备管理[M].北京:人民交通出版社,2003.
[46] 张润.路基路面施工及组织管理[M].北京:人民交通出版社,2002.